Wengst / Wentker (Hg.)
Das doppelte Deutschland

für ihn eine Rolle. Er stand damit nicht allein, hatten doch schon im Juli 1948 die westdeutschen Ministerpräsidenten gegenüber den entsprechenden Weisungen der Westalliierten gezögert.

Prompt folgte als Reaktion am 7. Oktober auf die Gründung der Bundesrepublik die der DDR. Doch täuscht die Chronologie eine Ursächlichkeit vor, die in dieser Form nicht besteht. Die Forschung hat herausgearbeitet, dass die Sowjetische Besatzungszone (SBZ) bereits früher den »Charakter der Staatlichkeit« besaß als die drei Westzonen: Dies ist allein schon daraus erklärbar, dass die drei Westmächte zunächst noch keine einheitliche Politik verfolgten. Im Kontrast dazu betrieb aber die Sowjetunion in ihrer Zone den Staatsaufbau im kommunistischen und zentralistischen Sinn schon bald nach Kriegsende sehr zielstrebig. Tatsächlich war schon früher als im Westen ein entsprechendes Gremium zur Verfassungsberatung gegründet worden, trat doch im März 1948 ein aus 400 Mitgliedern bestehender Volksrat zusammen: Er war bereits in einem Aufruf zum Deutschen Volkskongress am 26. November 1947, also Monate vor der Entscheidung der Westmächte zur Gründung eines Weststaats, vorgesehen. Der Volksrat trat schließlich erneut am 7. Oktober 1949 unter Leitung des SED-Funktionärs Wilhelm Pieck zusammen. Pieck zählte zu den aus der Moskauer Emigration bereits im April/Mai 1945 nach Ost-Berlin geschickten zunächst etwa 30 kommunistischen Funktionären der »Gruppe Ulbricht«. Der Volksrat konstituierte die »Deutsche Demokratische Republik« und erklärte sich zur »Provisorischen Volkskammer«. Am 19. September 1949 hatte Walter Ulbricht, der mit Pieck und dem späteren DDR-Ministerpräsidenten Otto Grotewohl nach Moskau gereist war, an den Genossen Stalin einen Brief gerichtet, in dem er die Vorstellungen der SED über die Gründung der DDR entwickelte und um Genehmigung bat. Ulbricht berief sich auf das Potsdamer Abkommen und schlug unter anderem vor: »Eine Anerkennung der Westregierung soll nicht ausgesprochen werden. Die Regierung lehnt alle für Deutschland oder einzelne Teile getroffene Maßnahmen ab, die gegen die Potsdamer Beschlüsse oder die gesamtdeutschen Interessen verstoßen.« Als Aufgabe der KPD in Westdeutschland wurde vorgesehen: »Allgemein soll der Kampf gegen die Maßnahmen der Westmächte für die Einheit Deutschlands und den Friedensvertrag verstärkt weitergeführt werden. Die Westregierung ist als Organ der Westmächte zu entlarven.«[5] Das Ziel der SED-Führung bestand darin, mit Hilfe geschickter kommunistischer Agitation in Westdeutschland eine

5 Dokumentenanhang in: Staritz, Dietrich: Die Gründung der DDR. Von der sowjetischen Besatzungsherrschaft zum sozialistischen Staat, 3. überarb. u. erw. Aufl., München 1995, S. 244 f.

»Nationale Front« der Linken zu bilden, zu der neben der KPD auch SPD und Gewerkschaften zählen sollten. Man wollte also die Taktik der »antifaschistischen« Einheitsfront aus der SBZ in Westdeutschland modifiziert fortführen, wofür aber tatsächlich keine Chance bestand, verfolgte doch der SPD-Vorsitzende Kurt Schumacher – tatsächlich ein Opfer des »Faschismus« – einen dezidiert antikommunistischen Kurs.

Jedenfalls verfocht die DDR-Führung verbal durchaus einen Einheitskurs, wenngleich sie nicht offen sagte, dass dieses von ihr gewünschte vereinigte Deutschland ein kommunistisches sein sollte. In seiner Regierungserklärung vom 7. Oktober 1949 berief sich Grotewohl auf das vom Volksrat verabschiedete Manifest »Die Nationale Front und das demokratische Deutschland«, in dem die Wiederherstellung zunächst der wirtschaftlichen Einheit, die Beseitigung der »Konstruktion eines westdeutschen Eigenstaats« und die »Errichtung der gesamtdeutschen Regierung der Deutschen Demokratischen Republik« gefordert wurde: Dies kann auch als Anschluss der Bundesrepublik an die DDR interpretiert werden und stand in Kontinuität zu der schon länger vertretenen offiziellen Linie in der SBZ. So hatte der Deutsche Volksrat sich schon am 22. Oktober 1948 als »einzige legitime Repräsentation des deutschen Volkes« bezeichnet. Das Ziel hieß: »Verwirklichung des Rechtsanspruchs des deutschen Volkes auf die Gestaltung seines staatlichen und gesellschaftlichen Lebens, die Schaffung einer freien, demokratischen deutschen Republik« sowie Abschluss eines Friedensvertrags.[6]

Stalin sandte an Pieck und Grotewohl am 13. Oktober 1949 ein Glückwunschtelegramm, das mit den Worten endete: »Es lebe und gedeihe das einheitliche, unabhängige, demokratische, friedliebende Deutschland.«[7] Zur Ironie neigte Stalin nicht, wohl eher zum Sarkasmus. Da der Text für die Öffentlichkeit bestimmt war, wurde er in der SED-Parteizeitung *Neues Deutschland* tags darauf veröffentlicht. Stalins Telegramm zeigte, wie unterschiedlich die Begriffe demokratisch und friedliebend in West und Ost verwendet wurden. Was hatte dies mit der historischen Realität der Nachkriegsjahre zu tun?

6 Dokument in: Steininger, Rolf: Deutsche Geschichte 1945–1961. Darstellung und Dokumente in zwei Bänden, Bd. 2, Frankfurt a. M. 1983, S. 351.

7 Ebenda, S. 354.

Von der Besatzungsherrschaft zur doppelten Staatsgründung

Die Besetzung Deutschlands nach der vollständigen Niederlage der nationalsozialistischen Diktatur 1945 bedeutete nicht zwangsläufig die Teilung Deutschlands. Die Teilung war vielmehr Ergebnis des Kalten Krieges zwischen dem von der Sowjetunion geschaffenen Block der kommunistischen Diktaturen und den westlichen Demokratien, deren Vormacht die Vereinigten Staaten von Amerika waren. Aus ihrem Gegensatz und der zunehmenden Feindseligkeit resultierte eine unterschiedliche Besatzungspolitik. Während die drei Westmächte Deutschland demokratisieren und nach und nach zur Selbständigkeit führen wollten, steuerte die sowjetische Politik nach anfänglich zur Schau getragener Offenheit und »antifaschistischer« Gemeinsamkeit mit »fortschrittlichen bürgerlichen Kräften« immer stärker auf eine Parteidiktatur der von ihr 1946 geschaffenen Sozialistischen Einheitspartei Deutschlands zu. Dieser Politik fielen die zunächst wieder geschaffenen fünf Länder bald faktisch, 1952 auch rechtlich zum Opfer. Die anfangs noch halbwegs freien Parteien wurden zu Blockparteien innerhalb einer zwar nicht nominellen, aber tatsächlichen kommunistischen Parteidiktatur. Können die zunächst erlassenen mitteldeutschen Landesverfassungen noch als »bürgerliche« Verfassungen in der Tradition der Frankfurter Paulskirche von 1848/49 gelten, so trifft dies für die DDR-Verfassungen ab 1949 nicht mehr zu.

In den drei westlichen Besatzungszonen folgten den zunächst eingesetzten Landtagen bis 1946/47 bald frei gewählte Parlamente, also eine Wiederbelebung des traditionsreichen föderativ organisierten Parlamentarismus in Deutschland, der nur während der nationalsozialistischen Diktatur 1933 bis 1945 unterdrückt worden war. Die Reorganisation staatlichen Lebens entwickelte sich bei abschwächender westalliierter Aufsicht auf Länder- und Kommunalebene, die deutschen Gemeinsamkeiten verminderten sich in dem Maße, wie in der Sowjetischen Besatzungszone zentralstaatliche Maßnahmen unter Führung der Sowjetischen Militäradministration in Deutschland (SMAD) ergriffen wurden, die die von Moskau abhängige Diktatur der SED begründeten. Zugleich entstanden in den drei westlichen Besatzungszonen trotz anfangs durchaus unterschiedlicher Politik immer mehr gemeinsame Instanzen, während die alliierten Behörden mit gesamtdeutschen Aufgaben, beispielsweise der Alliierte Kontrollrat in Berlin, faktisch bedeutungslos wurden. Die gemeinsamen deutschlandpolitischen Außenministerkonferenzen der vier Großmächte USA, Großbritannien, Frankreich auf der einen sowie der Sowjetunion auf der anderen Seite scheiterten regelmäßig, so auch die fünfte, die im Dezember 1947 in London stattfand.

Für die endgültige Wende in der Deutschlandpolitik erwies sich das Jahr 1947 als Schlüsseljahr: Die Ministerpräsidenten-Konferenz aller vier Besatzungszonen, die vom 5. bis 8. Juni 1947 in München tagte, scheiterte am nun schon unverkennbaren Ost-West-Gegensatz und dem extrem geringen Handlungsspielraum der Ministerpräsidenten der Sowjetischen Besatzungszone: Diese Konferenz bildete das Symbol der Vergeblichkeit gesamtdeutscher Bemühungen. Währenddessen setzte sich in der SBZ der Weg zur Zentralstaatlichkeit mit der am 14. Juni errichteten Deutschen Wirtschaftskommission fort, die unter Aufsicht der SMAD und der SED zur obersten Verwaltungsbehörde wurde. Im Westen entwickelte sich nach der Verkündung des amerikanischen Plans zum wirtschaftlichen Wiederaufbau – den der neue amerikanische Außenminister Marshall am 5. Juni 1947 nicht allein für Deutschland, sondern auch für andere europäische Staaten aufgestellt hatte – der seit 1946 bestehende einheitliche Wirtschaftsraum der amerikanischen und britischen Zone (Bi-Zone) 1948 unter Einbeziehung der französischen Zone zur Tri-Zone.

Alle Versuche zum Zusammenschluss der vier Besatzungszonen, den die USA schon seit der zweiten Außenministerkonferenz forderten, die vom 25. April bis 12. Juli 1946 in Paris stattgefunden hatte, scheiterten. Nachdem die Sowjetunion ihren Machtbereich durch den kommunistischen Staatsstreich in Prag im Februar 1948 weiter nach Westen ausgedehnt hatte, antworteten die westlichen Staaten (neben den drei Alliierten auch die Benelux-Staaten) im Februar und März 1948 mit der Londoner Sechs-Mächte-Konferenz, die unter anderem zur Gründung einer Westunion der beteiligten fünf europäischen Staaten und bis zum Frühsommer zu weitreichenden deutschlandpolitischen Beschlüssen führte. Hierzu zählte zunächst die Wirtschaftseinheit der drei Westzonen mit der Währungsreform vom 21. Juni 1948. Die Sowjetunion reagierte mit dem Auszug aus dem Alliierten Kontrollrat und der Blockade Berlins, während die drei westlichen Militärgouverneure den westdeutschen Ministerpräsidenten am 1. Juli 1948 offiziell die »Frankfurter Dokumente« überreichten, in denen die Vorbereitung einer gemeinsamen Verfassung der Westzonen gefordert wurde.

Die Ministerpräsidenten der westlichen Länder reagierten überwiegend zurückhaltend bis abwehrend, weil sie fürchteten, die Sowjetunion würde auf die Gründung eines Weststaats umgehend mit einem Oststaat antworten, zumal sie – anders als der Westen – schon zentrale Verwaltungsinstanzen organisiert hatte. In ihrer Antwort an die drei Militärgouverneure betonten die westdeutschen Ministerpräsidenten am 10. Juli, angesichts der bisherigen Unmöglichkeit der vier Besatzungsmächte, sich zu einigen, müsse bei der beabsichtigten Neuregelung alles vermieden werden, was die Spaltung zwischen

West und Ost weiter vertiefe. Allerdings gab es auch Regierungschefs wie den Berliner Bürgermeister Ernst Reuter, die aufgrund ihrer direkten Konfrontation mit der sowjetischen Besatzungsmacht weniger zögerlich waren und die offensiven Absichten der Russen richtig einschätzten. Auf der Konferenz der Ministerpräsidenten der westlichen Besatzungszonen vom 21. bis 22. Juli auf Jagdschloss Niederwald erklärte er: »Wir sind der Meinung, dass die politische und ökonomische Konsolidierung des Westens eine elementare Voraussetzung für die Gesundung auch unserer [d. h. der Berliner] Verhältnisse und für die Rückkehr des Ostens zum gemeinsamen Mutterland ist.«[8] Reuters Einschätzung stimmte mit derjenigen Konrad Adenauers und des SPD-Vorsitzenden Kurt Schumacher überein, die der sogenannten Magnettheorie anhingen: Der Westen müsse so stark werden, dass er auf den Osten eine unwiderstehliche Anziehungskraft ausübe.

Tatsächlich bedeutete der Weg zum zentralen und diktatorischen Verwaltungsstaat im Osten sowie zur demokratisch-parlamentarischen Verfassungsordnung auf föderativer Grundlage im Westen keineswegs den ersten, wohl aber den letzten Schritt zur 40-jährigen Teilung Deutschlands. Wie gingen die Verfassungen mit dieser fundamentalen Voraussetzung der deutschen Nachkriegsgeschichte um? Was bedeutete die Teilung für die nationalstaatlichen Konzeptionen, die seit dem 19. Jahrhundert und in Deutschland seit der Bismarck'schen Reichseinigung von 1871 von der Prämisse ausgingen, der Nationalstaat – in dem ein Volk in einem Staat auf einem geschlossenen Territorium lebe – sei die Norm des modernen Staates?

Nationale und staatliche Einheit im Grundgesetz der Bundesrepublik

Aufgrund des am 23. Mai 1949 verkündeten und in Kraft tretenden Grundgesetzes für die Bundesrepublik Deutschland wurde am 14. August der erste Deutsche Bundestag gewählt; am 15. September setzte sich der CDU-Vorsitzende Konrad Adenauer bei der Abstimmung über den künftigen Bundeskanzler durch, nachdem die Bundesversammlung wenige Tage zuvor, am 12. September, den FDP-Vorsitzenden Theodor Heuss zum Bundespräsidenten gewählt hatte. Am 7. Oktober erklärte die Sowjetunion die Sowjetische Besatzungszone

8 Der Parlamentarische Rat 1948–1949. Akten und Protokolle. Bd. 1: Vorgeschichte. Bearb. von Johannes Volker Wagner, Boppard am Rhein 1975, S. 192.

zur »Deutschen Demokratischen Republik«. Beide Verfassungsordnungen bezogen sich explizit auf die Teilung. Während sich aber in der DDR das Verständnis der deutschen Nation in den nächsten 40 Jahren mehrfach änderte, blieb in der Bundesrepublik trotz wechselnder Akzente, die auch das staatsrechtliche Verhältnis zum Deutschen Reich betrafen, die einschlägige Verfassungsnorm unverändert. Für 40 Jahre galt die Präambel des Grundgesetzes:

> »Im Bewusstsein seiner Verantwortung vor Gott und den Menschen, von dem Willen beseelt, seine nationale und staatliche Einheit zu wahren und als gleichberechtigtes Glied in einem vereinten Europa dem Frieden der Welt zu dienen, hat das Deutsche Volk in den Ländern Baden, Bayern, Bremen, Hamburg, Hessen, Niedersachsen, Nordrhein-Westfalen, Rheinland-Pfalz, Schleswig–Holstein, Württemberg-Baden und Württemberg-Hohenzollern, um dem staatlichen Leben für eine Übergangszeit eine neue Ordnung zu geben, kraft seiner verfassunggebenden Gewalt dieses Grundgesetz der Bundesrepublik Deutschland beschlossen. Es hat auch für jene Deutschen gehandelt, denen mitzuwirken versagt war. Das gesamte Deutsche Volk bleibt aufgefordert, in freier Selbstbestimmung die Einheit und Freiheit Deutschlands zu vollenden.«

Die verfassungsrechtliche Frage, welche Bedeutung der Präambel zukommt, hat das Bundesverfassungsgericht in doppelter Hinsicht beantwortet: Die Präambel sei ein politisches Dokument, doch komme ihr auch rechtliche Bedeutung zu, indem sie »Rechtspflichten aller Staatsorgane« begründe, vor allem »die Pflicht, die Einheit des derzeit in die Bundesrepublik Deutschland und in die Deutsche Demokratische Republik geteilten Deutschlands anzustreben und daher alles zu unterlassen, was die Wiedervereinigung der getrennten Teile rechtlich hindert oder faktisch unmöglich macht […]. Die Pflicht zur Wiedervereinigung ist nicht ein bloßes Programm, sondern ein unmittelbar wirkendes aktuelles verfassungsrechtliches Gebot.«[9] Unter diesem Gesichtspunkt ist die im Jahr 1989/90 aktuelle Frage zu beantworten, wie Politiker zu beurteilen sind, die sich in Ausübung von Mandat oder Amt gegen die Wiedervereinigung aussprachen: Sie verstießen zweifellos gegen ein zwingendes Verfassungsgebot, waren also des Verfassungsbruchs verdächtig. Der vom Grundgesetz eingeräumte und vom Bundesverfassungsgericht bekräftigte Ermessensspielraum bezog sich nicht auf das Ob, sondern lediglich auf das Wie der Wiedervereinigung.

9 Grundgesetzkommentar von Theodor Maunz, Günter Dürig, Roman Herzog, Rupert Scholz, Peter Lerche, Hans-Jürgen Papier, Albrecht Kandelzhofer, Eberhard Schmitt-Aumann, Bd. 1, München 1990 (Lieferungen 1–28), Bearb. Januar 1976, Kommentar zur Präambel Nr. 8.

Zwei Staaten, eine Nation: Die Entwicklung des westdeutschen nationalen Selbstverständnisses

Berlin fehlte in der Aufzählung der Länder, da es unter Viermächteverantwortung stand und staatsrechtlich West-Berlin nicht Teil der Bundesrepublik war. Über die Frage der Bindungen oder Verbindungen mit dem Bund bestand über Jahrzehnte Streit zwischen West und Ost, was beginnend mit der Blockade 1948/49 zu mehreren Berlin-Krisen führte, da die sowjetische Besatzungsmacht zwar ihren Sektor rechtswidrig der DDR einverleibte, die Bindung West-Berlins an die Bundesrepublik aber nicht akzeptieren wollte.

Die deutschen Ostgebiete jenseits von Oder und Neiße standen gemäß den alliierten Vereinbarungen der Potsdamer Konferenz vom Juli/August 1945 völkerrechtlich lediglich unter polnischer bzw. sowjetischer Verwaltung, wenngleich sie faktisch beiden Staaten eingegliedert wurden. Die DDR erkannte am 6. Juli 1950 unter sowjetischem Druck die Oder-Neiße-Grenze im Görlitzer Vertrag mit Polen nach anfänglicher Ablehnung auch seitens der SED-Führung als »unantastbare Friedens- und Freundschaftsgrenze« an. Noch am 16. Oktober 1946 hatte Wilhelm Pieck geäußert, die Oder-Neiße-Linie bedürfe »einer ernsten Korrektur«.[10] Die Bundesrepublik hingegen betrachtete die Oder-Neiße-Grenze unter Berufung auf die Potsdamer Erklärung von 1945 als vorläufig. Urteilt man nach den Prinzipien des Nationalstaats, dann hieß das: Auf dem Territorium des Deutschen Reiches in den Grenzen von 1937 existierten seit 1949 vier verschiedene staatsrechtlich definierte und als vorläufig anzusehende Organisationsformen.

Das Verständnis der Nation betraf also keineswegs nur, wie es scheinen könnte, die Bundesrepublik und die DDR. Diese Vorläufigkeit bringt die Präambel des Grundgesetzes in prinzipieller und allgemeiner Form – das heißt ohne territoriale Präzisierung – zum Ausdruck. Die Westmächte und die Bundesrepublik bestritten nach dem Görlitzer Vertrag das Recht der DDR, im Namen Deutschlands derartige Verträge zu schließen, und beharrten darauf, dass eine endgültige Regelung nur in einem Friedensvertrag erfolgen könne. Auch der durch die Regierung Willy Brandt/Walter Scheel 1970 geschlossene Warschauer Vertrag, der die Oder-Neiße-Grenze anerkannte, konnte diese Anerkennung nur für die (alte) Bundesrepublik erklären – die mit Polen gar keine gemeinsame Grenze besaß: Für ein wiedervereinigtes Deutschland war sie also

10 Berliner Zeitung vom 17.10.1946, zitiert in: Stötzel, Georg/Wengeler, Martin: Kontroverse Begriffe. Geschichte des öffentlichen Sprachgebrauchs in der Bundesrepublik Deutschland, Berlin/New York 1995, S. 289.

keineswegs völkerrechtlich verbindlich. Faktisch aber reduzierte sich die Diskussion über Nation und Wiedervereinigung immer stärker auf die Bundesrepublik und die DDR, wobei für den Westen klar war, dass mit einer Lösung der deutschen Frage sich auch das Berlin-Problem erledigen würde.

In der Präambel häufen sich die Worte »national«, »staatlich«, »Wahrung der staatlichen Einheit«, was die zentrale Bedeutung des grundgesetzlichen Auftrags zur Vollendung (!) der staatlichen Einheit unterstreicht, ohne jedoch den Weg dorthin vorzuzeichnen. Grundsätzlich galt seitdem, dass kein Verfassungsorgan der Bundesrepublik Deutschland dieses Ziel aufgeben durfte. Mit dem Hinweis darauf, dass der Verfassungsgeber, also die Deutschen in den genannten westlichen Ländern, auch für »jene Deutschen gehandelt [hat], denen mitzuwirken versagt war«, und das »gesamte Deutsche Volk aufgefordert« bleibe, »in freier Selbstbestimmung die Einheit und Freiheit Deutschlands zu vollenden«, wurde sowohl der gesamtdeutsche Anspruch als auch der Provisoriumscharakter der (west-)deutschen Staatsgründung unterstrichen, der mit dem Wort »Übergangszeit« bekräftigt wurde. Auf diese Weise sollte die Teilung als transitorisch deklariert und die Einheit der Nation bewahrt werden. Die demokratische Legitimation, die die Bundesrepublik durch den Parlamentarischen Rat als Repräsentation des Volkswillens in den genannten Ländern und die Wahl der künftigen Verfassungsorgane erhielt, wurde in der Bundesrepublik zugleich als Stellvertretung für die Deutschen im anderen Teil angesehen, die sich nicht in freier Wahl äußern konnten. Ein zweiter legitimer – also demokratisch legitimierter Staat – konnte folglich gar nicht entstehen, da die Deutschen in der Sowjetischen Besatzungszone nicht frei waren. Daraus resultierte die Nichtanerkennung der späteren DDR, jedenfalls bis in die 70er Jahre.

Von Beginn ihrer Existenz an war die Auseinandersetzung zwischen Ost und West also auch ein Kampf um die Legitimität des eigenen Staates: Das Handicap der Bundesrepublik bildete die Teilung und damit die erzwungene Vorläufigkeit, das der DDR die Unfreiheit, die eine eigene, eine volkssouveräne Entscheidung der dort lebenden Deutschen ausschloss.

Der Angelpunkt für das Verständnis der Nation und der deutschen Staatlichkeit lag in der Frage, wie sich die Bundesrepublik zum deutschen Nationalstaat verhalte. War 1945 lediglich die nationalsozialistische Diktatur oder der seit 1871 bestehende deutsche Nationalstaat untergegangen? Gemäß der Interpretation des Bundesverfassungsgerichts bestand das Deutsche Reich auch nach 1945 fort, die Bundesrepublik Deutschland konnte also nicht dessen Rechtsnachfolger sein. Allerdings war das Deutsche Reich als Gesamtstaat mangels organisatorischer Struktur und mangels eigener Verfassungsorgane nicht handlungsfähig. »Die Bundesrepublik Deutschland ist [...] als Staat identisch mit dem Staat Deutsches Reich – in Bezug auf seine räumliche Ausdehnung allerdings teilidentisch, so daß insoweit die Identität keine Ausschließlichkeit beansprucht. [...] Sie beschränkt staatsrechtlich ihre Hoheitsgewalt auf den Geltungsbereich des Grundgesetzes [...], fühlt sich aber auch verantwortlich für das ganze Deutschland«.[11]

Diese sogenannte Identitätslehre setzte sich gegenüber anderen Rechtsauffassungen durch und wurde durch die Briefe zur deutschen Einheit, die die Bundesregierung am 12. August 1970 im Kontext des Moskauer Vertrags der Sowjetunion und der innerdeutschen Vereinbarungen am 21. Dezember 1972 der DDR übergab, ebenso bekräftigt wie im Urteil des Bundesverfassungsgerichts von 1973, das aufgrund einer Klage des Freistaats Bayern gegen die Ostverträge zustande kam.

Aus dieser verbindlichen Rechtsauffassung ergaben sich eine ganze Reihe praktischer Folgerungen: So übernahm die Bundesrepublik mit der Verantwortung für das Deutsche Reich auch die Bereitschaft, außerordentliche Entschädigungsleistungen für Opfer der nationalsozialistischen Diktatur zu leisten. Die DDR hingegen lehnte dies ab, da sie die Verantwortung für die deutsche Geschichte nicht übernehmen wollte. Die bis 1968 geltende Hallstein-Doktrin, der zufolge die Bundesrepublik Deutschland – außer zur Sowjetunion 1955 – keine diplomatischen Beziehungen zu Staaten aufnahm, die die DDR als Staat anerkannten, gehört ebenso in diesen Kontext wie die Tatsache, dass die Bundesrepublik in der DDR ab 1973 keine diplomatische Vertretung, also keine Botschaft, sondern eine »Ständige Vertretung« errichtete, die beim Bundeskanzleramt und nicht beim Auswärtigen Amt ressortierte. Die Reihe dieser Beispiele ließe sich verlängern, in jedem Fall ging es darum, auch unter den Bedingungen der Zweistaatlichkeit an der »Einheit der Nation« festzuhalten.

Diese grundgesetzlich gebotene Politik verlangte von allen bundesdeutschen Regierungen, dass sie über 40 Jahre hinweg die deutsche Frage offenhielten, also an der Wiedervereinigung als fundamentalem Ziel der bundesrepublikanischen Politik festhielten. Dieses Ziel konnte mit mehr oder weniger Zuversicht, größerem Optimismus oder Resignation vertreten werden oder fast ganz aus der Realpolitik verschwinden, das verfassungsrechtliche Postulat blieb durch solche Modifikationen indes unangetastet. Insofern bildete die erste Regierungserklärung Willy Brandts als Bundeskanzler vom 28. Oktober 1969 die Brücke zwischen der bis Mitte der 60er Jahre dominierenden strikten

11 Grundgesetzkommentar Maunz-Dürig, Kommentar zur Präambel Nr. 20.

Nichtanerkennungspolitik, der schon erheblichen Flexibilisierung dieser Politik während der Großen Koalition des Bundeskanzlers Kurt Georg Kiesinger und der noch entschiedeneren Ostpolitik der sozial-liberalen Koalition unter Willy Brandt und Walter Scheel zwischen 1969 und 1974: Erst diese Bundesregierung ging deutschlandpolitisch bis an die äußerste Grenze des verfassungspolitisch Vertretbaren. Brandt brachte die paradoxe deutschlandpolitische Situation auf den Punkt: »Eine völkerrechtliche Anerkennung der DDR durch die Bundesregierung kann nicht in Betracht kommen. Auch wenn zwei Staaten in Deutschland existieren, sind sie doch füreinander nicht Ausland; ihre Beziehungen zueinander können nur von besonderer Art sein.«[12] Diese Aussage implizierte die Existenz zweier Staaten, nicht aber zweier Nationen.

Ohne dass die verfassungsrechtliche Position der Bundesrepublik aufgegeben wurde oder werden konnte, zerfällt doch die Deutschlandpolitik in zwei Phasen, deren konzeptionelle Neuorientierung mit der durch Egon Bahr 1963 in Tutzing formulierten Formel »Wandel durch Annäherung« begann. Natürlich lag dieser Überlegung die Erfahrung zugrunde, dass weder in der Berlin-Frage noch deutschlandpolitisch in eineinhalb Jahrzehnten Fortschritte erzielt worden waren. Diese Politik war im Übrigen nicht allein eine Politik der CDU; auch die SPD, für deren ersten Vorsitzenden Kurt Schumacher die Kommunisten »rot lackierte Faschisten« waren, auch Willy Brandt als Regierender Bürgermeister von Berlin war von den gleichen Prämissen ausgegangen. Der Schock des Mauerbaus in Berlin am 13. August 1961, das verbreitete Gefühl deutschlandpolitischer Stagnation und der Vertiefung der deutschen Spaltung, der weltpolitische Wandel in der Ära Kennedy nach der Kuba-Krise, die europapolitischen Konzeptionen des französischen Staatspräsidenten Charles de Gaulle mit seiner Vision eines Europa vom Atlantik bis zum Ural – all diese Ursachen leiteten eine Neuorientierung ein: Sie ist gekennzeichnet durch den ständigen Spagat einer verfassungsrechtlich gebotenen Beschwörung der Einheit der deutschen Nation, der Politik der kleinen Schritte und der »menschlichen Erleichterungen« für die Beziehungen der Deutschen, die gezwungen waren, in zwei gegnerischen, ja ideologisch und ihrer Blockzugehörigkeit nach potentiell feindlichen Staaten zu leben. Solche partiellen und nicht prinzipiellen Fortschritte waren nur in direkten Verhandlungen mit der DDR-Regierung zu erreichen. Wie immer man diese deklarierte, so oder so handelte es sich um Verhandlungen zwischen Regierungen zweier Staaten, die schon durch

12 Regierungserklärung von Bundeskanzler Willy Brandt vom 28. Oktober 1989, Auszug abgedruckt in: Dokumente des geteilten Deutschland, Bd. 2: Seit 1968, hrsg. von Ingo von Münch, Stuttgart 1974, S. 167–169, hier S. 168.

diese bloße Tatsache das nationalstaatliche Prinzip für Deutschland in Frage stellten. Auf der anderen Seite führten wechselseitige Kontakte durch Besuche, Telefonate etc. eben doch dazu, Gemeinsamkeiten zu erhalten und jenseits der politischen Ebene auch ein Gefühl gemeinsamer Nationalität zu bewahren.

Hinzu kam, dass die Bundesrepublik Deutschland faktisch ein postnationaler Staat war, nicht allein durch die deutsche Teilung, sondern aufgrund der ebenfalls grundgesetzlich verankerten Möglichkeit, zugunsten supranationaler Einrichtungen auf Souveränitätsrechte zu verzichten. Diese europäische Zielsetzung ging über die auch nach 1955 für die Bundesrepublik bestehenden alliierten Vorbehaltsrechte, die gemäß dem Deutschlandvertrag (1952, 1954) für Deutschland als Ganzes, Berlin und die alliierte Truppenpräsenz in der Bundesrepublik galten, hinaus: Diese europäische Dimension der westdeutschen Verfassungsordnung bezweckte sektoral eine integrierte (west-)europäische Politik, die eben keine nationalstaatliche mehr war. Tatsächlich existierten also in der Bundesrepublik Deutschland drei Ebenen, auf denen Zweistaatlichkeit und Nationalbewusstsein sich auswirkten: das nationale Einheitsgebot, die europäische Integrationspolitik, die das Grundgesetz vorsah, und die alliierte Deutschlandpolitik mit ihrer Einschränkung nationalstaatlicher Souveränität.

Nation und Zweistaatlichkeit in den DDR-Verfassungen von 1949 und 1968

Wie entwickelte sich das Verhältnis von Nation und deutscher Zweistaatlichkeit in der DDR? Auch für sie galt in jeder Phase der konkrete Bezug auf den anderen Teil Deutschlands, die Bundesrepublik. So paradox es erscheint, so unterschiedlich, so gegensätzlich, so feindselig die Positionen auch waren: Durch das schwierige Verhältnis zwischen zweifellos vorhandener einheitlicher deutscher Nation und den in gegensätzliche Blöcke eingebundenen zwei Staaten bestand die Gemeinsamkeit fort; weder die Bundesrepublik noch die DDR konnten sich ohne Bezug aufeinander definieren, selbst die Legitimation eigener Staatlichkeit setzte die Existenz des anderen Staates voraus. Dieses Charakteristikum hielt sich auf beiden Seiten trotz aller deutschlandpolitischen Wandlungen und aller fundamentaler Systemdifferenz von Demokratie hier und Diktatur da, weil die deutsche Nation eben nicht allein durch ein Staatsvolk und einen voluntaristischen Akt, sondern durch eine gemeinsame Geschichte konstituiert worden war. Dieser Tatbestand bildete 1989/90 eine der Voraussetzungen der Wiedervereinigung und dokumentierte sich in dem aufregenden und signifikanten Wandel der Formel »Wir sind das Volk« zu

»Wir sind ein Volk«. Diese Doppelung nahm, natürlich ohne expliziten Bezug, spontan den Nationsbegriff der Französischen Revolution von 1789 auf: Er war dadurch charakterisiert, dass die Volkssouveränität und ihr politischer Wille mit der Nation, das heißt hier der nationalen Einheit, als unauflösliche Komponenten begriffen wurden.

Davon ging auch die erste Verfassung der Deutschen Demokratischen Republik von 1949 noch aus, deren Präambel sich in diesem Kernpunkt nur durch die Weglassung der Worte »einig in seinen Stämmen« (bezogen auf das deutsche Volk) von der westlichen Fassung unterscheidet. So wenig die DDR aber demokratisch war, so wenig entsprach der Verfassungstext der Verfassungspraxis. Die Präambel lautete:

> »Von dem Willen erfüllt, die Freiheit und die Rechte des Menschen zu verbürgen, das Gemeinschafts- und Wirtschaftsleben in sozialer Gerechtigkeit zu gestalten, dem gesellschaftlichen Fortschritt zu dienen, die Freundschaft mit allen Völkern zu fördern und den Frieden zu sichern, hat sich das deutsche Volk diese Verfassung gegeben.«

Tatsächlich gab es jedoch kein aus freien Wahlen hervorgegangenes Repräsentativorgan, wie es der Parlamentarische Rat gewesen war und der Bundestag wurde. Und tatsächlich war auch der Bezug auf die Nation fiktiver als der des Grundgesetzes, in deren Präambel ja die Einheit des deutschen Volkes impliziert und deswegen der transitorische Charakter der neuen Verfassungsordnung betont worden war. So heißt es im Artikel 1 der DDR-Verfassung überraschend: »Deutschland ist eine unteilbare demokratische Republik, sie baut sich auf den deutschen Ländern auf. Die Republik entscheidet alle Angelegenheiten, die für den Bestand und die Entwicklung des deutschen Volkes in seiner Gesamtheit wesentlich sind, alle übrigen Angelegenheiten werden von den Ländern selbständig entschieden [...]. Es gibt nur eine deutsche Staatsangehörigkeit.«

Weder ist von der Realität der Teilung die Rede noch von der realen Machtlosigkeit der Länder in der DDR, mit anderen Worten: Die DDR-Verfassung hatte deklamatorischen Charakter, in ihr wurden aber bewusst einige Formulierungen gewählt, die Analogien zum Grundgesetz bzw. zur demokratisch-föderativen Verfassungstradition Deutschlands enthielten. An einer einzigen deutschen Staatsangehörigkeit hielt auch die erste DDR-Verfassung noch fest. Erst im Artikel 2 fand sich die Bezeichnung »Deutsche Demokratische Republik«. Artikel 144 enthielt sogar noch einen Hinweis auf künftige Bestimmungen, die ergehen würden, »um den Nationalsozialismus und Militarismus zu überwinden und das von ihnen verschuldete Unrecht wiedergutzumachen«.

Die erste DDR-Verfassung mischte verschiedene Elemente und deutsche Verfassungstraditionen; weder auf Zweistaatlichkeit noch Einheit der Nation wird Bezug genommen, der Text erweckte vielmehr den Eindruck, als ob es den anderen Teil Deutschlands nicht gäbe, Berlin wurde – völkerrechtswidrig – zur Hauptstadt der DDR erklärt. Die Anwendung der Verfassung zeigte bald ihren deklamatorischen Charakter, wurden doch so essentielle Teile wie ihre föderative Struktur bereits am 23. Juli 1952 durch die sogenannten Demokratisierungsgesetze außer Kraft gesetzt: Die fünf Länder wurden aufgelöst und durch eine Neugliederung in 14 Bezirke ersetzt, die Länderkammer bestand indes noch bis 1958. Nach einigen anderen Änderungen wurde nach einer entsprechenden Ankündigung Walter Ulbrichts 1967 eine neue Verfassung ausgearbeitet, die nach »Volksentscheid« am 9. April 1968 als »Sozialistische Verfassung« der DDR in Kraft trat.

Im Unterschied zur Verfassung von 1949, die in großen Teilen der bürgerlichen Verfassungstradition entsprach, wenngleich sie kaum als ihr systematischer Ausdruck angesehen werden kann, war diejenige von 1968 nicht nur dem Namen, sondern auch dem Gehalt nach eine »sozialistische« Verfassung. Der deklamatorische Charakter in Bezug auf die Ziele der DDR war noch ausgeprägter. Vor allem aber ging sie mit wertender Formulierung von der Realität der deutschen Teilung aus, die sich 19 Jahre zuvor nicht gefunden hatte. Der Nationsbezug war sehr viel stärker als in der ersten Verfassung, lautete doch der erste Satz des Artikels 1: »Die Deutsche Demokratische Republik ist ein sozialistischer Staat deutscher Nation.« Dies war eine durchaus angemessene Formulierung, da sowohl das politische und sozialökonomische System als auch die Zugehörigkeit zur deutschen Nation der tatsächlichen Lage entsprach. Die Behauptung, dass hier ein einziger Staat deutscher Nation gemeint sei, unterblieb.

Die Präambel, die allerdings nicht ausdrücklich so bezeichnet wurde, interpretierte explizit die deutsche Teilung und erhob zugleich einen Anspruch für die Zukunft, der zwar im Gegensatz zur Präambel des Grundgesetzes stand, aber auch in Analogie zu ihr den Willen zur künftigen Einheit betonte – allerdings unter sozialistischem Vorzeichen:

> »Getragen von der Verantwortung, der ganzen deutschen Nation den Weg in eine Zukunft des Friedens und des Sozialismus zu weisen, in Ansehung der geschichtlichen Tatsache, dass der Imperialismus unter Führung der USA im Einvernehmen mit Kreisen des westdeutschen Monopolkapitals Deutschland gespalten hat, um Westdeutschland zu einer Basis des Imperialismus und des Kampfes gegen den Sozialismus aufzubauen, was den Lebensinteressen der Nation widerspricht, hat sich das Volk der Deutschen Demokratischen Republik [...] diese sozialistische Verfassung gegeben.«

Unabhängig von der Propaganda des Kalten Krieges, der diesen der Zielsetzung Walter Ulbrichts entsprechenden Text kennzeichnet, ist für unsere Frage bemerkenswert, dass die Spaltung konkret benannt, ihre Aufhebung gefordert und damit an der Einheit der Nation festgehalten wurde, obwohl vom Volk der DDR bzw. in anderen Artikeln von den Bürgern der DDR die Rede ist. Damit war verfassungsrechtlich die eigene Staatsbürgerschaft der DDR geschaffen. Das ist insofern von besonderem Interesse, als die Verfassung von 1949, wie erwähnt, noch eine einheitliche deutsche Staatsangehörigkeit zugrunde gelegt hatte und während der 50er Jahre eine uneinheitliche Begrifflichkeit existierte: Während sich verschiedentlich der Terminus »Bürger der DDR« findet, rekurriert das Wahlgesetz von 1958 noch auf die »Deutsche Staatsangehörigkeit«.

Das Gesetz über die Staatsbürgerschaft der DDR vom 20. Februar 1967 regelte dann definitiv die DDR-Staatsangehörigkeit und damit zwei deutsche Staatsangehörigkeiten. Demgegenüber hielt die Bundesrepublik Deutschland weiterhin an einer einheitlichen deutschen Staatsangehörigkeit fest, was nicht allein juristische, sondern praktische Konsequenzen – beispielsweise für Flüchtlinge aus der DDR in die Bundesrepublik – hatte: Sie brauchten deren Staatsangehörigkeit nicht zu erwerben, sondern besaßen sie grundsätzlich, da hier die Zweistaatlichkeit nicht zur Spaltung der Staatsangehörigkeit geführt hatte.

Die DDR-Verfassung von 1968 entstand im Zusammenhang mit der Diskussion über eine »sozialistische Nation«, die einerseits an der einheitlichen Nation festhalten wollte und aufgrund historischer Gegebenheiten auch musste, andererseits gegenüber der Bundesrepublik den von dieser bis dahin bestrittenen Staatscharakter der DDR offensiv vertreten wollte: Die Nichtanerkennung der DDR durch die Bundesrepublik und das Streben nach völkerrechtlicher Anerkennung durch die DDR selbst korrespondierten miteinander und schlugen sich unmittelbar in der Verfassung nieder: Nicht allein der Entwicklungsstand des Sozialismus gemäß der marxistischen Stadienlehre verlangte nach einer neuen verfassungsrechtlichen Kodifikation, sondern auch die deutschland- und weltpolitische Entwicklung.

Zwei Staaten, zwei Nationen: Die DDR-Verfassung von 1974

Nach dem Ende der Ära Ulbricht, im Zuge der forcierten Ostpolitik der Bundesregierung Brandt/Scheel, der innerdeutschen Vereinbarungen mit der formellen Aufnahme zwar nicht diplomatischer, aber bilateraler Beziehungen und schließlich dem Urteil des Bundesverfassungsgerichts von 1973 gab es genug Gründe für eine vollkommen neue Verfassung der DDR, die am 25. Jahrestag der DDR-Gründung am 7. Oktober 1974 erlassen wurde. Diese dritte DDR-Verfassung nahm anders als die sechs Jahre zuvor erlassene Verfassung in der Präambel und dem erstem Artikel überhaupt keinen Bezug mehr auf die deutsche Teilung und die Einheit der Nation. Inzwischen war die DDR völkerrechtlich anerkannt, die Bundesrepublik hatte sie zwar nicht als Ausland, aber doch als Staat akzeptiert, beide deutsche Staaten waren seit 1973 Mitglied der UNO. Das neue Selbstbewusstsein schlug sich in diesem Text ebenso nieder wie die trotz aller menschlichen Erleichterungen und intensivierter Alltagskontakte vertiefte staatliche Spaltung Deutschlands.

Maßgeblich für die verfassungspolitische Entwicklung des Problems der Nation wurde die Einschätzung Erich Honeckers auf dem VIII. Parteitag der SED im Juni 1971. Honecker zufolge war die nationale Frage in Deutschland durch die Geschichte entschieden, was für ihn einen Unterschied zwischen der west- und der ostdeutschen Auffassung des Problems beinhaltete: Die DDR gehe vom »Klasseninhalt« aus, dort entwickele sich die »sozialistische Nation«; demgegenüber bestehe in der Bundesrepublik die »bürgerliche Nation« fort, die durch den »unversöhnlichen Klassenwiderspruch zwischen der Bourgeoisie und den werktätigen Massen« bestimmt werde.[13] Zu solcher Interpretation lieferte Alfred Kosing mit der Akademie-Abhandlung »Theoretische Probleme der Entwicklung der sozialistischen Nation in der DDR« 1974 den entsprechenden ideologischen Überbau, wobei er wie Honecker mit einem Vergleich zur Bundesrepublik endete, allerdings mit Betonung der jeweiligen Blockbildungen. Kosing zitiert die DDR-Verfassung: »Die Deutsche Demokratische Republik ist untrennbarer Bestandteil der sozialistischen Staatengemeinschaft. Sie trägt getreu den Prinzipien des sozialistischen Internationalismus zu ihrer Stärkung bei [...]. Die kapitalistische Nation der BRD entwickelt sich dagegen entsprechend den gesetzmäßigen Tendenzen des Kapitalismus. Sie ist in die ›Europäische Gemeinschaft‹ einbezogen und versucht hier, im kapitalistischen Konkurrenzkampf durch ihr großes ökonomisches Gewicht eine Vormachtstellung zu erringen. Die Wirtschaft der BRD ist in hohem Maße mit dem internationalen Monopolkapital verflochten, welches nationale Interessen, insbesondere die Interessen der werktätigen Massen, stets missachtet hat.«

Diese von der marxistischen Prämisse einer historischen Gesetzmäßigkeit ausgehende, auf die Ökonomie reduzierte Interpretation hatte mit klassischen Nationstheorien nichts mehr gemein, konnte aber in der gewählten Form die

13 Protokoll der Verhandlungen des VIII. Parteitages der Sozialistischen Einheitspartei Deutschlands. 15. bis 19. Juni 1971 in der Werner-Seelenbinder-Halle zu Berlin, Berlin (Ost) 1971, S. 56.

Zweistaatlichkeit in Deutschland ebenso begründen wie die Realität von zwei Nationen, für die weder die Volkszugehörigkeit noch die gemeinsame Sprache, Geschichte und Kultur entscheidend waren: Die Existenz einer sozialistischen und einer kapitalistischen Nation machte jedenfalls ideologisch die deutsche Frage gegenstandslos. Der Parteiideologe Albert Norden brachte diese Position 1972 auf den Punkt: In Deutschland existierten »nicht zwei Staaten einer Nation, sondern zwei Nationen in Staaten verschiedener Gesellschaftsordnung«.[14]

Folglich konnten sich beim Grundlagenvertrag zwischen der Bundesrepublik und der DDR vom 21. Dezember 1972 beide Seiten auch in Bezug auf die Einheit der Nation nicht einigen, da die Bundesregierung an ihr festhielt und gerade in ihr die unauflösliche Gemeinsamkeit der Deutschen in beiden Staaten sah. Um den Vertrag nicht scheitern zu lassen, griff man zu dem schon verschiedentlich angewandten Mittel, in der Präambel ausdrücklich die Differenz zu nennen: Man schließe den Vertrag »ausgehend von den historischen Gegebenheiten und unbeschadet der unterschiedlichen Auffassungen der Bundesrepublik Deutschland und der Deutschen Demokratischen Republik zu grundsätzlichen Fragen, darunter zur nationalen Frage«.

Wiedervereinigung und Grundgesetz

Während die Bundesrepublik in der 40-jährigen Teilung den Verfassungsauftrag der Wiedervereinigung nicht in Frage stellte, änderte sich die Auffassung der DDR also mehrfach. Während Walter Ulbricht in seinem Schlusswort auf dem 4. Parteitag der SED 1954 noch warnte: »Wir sind für die Einheit Deutschlands, weil die Deutschen im Westen unserer Heimat unsere Brüder sind, weil wir unser Vaterland lieben, weil wir wissen, dass die Wiederherstellung der Einheit Deutschlands eine unumstößliche historische Gesetzmäßigkeit ist und jeder zugrunde gehen wird, der sich diesem Gesetz entgegenzustellen wagt«[15], ging sein Nachfolger Honecker das Wagnis ein, und die DDR ging zugrunde. Nach dem Zusammenbruch der DDR infolge der Erosion der kommunistischen Diktaturen seit Beginn der 80er Jahre, der friedlichen Revolution in der DDR im Herbst 1989, den weltpolitischen Wandlungen und der

14 So in einem Vortrag Nordens am 3. Juli 1972, zitiert in: Deutschland Archiv 5 (1972), S. 1223.

15 Protokoll der Verhandlungen des IV. Parteitages der Sozialistischen Einheitspartei Deutschlands. 30 März bis 6. April 1954 in der Werner-Seelenbinder-Halle zu Berlin, Berlin (Ost) 1954, S. 888.

darauf basierenden Wiedervereinigungspolitik der Regierung Helmut Kohl ging es nur noch für Illusionisten um eine fortbestehende Zweistaatlichkeit, tatsächlich aber um die verfassungsrechtliche Form der Wiedervereinigung, die Frage nämlich, ob nach Artikel 23 des Grundgesetzes ein Beitritt der wiedergegründeten Länder der DDR erfolgen solle oder Artikel 146 anzuwenden sei, in dem es hieß: »Dieses Grundgesetz verliert seine Gültigkeit an dem Tage, an dem eine Verfassung in Kraft tritt, die von dem deutschen Volke in freier Entscheidung beschlossen worden ist.«

Nach längeren Verhandlungen entschied man sich für das Verfahren des Beitritts gemäß Artikel 23, was den Vorteil hatte, das Grundgesetz mit nur wenigen Änderungen als gesamtdeutsche Verfassung übernehmen zu können, statt äußerst langwierige und komplizierte Verfassungsberatungen durchzuführen, die keine bessere, voraussichtlich aber eine kompliziertere Verfassung zur Folge gehabt hätten, einmal abgesehen von dem politischen Zwang, der von der durchaus fragilen internationalen Konstellation und dem gesellschaftlichen und ökonomischen Druck seitens der ostdeutschen Bevölkerung ausging: Die Fluchtbewegung aus der DDR schwoll 1989 ständig an und näherte sich bis zum Jahresende fast einer Zahl von 400000. Die Peinlichkeit des Schlachtrufs »Wenn die D-Mark nicht zu uns kommt, kommen wir zur D-Mark«, ging der damaligen DDR-Führung wohl nicht auf: Das (materielle) Sein bestimmte auch während dieser friedlichen Revolution gut marxistisch das (ideologische) Bewusstsein. Für das Fortbestehen der nationalen Einheit aber war der Schlachtruf »Wir sind *ein* Volk!« entscheidend.

Die seit 1990 gültige Fassung des Grundgesetzes bedurfte gegenüber der Urfassung einiger Änderungen in der Präambel, in den Artikeln 143, der die Ratifizierung durch die Länder betraf, sowie 146, der die Geltungsdauer des Grundgesetzes in seiner Fassung von 1949 geregelt hatte: Artikel 23 entfiel, 143 und 146 wurden entsprechend modifiziert, damit war das Provisorium beendet, die deutsche Frage gelöst, die nationale und staatliche Einheit wiederhergestellt. Die Präambel erhielt nun folgenden Wortlaut:

> »Im Bewusstsein seiner Verantwortung vor Gott und den Menschen, von dem Willen beseelt, als gleichberechtigtes Glied in einem vereinten Europa dem Frieden der Welt zu dienen, hat sich das Deutsche Volk kraft seiner verfassunggebenden Gewalt dieses Grundgesetz gegeben. Die Deutschen in den Ländern Baden-Württemberg, Bayern, Berlin, Brandenburg, Bremen, Hamburg, Hessen, Mecklenburg-Vorpommern, Niedersachsen, Nordrhein-Westfalen, Rheinland-Pfalz, Saarland, Sachsen, Sachsen-Anhalt, Schleswig-Holstein und Thüringen haben in freier Selbstbestimmung die Einheit und Freiheit Deutschlands vollendet. Damit gilt dieses Grundgesetz für das gesamte Deutsche Volk«.

Petra Weber

1949/1955 Thomas Mann in Frankfurt, Stuttgart und Weimar

Umstrittenes kulturelles Erbe und deutsche Kulturnation

Kurz bevor sich Thomas Mann am 23. Juli 1949 auf den Weg nach Weimar machte, warnte der konservative Literaturkritiker Friedrich Sieburg: »Vier Jahre nach dem Zusammenbruch ist es so weit gekommen, dass es nicht mehr mit rechten Dingen zugehen kann, wenn ein großer Schriftsteller deutscher Sprache gleichzeitig in Goethes Geburtsstadt und am Ort seines weltumspannenden Wirkens gefeiert wird. Von Frankfurt bis Weimar, also auf der winzigen Spanne, die den größten deutschen Lebensweg umfasst, verändert sich die Welt so, dass, wer uns dort etwas gilt, kaum auch hier etwas gelten darf.«[1]

In der Tat: Durch die deutsche Kulturnation ging bereits im Sommer 1949 ein Riss. Waren im Westen Ressentiments gegen den Emigranten Mann, der als Nestbeschmutzer beschimpft wurde, an der Tagesordnung, so genoss er im Osten des Landes große Verehrung. Fiel in Frankfurt die stark umstrittene Entscheidung, Mann den Goethepreis anzutragen, erst in letzter Stunde, so hatte der im Westen mittlerweile verbotene Kulturbund zur demokratischen Erneuerung Deutschlands, der die Choreographie der Goethe-Feierlichkeiten an sich gerissen und damit dem Diktat der SED unterstellt hatte, bereits am 29. Oktober 1948 Mann gebeten, bei den Feiern in Weimar die Festrede zu halten und einen eigens zu diesem Anlass gestifteten Goethe-Nationalpreis in Empfang zu nehmen.

Warum wollten ausgerechnet die Kommunisten den Repräsentanten des Bürgertums als Festredner gewinnen? War der in Kalifornien in relativem Luxus lebende Schriftsteller, den die SED gemeinsam mit Goethe feiern wollte, nicht, wie ein biederer Kommunist in der Weimarer Stadtverordnetenversammlung meinte, ein »Knecht der Wallstreet«? Den Anstoß für die Thomas-Mann-

1 Sieburg, Friedrich: Frieden mit Thomas Mann, in: Die Gegenwart vom 15.7.1949, abgedruckt in: Schröter, Klaus (Hrsg.): Thomas Mann im Urteil seiner Zeit. Dokumente 1891–1955, Frankfurt a.M. 2000, S. 377f.

Verehrung in der SED hatte Georg Lukács gegeben, der schon in der Ära der »Volksfront« die für die Erbeaneignung richtungsweisende Literaturtheorie geliefert hatte und in der SBZ zum Literaturpapst mit Deutungshoheit über das kulturelle Erbe avanciert war. Der ungarische Literaturtheoretiker hatte Thomas Mann zum Nachfolger Goethes erklärt, der »Goethe als eine leuchtende Gestalt der Vorwärtsentwicklung der Menschheit zeigt« und dadurch »die originär deutschen Kräfte der Freiheit und des Fortschritts« freisetze.[2] Als Beweis für diese Interpretation diente Lukács wie auch den SED-Kulturfunktionären vor allem Manns Festrede zum 100. Todestag des Dichterfürsten 1932 in Weimar, in der er von dem »kühne[n] Blick des greisen Goethe« in eine »nachbürgerliche Welt« gesprochen und an das deutsche Bürgertum appelliert hatte, den Anschluss an »die neue, die soziale Welt, die organisierte Einheits- und Planwelt, in der die Menschheit von untermenschlichen, unnotwendigen, das Ehrgefühl der Vernunft verletzenden Leiden befreit sein wird«, nicht zu verpassen.[3] Nach dem Versagen des Bürgertums während der NS-Diktatur gab es in den Augen der SED-(Kultur-)Funktionäre keinen besseren Gewährsmann als Thomas Mann, um die Richtigkeit der SED-Ideologie zu bezeugen, dass die Arbeiterschaft – und damit die SED als deren vermeintliches Sprachrohr – die einzig rechtmäßige kulturelle Erbin und zugleich Vollstreckerin des klassischen deutschen Humanismus sei. Die Goethe-Feierlichkeiten sollten die kulturelle Überlegenheit der SBZ gegenüber den Westzonen demonstrieren, der klassische Humanismus als Bindeglied zwischen Ost und West lieferte der Einheitsrhetorik ein Fundament. SMAD und SED waren sich einig, das Goethe-Jahr 1949 zu einem großen Propagandacoup zu machen.

Thomas Mann unterschätzte die Gefahr, in der SBZ zu einem Werkzeug der Propaganda missbraucht zu werden. Die Einladung Johannes R. Bechers, Präsident des Kulturbundes und Mitglied des Parteivorstandes der SED, nannte er zwar »misslich«, aber in erster Linie nur deshalb, weil er es sich mit Amerika nicht »verderben« wollte,[4] dessen antikommunistischen Feldzug er selbst ablehnte. Gegenüber Becher verwies er zunächst auf die großen Schwierigkeiten,

2 Lukács, Georg: Deutsche Literatur im Zeitalter des Imperialismus. Eine Übersicht ihrer Hauptströmungen, Berlin 1947, S. 68.

3 Mann, Thomas: Goethe als Repräsentant des bürgerlichen Zeitalters, in: ders.: Gesammelte Werke in zwölf Bänden, Bd. 9, Frankfurt a.M. 1960, S. 297–332, hier S. 331; vgl. Lukács, Georg: Sinnbild des Besten im Bürgertum. Über Thomas Mann, in: Neues Deutschland (ND) vom 29.7.1949; Harich, Wolfgang, Das demokratische Deutschland grüßt Thomas Mann, in: Tägliche Rundschau vom 31.7.1949; Becher, Johannes R.: Der Befreier, in: ders., Publizistik III 1946–1951, Berlin/Weimar 1979, S. 223–263, hier S. 241.

4 Mann, Thomas: Tagebücher 1949–1950, Frankfurt a.M. 1991, S. 70 (Tagebucheinträge vom 27.12.1948 und vom 18.6.1949).

die seinem Besuch in der »Ostzone« entgegenstünden, nicht ohne zu betonen, dass es sein Bestreben sei, »in Wort und Tat eine einseitige Festlegung auf eine der beiden Sphären zu vermeiden«.[5] Als ihm im Juni 1949 die Ehrenbürgerschaft von Weimar angetragen wurde, stand sein Entschluss, den Eisernen Vorhang zu durchqueren, fest. In seiner in Frankfurt und Weimar gehaltenen Ansprache im Goethe-Jahr begründete er seinen Schritt: »Mein Besuch gilt Deutschland als Ganzem, und keinem Besatzungsgebiet. Wer sollte die Einheit Deutschlands gewährleisten und darstellen, wenn nicht ein unabhängiger Schriftsteller, dessen wahre Heimat [...] die freie von Besatzungen unberührte Sprache ist?« Mann hielt zwar den SED-Ideologen vor Augen, dass entgegen ihrer Lesart des »Faust« die soziale Vision des greisen Faust, das große Land- und Siedlungswerk, ein Blendwerk des Teufels sei, doch bescheinigte er ihnen andererseits, dass das Alterswerk Goethes »voll ist von sozialer Utopie«: »Nie hätte er sich dazu hergegeben, gegen ein Neues, das kommen wollte oder schon da war, überalterte und schon heuchlerisch gewordene Ideale auszuspielen.«[6] Viele seiner westdeutschen Zuhörer, die Goethe in der Tradition des Abendlandes verorteten, dürfte Mann mit dieser Interpretation vor den Kopf gestoßen haben. Das gemeinsame Erbe war bereits in den Streit um die Deutungshoheit geraten.

Mann pries in Weimar den Humanismus Goethes, protestierte jedoch nicht gegen das nah gelegene russische Speziallager in Buchenwald, in dem über 7000 Menschen zu Tode kommen sollten. Er schwieg auch nicht öffentlich in Weimar, wie der ehemalige Buchenwald-Häftling Eugen Kogon ihm geraten hatte. Nachdem ihm der Propagandarummel die »fatale Ähnlichkeit« von »Volksdemokratie« und »Hitlerstaat« vor Augen geführt hatte,[7] verfasste er jedoch noch am Morgen vor seiner Ansprache einen Vorspann, in dem er unmissverständlich darauf hinwies, dass soziale Umwälzungen mit der Erkenntnis einhergehen müssten, »dass Freiheit, Recht und die Würde des Individuums dabei nicht untergehen dürfen, sondern dass sie, sei es auch in gebundener Form, bedingt durch verstärkte soziale Verpflichtung, aufgenommen, heilig bewahrt und in die Zukunft überführt werden müssen«.[8] Manns Worte lösten ebenso wie seine rhetorische Frage, ob man »im Falle Weimars« überhaupt »von

5 Thomas Mann an Johannes R. Becher, 2.1.1949, in: Briefe an Johannes R. Becher 1910–1958, Berlin/Weimar 1993, S. 353 f.

6 Ansprache im Goethejahr 1949, in: Mann: Gesammelte Werke, Bd. 11, S. 481–497, hier S. 488 und 494 f.

7 Mann, Thomas: Reisebericht, in: ders.: Essays, Bd. 6, Meine Zeit 1945–1955, hrsg. von Hermann Kurzke und Stephan Stachorski, Frankfurt a.M. 1997, S. 133–143, hier S. 142.

8 Mann, Thomas: Gesammelte Werke, Bd. 13, Frankfurt a.M. 1974, S. 791–794.

Osten« sprechen dürfe, demonstrativen Beifall aus[9] – allerdings nicht nur bei den Gegnern des Regimes, sondern auch bei dem Propagandachef der SMAD, Sergej Tjulpanow.

Thomas Manns Teilnahme an der Goethe-Feier in Weimar am 1. August 1949, die mehr Aufsehen erregte als die zentrale Goethe-Feier am 28. August, auf der Johannes R. Becher sich in die Nachfolge des Weimarer Dichters stellte, hatte den Staatsgründern der DDR geholfen, den »Goethepakt« als Gründungsakt der DDR zu besiegeln, der propagandistisch geschickt in Gegensatz zu »den kriegsverbreitenden Atlantik- und Marshallisierungspakten« gebracht wurde.[10] Dem im Grundgesetz verankerten politischen Alleinvertretungsanspruch der Bundesrepublik Deutschland setzte die SED einen kulturellen Alleinvertretungsanspruch entgegen, mit dem sie ihr Legitimationsdefizit und ihren Minderwertigkeitskomplex zu kompensieren versuchte. Im Nachhinein fragte sich Katia Mann, »ob es richtig war, der dortigen Propaganda als so überaus fetter Bissen zu dienen«.[11]

In der westlichen politischen Hemisphäre erscholl laute Kritik und harscher Tadel an Manns Weimarer Auftritt. In einem Artikel zu seinem 75. Geburtstag hieß es, der einstige »Freiheitsfreund« Mann sei »zum Anwalt der östlichen Schinderwelt« geworden.[12] Mann mochte manchmal aus einer übersteigerten Furcht vor einem Wiederaufleben des Faschismus in Westdeutschland den Gegensatz zwischen Demokratie und Diktatur aus den Augen verlieren, aber die Rechtfertigung seiner Weimar-Reise, dass es nicht angehe, die Menschen in der SBZ »als verlorene Kinder Deutschlands« zu behandeln, »die man wie Pestkranke meiden« müsse,[13] enthielt mehr als ein Gran Wahrheit. Jeder Kulturschaffende, der sich in die SBZ/DDR begab, trug zu deren politischer Aufwertung bei, jeder, der sie »links« liegen ließ, zerschnitt indes das kulturelle Band, das das politisch gespaltene Land noch zusammenhielt, und trieb die Gegner der DDR-Kulturpolitik noch weiter in die Isolation.

9 Mann: Tagebücher 1949–1950, S. 83; Klemperer, Victor: So sitze ich denn zwischen allen Stühlen. Tagebücher 1945–1949, hrsg. von Walter Nowojski, Berlin 1999, S. 668.

10 So z. B. Abusch, Alexander: Mit wem seid ihr, Meister der Kultur? (1949), in: ders.: Kulturelle Probleme des sozialistischen Humanismus. Beiträge zur Deutschen Kulturpolitik 1946–1961, Berlin 1962, S. 70.

11 Katia Mann an Erika Mann, 4.8.1949, in: Mann, Erika: Briefe und Antworten, Bd. 1: 1922–1950, hrsg. von Anna Zanco Prestel, München 1988, S. 265–267, hier S. 266.

12 Nebel, Gerhard: Thomas Mann. Zu seinem 75. Geburtstag, in: Frankfurter Allgemeine Zeitung (FAZ) vom 6.6.1950.

13 Thomas Mann an Paul Olberg, 27.8.1949, in: Mann: Gesammelte Werke, Bd. 13, S. 795–799, hier S. 796.

Die zahlreichen Schmähungen rieten Mann zur Vorsicht. Er schlug zu Beginn der 50er Jahre mehrere Einladungen nach Weimar aus, lehnte die Annahme des DDR-Nationalpreises und des Stalin-Friedenspreises der Sowjetunion ab, um nicht als käuflich zu gelten. Die Ehrenpräsidentschaft der Weimarer Deutschen Schillerstiftung nahm er jedoch ohne zu zögern an, »erfüllt von Sympathie für den Gedanken der Einheit deutscher Kultur«.[14] Seinen widerstrebenden Verleger Gottfried Bermann Fischer drängte er, grünes Licht für eine Ausgabe seiner Werke in der DDR zu geben. Die von ihm gewünschte Verfilmung seines Buddenbrook-Romans in Form einer Koproduktion der DEFA mit einer westdeutschen Filmgesellschaft scheiterte am Einspruch des Ministeriums für Gesamtdeutsche Fragen (BMG), das der Ansicht war, dass die in diesem Projekt »zum Ausdruck kommende völlig gleiche Bewertung der beiden Regierungssysteme Deutschlands [...] jeden aufrichtigen, freiheitsliebenden demokratischen Bürger nur mit Trauer und mit Kummer erfüllen« könne.[15]

Völlig ungehalten war der Staatssekretär im BMG, Franz Thedieck, darüber, dass Thomas Mann erwog, seinen Festvortrag zum 150. Todestage Schillers im Mai 1955 nicht nur in Stuttgart, sondern auf Einladung des Ost-Berliner, von Becher geleiteten Schillerkomitees auch in Weimar zu halten. Thedieck gab vor, die deutsche Öffentlichkeit werde kein Verständnis dafür haben, »dass sich Thomas Mann nunmehr einem System als repräsentativer Redner zur Verfügung stellt, das ihrer Ansicht nach weit gefährlicher und amoralischer ist als das System, das Thomas Mann seinerzeit bekämpfte«. Manns Weimar-Reise verstoße gegen den Grundsatz des BMG, nur kulturelle Kontakte anzuerkennen, die nicht auf eine Anerkennung der »staatlichen Kulturdiktatoren« und deren »Pseudokulturprogramm« hinausliefen. Obendrein stütze Mann die Losung der SED, »die wahre Hüterin des nationalen Kulturerbes« zu sein, da er dem »Bürgertum und seiner Ordnung nicht sonderlich verbunden« sei.[16]

Nachdem das BMG schon die gemeinsamen Schiller-Feierlichkeiten der in Marbach ansässigen Schillergesellschaft und des Ost-Berliner Schillerkomitees untersagt hatte, trug es den Wunsch an den Bundespräsidenten heran, Thomas Mann zu überreden, seine Ost-Berlin gegebene Zusage zurückzuziehen. Dieser hatte die endgültige Annahme der Einladung des Ost-Berliner

14 Thomas Mann an die Deutsche Schillerstiftung, 22.4.1954, in: Goethe- und Schiller-Archiv 134/160.

15 Vermerk Min. Dirig. Bott – Staatssekretär Thedieck über Herrn Abt. Leiter I vom 24.1.1955, in: Bundesarchiv (BArch), B 122, Nr. 325.

16 Franz Thedieck (BMG) an Hans Bott, 21.3.1955, in: BArch, B 136, Nr. 3921.

Schillerkomitees von der Zustimmung des Bundespräsidenten abhängig gemacht. Denn es bestand die Gefahr, dass Heuss seine Beteiligung an der Stuttgarter Feier absagte, weil er sich nicht neben einem Mann zeigen wollte, der die DDR nicht mit Ächtung strafte. Heuss indes ließ das BMG wissen, dass er »vor der Freiheit eines Menschen zu großen Respekt« habe, um dem Ansinnen des Ministeriums zu folgen, das er im Übrigen »grotesk« und »töricht« nannte. Mit deutlichen Worten gab er zu verstehen, dass er das Zurückschrecken vor innerdeutschen kulturellen Kontakten und einen Kampf um das kulturelle Erbe mit der DDR für einen Irrweg betrachte: »Ich halte dafür, dass in den geistig-kulturellen Dingen ein Maximum an Gemeinsamkeit gepflegt werde, und freue mich darüber, wenn das Stuttgarter Ensemble mit einem Schiller auf der Weimarer Bühne erscheint. [...] Es gibt doch ein sogenanntes gemeindeutsches Kulturgut. Aber man sagt, in den Händen der Leute der sowjetischen Zone wird es nur propagandistisch gesehen und bewertet. Welche Schwachheit, davor Angst zu haben!«[17] Der Humanist Heuss und der Humanist Mann glaubten an die Macht des Geistes, die politische Kluft zwischen den beiden deutschen Staaten überbrücken zu können. Der Bundespräsident fürchtete nicht die kommunistische Infiltration, weil er von der geistigen Überlegenheit des Westens überzeugt war.

Heuss, der sich die vorherige Lektüre von Manns Vortrag erbeten hatte, um bei Verstößen des Nobelpreisträgers gegen die politische Korrektheit diese wiederherstellen zu können, war beeindruckt von dessen Redemanuskript.[18] Mann präsentierte sich nicht als Ironiker, sondern als Pathetiker, der Schillers Idealismus wieder ins Recht setzte, um die durch den Kalten Krieg gespaltene Welt zu versöhnen. Schiller geriet Mann zum Erzieher der Nation, ja geradezu zum Erlöser, weil er den Deutschen ihre Aufgabe vor Augen führte: »Arbeit am Geist der Nation, ihrer Moral und Bildung, ihrer seelischen Freiheit, ihrem intellektuellen Niveau, das sie in den Stand setzt, zu gewahren, dass andere unter verschiedenen historischen Voraussetzungen, einem anderen sozialen Regiment Lebende, auch Menschen sind; Arbeit an der Menschheit, welche Anstand und Ordnung, Gerechtigkeit und Friede wünscht statt gegenseitiger Anschwärzung, verwilderter Lüge und speiendem Hass.« War dieser flammende Appell an die Adresse beider deutscher Staaten gerichtet, so sollte Manns tief pessimistische Klage über »eine Regression des Menschlichen, einen

17 Notiz zu der Niederschrift des Herrn von Zahn, Bundesministerium für gesamtdeutsche Fragen, zur Frage: Thomas Mann – Schillerfeier, in: ebenda; die Notiz ist auch aufbewahrt in: B 122, Nr. 325.

18 Hans Bott an Fritz Eberhard, 5.11.1954, in: ebenda.

Kulturschwund der unheimlichsten Art, einen Verlust an Bildung, Anstand, Rechtsgefühl, Treu und Glauben« und über eine »Menschheit, welcher der kosmische Raum gerade recht ist, strategische Basen darin anzulegen«, die Regierenden im Westen mehr treffen als die im Osten. Mann war ein dezidierter Gegner der westdeutschen Wiederbewaffnung, aber auch des in der DDR in der ersten Hälfte der 50er Jahre propagierten Nationalismus. Er verwies in seiner Rede die »nationale Idee« in die Vergangenheit und auf den »universelle[n] Aspekt« als »Forderung der Lebensstunde«. Obgleich Mann betonte, dass sich das zweigeteilte Deutschland »eins« in Schillers Namen fühlen könne, stellte er die Menschheit über die Nation.[19] Diese Stellungnahme Manns durchkreuzte die Ideologie der SED-Oberen, die das Schiller-Jahr 1955 »zu einem Jahr des Kampfes für die Einheit unserer humanistischen Nationalkultur und für die demokratische Wiedervereinigung unseres deutschen Vaterlandes« erklärt hatten.[20] Das *Neue Deutschland* verschwieg dann auch die Passagen der Rede, in der Mann die nationale Idee als »gestrige« abqualifiziert hatte. Mann hatte die Deutungshoheit der SED-Funktionäre in Frage und Bechers Festrede in den Schatten gestellt.

Als Schutzpatron des unteilbaren Deutschlands wurde Schiller freilich auch in der Bundesrepublik gefeiert. Heuss erinnerte wie zuvor schon Mann an Schillers 100. Geburtstag im Jahr 1859, als das Gedenken an Schiller zum »sammelnden und bindenden Magnet« der »zerrissenen Seele« der deutschen Nation geworden sei. Allerdings stimmte Heuss seinem Vorredner zu: »Die übergreifende Kraft der Schiller'schen Erscheinung hielt nicht an den Staatsgrenzen, sie ging schon ins Menschheitliche.«[21] Zugleich attackierte er die ideologische Vereinnahmung und tagespolitische Instrumentalisierung Schillers durch die Regierenden der DDR und verteidigte die in der Bundesrepublik herrschende Autonomie der Kunst.

Die DDR machte sich nicht nur anheischig, das Erbe Goethes und Schillers zu verwalten, sie buhlte wie schon 1949 um Thomas Mann als einen der wichtigsten geistigen Ahnherren des Regimes. Ein großer Propagandarummel herrschte auch diesmal während Manns Weimar-Fahrt. Becher begrüßte Mann als »den deutschen Dichter unseres Jahrhunderts«,[22] die Jenaer Universität

19 Mann, Thomas: Schiller, in: Schiller. Reden zum Gedenkjahr 1955, Stuttgart 1955, S. 9–26, Zitate S. 23–26.

20 Zum 150. Todestag Friedrich Schillers am 9. Mai 1955. Beschluss des Politbüros vom 25. Januar 1955, in: Dokumente der SED, Bd. V, Berlin 1956, S. 224.

21 Heuss, Theodor: Ein Vermächtnis: Friedrich Schiller, in: ders.: Die großen Reden. Der Humanist, Tübingen 1965, S. 188–202, hier S. 189.

22 Die Begrüßungsansprache Bechers ist abgedruckt in: Schröter: Mann, S. 430 f.

verlieh widerstrebend auf Geheiß Ost-Berlins Mann die Ehrendoktorwürde, und die Akademie der Wissenschaften richtete ein Thomas-Mann-Archiv ein. Zu Manns 80. Geburtstag erfreute der Aufbau-Verlag ihn mit einer Gesamtausgabe seiner Werke, der Bildhauer Gustav Seitz hatte eine Büste Manns angefertigt. Angesichts dieser und der großen Ehrungen, die Mann auch im Ausland erfuhr, konnten auch die politisch Verantwortlichen der Bundesrepublik dessen 80. Geburtstag nicht ignorieren. Die ständige Konferenz der Kultusminister der Länder überbrachte dem Jubilar eine Thomas-Mann-Spende in Höhe von 50 000,– DM zur Unterstützung hilfsbedürftiger Schriftsteller, Heuss übersandte ihm seine Schiller-Rede. Mann ließ es sich in seinem Dankesbrief an Heuss freilich nicht nehmen, darauf hinzuweisen, dass der Schweizer Bundespräsident, Max Petitpierre, den Weg nach Kilchberg nicht gescheut habe, um ihm persönlich zu gratulieren.[23]

Im Bonner Bundeskanzleramt war man indes ungehalten darüber, dass Manns Schiller-Rede »keineswegs ein Aktivum für die Bundespolitik darstelle«. Der Schluss der Rede habe »reichlich Wasser auf die Mühlen« derjenigen gegossen, »die von einer zersetzten und degenerierten Kultur des Westens sprechen«. Auch sei manches Schiller-Zitat ausgesprochen »in östlichem Sinne interpretiert« worden.[24] Im Bundeskanzleramt hatte sich ganz offensichtlich die Ansicht durchgesetzt, dass die deutsche Kulturnation bereits zerbrochen sei, es eine unparteiische Erbeaneignung nicht mehr geben könne, sondern nur noch eine östliche und westliche Deutung des Erbes. Adenauer war ohnehin der Meinung, dass Mann »besser in die Soffjetzone« passe.[25] Heuss, der zumindest partiell Manns Kulturpessimismus geteilt haben dürfte, war hingegen der Auffassung, dass es »keine Kunst der Bundesrepublik Deutschland« geben könne, sondern nur eine Kunst mit gesamtdeutschem Anspruch. Für ihn hatte Mann durch seine Reden eine wichtige Rolle, nämlich die eines Repräsentanten Gesamtdeutschlands, erfüllt.

23 Thomas Mann an Theodor Heuss, 18.6.1955, in: Stiftung Bundespräsident Theodor-Heuss-Haus, NL Heuss, A: Heuss 73.4307 (Schiller Nationalmuseum/Deutsches Literaturarchiv Marbach/Neckar).

24 Vermerk vom 27.5.1955 über die Teilnahme an der Schillerfeier in Stuttgart am 8. Mai 1955, in: BArch, B 136, Nr. 3921.

25 Adenauers Urteil über Mann ist überliefert durch Marcel-Reich-Ranicki: »Was ich empfinde«. Über eine neue deutsche Mordphantasie. München und der Geist der Erzählung. Dankesrede zur Verleihung der Ehrendoktorwürde«, in: FAZ vom 12.7.2002.

Die Auseinandersetzung um das kulturelle Erbe in den 50er Jahren: Die Dominanz der Klassiker

Thomas Mann, der wie Heuss die Nation vom Geistigen her dachte und die deutsche Kulturnation trotz politischer Teilung aufrechtzuerhalten wünschte, war in das Fadenkreuz der deutsch-deutschen Auseinandersetzung geraten. Für die DDR war diese bis Mitte der 50er Jahre mit einer Kulturoffensive und einem kulturellen Alleinvertretungsanspruch verbunden, während die Mehrheit der Bonner Verantwortlichen defensiv reagierte und es ablehnte, mit der DDR eine Propagandaschlacht um das kulturelle Erbe zu führen. Dem unermüdlichen Werben der SED-Kulturfunktionäre für einen innerdeutschen Kulturdialog und Kulturaustausch, für gemeinsame Initiativen zur Wahrung der deutschen Kultur und des kulturellen Erbes, das in engem Zusammenhang mit der Wiedervereinigungsprogrammatik der SED stand und mit dem Amtsantritt Bechers als Kulturminister 1954 noch forciert wurde, begegnete das BMG ebenso wie die zuständigen Behörden der Länder und Städte in der Bundesrepublik mit großem Misstrauen. Denn dort ging man davon aus, dass Kunst als Tarnkleid für kommunistische Infiltration und die Erschleichung der bisher von der Bundesrepublik verweigerten politischen Anerkennung genutzt werde. Während der West-Berliner Senat für den Kulturaustausch Regeln aufstellte, die diesen praktisch unterbanden, und schließlich so weit ging, Ost-Berliner Theaterintendanten den Besuch von West-Berliner Theaterpremieren zu untersagen, erließ das BMG Grundsätze, die den Kulturaustausch zwar prinzipiell befürworteten, ihn aber zugleich starken Restriktionen unterwarfen. Unerwünscht war der Besuch von Persönlichkeiten, »die sich durch Wort oder Taten zu dem in der sowjetischen Besatzungszone herrschenden System der Unfreiheit bekannt haben oder von diesem System als Vertreter der neuen Kultur in Anspruch genommen wurden«.[26] Eine solche Persönlichkeit war beispielsweise Bertolt Brecht. Noch 1955 befürwortete das BMG – vermutlich ohne zu wissen, dass der Kommunist Brecht für die SED-Oberen zum Ärgernis geworden war – eine Boykottierung seiner Stücke in der Bundesrepublik, die das BMG damit rechtfertigte, dass es sich »um den Boykott eines mit den Tyrannen verschwisterten, in höchstem Maße opportunistischen Gesinnungsgenossen« handle.[27] Allein dessen Ansehen im Ausland war spätestens nach dem

26 Franz Thedieck (BMG) an Rudolf Vogel, 17.11.1951, in: BArch, B 106, Nr. 1079.

27 Der Bundesminister für gesamtdeutsche Fragen: Verbindungs- und Austauschmöglichkeiten zwischen den verschiedenen deutschen Landesteilen auf kulturellem Gebiet. Bericht vom 20.5.1955, in: BArch, B 136, Nr. 3919.

großen Erfolg des Berliner Ensembles in Paris im Jahr 1954 so groß, dass es nach 1953 nur 1961 noch einmal zu einer kurzfristigen Absetzung Brecht'scher Stücke kam. 1957 allerdings strich das Auswärtige Amt die Mittel für Gastspielreisen des Bochumer Schauspielhauses, das die »Dreigroschenoper« zur Aufführung bringen wollte, und Heinrich von Brentano verglich bekanntlich die späte Lyrik Brechts mit der Horst Wessels.

Auf Länderebene wurde der innerdeutsche Kulturaustausch teilweise durch Verbote unterbunden. So wurde der von dem Münchener Professor für Anthropologie, Karl Saller, 1952 organisierte Deutsche Kulturtag in Bayreuth, der ein Ost-West-Gespräch zum Ziel hatte, das sowohl zur Wahrung und Weiterentwicklung des kulturellen Erbes als auch zur Rettung der Einheit der deutschen Kultur durch ein gemeinsames Kulturprogramm beitragen sollte, vom bayerischen Innenminister Wilhelm Hoegner (SPD) verboten. Einige aus der DDR angereiste Teilnehmer wurden kurzfristig verhaftet. Zu Unrecht wurde unterstellt, dass es sich bei der Veranstaltung um ein Unternehmen des in der Bundesrepublik verbotenen Demokratischen Kulturbundes Deutschlands handle, der als kommunistische Tarnorganisation galt. Auch in den folgenden Jahren schritt die Polizei ein, um eine Abhaltung des Kulturtages zu verhindern, was dazu führte, dass dieser immer stärker in kommunistisches Fahrwasser geriet. In der DDR wurden die Verbote als Ausweis der ideologischen Schwäche der Bundesrepublik gewertet.[28]

Auf Bundesebene verliefen die Linien der Auseinandersetzung zumeist nach dem gleichen Muster: Während das BMG den Blickwinkel des Verfassungsschutzes übernahm und nur Kontakte unterstützen wollte, die den »Widerstandswillen der Bevölkerung in der SBZ gegen das bolschewistische Regime stärken«, warnte das Bundespräsidialamt vor dem Anlegen schwarzer Listen und plädierte für einen möglichst umfangreichen innerdeutschen Kulturaustausch. Auch Herbert Wehner als Vorsitzender des Gesamtdeutschen Ausschusses hielt die »Angst vor gelegentlichem Auftreten sowjetzonaler Künstler« für übertrieben, da die »Bevölkerung gegen den kommunistischen Bazillus immun« sei.[29]

Trotz der Grundsätze des BMG kam es zu zahlreichen Gastspielen und Konzerten von Künstlern der DDR in der Bundesrepublik, wie auch umgekehrt

28 Zur Programmatik und zum Streit um den Deutschen Kulturtag sowie zur Person Karl Sallers vgl. Bayerisches Hauptstaatsarchiv, Mk Akte 44239. Alle Verbote wurden durch die Verwaltungsgerichte aufgehoben.

29 Der Bundesminister für gesamtdeutsche Fragen an den Bundesminister des Innern, 14.3.1956, in: BArch, B 106, Nr. 1079, Besprechung über den kulturellen Ost-West und West-Ost Verkehr am 13.3.1952, in: BArch, B 122, Nr. 2311.

westdeutsche Ensembles den Weg in die DDR nicht scheuten. Deutsch-deutsche Kunstausstellungen waren Mitte der 50er Jahre keine Seltenheit mehr, und die Verlage fanden fast immer Wege, um die innerdeutsche Grenze zu überwinden. Zudem musste die politische Teilung nicht zwangsläufig zum Scheitern einer gesamtdeutschen Erbepflege führen. Die Goethe-Gesellschaft wie auch die Neue Bach-Gesellschaft überlebten die Jahre der Spaltung trotz aller Politisierungsbestrebungen der DDR-Regierung und Einreiseverweigerungen für westdeutsche Mitglieder als ungeteilte Nischen des Bürgertums. Auch die Nationalausgabe der Schiller'schen Werke blieb ein – wenn auch zunächst von Bonn und später von Ost-Berlin beargwöhntes – gesamtdeutsches Unternehmen, das bis heute noch nicht abgeschlossen ist. Und selbst dort, wo deutsch-deutsche Konkurrenzorganisationen entstanden waren, wie im Falle der Akademie der Künste, kam es zu Gemeinschaftsleistungen wie etwa der Rekonstruktion der Schadow'schen Quadriga auf dem Brandenburger Tor.

Dem Abhalten gemeinsamer Gedenkveranstaltungen stand freilich nicht nur die politisch instrumentalisierte Erbeaneignung in der SED entgegen, sondern auch die unterschiedliche Gedenkkultur. Denn im Gegensatz zu den DDR-Machthabern, die aus Gedenktagen Propagandaveranstaltungen machten, hatten sich die Regierungen der Bundesrepublik in den 50er und 60er Jahren den Grundsatz zu eigen gemacht, in Abgrenzung zu den dirigierten Feiern im NS-System und in der DDR keine »Staatsfeiern« und »Staatsakte« zu veranstalten, sondern diese den Parteien und den tragenden kulturellen Kräften zu überlassen. Einer Renaissance des massenmobilisierenden Fest- und Staatskultes schob in der Bundrepublik auch das Grundgesetz einen Riegel vor, das die Kulturpolitik zu einer Aufgabe der Länder und auch der Städte erklärt hatte. Das führte freilich auch dazu, dass Bundesmittel für Künstler und repräsentative Einrichtungen zunächst nur sehr spärlich flossen. Während sich die 1953 gegründeten Nationalen Forschungs- und Gedenkstätten der klassischen deutschen Literatur in Weimar selbst nach Einschätzung des Vorsitzenden der Marbacher Schillergesellschaft, Wilhelm Hoffmann, Mitte der 50er Jahre »mustergültig präsentierten«,[30] sammelten in Deutschlands Südwesten die Schulkinder noch immer »Schillergroschen«, da Bundeshilfen zunächst nur für den Wiederaufbau des Goethe- und des Schillerhauses in Frankfurt am Main bzw. in Marbach zur Verfügung gestellt worden waren. Viele Künstler in der Bundesrepublik lebten in großer Armut. In der DDR hingegen gewährte man, so Brecht, »den Künstlern einen hohen Lebensstandard und versprach

30 Wilhelm Hoffmann an Hans Bott, 31.5.1955, in: BArch, B 122, Nr. 325.

ihn den Arbeitern«.[31] Zahlreiche Kulturschaffende remigrierten nicht zuletzt deshalb in die DDR, was die SED als vermeintlichen Ausweis für die kulturelle Überlegenheit der DDR propagandistisch auszuschlachten wusste.

Kulturpolitik war in der Bundesrepublik abhängig von Einzelpersonen. Der erste Bundespräsident stellte sich nicht zu Unrecht in die Nachfolge Ludwigs I. von Bayern und Friedrich Wilhelms IV., als er 1959 den prosaischen Adenauer, der Goethes »Faust« am liebsten auf den Index gesetzt hätte, davor warnte, seine Leistungen auf dem Gebiet der Kulturpolitik wieder zunichte zu machen. Heuss war der Spiritus Rector der Künstlerhilfe, er unterstützte die Gründung einer Friedrich-Schiller-Stiftung in Westdeutschland und machte Geld locker für den Wiederaufbau des Germanischen Nationalmuseums in Nürnberg, wo er sich als Vorsitzender des Verwaltungsrates für die Errichtung von Heimatgedenkstätten einsetzte, um das kulturelle Erbe in den Vertreibungsgebieten vor Verlust zu bewahren. Heuss wusste sich in diesem Fall mit dem BMG einig, die der DDR-Propaganda zuwiderlaufende Präsentation des ostdeutschen Kulturerbes als Zeugnis der Unteilbarkeit der deutschen Kultur zu fördern.

Zur Wiederbelebung bildungsbürgerlicher Ideale tat kein Bundespolitiker mehr als Heuss. Die Klassiker sollten erneut zu einer »Geschichtsmacht in der Bildung des deutschen Geistes« werden – und das nicht nur als Schullektüre. Durch ein »gemeinverbindliches deutsches Bildungsideal« wollte Heuss die Deutschen in die Lage versetzen, »das Gespräch mit der Welt gemeinsam und von Deutschland aus zu führen«. Er teilte die Hoffnung des Bildungsbürgertums, dass die Rückbesinnung auf die Klassik, auf Goethe, Beethoven und Schiller, »in der Zerschlagenheit der Zeit Festigung und Trost« spenden könnte.[32] In der Bundesrepublik war die Erbepflege vor allem Gegenstand des bildungsbürgerlichen Diskurses, der die Klassiker in die christlich-abendländische Tradition stellte. Sie dienten als Bollwerk gegen den Absturz in den Nihilismus und gegen die Versuchungen des Kommunismus. Die Pfade zurück zur Goethe-Zeit sollten zugleich den Weg bereiten zur »Wiedergewinnung eines geistigen Kontaktes mit den übrigen abendländischen Völkern«.[33]

31 Brecht, Bertolt: Quelle der Unzufriedenheit, in: ders.: Werke. Große kommentierte Berliner und Frankfurter Ausgabe, hrsg. von Werner Hecht, Jan Knopf, Werner Mittenzwei und Klaus-Detlef Müller, Bd. 23, Berlin 1997, S. 416.

32 Heuss an die Deutsche Schillergesellschaft, 2.9.1954, in: BArch, B 122, Nr. 325; ders.: Rede im Parlamentarischen Rat, in: Heuss, Politik durch Kultur, S. 63; ders., Antrittsrede im Deutschen Bundestag am 12.9.1949, in: Reden der Deutschen Bundespräsidenten. Heuss, Lübke, Heinemann, Scheel. Eingeleitet von Dolf Sternberger, München/Wien 1979, S. 5–10, hier S. 10.

33 So Meinecke, Friedrich: Die deutsche Katastrophe. Betrachtungen und Erinnerungen, Wiesbaden 1946, S. 171.

Die Rehabilitierung moderner Kunst stand in den 50er Jahren auch in der Bundesrepublik noch im Schatten der Klassikerrezeption. Sie wurde gefördert durch den Kulturkreis des Bundes der Deutschen Industrie (BDI) und in einigen Fällen durch das BMG, das der Verfemung der modernen Kunst in der DDR entgegenwirken wollte. Die auch vom BMG geförderte Documenta wurde nicht zufällig 1955 in der »Zonenrandstadt« Kassel eröffnet. Sie sollte in den Osten ausstrahlen, den »Brüdern und Schwestern« hinter dem Eisernen Vorhang ein Sinnbild der Freiheit des Geistes sein.[34] Es ist freilich übertrieben, die Präsentation moderner, vor allem abstrakter Kunst zu einer »ideologischen Superwaffe des Kalten Krieges« zu erklären[35] und sie damit auf eine Stufe mit dem in der DDR geführten Kampf um das kulturelle Erbe zu stellen.

Dort ging freilich die mit dem kulturellen Erbeanspruch verbundene Hochschätzung der Klassik und des Humanismus mit einer Verteufelung moderner Literatur, Kunst und Musik einher, die als formalistisch, westlich dekadent und kosmopolitisch abqualifiziert wurde, wobei Kosmopolitismus für Amerikanismus stand. Als Treuhänderin des kulturellen Erbes focht die SED-Spitze, spätestens seit sie, dem Diktat der sowjetischen Besatzer folgend, auf der 5. Tagung des ZK der SED im März 1951 dem Formalismus offiziell den Kampf angesagt hatte, gegen die »amerikanische Kulturbarbarei«, die »geistige Marshallisierung«, die das kulturelle Erbe verfälsche und das deutsche Nationalbewusstsein durch ihren »Kosmopolitismus« zu vergiften drohe. Ein Dichterfürst wie Goethe musste davor bewahrt werden, von den Amerikanern als Kronzeuge eines wurzellosen Kosmopolitismus missbraucht zu werden.[36]

Die deutschen Humanisten, Goethe wie Schiller, Cranach wie Dürer, Bach wie Beethoven, wurden trotz des ihnen vorgeworfenen Verkennens der Gesetze des historischen Materialismus als Bannerträger des Fortschritts reklamiert, als Vorkämpfer gegen die Papstkirche und das Feudalsystem, gegen die kleindeutsche Zersplitterung und für die nationale Unabhängigkeit. Sie verkörperten die weiße Linie der Geschichte, die zur DDR führte, während die schwarze reaktionäre Linie der Geschichte in der Bundesrepublik endete. Geschichte und Literatur waren untrennbar miteinander verwoben. Goethes »Faust II« als

34 Vgl. Kimpel, Harald: »Die Berufung einer Stadt«. Kassel und die documenta, in: Wegner, Karl Hermann (Hrsg.): Kassel 1955. Die Stadt im Jahr der ersten documenta. Ausstellungskatalog des Stadtmuseums Kassel, Marburg 1992, S. 93–99.

35 So Hermand, Jost: Revolution und Restauration. Thesen zur politischen ästhetischen Funktion der Kunst-Ismen nach 1918 und nach 1945, in: Feldman, Gerald D. u. a. (Hrsg.): Konsequenzen der Inflation, Berlin 1989, S. 331–349, hier S. 349.

36 Paradigmatisch hierfür Abusch, Alexander: Goethe und der Kosmopolitismus (1951), in: ders.: Kulturelle Probleme, S. 142–146.

Nationalepos wurde als symbolisches Kapital eingesetzt, um die eigenen Legitimitätsdefizite auszugleichen. Die Klassikerrezeption wirkte normsetzend für den sozialistischen Realismus.

Zugleich zielte die Erbepolitik darauf, das enterbte Bürgertum diesseits und jenseits des Eisernen Vorhangs durch die Wertschätzung der humanistischen Tradition zu vereinnahmen. Die Oberlehrerkultur der DDR sollte die alten bürgerlichen Eliten, auf deren Mitarbeit das DDR-Regime bis Ende der 50er Jahre noch nicht verzichten konnte, von einer Abwanderung in den Westen abhalten. Andererseits musste jedoch der aus dem klassischen Erbe hergeleitete sozialistische Realismus das Bürgertum von der DDR-Kulturpolitik entfremden. Dieser Grundwiderspruch zeichnete sich auch in der Wiedervereinigungspolitik ab. Die Klassik als Fundament der deutschen Nationalkultur sollte als Brücke zur deutschen Einheit dienen, ihre Vereinnahmung für den sozialistischen Realismus vertiefte jedoch die geistige Kluft zwischen den beiden deutschen Staaten. Die Klassik konnte entweder Instrument zur Abgrenzung gegenüber dem Westen oder Lockmittel zur Herstellung der deutschen Einheit sein, aber nicht beides.

Jeder Verstoß gegen das kulturelle Erbe galt als gefährlicher Angriff auf die deutsche Nationalkultur, der an der Legitimität und Identität der DDR rüttelte. Kulturelle Institutionen oder Erzeugnisse mit großer gesamtdeutscher Ausstrahlungskraft wie die Zeitschrift *Sinn und Form*, die unter der Chefredaktion Peter Huchels zu einer Insel der Kunst und des Intellekts wurde, oder das Berliner Ensemble, die beide im Westen wie eine Visitenkarte der DDR wirkten, verfielen schärfster Kritik, weil sie sich jenseits der verordneten Traditionslinie bewegten und damit nach Lesart der DDR-Oberen die durch den sozialistischen Realismus geprägte deutsche Nationalkultur verletzten.

Peter Huchel hatte im Mai 1953 Selbstkritik zu üben, weil *Sinn und Form* den SED-Kulturfunktionären zu westlich ausgerichtet war. Auch die Akademie der Künste, die die Zeitschrift herausgab, musste sich sagen lassen, dass sie die kritische Aneignung des Kulturerbes vernachlässige und ästhetisierende, volksfremde Inhalte anbiete. Dass Huchel noch bis 1962 Chefredakteur blieb, hatte er vor allem Brecht zu verdanken, der selbst bei der DDR-Regierung in Ungnade gefallen war. Brechts Schauspiel »Die Mutter« hatte Fred Oelßner, Mitglied des Politbüros und Sekretär des ZK der SED, eine »Kreuzung oder Synthese aus Meyerhold und Proletkult« genannt.[37] Die Inszenierung

37 Stenographische Niederschrift über die 5. Tagung des ZK der SED am 15., 16. und 17.3.1951, abgedruckt in: Lucchesi, Joachim (Hrsg.): Das Verhör in der Oper. Die Debatte um die

von Goethes »Urfaust« zog Brecht 1953 nach nur wenigen Aufführungen zurück, noch bevor die Kritikerin Johanna Rudolph, die schon bald zur Grauen Eminenz in Kulturangelegenheiten der DDR avancierte, diese als »Parteinahme [...] gegen das kulturelle Erbe und gegen die deutsche Nationalkultur« gewertet hatte, »die wir heute in Dingen um die Einheit Deutschlands aufs Äußerste verteidigen müssen, und ohne die eine Entwicklung unseres neuen demokratischen Kulturlebens undenkbar ist«.[38]

Dass er Faust – nach Ansicht der SED-Kulturfunktionäre – als negativen Helden gezeichnet, ihn ebenso wie Hanns Eisler in seiner Nationaloper »Johann Faustus« zu einem »Volksverräter« und damit zu einer »Zentralgestalt der deutschen Misere« gemacht hatte, ließ sich mit dem nationalen Geschichtsverständnis der SED nicht vereinbaren, die Abuschs Misere-Theorie ad acta gelegt hatte, um in der nationalen Konkurrenz die DDR als das bessere Deutschland auszuweisen, in dem der heroische Kampf der Arbeiterklasse gegen die Ausbeutung siegreich zu Ende geführt werde. Abusch, der ohne Zögern die DDR-Lesart der Geschichte übernommen hatte, erteilte Eisler die Lehre, dass sein »Faustus« zur Nationaloper nur dann werden könne, wenn er es verstehe, »Faust als die geistige Heldenfigur des leidenschaftlichen Kampfes gegen die deutsche Misere und zugleich für eine allseitige Erkenntnis der Welt darzustellen«.[39] Brecht widerstrebte nicht nur der oberflächliche Geschichtsoptimismus und die »scheußliche Oberlehrerphysiognomie«, die die SED gleich dem Bildungsbürgertum »Faust« gab, er hielt auch den weiteren Vorwurf, seine »Urfaust«-Inszenierung und Eislers »Johann Faustus« seien »asozial« und »antinational«, für ungerechtfertigt und bezeichnete es durchaus zu Recht als »unsinnig, den Kosmopolitismus der deutschen Klassiker leugnen zu wollen«.[40]

Die schweren Zusammenstöße zwischen Abusch und Brecht, der die Kritik des SED-Kulturfunktionärs »Geschmiere« nannte,[41] demonstrieren, welch

Aufführung »Das Verhör des Lukullus« von Bertolt Brecht und Paul Dessau, Berlin 1993, S. 127–176, hier S. 173.

38 Rudolph, Johanna: Weitere Bemerkungen zum »Faust«-Problem. Zur Aufführung von Goethes »Urfaust« durch das Berliner Ensemble, in: ND vom 27.5.1953, auch abgedruckt in: Bunge, Hans: Die Debatte um Hanns Eislers »Johann Faustus«. Eine Dokumentation, Berlin 1991, S. 119–126, hier S. 125.

39 Abusch, Alexander: Faust – Held oder Renegat in der deutschen Nationalliteratur?, in: Sinn und Form 5 (1953), S. 179–194, hier S. 194.

40 Brecht, Bertolt: Kosmopolitismus I und Thesen zur Faustus-Diskussion, in: ders.: Werke, Bd. 23, S. 141 und 246–249, hier S. 246f.; Diskussion über »Doktor Faustus« von Hanns Eisler, Protokoll von Käthe Rülicke aufgezeichnet, in: Bunge: Debatte, S. 114.

41 Bericht des Geheimen Informators Ernst vom 8.7.1953, abgedruckt in: Braun, Matthias: Die

zentrale Rolle die Erbeaneignung in der ideologischen Auseinandersetzung mit der Bundesrepublik und für die Identitätsstiftung mit dem eigenen Staat spielte. Solange Faust der Ahnherr der DDR war, konnte er nur als positive Heldenfigur auftreten, und solange sich die SED als Vorkämpferin der deutschen Einheit aufspielte, schien ein Anknüpfen der Kommunisten Brecht und Eisler an die proletarisch-revolutionären Traditionen der Weimarer Republik nicht opportun. Denn man wollte dem Westen keinen Vorwand geben, um die DDR des Kulturbolschewismus zu zeihen, sondern sich als Land von hoher Kultur und Bildung präsentieren. Und solange die SED das Bündnis mit den Intellektuellen und alten Eliten suchte, konnte der SED nicht daran gelegen sein, dass wie bei Brecht und Eisler die Schuld und Mitschuld der Intellektuellen und des Bildungsbürgertums an der deutschen Misere, sprich: dem Nationalsozialismus thematisiert wurde. Nicht der Marxist Brecht, dessen Stücke in der ersten Hälfte der 50er Jahre in den Schulen der Bundesrepublik nicht gelesen wurden und gemäß einem Beschluss der Abteilung Kultur beim ZK der SED vom Januar 1952 auch aus dem Literaturkanon der DDR-Oberstufen gestrichen werden sollten, sondern der Bürger Thomas Mann setzte Maßstäbe für die Ästhetik des sozialistischen Realismus.

Die Abwendung von den Klassikern in beiden deutschen Staaten

Erst Mitte der 50er Jahre, als Chruschtschows Zweistaatentheorie zum parteioffiziellen Dogma erhoben wurde, die Intellektuellen nach dem Aufstand in Ungarn stärker auf die Linie der Partei eingeschworen werden sollten und Lukács als Literaturpapst in Ungnade gefallen war, wurde auch die proletarisch-revolutionäre Tradition in das kulturelle Erbe der DDR integriert. Brecht avancierte nun neben Becher zur großen Leitfigur der DDR. 1959, als des 200. Geburtstages Schillers gedacht wurde, stand Weimar als Erinnerungsort bereits im Schatten Bitterfelds. Die häufig beschworene Einheit von Weimar und Bitterfeld lief darauf hinaus, dass das klassische kulturelle Erbe nun immer häufiger mit dem Alltag des Sozialismus identifiziert wurde. Stellvertretend für die Produktionsgesellschaft DDR wurde Bitterfeld, »wo arbeitende Menschen unserer Tage neue humanistische Maße und Werte schaffen, indem sie auf sozialistische Art zu arbeiten, zu lernen und zu leben begonnen haben«,

Literaturzeitschrift »Sinn und Form«. Ein ungeliebtes Aushängeschild der SED-Kulturpolitik, Berlin 2004, S. 160 f.

zur »pädagogischen Provinz des sozialistischen Humanismus« erklärt.[42] Im Frühjahr 1961 konnte man im Weimarer Buchhandel Goethes »Faust« nicht mehr kaufen, da die Papierkontingente für die Gegenwartsliteratur verbraucht wurden. Ulbricht, geprägt durch die Klassikverehrung der deutschen Arbeiterkulturbewegung, verklärte indes ein Jahr später die DDR als »Faust III«, den Goethe nicht mehr hatte verfassen können, den aber die Werktätigen und Wissenschaftler der DDR »mit ihrem Kampf für Frieden und Sozialismus« zu schreiben begonnen hätten.[43]

Der Teufel musste freilich aus »Faust III« verbannt werden, wo die Entwicklung einer allseits gebildeten Persönlichkeit die Arbeitsproduktivität steigern sollte, wo zur Feder greifende Kumpel und in Fabriken gehende Künstler einen Gegentypus und Antipoden zu den Intellektuellen bilden sollten, die wie etwa Hans Mayer und Ernst Bloch – wenngleich auf dem Boden des Marxismus stehend – die Deutungshoheit der SED über das kulturelle Erbe in Frage stellten und die DDR-Kulturpolitik aus ihrer Isolation befreien wollten. Vor allem aber zielte der Bitterfelder Weg auf eine Abgrenzung gegenüber der Bundesrepublik und erteilte einer ideologischen Koexistenz eine deutliche Absage. Propagiert wurde nicht mehr die deutsche Nationalkultur, sondern die Überlegenheit der sozialistischen Nationalkultur gegenüber Westdeutschland, dessen »klerikal-militaristische Tendenz« mit »echter Kultur« unvereinbar sei. Das kulturelle Erbe, das bis Mitte der 50er Jahre die Wiedervereinigungsprogrammatik legitimiert hatte, musste nun Stoff für die deutschlandpolitische Abgrenzung liefern. Lenins Theorie der zwei Kulturen kam Anfang der 60er Jahre in Mode und damit die Absage an die Einheit der deutschen Kulturnation, wobei allerdings in der Ära Ulbricht die Idee der Nation noch nicht in die Mottenkiste verbannt wurde. So war es Ulbrichts Machtwort innerhalb der SED geschuldet, dass 1967 die Goethe-Gesellschaft nicht zweigeteilt wurde und trotz ihres nunmehrigen internationalen Gepräges ihren gesamtdeutschen Charakter wahren konnte. Auch war es weiterhin erklärtes Ziel der SED-Kulturfunktionäre, breite Kreise der westdeutschen Bevölkerung für eine Kulturbewegung zu gewinnen, »die das humanistische Erbe der deutschen Kultur bewahrt und weiterbildet«.[44]

42 Abusch, Alexander: Weimar und Bitterfeld (1960), in: ders.: Kulturelle Probleme, S. 195–204, hier S. 197, 199.

43 Ulbricht, Walter: An alle Bürger der Deutschen Demokratischen Republik! An die ganze Deutsche Nation, Berlin 1962, S. 6.

44 Vgl. hierfür und für das Folgende Arbeitsgruppe »Sozialistische Nationalkultur« (Leiter Alfred Kurella), Material für Ulbricht und Hager (1962), in: Akademie der Künste (AdK), NL Kurella, Nr. 1394.

Die SED-Ideologie wurde freilich immer sehr schnell unglaubwürdig, wenn das »progressive« kulturelle Erbe in der Bundesrepublik tatsächlich zum Allgemeingut wurde. So reagierte der Vorsitzende für Fragen der Kultur beim Politbüro des ZK der SED, Alfred Kurella, Anfang der 60er Jahre mit Empörung darauf, dass Bertolt Brecht und Thomas Mann sich mittlerweile in der Bundesrepublik großer Wertschätzung erfreuten und auch in den Dienst der Auslandspropaganda gestellt wurden. Einige Jahre später stellte Kurella fest: »Bonn sucht Einbruch auf dem Gebiet der Kultur.«[45]

Je sichtbarer das Bestreben der Verantwortlichen in der DDR wurde, das Land auch kulturell zu spalten, umso mehr bemühten sich die politisch Verantwortlichen in Bonn, in Abkehr von früheren Grundsätzen, den Kulturaustausch mit der DDR zu intensivieren. Bereits 1958 plädierte das BMG für ein Höchstmaß von Freizügigkeit im innerdeutschen kulturellen Verkehr, selbst auf die Gefahr hin, »Politikfunktionäre dabei zu haben«.[46] Wenngleich trotz der Forcierung des Kulturdialogs die Lese- und Literaturgesellschaft in den 50er und 60er Jahren noch gespalten blieb, so gab es doch auch konvergente Entwicklungen. Brecht fand Eingang in die Lesebücher westdeutscher Schulen, seine Stücke gehörten bereits Ende der 50er Jahre zu den meistgespielten auf bundesdeutschen Bühnen, so dass Martin Walser schon bald bissig bemerkte: »Die Courage könnte man schließlich auf jeder ›Villa Hügel‹ dieser Welt en suite spielen, und es würde sich nichts ändern.«[47]

Auch in der Bundesrepublik bildete das Jahr 1959 für die Rezeption der Klassik eine Zäsur. Heuss, die Inkarnation des Bildungsbürgers, trat von der politischen Bühne ab. Carl Zuckmayer hatte zwar auf der Gedenkfeier zum 200. Geburtstag Schillers noch einmal in dessen Ruf nach der »Schönheit als Tor zur Freiheit« eingestimmt, aber als Friedrich Dürrenmatt im gleichen Jahr den Schiller-Preis der Stadt Mannheim verliehen bekam, erteilte dieser der Vorstellung von den Klassikern als den »heiligsten Gütern der Nation« eine Absage. Und auch Walter Muschg rechnete in seiner 1959 gehaltenen Schiller-Gedenkrede mit der verkrusteten Klassizität Schillers ab: »Es gilt heute als ausgemacht, dass wir seine weitausholende pathetische Rhetorik nicht mehr ertragen.«[48] Studenten, die im selben Jahr nach ihren Lieblingsschriftstellern

45 Alfred Kurella an Walter Ulbricht, 28.6.1967, in: ebenda, Nr. 2714.

46 BMG Vermerk betr. Pflege der kulturellen Beziehungen zur SBZ und zu den Ostblockstaaten vom 14.2.1958, in: BArch, B 106, Nr. 1081.

47 Walser, Martin: Erfahrungen und Leseerfahrungen, Frankfurt a.M. 1965, S. 80.

48 Zuckmayer, Carl: Ein Weg zu Schiller, Frankfurt a.M. 1959, S. 78; Dürrenmatt, Friedrich: Mannheimer Schiller-Rede, in: Oellers, Norbert: Schiller – Zeitgenosse aller Epochen. Dokumente zur Wirkungsgeschichte in Deutschland, Teil II 1860–1966, München 1976,

gefragt wurden, nannten Mann und Brecht vor Goethe. Schiller zählte nicht mehr zu den Spitzenreitern. 1959 war auch das Jahr, in dem in Bonn über Möglichkeiten einer verstärkten Förderung der vom Deutschen Gewerkschaftsbund (DGB) und der Stadt Recklinghausen veranstalteten Ruhrfestspiele nachgedacht wurde. Die hohe Kultur sollte nicht allein dem Bildungsbürgertum vorbehalten bleiben. Heuss übernahm die Schirmherrschaft des Kuratoriums des Vereins der »Freunde der Ruhrfestspiele«, die mittlerweile auch in der DDR Nachahmung gefunden hatten und hüben wie drüben die positive Einstellung des Arbeiters zum Staat festigen sollten – in der DDR freilich nicht immer auf individueller freiwilliger Basis. Noch wurden die Ruhrfestspiele von den Bonner Politikern als eine »moralische Anstalt« gewertet, denn sowohl die ostdeutschen als auch die westdeutschen Arbeiter bevorzugten Klassikeraufführungen.

Erst in den späten 60er Jahren wurde in Recklinghausen zunehmend Agitprop-Theater gespielt, das in den 50er Jahren noch so verpönt gewesen war, dass selbst ein Regisseur wie Erwin Piscator sich an die Konventionen angepasst und konventionelles Theater geboten hatte. Die geistige Ausstrahlung Bitterfelds erreichte nun auch einige Kreise in der Bundesrepublik. Erika Runge veröffentlichte 1968 die *Bottroper Protokolle,* und nach Auseinandersetzungen mit der Dortmunder Gruppe 61 wurde 1970 der Werkkreis Literatur der Arbeitswelt gegründet. Der entscheidende Anstoß zur Götterdämmerung der Klassiker in der Bundesrepublik erfolgte freilich nicht durch das Bitterfelder Vorbild, dessen Einfluss eher gering zu veranschlagen ist, sondern durch den »Zürcher Literaturstreit« im Jahr 1966, in dem Emil Staiger, anknüpfend an die Klassik, von der Gegenwartsliteratur verlangte, dass sie das »Urmaß« wiederauferstehen lassen müsse, »nach dem der Mensch geschaffen wurde«, worauf Max Frisch in einer scharfen Replik antwortete, dass Staigers Rede von den »Regierungsmännern und Erziehungsdiktatoren und Staatspreisträgern der Sowjetunion« gewiss begrüßt worden wäre.[49]

Erst die bundesdeutsche Studentenbewegung glaubte, den Klassikern den endgültigen Todesstoß versetzen zu müssen. Sie verwies – wie bereits der Germanist Richard Alewyn im Jahr 1949 – darauf, dass Weimar bei Buchenwald lag, prangerte den »bildungsbürgerlichen Kulturkonsum« an und stürmte Bühnen wie zum Beispiel die des Berliner Schiller-Theaters, wo Ernst Schröder

S. 430–439, hier S. 431; Muschg, Walter: Schiller – Die Tragödie der Freiheit, in: Schiller. Reden im Gedenkjahr 1959, Stuttgart 1961, 218–239, hier S. 222.

49 Die Reden Staigers und Frischs sind abgedruckt in: Süddeutsche Zeitung vom 23.12.1966 und Die Weltwoche vom 23.12.1966.

in seiner Rolle als Faust innehalten musste, als ein studentischer Sprechchor skandierte: »Was geht uns Goethe an, was geht uns Johnson an!« Als Carlo Schmid 1967 den Goethepreis der Stadt Frankfurt verliehen bekam, empfingen ihn die studentischen Kritiker des Establishments mit dem Ruf: »Nieder mit Goethe!« Plakate wurden hochgehalten, auf denen zu lesen war: »Carlo! Gib die 50 000 dem Vietcong.« Die Literaturwissenschaft blieb von dieser Entwicklung nicht unberührt. Reinhold Grimm und Jost Hermand polemisierten gegen die »Weimarer Hofklassik«, die »verehrt und damit mumifiziert« werde.[50] Doyens der Klassikforschung wie Benno von Wiese beklagten die Verbannung der Klassiker aus den Universitäten und dem Deutschunterricht der Schulen, und der Kölner Literaturwissenschaftler Walter Hinck glaubte ein Jahrzehnt später sogar, dass die Bundesrepublik »drauf und dran sei, die Klassiker der deutschen Literatur an die DDR zu verlieren«.[51]

Das theoretische Gerüst für die Kritik an der Klassik im Besonderen und an einer »affirmativen Kultur« im Allgemeinen hatten Theodor W. Adorno und Herbert Marcuse geliefert, die freilich nicht nur die klassischen Harmonievorstellungen des Bildungsbürgertums in Frage stellten, sondern auch den »heroischen Realismus« – sei er von den roten oder braunen Machthabern verordnet –, der in eine Traditionslinie mit dem bürgerlichen Idealismus gestellt wurde. Hatte Adorno »Kunst noch als die gesellschaftliche Antithesis zur Gesellschaft« verstanden,[52] so radikalisierte sein Schüler Hans Magnus Enzensberger dessen Schmähung der Tröstungen der Kunst, indem er im November 1968 in dem von ihm herausgegebenen *Kursbuch* die Kunst zwar nicht für tot erklärte, aber doch zu einer lebendigen Leiche. Sein 1972 herausgegebenes dreibändiges *Lesebuch zu den Klassenkämpfen in Deutschland*, das die Verfechter einer linken revolutionären Tradition vorstellt, lässt deutlich werden, dass für ihn nur Literatur zählte, die in den Dienst des Klassenkampfes gestellt werden konnte. Enzensberger versuchte eine sozialistische Nationalliteratur zu begründen, knüpfte allerdings an ganz andere Erbestränge als die SED-Kulturfunktionäre an, die in Enzensberger einen ideologischen Feind sahen.

50 Grimm, Reinhold/Hermand, Jost: Die Klassik-Legende, Göttingen 1971, S. 14.

51 Hinck, Walter: Das Verschweigen hat Methode. Vom Elend unserer Literaturgeschichte, in: FAZ vom 2.4.1980.

52 Adorno, Theodor W.: Ästhetische Theorie, hrsg. von Gretel Adorno und Rolf Tiedemann, 10. Aufl., Frankfurt a.M. 1990, S. 19.

Eine »einheitliche deutsche Kulturnation«?

Auch in der Politik zeichnete sich ein kultureller Paradigmenwechsel ab – und dies nicht nur bei den Bildungs- und Kulturministern. Waren für Heuss die Klassiker der Leitstern, so würdigte Willy Brandt als Bundeskanzler die Exilschriftsteller, die unter »bedrückenden Verhältnissen« »Werke von bleibendem Wert geschaffen« hätten. Gustav Heinemann als Bundespräsident gab Anstoß zu einem neuen Geschichtsverständnis, indem er dafür plädierte, die Rückbesinnung auf freiheitlich-revolutionäre Traditionen nicht mehr länger allein den Erbepächtern in der DDR zu überlassen. Die »aufständischen Bauern« dürften auch in der Bundesrepublik nicht länger als »meuternde Rotten« angesehen werden.[53] Die Rückbesinnung auf freiheitliche und revolutionäre Traditionen in der Bundesrepublik – freilich nicht in der revolutionären Einseitigkeit eines Enzensberger – legte erst das Fundament für die Behauptung einer einheitlichen deutschen Kulturnation, die die politische Spaltung überdauern sollte.

Die Verteidigung der deutschen Kulturnation ging einher mit einer Intensivierung der Pflege des kulturellen Erbes in seiner ganzen Breite, die einheitsstiftend wirken und zugleich der Auseinandersetzung mit der Vergangenheit dienen sollte. So ließ sich die Bundesregierung das Gedenken an den 500. Geburtstag Dürers im Jahr 1971 über eine Million DM kosten. Brandt selbst hatte die Eröffnungsrede halten wollen, musste dann aber unvorhergesehen nach Warschau reisen. Er hatte durch sein Gedenken an Dürer den »Schutt des Dritten Reichs von der alten Kaiserstadt abtragen« und die Kultur zu einem »wirksamen Bindeglied mit der DDR« erklären wollen. DDR-Kulturminister Klaus Gysi, Terrainverluste auf dem Gebiet der Erbepflege befürchtend, höhnte in seiner eigenen Dürer-Rede, dass man im Westen versuche, die »sogenannte neue Ostpolitik mit dem Erbe aufzuputzen«.[54]

In der DDR wurde die von der Bundesregierung beschworene Einheit der Kulturnation ebenso zu einem an den Grundfesten der eigenen Ideologie rüttelnden Politikum wie die Kulturrevolution der »68er«, die mit den Liberalisierungsbestrebungen in der benachbarten Tschechoslowakei zusammenfiel,

53 Rede des Bundeskanzlers Brandt auf der Tagung des Verbandes deutscher Schriftsteller am 21.11.1970, in: Brandt, Willy: Mehr Demokratie wagen. Innen- und Gesellschaftspolitik 1966–1974. Berliner Ausgabe, Bd. 7, Bonn 2001, S. 240–243, hier S. 241; Rede Heinemanns bei der Schaffersmahlzeit am 13.2.1970 in Bremen, abgedruckt in: Politische Studien 21 (1970), S. 340–344.

54 Vgl. Entwürfe für die Brandt-Rede, in: BArch, B 136, Nr. 15467; die Rede Gysis zur Dürer-Ehrung ist abgedruckt in: ND vom 21.5.1971.

für die auch das dort wachgehaltene Erbe Kafkas verantwortlich gemacht wurde. In seiner Festrede anlässlich des 20. Jahrestages der Wiedereröffnung des Deutschen Nationaltheaters in Weimar stellte Klaus Gysi die Frage: »Welches Erbe ist uns gemäß? Faust oder Gregor Samsa?« Er ließ keinen Zweifel daran, dass nur der »tätige« und »ringende« Faust eine Leitfigur der DDR sein könne, denn das Erbe Kafkas habe die »ideologische und psychologische Ausgangsbasis für alle Theorien und Tendenzen des dritten Wegs geschaffen« und der »Propagierung der Entfremdung als menschliches Schicksal auch im Sozialismus« Vorschub geleistet.[55] Roger Garaudys Buch *Realismus ohne Ufer*, in dem der französische kommunistische Philosoph unter Berufung auf Kafka für eine undogmatische Erbeaneignung plädierte, wurde von Kurella wie Ulbricht als eine Preisgabe der sozialistischen Ideologie gewertet.[56] Kurellas Gegenschrift *Das Eigene und das Fremde* band die Entfremdung wieder an die soziale Ausbeutung zurück.

Durch die enge Verquickung zwischen Erbekonzeption und sozialistischer Ideologie drohte jedes Abweichen von dem parteioffiziellen Literaturkanon und Klassikerbild das ideologische Fundament der DDR zu unterminieren. Adolf Dresens und Wolfgang Heinz' »Faust«-Inszenierung am Deutschen Theater in Berlin 1968, in der Faust als ein von Selbstzweifeln gequälter Intellektueller dargestellt wurde, stieß im ZK der SED auf harsche Kritik. Volker Brauns Stück »Hans Faust« galt als respektlose Verunglimpfung des Erbes, weil es dem parteioffiziellen Bild von »Faust III« nicht entsprach. Brauns Replik gegen die »Goethepächter« traf messerscharf: »Sie haben aus Goethes Werk einen Werkhof gemacht, für die schwer erziehbare Nation. Sie schalten darin wie Gouvernanten.«[57]

Die ältlichen Gouvernanten mussten bald konstatieren, dass sie ihren Zögling nicht vor kulturellen Einflüssen aus der Bundesrepublik schützen konnten. Das Erbe »poppte« auch in der DDR. Ulrich Plenzdorfs *Die Leiden des jungen W.* barg nicht weniger Explosivstoff als Goethes *Werther* in seiner Zeit. Die Geschichte des 17-jährigen Außenseiters Edgar Wibeau, der unter Berufung auf Goethes *Werther* die in der DDR herrschende Bevormundung kritisierte und auf der Suche nach Selbstverwirklichung aus der Gesellschaft floh, stieß nicht

55 Die Rede Gysis ist abgedruckt in: Bunge, Debatte, S. 277–282.

56 Protokoll der 9. Tagung des ZK der SED am 28./29.5.1973 (Rede Honeckers), in: SAPMO-BArch, DY 30 IV/2/1; Alfred Kurella an ZK der SED, Kulturabteilung, 10.6.1966, in: AdK, NL Kurella, Nr. 2713; Alfred Kurella an Kurt Hager, 8.10.1968, in: AdK, NL Kurella, Nr. 2719.

57 Braun, Volker: Die Goethepächter, in: ders.: »Es genügt nicht die einfache Wahrheit«. Notate, Leipzig 1975, S. 48.

nur in der DDR, sondern auch in der Bundesrepublik auf große Resonanz, wo das Stück im Suhrkamp-Verlag erschien und von Schülern sogar in einer Billigausgabe erworben werden konnte. In der DDR entfachte das Stück eine hitzige Debatte, die vor allem in *Sinn und Form* ausgetragen wurde. Chefredakteur Wilhelm Girnus ließ den Verteidigern Plenzdorfs in seiner Zeitschrift breiten Raum, so dass die Wortführer des parteioffiziellen Klassikdogmas wie Helmut Holtzhauer, Direktor der Nationalen Forschungs- und Gedenkstätten in Weimar, oder Staranwalt Karl Friedrich Kaul, den die »Inbezugsetzung eines verwahrlosten Jugendlichen mit der Goetheschen Romanfigur« geradezu »ekelt[e]«,[58] auf verlorenem Posten standen. Vor allem Brechtianer wie Werner Mittenzwei führten Brecht gegen eine kritiklose Klassikverehrung ins Feld und versuchten, die Theorie, die DDR sei Vollstreckerin des klassischen Erbes, als unmarxistisch zu widerlegen.

Girnus, der in den 50er Jahren noch zu den erbarmungslosen Gegnern Brechts gezählt hatte, hielt weiterhin nichts davon, »aus Brecht ein Denkmal der unbefleckten Erkenntnis zu machen«[59]. Er fürchtete jedoch, dass durch eine »Verschulmeisterung des Kunsterlebnisses«, wie sie in der DDR noch immer üblich war, »jene Brache« entstehen könnte, »auf welcher der ›moderne Anarchismus‹ und die mehr und weniger naiven Schüler der sogenannten ›chinesischen Kulturrevolution‹ in Westeuropa unter dem vexillum der ›negativen Dialektik‹ säen und ernten«. In »diesem modernen Bildersturm«, zu dem in Westdeutschland von Adorno, Marcuse und Enzensberger geblasen werde, sah der Chefredakteur von *Sinn und Form* »die Strafe für die »restaurativ-schulmeisterliche Entmündigung der künstlerischen Vergangenheit«.[60] Die Debatte um Plenzdorfs Stück in *Sinn und Form* sollte eine kulturpolitische Offensive gegenüber den Dogmatikern in der DDR, aber auch gegenüber dem Westen einleiten, denn Girnus war der festen Überzeugung, dass die Regierung Brandt die literaturkritischen Strömungen fördere, »um die sozialistischen Länder besser unterlaufen zu können«. Zugleich beklagte er, dass die DDR-Germanistik einer prinzipiellen Auseinandersetzung ausweiche, wofür er die Brecht-Verehrung in beiden deutschen Staaten verantwortlich machte.[61] Um das kulturelle Erbe gegen die Bedrohung aus der Bundesrepublik zu retten, redete Girnus einer Kunst das Wort, die sich nicht in der »bloße[n]

58 Leserzuschrift Friedrich Kauls, abgedruckt in: Sinn und Form 25 (1973), S. 219.
59 Wilhelm Girnus an Kurt Hager, 20.12.1973, in: AdK-O, ZAA 754/2.
60 Girnus, Wilhelm: Die Glätte des Stroms und seine Tiefe. Betrachtungen über unser Verhältnis zur literarischen Vergangenheit, in: Sinn und Form (1974), S. 555–602, hier S. 599.
61 Wilhelm Girnus: Verschiebungen in den literaturtheoretischen und literaturkritischen Strömungen der Bundesrepublik, 16.1.1973, in: AdK, NL Girnus, Nr. 59.

Verherrlichung des Bestehenden« erschöpft, sondern den »Widerspruch zwischen Wirklichem und Möglichem auslotet« und damit dem Utopieverlust der Kunst durch Realitätsnähe entgegentritt.[62]

Die DDR-Oberen mögen über Girnus' Offensive erzürnt gewesen sein – das Politbüro hatte laut Girnus eine Einstellung von *Sinn und Form* erwogen –, sie hatten jedoch bereits selbst erkannt, dass die in der Bundesrepublik stattfindende Rückbesinnung auf das »fortschrittliche Erbe« eine Neudefinition des eigenen Erbekonzeptes verlangte. Bereits am 1. Oktober 1972 hatte der Ministerrat der DDR das Präsidium der Akademie der Künste beauftragt, in Zusammenarbeit mit dem Minister für Kultur und dem Präsidium der Akademie der Wissenschaften »eine langfristige Konzeption zur Pflege und Verbreitung des kulturellen Erbes auszuarbeiten«. Richtunggebend sollte Kurt Hagers Referat auf der 6. Tagung des ZK der SED vom Juli 1972 sein, in dem der Chefideologe der SED den verstärkten »ideologischen Kampf« mit dem »Klassengegner« in der Bundesrepublik verkündet und die »kulturellen und künstlerischen Traditionen des Humanismus«, der revolutionären Arbeiterbewegung sowie die der eigenen jüngsten Vergangenheit zur »ureigenste[n] Sache« der rechtmäßigen Erbin DDR erklärt hatte.[63] Dass der Dogmatiker Abusch den Vorsitz in der Arbeitsgruppe, die sich mit grundsätzlichen Fragen der Erbekonzeption beschäftigte, übernommen hatte, schloss eine grundlegende Revision der bisherigen kulturpolitischen Linie aus. Eine erste unter der Federführung Abuschs ausgearbeitete Vorlage, die im Sommer 1973 diskutiert wurde, war dann auch vor allem eine Kampfansage an die »Erbschleicher« in der Bundesrepublik, die die sozialistische Ideologie zu unterminieren versuchten. »Unverkennbar« sei, konnte man dort lesen, »das Bestreben der Regierung der BRD, neuerdings die humanistischen und revolutionären Traditionen der deutschen Geschichte und Kulturgeschichte zu einer ›progressiven‹ Aufpolierung des Kulturanspruchs der spätbürgerlichen Gesellschaft des Imperialismus zu verwenden.« Die Absicht, die dahinter stehe, sei »eindeutig: Unter den Schlagworten einer ›einheitlichen deutschen Kulturnation‹ auf der einen Seite und einer kosmopolitisch verstandenen ›europäischen Kultur‹ des Kapitalismus auf der anderen Seite soll die ideologische Diversion verstärkt werden.«[64]

62 Girnus, Wilhelm: Zukunftslinien VII, in: Sinn und Form 25 (1973), S. 1005–1075, hier S. 1034.

63 Referat auf der 6. Tagung des ZK der SED, 6.7.1972, abgedruckt in: Hager, Kurt: Beiträge zur Kulturpolitik. Reden und Aufsätze, Bd. 1: 1972–1981, Berlin 1987, S. 7–78, hier S. 57.

64 »Kulturpolitische Begründung einer langfristigen Konzeption der Pflege und Verbreitung des kulturellen Erbes« zum Schreiben Abuschs an Kurt Hager vom 15.6.1973, in: SAPMO-BArch, DY 30 IV B2/2.024/118.

Die Realisierung eines Gegenkonzeptes, mit dem man den westdeutschen Erberäubern entgegentreten konnte, gestaltete sich indes schwierig. Hagers Vorschlag, nach dem Vorbild der Forschungs- und Gedenkstätten in Weimar eine Forschungs- und Gedenkstätte der sozialistischen deutschen Literatur und Kultur in Berlin aufzubauen, stellte die Akademie der Künste vor große Probleme. In der Akademie war man höchst erzürnt darüber, dass die Regierung die Erforschung der Exilliteratur und der eigenen Traditionen nicht gefördert hatte, sondern auf diesem Gebiet von den Forschern geradezu »Partisanenarbeit geleistet« werden musste, während in der Bundesrepublik dank staatlicher finanzieller Unterstützung stattliche Werke über die Exilliteratur erschienen und die Deutsche Bibliothek in Frankfurt am Main bereits 1965 eine große Ausstellung organisiert hatte. Selbst das Erbe Brechts habe man sich von der Bundesrepublik entreißen lassen, klagte Manfred Wekwerth, Brechts Meisterschüler und späterer Präsident der Akademie der Künste.[65] Das Haus Suhrkamp war 1967 vorgeprescht, als es Brechts Werke in 20 Bänden publizierte. Die durch die verordnete Fixierung auf die Klassik entstandenen Terrainverluste gegenüber der Bundesrepublik auf dem Felde der Erforschung der Literatur des 20. Jahrhunderts konnten nicht mehr geleugnet werden. Konsterniert stellte man in der Akademie der Künste fest, dass man auf gesamtdeutschen literaturwissenschaftlichen Kolloquien nur noch Beifall von den konservativen Doyens der westdeutschen Literaturwissenschaft bekam.

Fehlende Konzepte und mangelnde finanzielle Mittel dürften der Hauptgrund dafür gewesen sein, dass die Abteilung Kultur beim ZK der SED vor Hast und Übereiltheit warnte und der Aufbau der neuen Forschungs- und Gedenkstätten eine zwölfjährige Anlaufzeit brauchte. Einstweilen begnügte man sich damit, die »imperialistische Legende von der einheitlichen deutschen Kulturnation« zu zerstören. So zeigten sich die Regierenden der DDR verschnupft darüber, dass Willy Brandt in seiner Regierungserklärung vom 18. Januar 1973 nicht nur das Fortbestehen Deutschlands als Kulturnation in der »unzerstörbaren Gemeinsamkeit der deutschen Sprache, der Kunst, der Kultur des Alltags und des geistigen Erbes« betonte, sondern auch, einen Vorschlag von Günter Grass aufgreifend, die Gründung einer deutschen Nationalstiftung in West-Berlin anregte, in der »auch das lebendige Erbe ostdeutscher Kultur eine Heimat finden« sollte.[66] Grass wurde nicht zuletzt wegen seines

65 Vgl. Plenartagung der Akademie der Künste am 18.10.1973, in: AdK-O, ZAA, Nr. 641/3; Stenographische Niederschrift der Tagung Arbeitsgruppe I der Kommission »Erbekonzeption« am 7.2.1973, in: AdK, NL Kurella, Nr. 1390.

66 Verhandlungen des Deutschen Bundestages, 7. Wp., Stenographische Berichte, Bd. 81, S. 130.

wortreichen Eintretens für die Fortexistenz der deutschen Kulturnation für die Regierenden der DDR zur Persona non grata. Erst 1984 veröffentlichte der für Auslandsliteratur vorgesehene Verlag Volk und Welt und nicht der eigentlich zuständige Aufbau-Verlag mit der Novelle *Katz und Maus* das erste Buch von ihm in der DDR.

Der bevorstehende Abschluss des deutsch-deutschen Kulturabkommens im Mai 1986 hatte in der West-Berliner Akademie der Künste den Anstoß zu einer Debatte über die Existenz oder Nichtexistenz einer deutschen Kulturnation gegeben. Während der aus der DDR geflohene Literaturwissenschaftler Hans Mayer in dem Begriff der Kulturnation ein Relikt des 19. Jahrhunderts sah, da es nichts Verbindendes zwischen dem »Denken, Handeln und Fühlen der Bewohner der DDR« und denen der Bundesrepublik gebe, verteidigte Grass den Begriff der Kulturnation, ging allerdings nicht wie Mayer von der Alltagskultur, sondern von der »hohen« Kultur aus. »Während Deutschland in allen möglichen Bereichen nahezu widerstandslos teilbar« gewesen sei, habe, so Grass, der »sensibelste Bereich«, jener der Künste, der Teilung widerstanden. Grass ventilierte abermals die Idee einer nunmehr gemeinsamen Nationalstiftung, die den Fortbestand der Kulturnation vertraglich festschreiben sollte.[67]

In der DDR hatte schon zu Beginn der 60er Jahre Stephan Hermlin, einer der einflussreichsten Wortführer in Sachen Kulturpolitik unter den Schriftstellern, mit Abusch die Klingen gekreuzt, weil er dessen Behauptung einer sozialistischen Nationalliteratur für falsch hielt. Für Hermlin, der sein 1976 erschienenes *Deutsches Lesebuch* dem *Klassenbuch* Enzensbergers entgegengestellt hatte, war die »Existenz einer Literatur [...] nicht deckungsgleich mit der Existenz von Staaten«.[68] Als Abusch auf einer Plenartagung der Akademie der Künste Ende 1980 erneut, wenn auch nur noch halbherzig, die Überlegenheit der sozialistischen Nationalkultur verteidigte, stieß er auf starken Widerspruch – diesmal nicht nur bei Hermlin. Christa Wolf griff den darin zum Ausdruck kommenden »DDR-Messianismus« an, hinter dem sich nur ein »DDR-Provinzialismus« verberge. Und selbst Peter Hacks, eher ein Verteidiger der kulturpolitischen Orthodoxie und zuweilen als »sozialistischer Goethe« verspottet, nannte die Literatur der Bundesrepublik und der DDR zum Ver-

67 Über den Kulturbegriff in Deutschland. Aus dem Hearing der Akademie der Künste am 26.1.1985 und Günter Grass an Richard von Weizsäcker, 6.9.1985, in: »... und die Vergangenheit sitzt immer mit am Tisch!« Dokumente zur Geschichte der Akademie der Künste (West) 1945/1954–1993, bearbeitet von Christine Fischer-Defoy, Berlin 1997, S. 479–483.

68 Hermlin, Stephan: In den Kämpfen dieser Zeit. Rede vor dem Schriftstellerkongreß, Mai 1978, in: ders.: In den Kämpfen dieser Zeit, Berlin 1995, S. 21–26, hier S. 24.

wechseln ähnlich.[69] Bechers Bekenntnis zu einer nationalen Kultur kam bei den Kulturschaffenden wieder in Mode, nicht jedoch bei den Regierenden der DDR, die noch 1979 durch das 3. Strafrechtsänderungsgesetz die Publikation missliebiger Literatur von DDR-Autoren in der Bundesrepublik zu verhindern suchten.

Der Kulturaustausch hatte sich, wie von den SED-Oberen befürchtet, zu einem Weichmacher gegen die harte Realität entwickelt. Wechselseitige Ausstellungen, deutsch-deutsche Wissenschaftlerkongresse, die Zusammenarbeit von Verlagen, die Koproduktion von Filmen, häufige Gastspielreisen von DDR-Ensembles in der Bundesrepublik, die Wahl von Ostdeutschen in die West-Berliner Akademie der Künste und umgekehrt und nicht zuletzt Schriftstellertreffen, die – anders als noch zu Beginn der 70er Jahre – keiner politischen Sensation mehr glichen, hatten zu einer kulturellen Annäherung geführt. Fritz Raddatz, der 1972 noch von zwei deutschen Literaturen gesprochen hatte, nannte Ende der 70er Jahre diese Auffassung einen Irrtum und sprach von »einer deutschsprachigen Literatur«.[70]

Diese Entwicklung war bedingt durch und bedingte zugleich einen neuen Blick auf das kulturelle Erbe. Das enge Korsett des Erbekanons wurde gesprengt, literarische Traditionen konnten nicht mehr länger »unter Quarantäne« gehalten werden, wie noch 1972, als Stephan Hermlin grimmig das amputierte Erbebewusstsein der DDR angeklagt hatte.[71] Lagen Ende der 60er Jahre Heine, Büchner, Herwegh und Brecht in der Bundesrepublik in nahezu allen Buchhandlungen aus, so mussten ab Mitte der 70er Jahre in der DDR die Romantik, der Expressionismus und die Avantgardisten der Moderne nicht mehr länger als »Sumpfblumen im Morast einer sterbenden Bourgeoisie« betrachtet werden.[72] Der kulturpolitische Öffnungsprozess lief parallel zu der durch Ingrid Mittenzwei 1978 angestoßenen Debatte über »Die zwei Gesichter Preußens«, die zur Revision der bisher üblichen Einteilung in einen fortschrittlichen und einen reaktionären Entwicklungsstrang der Geschichte führte.

Just zu der mit dem 35. Jahrestag der Gründung der Akademie der Künste in Ost-Berlin zusammenfallenden feierlichen Gründung der Nationalen For-

69 Stenographische Niederschrift, Plenartagung der Akademie der Künste der DDR am 20.11.1980, in: AdK-O, ZAA 966.

70 Raddatz, Fritz J.: Der gesellschaftliche und politische Rahmen deutscher Literatur heute, in: Politik und Kultur 1979, S. 28.

71 Hermlin, Stephan: Aide-Memoire, Papier für Erich Honecker, Mai 1972, in: ders.: In den Kämpfen dieser Zeit, S. 7–14, hier S. 8.

72 So die Formulierung von Mayer, Hans: Zur Gegenwartslage unserer Literatur, in: Sonntag vom 2.12.1956, S. 4.

schungs- und Gedenkstätten der DDR für deutsche Kunst und Literatur des 20. Jahrhunderts – das Adjektiv sozialistisch fehlte nunmehr bezeichnenderweise – befürwortete nolens volens auch die SED diesen kulturpolitischen Paradigmenwechsel. Politbüromitglied Kurt Hager erklärte »pauschale Aburteilungen etwa expressionistischer Werke als ›dekadent‹ oder ›formalistisch‹« für überholt und wollte in die Tradition nun auch alles das einbeziehen, »was an bereichernden Ideen in literarischen und künstlerischen Werken von Vertretern des Bürgertums enthalten ist«.[73]

Trotz aller Konvergenzen taten sich auch kulturelle Unterschiede in beiden deutschen Staaten auf, die auf zwei deutsche Kulturen auch im Bereich der Hochkultur verwiesen. Anders als in der Bundesrepublik wurde der Literaturkanon in der DDR nicht völlig aufgeweicht, die Klassik nicht an den Rand des Literaturunterrichts gerückt. Noch 1999 gaben in einer repräsentativen Umfrage 50 Prozent der ehemaligen Bürger der DDR an, den »Faust« gelesen zu haben, in der Bundesrepublik waren es gerade einmal 19 Prozent. In den Schulen der DDR genoss das kulturelle Erbe weiterhin einen höheren Stellenwert als in denen der Bundesrepublik, die Gedenkfeiern sollten noch bis 1989 die soziale und nationale Identität der DDR bekräftigen, wenngleich sie nur noch in seltenen Fällen »Staatsakten« glichen. Die Literatur wurde weiterhin als geistige Macht anerkannt, von den Opponenten des Systems vielleicht noch mehr als von den Herrschenden, weil sie sich wie die Kunst überhaupt als Vehikel zur Ideologiekritik nutzen ließ, während sie in der Bundesrepublik, wo die von DDR-Intellektuellen scharf kritisierte postmoderne Beliebigkeit und zynische Vernunft dominierte, als Mittel der gesellschaftlichen Auseinandersetzung immer weniger taugte. Gerade durch die Rückbesinnung auf die Romantik und den Expressionismus, auf Kleist, Trakl und Kafka, ließ sich vor Augen führen, »dass der Einzelne seelisch nur so krank sein kann, wie ihn die Gesellschaft macht«.[74] Den Utopieverlust veranschaulicht kein Buch schöner als Christa Wolfs *Kein Ort. Nirgends* mit dem fiktiven Dialog zwischen Heinrich von Kleist und Karoline von Günderrode, die beide nach Selbstverwirklichung und Autonomie streben und im Selbstmord enden. Auch die Travestie der Klassiker hatte weiterhin große politische Sprengkraft in einem Staat, in dem das klassische Erbe bis zum Ende ein wichtiges, wenn auch nicht mehr das neben dem marxistischen Erbe wichtigste Leitbild blieb. Der Kulturbund der DDR zog noch 1982 eine Grafik- und Gedichtsammlung zu Goethes

73 Hager, Kurt: Tradition und Fortschritt, in: Sinn und Form 37 (1985), S. 437–456, hier S. 447 und 449.

74 Kunert, Günter: Pamphlet für K., in: Sinn und Form 27 (1975), hier S. 1097.

150. Todestag, die den Titel »Prometheus 1982« trug, aus dem Verkehr, weil Marx' liebster Märtyrer nicht mehr als Titan auftrat, sondern als Künder des Unheils. Den Göttern auf dem Berliner Olymp, denen es gefiel, sich als Titanen in der Nachfolge Prometheus' zu präsentieren, wurde dort von den Bürgern der DDR, die ihr Sisyphosdasein leid waren und nun selbst in die Rolle des Prometheus schlüpften, das nahe Ende angekündigt.[75]

75 Rittig, Roland/Ziemann, Rüdiger (Hrsg.): Prometheus 1982. Unbeliebte Kunst aus der DDR, Halle/Zürich 1995.

Hermann Wentker

1954 Kirchentag in Leipzig

Kontakte und wechselseitige Wahrnehmungen der evangelischen Kirchen in Ost und West

Noch niemals zuvor hatten so viele Menschen den Schlussgottesdienst eines evangelischen Kirchentages besucht. 600 000 Menschen kamen am 11. Juli 1954 trotz Regens in Leipzig zusammen, um bei dem Höhepunkt dieser »Volksversammlung des deutschen Protestantismus«[1] dabei zu sein. Die Organisatoren hatten der Regierung in Ost-Berlin im Vorfeld zugesichert, den Kirchentag nicht für öffentliche Kritik an der DDR zu »missbrauchen«. Die fünftägige Veranstaltung stand unter dem Motto »Seid fröhlich in der Hoffnung«. Thema des Kirchentages war also die Hoffnung auf das Reich Gottes, die Lehre von der Eschatologie. Doch konnte damit nicht auch eine andere, sehr viel weltlichere Hoffnung gemeint sein, die sich auf die Zukunft des gespaltenen Deutschland bezog? Die Zusammenkunft, an der auch zahlreiche Besucher aus der Bundesrepublik teilnahmen, besaß eindeutig einen gesamtdeutschen Charakter: Kirchentagspräsident Reinold von Thadden bezeichnete in seinem Schlusswort den Kirchentag als »eine unübersehbare Klammer«.[2] In Leipzig kamen nicht nur deutsche Protestanten aus Ost und West zusammen, sondern auch deutsche Politiker: Bundestagspräsident Hermann Ehlers und Staatssekretär Walter Strauß vom Bundesjustizministerium trafen bei einem informellen Mittagessen auf Volkskammerpräsident Johannes Dieckmann und den stellvertretenden DDR-Ministerpräsidenten Otto Nuschke. Doch auch dabei wie bei der gesamten Versammlung stand das Symbolische im Mittelpunkt: Das deutsche Volk, so lautete die Botschaft des Kirchentages, war

1 So die Bezeichnung von Hanke, Christian: Die Deutschlandpolitik der Evangelischen Kirche in Deutschland von 1945 bis 1990. Eine politikwissenschaftliche Untersuchung unter besonderer Berücksichtigung des kirchlichen Demokratie-, Gesellschafts- und Staatsverständnisses, Berlin 1999, S. 143.

2 Zit. nach: Palm, Dirk: »Wir sind doch Brüder!« Der evangelische Kirchentag und die deutsche Frage 1949–1961, Göttingen 2002, S. 211.

nicht gespalten, der Protestantismus in der DDR war trotz der Versuche, ihn zu verdrängen, noch lebendig.

Ungeachtet dieser trotzigen Bekenntnisse waren die Erwartungen auf eine Änderung der politischen Situation gedämpft. »Ob wir im Osten und im Westen bald vereinigt werden«, so hieß es im Wort des Kirchentages, »weiß kein Mensch. Vielleicht liegt ein langer und harter Weg vor uns. Es besteht Gefahr, dass die einen erschöpft zusammenbrechen und die anderen sich selbst sichern. Wir dürfen und wollen das nicht! Wir halten aneinander fest, denn der Friede Christi unter uns übt seine Macht aus!«[3] Trotz dieser Bekundung, zusammenbleiben zu wollen, wurde in Leipzig ebenfalls zur verantwortlichen und kritischen Mitarbeit in der jeweiligen Gesellschaft aufgerufen, in der sich der Einzelne befand.

Einheit, wechselseitige Entfremdung und Spaltung: Die evangelische Kirche in den beiden deutschen Staaten

Diesen Spagat musste die Evangelische Kirche in Deutschland (EKD) seit ihrer endgültigen Konstituierung im Jahr 1948 aushalten. Trotz aller Gräben innerhalb des deutschen Protestantismus, die im Zuge des Kirchenkampfes im »Dritten Reich« noch vermehrt worden waren, nahm sich die evangelische Kirche mehrheitlich als Einheit wahr. Die Gründung der EKD erfolgte durch Vertreter der Landeskirchen am 13. Juli 1948 in Eisenach. Die in der Nähe gelegene Wartburg war durch Luther und die Burschenschaften ein nationalprotestantischer Erinnerungsort par excellence. Angesichts des Kalten Krieges und der drohenden Spaltung Deutschlands bekundeten die Kirchenvertreter zudem durch ihr Erscheinen in der thüringischen Stadt vor aller Welt, »dass Zonengrenzen keine Kirchengrenzen sind«[4] (so der gastgebende Landesbischof Moritz Mitzenheim). Wenngleich 1949 die mehrheitlich befürchtete Spaltung Deutschlands Realität wurde, hielt die EKD an ihrer Einheit fest. Fortan wurde sie sowohl von innen als auch von außen als geistliche Klammer zwischen Ost und West verstanden. Dabei war ihre Einheit Programm und Realität zugleich: Sichtbar wurde die Einheit etwa in gemeinsamen Institutionen wie dem Rat und der Synode der EKD, in Patenschaften von Gemeinden im Westen für

3 Zit. nach: Hanke: Die Deutschlandpolitik der Evangelischen Kirche, S. 140.
4 Zit. nach: Lepp, Claudia: Tabu der Einheit? Die Ost-West-Gemeinschaft der evangelischen Christen und die deutsche Teilung (1945–1969), Göttingen 2005, S. 86.

solche im Osten und nicht zuletzt darin, dass die großen Debatten der 50er Jahre, insbesondere die um Wiederbewaffnung und Westintegration, im gesamtdeutschen Rahmen geführt wurden. Gerade Letztere legten zwar theologische und politische Gegensätze frei; diese verliefen jedoch nicht entlang der Trennlinie zwischen Ost und West.

Gleichwohl bestand ein wesentliches Problem der evangelischen Kirche darin, dass sie in den beiden antagonistischen deutschen Staaten mit unterschiedlichen politischen Systemen wirken musste. In der Bundesrepublik war dies weniger problematisch als in der DDR: Der Staat räumte ihr – ganz in der deutschen Tradition – eine privilegierte Stellung ein, indem er über die Garantie der Religionsfreiheit hinaus den Religionsunterricht zum ordentlichen Schulfach erklärte, für die Kirchen Steuern erhob und die Staat-Kirchen-Verträge aus der Weimarer Zeit an die neuen Gegebenheiten anpasste und fortschrieb. In den evangelischen Landeskirchen dominierte 1945 zwar noch ein ambivalentes Verhältnis zur Demokratie. Jedoch stand deren Integration in die westdeutsche Gesellschaft nie in Frage; von Anfang an wurden die Kirchen auch in den Prozess politischer Willensbildung einbezogen. Unter diesen Bedingungen bildete sich im westdeutschen Protestantismus ab den späten 50er Jahren ein positives Verhältnis zu Demokratie und Pluralismus heraus: Wesentliche Faktoren in dieser Entwicklung waren ein Generationswechsel sowie die Tatsache, dass die westdeutsche Demokratie ihre Funktions- und Lebensfähigkeit unter Beweis gestellt hatte. Letzteres zeigte sich vor allem in der Konkurrenz zur DDR, die es nicht vermochte, mit Antifaschismus und Sozialismus jene Legitimität zu stiften, die zur Aufrechterhaltung demokratischer Staaten unabdingbar ist.

Anders als in der Bundesrepublik war das Verhältnis von Staat und Kirche in der DDR überwiegend konfrontativ geprägt, da die SED von Anfang an die Auffassung vertrat, dass Christentum und Kirche als bürgerliche Relikte grundsätzlich keinen Platz in der neuen, sozialistischen Ordnung haben sollten. Da die Kirchen jedoch in der Bevölkerung verankert waren – 1949 gehörten 80 Prozent der Deutschen in der DDR der evangelischen Kirche an –, wurde deren gesellschaftliche Stellung zunächst von der DDR-Verfassung weitgehend bestätigt. Die anfänglich undurchdachte kirchenpolitische Taktik bestand daher sowohl aus Integrationsversuchen als auch aus Repressionsmaßnahmen, die im sogenannten zweiten Kirchenkampf der Jahre 1952/53 kulminierten. Die damaligen Maßnahmen zielten vor allem auf die »Liquidierung« der Jungen Gemeinde; gleichzeitig war jedoch auch die Einheit der evangelischen Kirche massiv bedroht, da der SED-Staat die Landeskirchen im eigenen Herrschaftsbereich als vom Westen gesteuert wahrnahm. Mit der Verkündung des

»Neuen Kurses« nach Stalins Tod nahm die SED-Führung ihre antikirchlichen Maßnahmen zunächst zurück.

Was nun folgte, war indes keine Liberalisierung, sondern eine Effektivierung der SED-Kirchenpolitik. Bis zum März 1954 wurde ein klares Programm entwickelt, das alle späteren Elemente der SED-Politik gegenüber den Kirchen enthielt: Bündnispolitik mit christlichen Kreisen, die gezielte Förderung »positiver« und die Bekämpfung »negativer« Kräfte in den Kirchen sowie eine ganze Reihe administrativer Maßnahmen zu deren Verdrängung aus der Öffentlichkeit. Mit Letzteren konnten die Machthaber wesentliche Erfolge erzielen: Eine drastische Einschränkung der Finanzierungsmöglichkeiten der Kirchen, die Verdrängung des Religionsunterrichts aus den Schulen und vor allem die Einführung der Jugendweihe stellten schwere Beeinträchtigungen für den Protestantismus dar und trugen zur Entkirchlichung der DDR-Gesellschaft wesentlich bei. Hinzu kamen seit der sowjetischen Entscheidung, der Konsolidierung der DDR Vorrang vor der gesamtdeutschen Option zu geben, massive Angriffe auf die EKD, die nur noch als Störfaktor in der DDR-Gesellschaft angesehen wurde. Daher blieb der gesamtdeutsche Kirchentag in Leipzig von 1954 der letzte auf ostdeutschem Boden; der Versuch, 1957 einen weiteren Kirchentag in Thüringen abzuhalten, scheiterte an der DDR-Regierung. Wichtiger war indes der schrittweise Abbruch der Beziehungen zur EKD 1957/58 und die Bestrebungen der DDR-Führung, nur noch mit den Landeskirchen einzeln zu verhandeln. Dabei gelang es ihr, Mitzenheim aus der Front der evangelischen Bischöfe herauszubrechen und 1958 unter seiner maßgeblichen Mitwirkung eine Art Loyalitätserklärung der Landeskirchen in der DDR zu erhalten. All dies erschwerte zwar die Aufrechterhaltung der kirchlichen Einheit, machte sie jedoch nicht unmöglich. Der entscheidende Schlag erfolgte 1961 mit dem Mauerbau und den folgenden Restriktionen auch für kirchliche Persönlichkeiten und die Einrichtungen der EKD. So wurde Bischof Kurt Scharf von Berlin-Brandenburg die Ausreise aus West-Berlin verwehrt, EKD-Ratsmitglieder und -Synodale durften nicht mehr frei zwischen West und Ost verkehren, kirchliche Kontakte auf den unterschiedlichsten Ebenen wurden massiv behindert. Wenngleich die EKD ihre Absicht bekundete, dennoch an der Einheit festzuhalten, wurde die »lebendige Verbindung mit den Kirchen der DDR« nach dem Mauerbau »auf ein dünnes Rinnsal reduziert«.[5]

5 So der Leiter der Pressestelle im Kirchenamt der VELKD, Erwin Wilkens, im Dezember 1961, zit. nach: ebenda, S. 384.

Die Verfolgung der Kirchen und Christen östlich der Demarkationslinie wurde in der Bundesrepublik in den 50er und 60er Jahren durchaus wahrgenommen: Die zeitgenössischen Veröffentlichungen betonten vor allem den ideologischen Gegensatz zwischen dem Kommunismus und der Kirche und verwiesen auf das mit dem Christentum unvereinbare Endziel der SED-Politik, eine religionslose, atheistische Gesellschaft zu schaffen. Um so größer war das Bedürfnis, die bedrängten Kirchen zu unterstützen: Die finanziellen und materiellen Hilfen, die den evangelischen Kirchen auf allen Ebenen von ihren Schwesterkirchen in der Bundesrepublik zukamen, waren Ausdruck dieser Hilfsbereitschaft sowie des kirchlichen Einheitsbewusstseins. Die Bundesregierung, die sich etwa an der Finanzierung der Begegnungsarbeit beteiligte, hatte ein deutschlandpolitisches und die DDR-Regierung, die von dem Finanz- und Warentransfer profitierte, ein wirtschaftliches Interesse an den Transaktionen, so dass diese trotz der gespannten Staat-Kirche-Beziehungen in der DDR aufrechterhalten werden konnten.

Ungeachtet des fortbestehenden Einheitswillens stand die evangelische Kirche in der Bundesrepublik und in der DDR in den 50er und 60er Jahren vor Herausforderungen, die sich grundsätzlich voneinander unterschieden. Im Westen Deutschlands war sie zwar staatlicherseits anerkannt, aber einem erheblichen gesellschaftlichen Modernisierungsdruck ausgesetzt: Die Verbreitung der westlichen Freizeit- und Konsumkultur sowie Pluralisierungs- und Individualisierungsprozesse gingen auch an der evangelischen Kirche nicht vorbei. Seit Mitte der 60er Jahre bewirkten diese Entwicklungen dramatische Veränderungen: Die Zahl der Gottesdienstbesucher sank von 15 (1963) auf sieben Prozent (1973), und die Kirchenaustritte, die bis 1967 bei etwa 44 000 im Jahr lagen, schnellten zwischen 1968 und 1970 von 60 000 auf 203 000 empor. Die geschrumpfte Kirche, die in einer sehr viel diesseitigeren Gesellschaft wirken musste, nahm von überkommenen Homogenitätsvorstellungen und Rechristianisierungskonzepten Abstand. Das führte wiederum zu einer geänderten Selbstwahrnehmung: Sie begriff sich nicht mehr als der Gesellschaft übergeordnet, sondern als Teil der Gesellschaft. Hand in Hand mit diesem Wandel ging eine Öffnung gegenüber aktuellen gesellschaftlichen Strömungen einher, die naturgemäß bei den Studentengemeinden und der kirchlichen Jugend auf größere Resonanz stießen als in anderen Bereichen.

In der DDR war die evangelische Kirche schon in der zweiten Hälfte der 50er Jahre einem sehr viel dramatischeren Mitgliederverlust ausgesetzt als in der Bundesrepublik. Nicht primär gesellschaftliche Modernisierung, sondern vor allem staatliche Zwangsmaßnahmen, insbesondere die brachiale Durchsetzung der Jugendweihe, mit der »die Reproduktionsfähigkeit der Kirche auf Jahrzehnte hinaus geschwächt« wurde, waren dafür verantwortlich.[6] Hinzu kam die bis zum Mauerbau beträchtliche Abwanderung aus der DDR, so dass aus der vormaligen Mehrheitskirche eine Minderheitskirche wurde. Da diese jedoch durch die im Wesentlichen vom Westen getragene Finanzierung ihre volkskirchlichen Strukturen aufrechterhalten konnte, entstanden keine bekenntnisstarken Gemeindekirchen, sondern »Volkskirchen auf minoritärer Basis«. Da es ihnen damals weitgehend erspart blieb, sich mit einer pluralisierenden Gesellschaft auseinanderzusetzen, wurden die evangelischen Gemeinden »tendenziell zu Fluchtburgen kleinbürgerlicher Gruppen«; die evangelische Kirche in der DDR war insgesamt bis in die 70er Jahre »deutlich traditionsorientierter und provinzieller als der kirchliche Protestantismus in der Bundesrepublik«.[7] Anders als in der Bundesrepublik waren die Kirchen in der DDR sehr viel stärker gezwungen, sich mit ihren durch den Staat diktierten Existenzbedingungen auseinanderzusetzen. Als in der zweiten Hälfte der 50er Jahre die Aussichten auf eine Wiedervereinigung in weite Ferne rückten, richteten sie sich auf eine längerfristige Existenz der DDR ein. Die politischen und theologischen Reflexionsprozesse, die etwa von Johannes Hamel mit seiner Schrift *Christ in der DDR* von 1957 und von Günter Jacob mit seinem Synodalvortrag von 1956 zu dem Thema »Der Raum für das Evangelium in Ost und West« eingeleitet wurden, mündeten 1963 in die von der Konferenz der evangelischen Kirchenleitungen der DDR (KKL) herausgegebenen *Zehn Artikel über Freiheit und Dienst der Kirche*, die einen Mittelweg zwischen Systemkonformität und Rückzug ins religiöse Ghetto vorgaben. Damit hatten die ostdeutschen Kirchen endgültig Abschied von der Vorstellung genommen, bis zur Wiedervereinigung »überwintern« zu können.

Unter diesen Bedingungen entfremdeten sich die Kirchen in Ost und West, obwohl sie ihre Kontakte aufrechterhielten. Dass für die westdeutsche evangelische Kirchenjugend Fahrten in die DDR nicht länger eine Herzenssache waren, zeigt bereits ein Aufruf der Arbeitsgemeinschaft der Evangelischen Jugend Deutschlands (AGEJD) vom Mai 1957, in dem ausdrücklich zum »Opfer« eines Besuchs ermahnt werden musste. Spätestens nach dem Mauerbau wurde gerade den evangelischen Jugendlichen und Studenten deutlich, dass sich

6 So Pollack, Detlef: Von der Volkskirche zur Minderheitskirche. Zur Entwicklung von Religiosität und Kirchlichkeit in der DDR, in: Kaelble, Hartmut/Kocka, Jürgen/Zwahr, Hartmut (Hrsg.): Sozialgeschichte der DDR, Stuttgart 1994, S. 279.

7 Zit. nach: Graf, Friedrich Wilhelm: Die evangelischen Kirchen als kritische Institution und Brücke zwischen Ost und West, in: Kleßmann, Christoph/Misselwitz, Hans/Wichert Günter (Hrsg.): Deutsche Vergangenheiten – eine gemeinsame Herausforderung. Der schwierige Umgang mit der doppelten Nachkriegsgeschichte, Berlin 1999, S. 227, 226.

beide Seiten in dem jeweils eigenen Staat einrichteten. Insbesondere bei den westdeutschen Jugendlichen und Jugendpfarrern, die davon ausgingen, dass ihre »Brüder und Schwestern« in der DDR aufgrund der antikirchlichen, religionsfeindlichen Politik der SED dem Staat kritisch gegenüberstünden, kam es zu einem Wahrnehmungswandel. Nach einem Besuch in Erfurt im Oktober 1964 gelangte ein Mitglied der Evangelischen Studentengemeinde (ESG) der Augustana-Hochschule in Neuendettelsau zu dem Schluss: »[D]ie junge Generation drüben richtet sich in ihrem Staat ein; vor allem seit Errichtung der Mauer. Man kritisiert, man wird manchmal ungeduldig, aber man ist stolz auf das Erreichte.« Diese durchaus zutreffende Beobachtung zeigt, dass die Kirchenjugend trotz Festhaltens an den verbindenden Momenten nun begann, die Andersartigkeit ihrer »Brüder und Schwestern« im jeweils anderen deutschen Staat wahrzunehmen. Das drückte sich auch in einem sprachlichen Wandel aus, der auf den ersten Blick unspektakulär erscheint. Während unmittelbar nach 1945 von Patenschaften zwischen einzelnen Gemeinden die Rede gewesen war, bürgerte sich nun der Begriff der »Partnerschaft« ein. Dies implizierte zwar einerseits, dass der andere als mündig und eigenständig akzeptiert wurde, andererseits aber auch »eine verstärkte Hinwendung auf den je eigenen Bereich und damit letztlich eine Entfremdung«.[8]

Im Verlauf der 60er Jahre wurde immer klarer, dass insbesondere die ESG ein Eigenleben in West und Ost entwickelte, das bei den weiterhin aufrechterhaltenen Kontakten für erhebliche Missverständnisse sorgte. In der Bundesrepublik öffneten sich die Studentengemeinden der Gesellschaft, sie beschäftigten sich, wie andere Hochschulgruppen auch, mit allgemeinen Hochschulfragen und mit Politik. Im Ergebnis wurde die westdeutsche ESG politisiert und fand Anschluss an das sich damals stark verbreiternde linke Spektrum im universitären Milieu. Auch zahlreichen Studentengemeinden galt nun der Sozialismus als erstrebenswertes Ideal; sie sprachen sich für eine Entspannungspolitik unter Anerkennung der DDR sowie für Kontakte zu den staatlichen Einrichtungen und »gesellschaftlichen« Organisationen der DDR wie der FDJ aus. Obwohl die ostdeutschen Studentengemeinden – wie die Kirchen in der DDR insgesamt – die DDR als Wirkungsstätte angenommen hatten und sich wohl auch mit deren wirtschaftlichen und sozialpolitischen Leistungen identifizierten, lehnten sie die staatliche Ideologie weiterhin ab. Auch Kontakte zur FDJ wiesen sie zur großen Verwunderung ihrer westdeutschen Kommilitonen zurück. Diese blendeten in ihrer Wahrnehmung der ostdeutschen ESG zum einen

8 Zit. nach: Lepp: Tabu der Einheit, S. 506, 513.

deren Repressionserfahrungen vor allem in den 50er Jahren aus: Gerade die FDJ hatten die evangelischen Studenten seit dem »Kirchenkampf« von 1952/53 in unguter Erinnerung. Zum anderen übersahen die westdeutschen Studentengemeinden, dass sich die Lebens- und Studiensituation ihrer Kommilitonen in der DDR grundsätzlich von der ihrigen unterschied: Deren Studium war stark verschult und ließ nur wenig Raum für andere Aktivitäten, die ihnen zudem von der FDJ verwehrt wurden. Daher verstand sich die ESG in der DDR weniger als Hochschulgruppe, sondern mehr als Sammlung der protestantischen Studenten am Hochschulort. Dies wirkte sich auch auf ihre Aktivitäten aus: Anders als in der Bundesrepublik war sie in ihrer theologischen Ausrichtung weitaus konservativer, und sie legte sehr viel mehr Wert auf Bibelarbeit als auf Diskussionen zu allgemeinpolitischen Fragen. Die ostdeutschen Studentengemeinden wiederum konnten die Hinwendung zum Sozialismus auf Seiten ihrer Partner in der Bundesrepublik nicht nachvollziehen, insbesondere dann nicht, wenn dies zu einer schönfärberischen Darstellung der DDR führte. Vor diesem Hintergrund gingen 1968 Bekanntschaften zwischen einzelnen Mitgliedern von ost- und westdeutschen Hochschulgemeinden zu Bruch, weil, wie sich ein ehemaliger Vertrauensstudent der Leipziger ESG erinnert, »wir uns gegenseitig nicht mehr verstanden haben«.[9]

Je länger die staatliche Trennung anhielt, umso mehr drifteten auch die beiden deutschen Teilgesellschaften in Ost und West auseinander. Die Kirchen mussten sich auf die unterschiedlichen Situationen einlassen, wenn sie ihrem Auftrag gerecht werden wollten. Die staatliche Teilung war somit eine notwendige, nicht aber eine hinreichende Bedingung für die kirchliche Spaltung. Erst durch das massive Vorgehen der DDR gegen die EKD und die ostdeutschen Landeskirchen wurden diese vor die Frage gestellt, ob sie an der Einheit festhalten oder auseinandergehen sollten. Die Ost-Berliner Führung verstärkte ihren Druck nach 1961, indem sie gesamtdeutsche Rats- und Synodaltagungen der EKD in der DDR nicht mehr gestattete, Mitgliedern beider Gremien die Ausreise in die Bundesrepublik verweigerte und nach Bildung der Großen Koalition in Bonn ihre Angriffe auf die EKD verstärkte. Die ostdeutschen Landeskirchen sollten nach dem Willen der SED-Führung aus dem gesamtdeutschen Verbund gelöst werden und eine größtmögliche Selbständigkeit erhalten, um sie möglichst eng an den Staat zu binden. Zunächst blieb diese Strategie jedoch erfolglos: Noch im April 1967 bekannten sich die in Fürstenwalde

9 Zit. nach: Ohse, Marc-Dietrich: Jugend nach dem Mauerbau. Anpassung, Protest und Eigensinn (DDR 1961–1974), Berlin 2003, S. 256.

versammelten Ost-Synodalen zur Einheit der EKD, ohne freilich eine Antwort darauf geben zu können, wie diese institutionell zu praktizieren sei.

Mit der öffentlichen Diskussion der neuen DDR-Verfassung, deren Entwurf am 31. Januar 1968 bekanntgegeben wurde, ging die Auseinandersetzung um die Einheit der EKD in die entscheidende Runde. Aus Artikel 38, Abs. 2 dieses Entwurfs, dem zufolge die Kirchen »ihre Angelegenheiten und ihre Tätigkeit in Übereinstimmung mit der Verfassung und den gesetzlichen Bestimmungen der Deutschen Demokratischen Republik zu ordnen und durchzuführen« hatten, leitete Bischof Mitzenheim wunschgemäß auf einer Bürgerversammlung in Weimar ab: »Die Staatsgrenzen der Deutschen Demokratischen Republik bilden auch die Grenze für die kirchlichen Organisationsmöglichkeiten.«[10] Diesem Satz, der Mitzenheims Worten in Eisenach im Jahr 1948 fundamental widersprach, konnte Ulbricht nur beipflichten. Um zu verhindern, dass die DDR ihre kirchenpolitischen Absichten realisierte, mussten sich die ostdeutschen Landeskirchen möglichst eng zusammenschließen und sich nicht auseinanderdividieren lassen. Der Rat der EKD beauftragte eine Konsultativgruppe, sich damit zu befassen, konnte aber nicht verhindern, dass sich in diesem Gremium jene durchsetzten, die einen solchen Zusammenschluss nicht innerhalb, sondern außerhalb der EKD befürworteten. Damit war die Bildung des Bundes Evangelischer Kirchen in der DDR (BEK) eingeleitet – ein Prozess, der von der Einsetzung der Konsultativgruppe im April 1968 bis zur Verkündung der Ordnung des Bundes durch die KKL am 10. Juni 1969 dauerte.

Die westlichen EKD-Funktionsträger lehnten diesen Weg zwar ab und sprachen sich intern gegen die Aufgabe der gesamtdeutschen Kircheneinheit aus; sie ließen die Bundesgründung indes geschehen. Auch der BEK wollte jedoch an der »Verantwortungsgemeinschaft« der evangelischen Kirchen in Deutschland festhalten. Dementsprechend bekannte sich der BEK – anders als von der thüringischen Landeskirche gefordert – in Artikel 4, Abs. 4 seiner Grundordnung zur »besonderen Gemeinschaft der ganzen evangelischen Christenheit in Deutschland«.[11] Ohne diese eindeutige Formulierung, die implizierte, dass die Kirchen in der DDR von dieser Einheit nicht abrücken würden, hätten sehr viele ostdeutsche Kirchenvertreter der Bundesgründung auf den Synoden der Landeskirchen nicht zugestimmt. Nach Bildung aller Organe des BEK

10 Zit. nach: Bund der Evangelischen Kirchen in der DDR. Dokumente zu seiner Entstehung, ausgewählt und kommentiert von Reinhard Henkys, Witten, Frankfurt a. M./Berlin 1970, S. 106, 116.

11 Kirchliches Jahrbuch für die evangelische Kirche in Deutschland [künftig: Kirchliches Jahrbuch] 1969, S. 257.

bekundete der Rat der EKD am 26. September 1969, die Entscheidungen der ostdeutschen Kirchen zu »respektieren«. Weder wurde der BEK anerkannt noch die EKD aufgelöst: Der Rat erklärte lediglich, von nun an seine Aufgaben für den Bereich der Bundesrepublik und für West-Berlin wahrzunehmen. Die EKD hatte damit die Eigenständigkeit des BEK akzeptiert, ohne den Anspruch auf die Kircheneinheit aufzugeben; der BEK hatte sich zwar verselbständigt, doch auch er sah sich weiterhin mit den Kirchen in der Bundesrepublik eng verbunden. Trotz Anpassung der äußeren Gestalt an die staatlich vorgegebenen Realitäten konnten sich beide Kirchenbünde eine Existenz ohne den jeweils anderen letztlich nicht vorstellen.

Das neue Selbstverständnis der protestantischen Kirche in Deutschland als »besonderer Gemeinschaft« musste indes noch inhaltlich gefüllt werden. Der langjährige Leiter des Kirchenamtes der EKD, Olaf Lingner, verwies in einem Interview zwar auf dessen theologische und historische Begründung sowie auf die Kirchenpraxis, gab schließlich aber zu bedenken: »Präzise definieren kann man die ›besondere Gemeinschaft‹ nicht, man hat sich auch immer geweigert – auch in den Kirchen in der DDR –, diesen Begriff ganz präzise zu fassen. Man hat gesagt, das wird praktiziert und nicht definiert.«[12] Es ging also primär um praktische Fragen, insbesondere um die Fortsetzung der Finanzhilfen und der Partnerschaften auf landeskirchlicher und gemeindlicher Ebene. Die Weigerung, die »besondere Gemeinschaft« genau zu definieren, hing wohl auch damit zusammen, dass diese von der DDR als Bedrohung wahrgenommen wurde: Die kirchlichen West-Ost-Verbindungen könnten, so die Befürchtung, für »subversive Zwecke« missbraucht werden. Die evangelische Kirche wollte anscheinend dem ostdeutschen Staat keinen Ansatzpunkt für ein weiteres Vorgehen gegen die innerdeutschen Kirchenbeziehungen geben, die auch auf höchster Ebene institutionalisiert wurden. Bereits im Dezember 1969 trat eine Beratergruppe zusammen, die aus jeweils etwa 15 leitenden Persönlichkeiten aus BEK und EKD bestand, um sich über die im Rahmen der »besonderen Gemeinschaft« anfallenden Aufgaben auszutauschen. Ihre Zusammenkünfte, die in der Regel viermal jährlich stattfanden, dienten vor allem der gegenseitigen Information und dem Erfahrungsaustausch. Des Weiteren, so ein Beschluss des Rates der EKD und des BEK, »erörtert sie [die Beratergruppe] Fragen, die die ganze evangelische Christenheit in Deutschland angehen, und trägt dafür Sorge, dass die Organe der EKD und des Bundes der Evangelischen Kirchen in

12 »Besondere Gemeinschaft der evangelischen Christen in Deutschland«. Interview mit Olaf Lingner, in: Helwig, Gisela/Urban, Detlef (Hrsg.): Kirchen und Gesellschaft in beiden deutschen Staaten, Köln 1987, S. 211.

der DDR in partnerschaftlicher Arbeit ihre jeweilige Mitverantwortung für die besondere Gemeinschaft der ganzen evangelischen Christenheit in Deutschland wahrnehmen können.« 1980 wurde darüber hinaus auf Initiative der KKL eine Konsultationsgruppe zwischen BEK und EKD gegründet, in der beide Seiten mit jeweils sechs Personen vertreten waren. Hintergrund war die gemeinsame »Sorge um die Sicherung des Friedens«; neben dem »Spezialauftrag für Friedensfragen« konnten ab Mai 1981 der Gruppe auch weitere Sonderaufträge erteilt werden.[13]

Wechselseitige Wahrnehmungsprobleme: Staat und Kirche, Frieden und Deutschlandpolitik

Aufgrund der zahlreichen Verbindungen zwischen EKD und BEK konnte der württembergische Landesbischof Hans von Keler im Januar 1990 im Rückblick zu Recht feststellen: »Evangelische Kirche war und ist das stärkste, intensivste Band zwischen West- und Mitteldeutschland [sic].« Gleichzeitig bemerkte er jedoch auch: »Die Abhängigkeit unserer evangelischen Kirche von der jeweiligen Staatsstruktur war und ist erschreckend groß.«[14] Aus Letzterem resultierten wechselseitige Wahrnehmungsprobleme: Obwohl sich beide Seiten in der Beratungs- und Konsultationsgruppe intensiv kennenlernten, fiel es den ostdeutschen Vertretern immer schwerer, die westlichen Verhältnisse zu begreifen: So war für sie »die Vorstellung, dass ein General der Bundeswehr sich am kirchlichen Leben beteiligt, auch kirchliche Ehrenämter bekleidet, und ein Politiker zugleich Mitglied einer Synode oder auch Kirchenleitung ist […], nicht nachvollziehbar«. Die westdeutschen Mitglieder wiederum konnten sich nicht mehr vorstellen, welche Schikanen und Repressalien bewusste Christen in der DDR zu erdulden hatten.[15] Zu bedenken sind ebenfalls Ort und Zeit

13 Heidingsfeld, Uwe-Peter: Die »besondere Gemeinschaft« der Kirchen – Stabilisierung der DDR?, in: Rendtorff, Trutz (Hrsg.): Protestantische Revolution? Kirche und Theologie in der DDR: Ekklesiologische Voraussetzungen, politischer Kontext, theologische und historische Kriterien, Göttingen 1993, S. 93–96, Zitate S. 93 f., 95 f.

14 Von Keler, Hans: Die »besondere Gemeinschaft« zwischen der EKD und dem Bund Evangelischer Kirchen in der DDR. Gesprächsbeitrag bei der Klausurtagung in Loccum, 15.1.1990, in: Hammer, Walter/Heidingsfeld, Uwe-Peter (Hrsg.): Die Konsultationen. Ein Ausdruck der »besonderen Gemeinschaft« zwischen der Evangelischen Kirche in Deutschland und dem Bund der Evangelischen Kirchen in der Deutschen Demokratischen Republik in den Jahren 1980 bis 1990, Hannover 1995, S. 567.

15 Lohse, Eduard: Der Bund der Evangelischen Kirchen in der DDR und die Evangelische Kirche in Deutschland in ihrem Verhältnis zueinander und zu den beiden Staaten in Deutsch-

der kirchlichen Ost-West-Diskussionen: Es handelte sich stets um Ausnahmesituationen, in denen man sich begegnete, bei denen man sich von der besten Seite zeigte und den anderen nicht mit unangenehmen Fragen belästigen wollte. Annemarie Schönherr, die Vorsitzende der ostdeutschen Kirchentagsarbeit, schlussfolgerte daraus 1991: »Offensichtlich haben wir uns gegenseitig nur verkürzt wahrgenommen.«[16]

Ergebnis dieser Fehlperzeptionen war ein gestörter Dialog, dem es oftmals an Offenheit mangelte. Letzteres hing auch mit einer übertriebenen Rücksichtnahme auf den jeweils anderen zusammen, die so weit ging, dass die gegenseitige Nichteinmischung zur Regel erhoben wurde. Anlass dazu war die Stellungnahme des Rats der EKD vom 28. Juni 1976 zur Selbstverbrennung des Pfarrers Oskar Brüsewitz, in der es unter anderem hieß: »Er [der Rat der EKD] kann diesen erschütternden Vorgang nicht von der Tatsache lösen, dass Pfarrer Oskar Brüsewitz in einer Gesellschaft lebte, welche die Verkündigung der Herrschaft Gottes über alle Bereiche menschlichen Lebens in Frage stellt.« Dass das *Neue Deutschland* darin eine grobe Einmischung »in die inneren Angelegenheiten der DDR« sah, ist nicht weiter verwunderlich. Jedoch zeigten sich auch die BEK-Vertreter der Beratergruppe am 20. Oktober irritiert angesichts der Tatsache, dass vor dieser Verlautbarung nicht »eine Verbindung zu den Kirchen in der DDR gesucht worden« sei. Vor allem Oberkirchenrat Manfred Stolpe sei darüber verärgert gewesen.[17] Hintergrund dieser Irritationen war wohl, dass der BEK das infolge der Selbstverbrennung von Brüsewitz gespannte Verhältnis zum Staat nicht zusätzlichen Gefährdungen aussetzen wollte. Die EKD-Vertreter nahmen sich dies zu Herzen. Cornelius von Heyl, Präses der EKD-Synode, führte dementsprechend 1984 in einem Referat vor der Beratergruppe aus, dass EKD-Vertretern beim Reden über die Kirche in der DDR mehr Zurückhaltung abverlangt werde als umgekehrt.

Die BEK-Vertreter wiederum nahmen für sich das Recht heraus, weniger diplomatisch zu sein, wenn es um die innenpolitische Situation in der Bundesrepublik ging. So kritisierte der KKL-Vorsitzende Johannes Hempel beim Festakt der EKD anlässlich des 500. Geburtstags von Martin Luther am 30. Oktober 1983 in Worms in Anwesenheit von Bundeskanzler Helmut Kohl die Raketenstationierung in der Bundesrepublik und fügte hinzu: »Wir sprechen darüber

land, in: Materialien der Enquete-Kommission »Aufarbeitung von Geschichte und Folgen der SED-Diktatur in Deutschland«, hrsg. vom Deutschen Bundestag, Baden-Baden 1995, Bd. VI,2, S. 1003.

16 Zitiert nach Hanke: Die Deutschlandpolitik der Evangelischen Kirche, S. 315.

17 Hammer/Heidingsfeld: Die Konsultationen, S. 341 f.

mit unserer Regierung. In uns ist die Überzeugung, dass unsere Regierung die Wahrung ihrer Integrität, einigermaßen gleiche Sicherheit und tatsächlich Frieden will.« Als der Bundeskanzler daraufhin empört reagierte, fühlte sich der EKD-Ratsvorsitzende genötigt, diesen unter Verweis auf die Meinungsfreiheit in der Bundesrepublik zu beruhigen; Hempel wurde im Anschluss darum gebeten, sich an die »Nichteinmischungsregel« zu halten.[18] Die Beratergruppe musste sich im September 1984 erneut mit dem Thema befassen. Bei dieser Gelegenheit formulierte Cornelius von Heyl sieben »Merkpunkte«, von denen der letzte dazu ermahnte, »die Ängste und Bedrohtheitsvorstellungen der anderen ebenso ernst zu nehmen wie die eigenen«. Diese zu kennen sei schwierig, »denn sie sind oft auch dann unterschiedlich, wenn sie für oberflächliche Betrachtung gleich oder ähnlich erscheinen«.[19] Fremdwahrnehmung und Eigenwahrnehmung stimmten angesichts der unterschiedlichen Erfahrungswelten der beiden Kirchen eben oftmals nicht mehr überein.

Von besonderem Interesse für beide Seiten war, welche Haltung die evangelische Kirche zu dem jeweiligen deutschen Staat einnahm, in dem sie existierte. Nach Gründung des BEK bildete sich in der DDR in einem mehrjährigen Prozess zwischen 1970 und 1973 auf den Bundessynoden die Formel »Kirche im Sozialismus« heraus. Gemeint war ursprünglich eine einfache Ortsbestimmung: In der DDR, in einer sich sozialistisch nennenden Ordnung, habe die Evangelische Kirche zu leben und zu handeln. Dies wurde von der EKD genauso wahrgenommen wie die unterschiedlichen Interpretationen, die in der DDR dem Begriff unterlegt wurden. Auf der einen Seite legte Heino Falcke, Dozent am Sprachenkonvikt in Berlin, auf der BEK-Synode in Dresden 1972 die Formel systemkritisch aus, indem er formulierte: »Unter der Verheißung Christi werden wir unsere Gesellschaft nicht loslassen mit der engagierten Hoffnung eines verbesserlichen Sozialismus.« Während damit Partizipation in Richtung eines im christlichen Sinne veränderbaren Sozialismus gemeint war, hieß es in einer Stellungnahme der Bundessynode 1974: »Viele Christen sehen in der sozialistischen Ordnung die Möglichkeit, eine bessere Gerechtigkeit zu verwirklichen.« Dies konnte als Affirmation des real existierenden Sozialismus aufgefasst werden; mindestens implizierte dies, dass dieser »nur die mehr oder minder misslungene Ausführung des besseren Gesellschaftssystems sei«. Die Ortsbestimmung »Kirche im Sozialismus« erlaubte sowohl Kritik und die

18 Lohse, Der Bund der Evangelischen Kirchen in der DDR und die Evangelische Kirche in Deutschland, S. 1017.

19 Referat von Heyl vor der Beratergruppe am 6.9.1984, in: Hammer/Heidingsfeld: Die Konsultationen, S. 599.

Einforderung von Partizipationsrechten als auch Anpassung an die bestehenden Verhältnisse, da der Begriff »Sozialismus« nie definiert wurde. Selbst als die Formel ab 1988 durch eine auch öffentlich ausgetragene Debatte innerhalb der DDR-Kirchen in Frage gestellt wurde, hielt sich die EKD mit Bewertungen oder gar Einmischungen zurück. Uwe-Peter Heidingsfeld, Leiter der Berliner Stelle des Berliner Kirchenamts der EKD, hielt lediglich in einem internen Kurzbericht im Oktober 1989 fest, dass sich inzwischen der »Sozialismus-Begriff« im BEK zu wandeln beginne: »Zu Bischof Schönherrs Zeiten war klar, dass damit der Sozialismus gemeint war, wie er in der DDR existierte. Solcher Konsens ist unter den Nachfolgern nicht mehr zu finden. Daher das Unbehagen mancher von ihnen, den Ausdruck weiterzuverwenden.«[20]

Trotz der praktizierten Nichteinmischung führte jedoch die bisweilen überdeutliche Anpassung des BEK an die DDR – die kirchenintern durchaus umstritten war – bei einer Gelegenheit nachweislich zu einer kritischen Nachfrage von EKD-Vertretern. Der Bericht der BEK-Synode vom September 1984 hatte festgestellt: »So können wir heute wagen, von einem Grundvertrauen zwischen Staat und Kirche zu sprechen.« Dies veranlasste bei der BEK-EKD-Konsultation vom 19. Oktober westliche Teilnehmer zu der Nachfrage, »ob der Begriff ›Grundvertrauen‹ eine stärkere Nähe der Kirche zum Staat als vor zehn Jahren zum Ausdruck bringe. Dann sei es verwunderlich, dass von Seiten der Kirchen in der DDR gleichzeitig Kritik daran laut werde, dass die EKD dem Staat zu nahe stehe.«[21] Indirekt warfen einige EKD-Vertreter ihren Brüdern vom BEK also vor, »Staatsnähe« mit zweierlei Maß zu messen.

Der Vorwurf der Staatsnähe konnte von den DDR-Kirchen gegenüber der evangelischen Kirche in der Bundesrepublik insbesondere erhoben werden, nachdem der Rat der EKD am 1. Oktober 1985 die Denkschrift *Evangelische Kirche und freiheitliche Demokratie – Der Staat des Grundgesetzes als Angebot und Aufgabe* zur Veröffentlichung freigegeben hatte. Sie enthielt die Zustimmung zur Demokratie »als einer Verfassungsform […], die die unantastbare Würde der Person als Grundlage anerkennt und achtet«. Wie für alle anderen Bürger biete der demokratische Staat den evangelischen Christen die Möglichkeit und die Aufgabe, politische Verantwortung zu übernehmen. Die evangelische Kirche verabschiedete sich darin explizit von der Vorstellung eines

20 Alle Zitate in: Heidingsfeld, Uwe-Peter: »Kirche im Sozialismus« zwischen Anpassung und Widerstand. Die Westperspektive, in: Seidel, Thomas A. (Hrsg.): Gottlose Jahre? Rückblicke auf die Kirche im Sozialismus in der DDR, Leipzig 2002, S. 160 f., 173.

21 Vermerk über die 19. Konsultation vom 29.10.1984, in: Hammer/Heidingsfeld, Die Konsultationen, S. 129.

»Obrigkeitsstaates«; Kirche und Christen hätten vielmehr im Staat mitzuwirken und »den politischen Prozess kritisch zu begleiten«.[22] Der BEK nahm zur Demokratiedenkschrift nicht offiziell Stellung. Die Ablehnung in den staatsnahen *Weißenseer Blättern* mit der Unterstellung, die Denkschrift gebe dem Grundgesetz den Charakter eines »Bekenntnistextes«, war nicht weiter verwunderlich; dass Altbischof Albrecht Schönherr in Auseinandersetzung damit die Denkschrift zwar nicht als Bekenntnis, sondern lediglich als Meinungsäußerung verstehen wollte, zeigt jedoch, wie distanziert ein anerkannter BEK-Vertreter der Schrift gegenüberstand.

Bereits am 18. September 1985 hatten die EKD-Vertreter die Denkschrift bei der Zusammenkunft der Beratergruppe zur internen Diskussion vorgelegt. Obwohl Präses Jürgen Schmude das Bekenntnis zum Grundgesetz mit den Worten relativierte, die Denkschrift habe »nicht den Zustand (das ›Ist‹), sondern die Chancen und Möglichkeiten (das ›Soll‹) im Blick«, blieb Kurt Domsch vom BEK kritisch. So befürchtete er, dass nun auch der Kirchenbund ähnlich eindeutig wie die EKD sein Verhältnis zur DDR bestimmen müsse; bedenklicher erschien ihm jedoch das »›Ja‹ zur Demokratie der Bundesrepublik als einer bestimmten Staatsform«, da es hierzu keine ausreichende theologische Begründung gebe.[23] Hier liegt der Verdacht nahe, dass es weniger um theologische als um politische Schwierigkeiten ging, die eine positive Stellungnahme zum Staat des Grundgesetzes verhinderten. Angesichts der Unmutsbekundungen, die von den ostdeutschen Kirchen in die Bundesrepublik drangen, äußerte der EKD-Ratsvorsitzende Martin Kruse Anfang Januar 1986 die Befürchtung, »dass die Denkschrift von manchen evangelischen Christen in der DDR wie ein ›Dokument der Überlegenheit‹ verstanden werde«. Und er fügte hinzu: »Hier müssen wir aufpassen, dass wir nicht sozusagen als die Besseren erscheinen, die wir ja nicht sind.«[24] Die unfreundliche Rezeption der Demokratiedenkschrift durch die ostdeutschen Kirchen wirkte sich insofern auf einzelne EKD-Vertreter aus, als sie im Hinblick auf ihren Einsatz für die westdeutsche Demokratie gegenüber Kirchenvertretern aus der DDR und anderen staatssozialistischen Ländern unnötig zurückhaltend wurden.

22 Evangelische Kirche und freiheitliche Demokratie. Der Staat des Grundgesetzes als Angebot und Aufgabe. Eine Denkschrift der Evangelischen Kirche in Deutschland, hrsg. vom Kirchenamt im Auftrag des Rates der EKD, Gütersloh 1985, S. 12, 47.

23 Zit. nach: Besier, Gerhard: Der SED-Staat und die Kirche. Höhenflug und Absturz, Berlin/Frankfurt a. M. 1995, S. 138 f.

24 Zit. nach: Kritik an EKD-Denkschrift. Kirchlicher Arbeitskreis in der DDR rügt Überheblichkeit, in: Frankfurter Rundschau vom 7.1.1986, S. 2.

Für kontroverse Debatten zwischen den evangelischen Kirchen in der DDR und in der Bundesrepublik sorgte ab den 60er Jahren auch das Friedensthema. Zwar war die Botschaft der Weltfriedenskonferenz von 1948 – »Krieg soll nach Gottes Wille nicht sein« – auch unter den Kirchen in Deutschland konsensfähig. Doch über die Frage, wie der Friede konkret zu sichern sei, kam es bereits in den 50er Jahren im Zusammenhang mit der Frage der Wiederbewaffnung der Bundesrepublik und der atomaren Abschreckung zu heftigen innerkirchlichen Kontroversen, freilich noch nicht zwischen Ost und West. Für die Verantwortlichen in der EKD war entscheidend, es über solche Fragen nicht zu einem Bruch kommen zu lassen. Daraus ergab sich etwa, dass die Berliner EKD-Synode im Jahr 1958 im Hinblick auf die Beurteilung atomarer Waffen nicht den Versuch machte, den Gegensatz zwischen den unterschiedlichen Überzeugungen zu überbrücken, sondern diese nebeneinander stehen ließ und abschließend formulierte: »Wir bleiben unter dem Evangelium zusammen und mühen uns um die Überwindung dieser Gegensätze.«[25]

Erste Risse zwischen Ost und West wurden 1965 sichtbar, als es um die Haltung der Kirche zur Wehrdienstverweigerung ging. Die Frage stellte sich vor allem in der DDR, wo 1962 die allgemeine Wehrpflicht eingeführt und im September 1964 Wehrpflichtigen ein waffenloser Militärdienst in sogenannten Baueinheiten der Nationalen Volksarmee ermöglicht worden war. Da die Möglichkeit eines zivilen Ersatzdienstes – anders als in der Bundesrepublik – nicht bestand, wurden jene, die auch den Dienst in den Baueinheiten verweigerten, zu Gefängnisstrafen verurteilt. Die Kirche setzte sich von Anfang an für die Belange der Bausoldaten ein; außerdem forderten Kirchenvertreter wiederholt, einen nichtmilitärischen Ersatzdienst einzurichten. Anfang 1965 berief der Bischof der Kirchenprovinz Sachsen, Johannes Jänicke, im Auftrag der KKL einen Arbeitskreis ein, um innerkirchlich noch offene Fragen im Zusammenhang mit dem Wehrdienst zu klären. Der Arbeitskreis unter dem Vorsitz von Heino Falcke, damals Direktor des Gnadauer Predigerseminars, bezog westdeutsche Kirchenfunktionäre nur am Rande mit ein. Ergebnis seiner Beratungen war eine Handreichung, in der es hieß, dass die Verweigerer und die Bausoldaten »ein deutlicheres Zeugnis des gegenwärtigen Friedensgebotes unseres Herrn«[26] als die Wehrdienstleistenden gäben. Anders als die SED-Führung mutmaßte, stand hinter der Handreichung nicht die »westdeutsche Militärkirche«. Das Gegenteil war der Fall: Auf einer Arbeitstagung der EKD-

25 Der Beschluss der Synode in: Kirchliches Jahrbuch 1958, S. 66.
26 Gedruckt in: Kirchliches Jahrbuch 1966, S. 257.

Synode vom November 1965 entschied diese, sowohl die Ableistung als auch die Verweigerung des Wehrdienstes als mögliche christliche Gewissensentscheidungen zu werten. Vor diesem Hintergrund entschied der Rat der EKD, die ostdeutsche Handreichung, die am 6. November den Landeskirchenleitungen zugegangen war, nicht zu veröffentlichen. Aufgrund der Ost-West-Differenzen wurde jedoch auch auf die Ausarbeitung einer EKD-Handreichung zu dem Problem verzichtet.

Die Differenzen waren zum einen auf die unterschiedlichen gedanklichen Ausgangspunkte zurückzuführen: Während der ostdeutsche Text von einer globalen Friedensethik ausging, stellten die westdeutschen Aussagen den individualethischen Ansatz der Gewissensfrage des Einzelnen in den Mittelpunkt. Zum anderen müssen die unterschiedlichen Ausgangssituationen in beiden deutschen Staaten in Rechnung gestellt werden. In der DDR sahen sich die Kirchen genötigt, die »ethisch notwendige Komplementärentscheidung« zur Entscheidung für den Wehrdienst zu unterstützen;[27] in der Bundesrepublik hingegen sah sie dies aufgrund der grundgesetzlichen Garantie der Wehrdienstverweigerung nicht als nötig an. Hinzu kam ein Drittes: Während die Kirche in der DDR letztlich nur noch eine gesellschaftliche Minderheit vertrat, gehörte ihr in der Bundesrepublik die Mehrheit an. Aufgrund ihrer auch dadurch gegebenen gesellschaftlichen Bedeutung verfügte sie über eine weitaus größere Autorität als in der DDR: Sie musste also auf Integration und nicht auf Polarisierung bedacht sein. Daher verwundert es nicht, dass die Kirchen in den beiden deutschen Staaten an ihren unterschiedlichen Auffassungen festhielten. Gleichwohl blieb die eindeutige Aussage der ostdeutschen Kirche eine dauerhafte Herausforderung für den westdeutschen Protestantismus, insbesondere, als sie sich an der Wende von den 70er zu den 80er Jahren verstärkt mit Friedensfragen auseinandersetzen musste.

Ein weiterer Dissens zwischen den Kirchen in der Bundesrepublik und denen in der DDR bestand in der voneinander abweichenden Haltung zu Nuklearwaffen. In den westlichen Kirchen der EKD wurden im Anschluss an die »Ohnmachtsformel« die sogenannten Heidelberger Thesen von 1959 als handlungsweisend akzeptiert. Diese riefen zwar zur Wahrung des Weltfriedens und zur Rüstungskontrolle auf, enthielten aber auch den Satz: »Die Kirche muss die Beteiligung an dem Versuch, durch das Dasein von Atomwaffen einen Frieden in Freiheit zu sichern, als eine heute noch mögliche christliche

27 Vgl. Henkys, Reinhard: Evangelische Kirche, in: Helwig/Urban (Hrsg.): Kirchen und Gesellschaft, S. 73.

Handlungsweise anerkennen.«[28] Eine davon abweichende Haltung nahmen die ostdeutschen Landeskirchen im Anschluss an ein Wort Mitzenheims an die Gemeinden seiner Landeskirche vom August 1964 ein, in dem dieser aus der deutschen »Blutschuld des letzten Vernichtungskrieges« die Forderung ableitete: »Wir wollen keine Verfügungsgewalt oder Mitverfügung über die unmenschlichen Massenvernichtungsmittel.«[29] Die Bischöfe in der DDR pflichteten dem öffentlich bei, die in der Bundesrepublik jedoch nicht. Bei Mitzenheim liegt die Vermutung nahe, dass er – unmittelbar nach dem Gespräch mit Ulbricht auf der Wartburg am 18. August 1964 – die DDR in ihrem propagandistischen Vorgehen gegen das westliche Vorhaben, der Bundesrepublik im Rahmen einer multilateralen Atomstreitmacht die Verfügungsgewalt über Atomwaffen zukommen zu lassen, unterstützen wollte. Auch diese divergierenden Grundpositionen sollten bis in die 80er Jahre beibehalten werden. Während die EKD in ihrer Denkschrift von 1981 *Frieden wahren, fördern und erneuern* an den Aussagen der Heidelberger Thesen festhielt, beharrte der BEK etwa in dem Synodalbeschluss von 1982 »Absage an Geist, Logik und Praxis der Abschreckung« auf dem klaren Nein zur Abschreckungspolitik mit Massenvernichtungswaffen.

Dennoch fühlten sich die Kirchen in Ost und West verpflichtet, nicht zuletzt aufgrund ihrer Verbundenheit in der deutschen »Verantwortungsgemeinschaft«, gerade über Friedensfragen im Dialog zu bleiben. Daraus resultierte im März 1968 die noch von den west- und ostdeutschen Kirchen gemeinsam erarbeitete EKD-Studie *Die Friedensaufgaben der Deutschen*. Aber auch nach 1969 wurde das innerkirchliche deutsch-deutsche Gespräch über Friedensfragen gepflegt. Ergebnis des ab Ende der 70er Jahre wieder intensivierten Dialogs waren gemeinsame Worte von EKD und BEK zum Frieden, die anlässlich der entsprechenden Jahrestage etwa 1979 und 1985 veröffentlicht wurden. Vor diesem Hintergrund war es auch nicht weiter verwunderlich, dass in der DDR formulierte Ideen in der Bundesrepublik aufgegriffen wurden. Dies gilt etwa für die Studie *Sicherheitspartnerschaft und Frieden in Europa*, die im März 1983 von der Studienabteilung beim BEK veröffentlicht wurde. Die Verfasser forderten darin, das bisherige System der Abschreckung durch eine der gemeinsamen Sicherheit verpflichtete Sicherheitspartnerschaft abzulösen. Dies schloss eine ausgewogene Reduzierung der konventionellen Streitkräfte, die schrittweise Schaffung einer kernwaffenfreien Zone in Mitteleuropa und den

28 Kirchliches Jahrbuch 1959, S. 104.
29 Kirchliches Jahrbuch 1964, S. 138.

Aufbau einer gesamteuropäischen Friedensordnung ein. Voraussetzung des Vorhabens sollte die volle Normalisierung der deutsch-deutschen Beziehungen sein: Vorgesehen war ein stufenweiser Prozess, an dessen Ende auch die völkerrechtliche Anerkennung der DDR durch die Bundesrepublik stehen sollte. Der Begriff der »gemeinsamen Sicherheit« war indes nicht von der BEK geprägt worden. Bereits 1981 operierte Egon Bahr mit dieser Denkfigur, der er im sogenannten Palme-Bericht für die Vereinten Nationen 1982 Geltung verschaffte. Die BEK-Studie und der Palme-Bericht überschnitten sich wohl in mancherlei Hinsicht, nicht aber mit Blick auf die deutschlandpolitischen Implikationen. Es verwundert daher nicht, dass die EKD zwar das Prinzip der gemeinsamen Sicherheit übernahm, als Mehrheitskirche aber die grundgesetzlich festgeschriebenen gesamtdeutschen Verpflichtungen der Bundesrepublik nicht in Frage stellen wollte. Das Projekt des BEK fand indes namhafte Unterstützer sowohl in den protestantischen Kirchen in der Bundesrepublik und der DDR als auch in der westdeutschen Sozialdemokratie.

Dies lenkt den Blick auf den im deutschen Protestantismus immer wieder thematisierten Zusammenhang von Frieden und Deutschlandpolitik. Man muss bis in die ersten Jahre der deutschen Teilung zurückgehen, um den grundlegenden Wandel zu verdeutlichen, der hier stattfand. Zugespitzt formuliert, galt damals in den evangelischen Kirchen – wie auch in der Mehrheit der Gesellschaft – die Devise: »Kein dauerhafter Friede ohne Wiedervereinigung«. Doch da im Zuge des generellen Wertewandels der Erhaltung des Friedens ein sehr viel größerer Stellenwert beigemessen wurde als den Leitideen »Volk, Nation und Vaterland«, setzte sich ab Mitte der 60er Jahre in zunehmendem Maße die Ansicht durch, dass nicht mehr die Vereinigung beider deutscher Staaten, sondern die Einwilligung in die dauerhafte Teilung den Frieden sichere.

Da aus dieser Perspektive an der Existenz der Blöcke nicht gerührt werden durfte, erschien ein deutscher Einheitsstaat als friedensgefährdend; festgehalten wurde auch in den Kirchen lediglich an der Einheit der deutschen Kulturnation. Der BEK ging noch einen Schritt weiter: Bereits auf den Kirchentagen in West-Berlin und in Nürnberg (1977 und 1979) forderten dessen Vertreter dazu auf, über die deutsche Staatsbürgerschaft zu diskutieren. Die Forderung, die DDR-Staatsbürgerschaft anzuerkennen, wurde jedoch noch nicht öffentlich erhoben. Bei der Beratergruppensitzung vom Juni 1983 führte indes ein Referat des Staats- und Völkerrechtlers Gottfried Zieger zur Staatsbürgerschaftsfrage zu kontroversen Diskussionen mit den BEK-Vertretern. Mit der BEK-Studie von 1983 intensivierten dessen Vertreter auch ihren Einsatz im Zusammenhang mit der Staatsbürgerschaftsfrage. Dies trifft insbesondere auf Manfred Stolpe zu, der sowohl im privaten Kreis als auch öffentlich seine westdeutschen

Gesprächspartner drängte, hier ihre Haltung zu modifizieren. In einem vielbeachteten Vortrag vor der Evangelischen Akademie Tutzing im März 1984 forderte er etwa, »Möglichkeiten einer nicht-diskriminierenden Handhabung des westdeutschen Staatsbürgerschaftsrechts« zu suchen. Zur Begründung verwies er auf die missliche Rechtslage, die »eine Versuchung für DDR-Bürger bedeutet, sich dem schweren Teil der deutschen Nachkriegsbürde zu entziehen«. Außerdem forderte er eine weitere Normalisierung des deutsch-deutschen Verhältnisses, der etwa die Erfassungsstelle in Salzgitter im Wege stünde.[30] Letzterer Hinweis wurde von westdeutschen Kirchenvertretern aufgegriffen: So schlug EKD-Präses Schmude ebenfalls im März 1984 die Abschaffung der Erfassungsstelle vor. Auch wenn Stolpe und Schmude eigene Absichten verfolgten, machten sie sich damit doch Forderungen zu Eigen, die Erich Honecker im Oktober 1980 in Gera verkündet hatte. Damit im Einklang steht die Feststellung des MfS vom Mai 1987, »dass die Kirchen der DDR über durchaus beachtliche Potenzen und Kräfte verfügen, um die im Allgemeinen eher reaktionären Kirchen der BRD zu realistischeren Positionen zu veranlassen«.[31]

Doch solche Rezeptionsprozesse in Ost-West-Richtung beschränkten sich auf einzelne Persönlichkeiten. Die EKD als Institution ging auf die Forderungen der ostdeutschen Kirchen nicht ein. Dennoch lässt sich in dieser Zeit eine gewisse Konvergenz der Auffassungen mit Blick auf die deutsche Teilung beobachten. Symptomatisch dafür war der Briefwechsel zwischen den Bischöfen von West- und Ost-Berlin, Martin Kruse und Gottfried Forck, anlässlich des 25. Jahrestags des Mauerbaus. Beide stimmten darin überein, die Grenze durch Deutschland und durch Berlin als Folge der deutschen Schuld am Zweiten Weltkrieg zu begreifen. Die Mauer, so der übereinstimmende Tenor, symbolisiere zwar eine harte Grenze und habe zu harten Trennungen, letztlich aber auch zu einer Stabilisierung des relativen Friedens in Mitteleuropa und zu einer Normalisierung des Verhältnisses zwischen beiden deutschen Staaten geführt. Die Vorgeschichte der Mauer wurde äußerst knapp und verzerrt dargestellt: Während Kruse immerhin auf die (sowjetische) Hoffnung, »West-Berlin durch Druck herauslösen zu können«, und auf die (westliche) Hoffnung verwies, »die DDR durch den Auszug möglichst vieler Bewohner zu schwächen und auf die andere Seite […] zu bringen«, erwähnte Forck lediglich

30 Der Vortrag in: Stolpe, Manfred: Den Menschen Hoffnung geben. Reden, Aufsätze, Interviews aus zwölf Jahren, Berlin 1991, S. 75–90, Zitate S. 83.

31 Informationsmaterial der ZAIG in Kirchenfragen, Mai 1987, in: Besier, Gerhard/Wolf, Stephan (Hrsg.): »Pfarrer, Christen und Katholiken«. Das Ministerium für Staatssicherheit der ehemaligen DDR und die Kirchen, Neukirchen-Vluyn 1991, S. 479f.

die westlichen Versuche vor 1961, »möglichst viele Bewohner der DDR durch verlockende Angebote aus unserem Bereich in die Bundesrepublik hinüberzuholen«. Beide nutzten zwar die Gelegenheit, um mehr Reisefreiheit zu fordern. Der Hoffnung auf eine Zukunft, »in der eine Mauer nicht mehr sein wird«, gab indes nur Kruse Ausdruck; beide erwähnten die Opfer der Mauer überhaupt nicht und das Leid, das die Trennung über die Deutschen gebracht hatte, eher am Rande.[32]

Vor diesem Hintergrund überrascht es nicht, dass die evangelischen Kirchen keineswegs zu denjenigen gehörten, die sich 1989 für eine rasche Wiederherstellung der deutschen Einheit einsetzten, sondern sehr verhalten reagierten. Beide hatten sich – wie die Mehrheit der Gesellschaft auch – in der Zweistaatlichkeit eingerichtet und hofften vor allem auf eine immer größere Durchlässigkeit der Mauer. Auch wenn sich die Kirchen in der Bundesrepublik und in der DDR als Partner betrachteten, die durch eine »besondere Gemeinschaft« verbunden waren, nahmen sie sich gegenseitig doch als Fremde wahr. Die engen, über die Jahre hinweg gepflegten Verbindungen führten indes dazu, dass der Dialog zwischen beiden nicht abbrach und die Lebensäußerungen der Kirchen im jeweils anderen deutschen Staat durchaus wahrgenommen wurden. Dabei kam es, wie soeben gezeigt, auch zu Übereinstimmungen. So haben die kirchlichen Repräsentanten in Ost und West in den 80er Jahren bezeichnenderweise die Auffassung vertreten, dass man die deutsche Einheit nicht anstreben sollte. Ob auf die Dauer die von beiden Seiten proklamierte Einheit der Kulturnation aufrechterhalten worden wäre, ist daher zweifelhaft.

32 Der Briefwechsel wurde veröffentlicht im Deutschen Allgemeinen Sonntagsblatt am 27.7.1986. Die Zitate nach: Texte zur Deutschlandpolitik III/4, hrsg. vom Bundesministerium für innerdeutsche Beziehungen, S. 313, 317.

Helge Heidemeyer

1961 »Antifaschistischer Schutzwall« oder »Bankrotterklärung des Ulbricht-Regimes«?

Grenzsicherung und Grenzüberschreitung im doppelten Deutschland

30415 Personen aus der DDR beantragten im Juli 1961 die Aufnahme in der Bundesrepublik Deutschland, in einem der drei dafür vorgesehenen Notaufnahmelager Berlin-Marienfelde, Gießen oder Uelzen. Der größte Teil der Flüchtlinge meldete sich in der Berliner Aufnahmestelle. Allein am 12. August 1961 kamen dort 2400 Flüchtlinge an. Insgesamt hatten bis zum Mauerbau am darauffolgenden Tag gut 2,5 Millionen Menschen die DDR verlassen.

Die DDR-Führung musste auf die Massenabwanderung reagieren, um die Existenz ihres Staates nicht zu gefährden. Schon die Absperrung der innerdeutschen Grenze im Jahr 1952 und Strafgesetze hatten zwar die Abwanderung aus der DDR kriminalisiert und die Fluchtwege eingeengt, somit eine fluchtabschreckende, zumindest aber eine fluchterschwerende Wirkung gehabt. Die Menschen, die gehen wollten, nutzten nun jedoch die verbliebenen Wege und flohen vor allem über die geteilte, aber nicht abgeriegelte Stadt Berlin. Dort blieb es möglich, etwa mit der S-Bahn von einer Seite auf die andere zu wechseln, auch wenn Sicherheitskräfte präsent waren und Reisende kontrollierten.

Berlin war die offene Flanke des DDR-Grenzregimes. Mehrfach versuchte die DDR-Führung, sie zu schließen. Derartigen Vorstößen erteilte die sowjetische Seite jedoch stets eine Absage. Die entscheidende Wende in der sowjetischen Haltung war freilich abhängig vom Verhalten der USA. Als das amerikanisch-sowjetische Verhältnis nach dem amerikanischen Invasionsversuch in Kuba auf einem Tiefpunkt angelangt und auch das Wiener Gipfeltreffen der Staatschefs ohne Ergebnis geblieben war, entschloss sich auf der einen Seite Präsident John F. Kennedy, in einer Rede an die Nation am 25. Juli 1961 seine Grundpositionen klar darzulegen. Er betonte, dass die USA ihre Rechte bezüglich West-Berlins mit allen Mitteln durchsetzen würden.[1] Auf der anderen

1 Vgl. den Wortlaut der Ansprache in: Dokumente zur Deutschlandpolitik [DzD], IV. Reihe,

Seite gab Staats- und Parteichef Nikita Chruschtschow seinen Widerstand gegen das Drängen Ost-Berlins auf und erteilte SED-Chef Walter Ulbricht im Juli 1961 sein Plazet zum Mauerbau, was er am 3. August bei der Konferenz der Warschauer-Pakt-Staaten in Moskau bekräftigte. Gleichzeitig begannen im Juli 1961 die militärischen Vorbereitungen dazu auf ostdeutscher und sowjetischer Seite.

Die DDR-Regierung rechtfertigte den Bau der Mauer mit großem propagandistischem Aufwand. Zentral war dabei der Vorwurf, die Bürger der DDR würden von gewissenlosen westlichen Menschenhändlern abgeworben und mit falschen Versprechungen bewusst in die Bundesrepublik gelockt. Das sei eine großangelegte Aktion, Teil der psychologischen Kriegführung des Westens, die über kurz oder lang zu einer realen Kriegssituation führen würde, wenn die DDR sich dem nicht durch den Bau eines »antifaschistischen Schutzwalls« entgegenstelle. Nach dieser Lesart war der Bau der Mauer ein aktiver Schritt zur Friedenssicherung, da so die westliche »Wühltätigkeit« unmöglich gemacht werde: »Die Abwanderung von Bürgern der DDR nach Westdeutschland ist seit Jahren keine bloße Abwanderung oder Auswanderung aus diesen oder jenen Gründen, sondern ein fester Bestandteil des Kalten Krieges, des Menschenhandels, der psychologischen Kriegsführung und der Sabotage – gerichtet gegen die Deutsche Demokratische Republik. Das ist keine politische Emigration, sondern schmutziger Menschenhandel, der mit den verwerflichsten Mitteln betrieben wird, in den die Bonner Behörden [...] und auch die US-amerikanischen Agentenzentralen, die meist von Westberlin aus arbeiten, große Geldmittel investieren.«[2] Oder wenig später: »Wer ist nicht von tiefster Empörung über diesen Menschenhandel erfüllt, über diese Verschleppung von Kindern und anderen Verbrechen, die von den westdeutschen Agenturen im Namen ihrer ›Freiheit‹ begangen werden?«[3]

Noch bedrückender als diese die wirklichen Zusammenhänge ignorierende Argumentation ist, dass die Führung der DDR sie nicht nur propagandistisch vertrat, sondern tatsächlich diese Sicht auf die Rolle der Bundesrepublik bei der Massenflucht hatte. Eine sachgerechtere Einschätzung der Gründe für die Flucht aus der DDR, die zwangsläufig auch den Blick nach Westen verändert hätte, gab es bei den Entscheidungsträgern nicht mehr. Die DDR-Führung

Band 6, bearb. von Rainer Salzmann, hrsg. vom Bundesministerium für innerdeutsche Beziehungen, Frankfurt a. M. 1975, S. 1348 f.

2 Walter Ulbricht in einem Interview mit M. Wilson vom Evening Standard am 31. Juli 1961, abgedruckt in: ebenda, S. 1380 f.

3 Walter Ulbricht im VEB Kabelwerk Oberspree am 10. August 1961, abgedruckt in: ebenda, S. 1546 f.

hatte sich ihr eigenes Bild gemacht. Und dabei war Westdeutschland ganz klar auf die Schurkenrolle festgelegt.

War das Bild, das sich der Westen nach dem 13. August 1961 vom Osten machte, ebenso eindimensional? In Washington war man sich klar darüber, dass der Osten den Exodus bekämpfen musste. Das machten Kennedys »essentials« deutlich, die er in der bereits erwähnten Rede vorgestellt hatte. In Pressekonferenzen zeigte der US-Präsident Verständnis dafür, dass die Abwanderung ein erhebliches Problem für Ostdeutschland darstelle.[4] Senator James William Fulbright war zuvor noch weiter gegangen und hatte gesagt, dass die Sowjets »nach meiner Ansicht, wenn sie wollten, die Grenze schließen könnten, ohne ein vertragliches Recht zu verletzen. Wir haben nicht das Recht, von ihnen zu verlangen, dass Flüchtlinge herauskommen können.«[5] Aus sicherheitspolitischen Überlegungen hatten die USA die Grenzabriegelung offenbar bereits vor dem Mauerbau ins Kalkül gezogen – akzeptiert als Mittel eines souveränen Staates, sich innerlich zu konsolidieren und die Krisen der vergangenen Monate und Jahre zu entschärfen. Immerhin konnte der östliche Machtbereich dann auch an dieser empfindlichen Stelle nicht mehr aus der Balance geraten. Diese Einschätzung hinderte US-Vertreter nach dem Mauerbau natürlich nicht, ihn in öffentlichen Bekundungen zu geißeln und als Niederlage des Kommunismus zu interpretieren.[6]

Die westdeutsche Position spiegelt sich in einer Publikation des gesamtdeutschen Ministeriums wider, die nur drei Wochen nach dem Mauerbau erschien.[7] Hierin wird der Bau der Mauer, die »Sperrwand eines Konzentrationslagers« (Willy Brandt), als »Bankrotterklärung des Ulbricht-Regimes« bewertet, das nur »mit den Gewaltmitteln des Terrors über 16 Millionen Deutsche herrscht«. Diese These wurde mit Fakten belegt, die hauptsächlich im Rahmen des Notaufnahmeverfahrens erhoben worden waren, das alle Ostdeutsche durchlaufen mussten, nachdem sie in den Westen gekommen waren. Am eindringlichsten sind die Berichte, in denen Flüchtlinge schildern, weshalb sie die DDR verlassen hatten. Dabei ist jedoch zu berücksichtigen, dass sie mit dem konkreten Ziel erstattet worden sind, als politischer Flüchtling in der Bundesrepublik aufgenommen zu werden. Dennoch vermitteln sie ein eindeutiges Bild von den Zuständen in der DDR, die von Willkür und politischem Druck geprägt

4 Vgl. den Abdruck der Pressekonferenz vom 10. August 1961, in: ebenda, 1548 f.

5 Bericht über ein Fernsehinterview Fulbrights am 30. Juli 1961, in: Die Welt vom 2.8.1961.

6 Vgl. die Ansprache des US-Vizepräsidenten Lyndon B. Johnson vor dem Berliner Abgeordnetenhaus am 19. August 1961, abgedruckt in: DzD IV/7, S. 151–153.

7 Die Flucht aus der Sowjetzone und die Sperrmaßnahmen des kommunistischen Regimes vom 13. August 1961 in Berlin, Bonn/Berlin 1961 (Nachdruck 1988).

waren. Die Sprache ist zeittypisch, die Bewertung der DDR, festgemacht an der Errichtung der Mauer, aber klar: Die DDR war ein SED-Unrechtsregime, das seine Interessen gegen alle Widerstände durchsetzte.

Dass die von der Bundesregierung vertretene Position weit verbreitet war, belegt ein Blick in die westdeutsche Presse nach dem Mauerbau. Hier wurden Parallelen zum 17. Juni 1953 gezogen: Die massive Präsenz des Militärs sei »allein dazu bestimmt, die Bevölkerung einzuschüchtern und ihr die nackte Gewalt der Waffen anzudrohen«. Der Mauerbau selbst sei »der totale Bankrott der nur mit Zwang aufrechtzuerhaltenden Gewaltherrschaft der Kommunisten«.[8] Die DDR wurde als kommunistische Diktatur wahrgenommen, der 13. August 1961 als der Tag, an dem das Regime sein wahres, menschenverachtendes Antlitz zeigte, indem es die Freiheit endgültig kassierte.

Schon bald mischten sich aber auch neue Stimmen in diesen Chor, Stimmen, die nicht nur die reale Mauer sahen, sondern auch eine Mauer des Unverständnisses zwischen den beiden Teilen Deutschlands. Diese Erkenntnis führte zur Forderung, eine Annäherung an die DDR aktiv zu betreiben, ungeachtet der östlichen Hasstiraden. Nur auf diese Weise könne das weitere Aufschaukeln, der Weiterbau der mentalen Mauer beendet werden.[9] Hier deuteten sich Linien einer neuen Deutschlandpolitik an.

Der Blick auf die Geschehnisse am 13. August 1961 und die Reaktionen darauf zeigten wie durch ein Brennglas viele der Argumentationsmuster und Sichtweisen, aber auch schon einen Wandel in der westdeutschen Wahrnehmung, der die Diskussionen in den Jahrzehnten danach bestimmte. Diese Linien werden im nun folgenden Gang durch die Jahrzehnte von 1949 bis 1989/90 immer wieder aufscheinen.

Die Wahrnehmung der Fluchtbewegung, der Mauer und der Bundesrepublik in der DDR

Die Abwanderung aus der DDR bzw. die Zuwanderung in die Bundesrepublik war bis 1961 eine Konstante innerhalb der deutsch-deutschen Realität und eine der Hauptklammern des geteilten Landes (Peter Graf Kielmansegg), wenn die Stärke des Stroms auch erheblich schwankte. Anfangs waren Sowjetische Militäradministration (SMAD) und ostdeutsche Stellen der Abwanderung

8 Proteste reichen nicht, in: FAZ vom 14.8.1961.
9 Vgl. Mauern, die wir selber bauen, in: Die Zeit vom 9.2.1962.

gegenüber gleichgültig, begrüßten sie vielfach sogar, weil sie eine Entlastung, beispielsweise auf dem Wohnungsmarkt, bewirkte und die Gegner des neuen Staates das Weite suchten. Diese Ansicht wandelte sich erstmals nach Gründung der DDR 1949. Die Menschen akzeptierten die Zweistaatlichkeit nicht und ignorierten sie durch ihr häufiges Überschreiten der innerdeutschen Grenze. Das beschädigte das Bild der ostdeutschen Eigenstaatlichkeit. Der DDR-Regierung ging es in der Phase staatlicher Konsolidierung darum, mit Hilfe der Durchsetzung unverletzlicher Grenzen staatliche Autorität zu demonstrieren – die von den vielfach hin und her mäandernden Grenzgängern fortlaufend und tausendfach in Frage gestellt wurde.

Neben den Prestigeverlust traten aber auch, mehr und mehr spürbar, ganz handfeste ökonomische Schäden. Die Abwanderung von gut 300 000 Personen 1952 oder 220 000 im ersten Halbjahr 1953 konnte der ostdeutsche Staat nicht tatenlos hinnehmen. Immer schmerzlicher waren die Lücken, die die Flüchtlinge in Wirtschaft und Gesellschaft hinterließen. Die Fixierung der Machthaber auf die Fluchtbewegung wurde zur »Manie«.[10]

Der Regierung der DDR lagen durchaus Analysen vor, welche die Gründe für die Abwanderung zutreffend darlegten, von ihr allerdings ignoriert wurden. Sie suchte die Schuld für die Ost-West-Wanderung lieber im Westen. Schon die Abriegelung der grünen Grenze zwischen der Bundesrepublik und der DDR im Mai 1952 sah das SED-Regime als vom Westen provoziert. Dieses Weltbild wurde schließlich geradezu zementiert durch die interne Beurteilung der Geschehnisse am 17. Juni 1953: Nicht zuletzt um die eigenen Fehler zu vertuschen, entwarf der Staatssicherheitsdienst das Bild von der westlichen Provokation, das als Stereotyp über Jahrzehnte hinweg die Wahrnehmung der Bundesrepublik dominieren sollte und anderen Einschätzungen keinen Raum ließ. Auch die Bewertung der Ost-West-Wanderung unterlag dieser Sichtweise.

Flankiert wurden die politischen Maßnahmen zur Grenzsicherung und Fluchtabschreckung über die Jahre hinweg durch staatliche Propaganda. Sie sollte von einer Entscheidung zur Flucht abhalten, indem beispielsweise Plakate die Flüchtlinge als Diebe brandmarkten, die erst alle Vergünstigungen, vor allem eine gute Ausbildung, in der DDR in Anspruch nähmen, um diese dann im Westen zu vermarkten. Aushänge in Betrieben diffamierten Flüchtlinge als »Verräter«, die das Gedeihen der ostdeutschen Wirtschaft sabotierten. Auch der erste Mauertote wurde im *Neuen Deutschland* vom 25. August 1961

10 Vgl. Ross, Corey: »... sonst sehe ich mich veranlasst, auch nach dem Westen zu ziehen«. »Republikflucht«, SED-Herrschaft und Bevölkerung vor dem Mauerbau, in: Deutschland Archiv 34 (2001), S 613–627, hier S. 613.

als »Verbrecher« bezeichnet. Insgesamt warb die DDR nicht positiv fürs Dableiben, die Verlautbarungen machten die Flüchtlinge verächtlich. Die Abwandernden galten als vom Westen Abgeworbene, die dessen leeren Versprechungen erlegen waren. Mit einer massiven und aggressiven Propaganda versuchte das SED-Regime, diese Sichtweise zu verbreiten: Broschüren mit dem eindeutigen Titel »Es ist nicht alles Gold, was glänzt« suchten beim vermeintlichen Blick hinter die schillernde Fassade westdeutscher Städte das dortige Elend. Das Plakat »Am Wohlstand verhungert« zeigte das angeblich typische Beispiel eines DDR-Flüchtlings, der im Westen jämmerlich umgekommen war.

Propagandistisch wertete die DDR auch stets die weit geringere Zuwanderung aus dem Westen für ihre Zwecke aus, um der eigenen Bevölkerung vorzuführen, dass das Leben in der Bundesrepublik die Erwartungen nicht erfüllte. In allen Medien wurden über die Jahre hinweg Zuziehende vorgestellt, die ihrem Glück Ausdruck gaben, in die DDR gekommen zu sein. Hinter diesem offiziell vermittelten Bild herrschte jedoch ein ganz anderes vor: Vorurteile gegenüber den Zuziehenden prägten die Vorstellungen auf politischer Ebene und in der Bevölkerung. Letztere hielt sie für dumm oder kriminell und beneidete sie um die Vergünstigungen; die Politik fürchtete vor allem ihr »westlich-dekadentes Weltbild«, das sie mitbrachten und von dem sie sich nur schwer lösen konnten. Ein System von Auffang- und Überprüfungslagern entstand. Nachdem sie ab 1953 gerade die Geflohenen ermutigt hatte zurückzukehren, versuchte die DDR von 1957 an, den Zuzug möglichst zu begrenzen: Viele Menschen wurden nun schon an der innerdeutschen Grenze zurückgewiesen.

Auch Werke namhafter Künstler der DDR unterstützten in den 50er Jahren die offizielle Linie: Anna Seghers schildert in ihrem Roman *Die Entscheidung*, wie der Westen durch skrupellose Abwerbung der besten Ingenieure ein ostdeutsches Werk an den Rand des Ruins treibt. Das von Günter Kunert verfasste Libretto zur Oper »Fetzers Flucht« aus dem Jahr 1958 beschreibt in einer die Wirklichkeit grotesk verzeichnenden Weise die Situation in einem West-Berliner Flüchtlingslager. Diese Beispiele stehen aber nicht für die Sicht der DDR-Kunst insgesamt. Als Gegenpol angeführt sei hier Uwe Johnsons früher Roman *Mutmaßungen über Jakob*, der wie *Ingrid Babendererde* zwar in der DDR entstand, aber erst Jahre später in der Bundesrepublik erscheinen konnte. Er veranschaulicht nicht nur die wirklichen Ursachen der Flucht aus der DDR, sondern zeigt auch ein differenziertes Bild vom Westen. Dieser erscheint hier nicht als glänzende Gegenfolie zur DDR, das Leben dort wird mit Chancen und Risiken geschildert, das aber ganz andere Perspektiven biete als das in der DDR.
Diese Einschätzung traf auch wohl eher die Vorstellung der Menschen in der DDR von der Bundesrepublik. Enge Kontakte zwischen Ost und West, sei es

durch Besuche oder Briefe, und die Medien der Bundesrepublik ermöglichten den Ostdeutschen durchaus, sich ein eigenes Bild vom Westen zu machen. Schreiben, die DDR-Bürger an ihre Verwaltung und Politiker vor Ort richteten, um bestimmte Anliegen zu befördern,[11] oder in denen sie, gerade im Westen angekommen, den Zurückgelassenen ihren Schritt erklärten,[12] geben dieses Bild wieder. Größere Freiheiten und die Abwesenheit von Zwängen, beispielsweise bei der Berufswahl oder -ausübung, werden hier angesprochen, aber auch größere Chancen und Möglichkeiten im Beruf und, nicht zu vergessen, materielle Vorteile: ein höherer Verdienst, ein umfangreicheres, tatsächlich verfügbares Warenangebot oder einfach ein höherer Lebensstandard, festgemacht vor allem am besseren Wohnungsangebot. Daneben verdeutlichen all diese Schreiben, dass die Bundesrepublik als Gegenbild zur DDR und letztlich auch als Lebensalternative stets präsent war. Und sie zeigen zudem, dass sich die Menschen in der DDR kein rosarotes, sondern ein an der Wirklichkeit orientiertes Bild von der Bundesrepublik machten, das sich aber erheblich von dem offiziell und teilweise aggressiv vermittelten unterschied. Diese Diskrepanz trug ganz entscheidend zu dem Glaubwürdigkeitsverlust der DDR-Regierung bei und vergrößerte den Abstand zwischen Führung und Bevölkerung erheblich.

Der Bau der Mauer stürzte viele Menschen in der DDR in Verzweiflung. War die Option, die DDR zu verlassen, oft auch nur theoretisch bedacht worden, so trat nun an ihre Stelle ein Gefühl des Ausgeliefertseins, des Eingesperrtseins. Das vergrößerte das Misstrauen der Bürger dem Staat gegenüber noch weiter.

Mit dem Mauerbau, der brutalen Teilung der Stadt Berlin, war auch eine neue Qualität in der deutsch-deutschen Konfrontation erreicht. Bereits zwölf Tage danach offenbarte das Bollwerk seine dunkelste Seite: Günter Litfin starb von Kugeln getroffen im Nordhafen als erstes von mindestens 125 Todesopfern bei Fluchtversuchen in Berlin. Die DDR perfektionierte die Grenzanlagen immer weiter und brachte Minenfelder und Selbstschussanlagen an. Das letzte Opfer wurde noch am 6. Februar 1989 getötet. Das SED-Regime mauerte aber nicht nur die eigene Bevölkerung ein, sondern versuchte auch, durch Maßnahmen wie die Einführung eines Mindestumtauschs bei Besuchsreisen in die DDR die direkten Kontakte insgesamt auf ein Minimum zu beschränken. Zusätzlich beschnitt die DDR den Telefon- und Postverkehr.

11 Vgl. ebenda, S. 619–626.
12 Abgedruckt in van Melis, Damian/Bispinck, Henrik: »Republikflucht«. Flucht und Auswanderung aus der SBZ/DDR 1945 bis 1961, München 2006, S. 232–241.

Der Blick der offiziellen DDR auf die Bundesrepublik blieb, was die Abwanderung ihrer Bürger und insbesondere die Rolle Westdeutschlands dabei anging, konstant – erschreckend konstant. Insbesondere den Anstieg der Ausreiseanträge in den 70er Jahren interpretierte Erich Mielke nach Mustern aus den 50er Jahren: »Der Gegner verstärkt ständig seine Bemühungen, die Lage im Zusammenhang mit der Übersiedlung von Bürgern nach nichtsozialistischen Staaten […] zur Diskreditierung der DDR anzuheizen.« Um dem entgegenzuwirken, verpflichtete er die Staatssicherheit »zur zielgerichteten Aufklärung der Pläne, Absichten und Maßnahmen der feindlichen Organisationen«.[13] Den unmittelbaren Bezug zu der Zeit vor dem Mauerbau stellte Erich Honecker noch 1985 in einem Interview mit der französischen Zeitung *Le Monde* her: Die Offenheit der Grenze vor dem 13. August 1961 »wurde ausgenutzt, um die DDR auszuplündern. Wenn die Ursachen, die zum Bau der Mauer führten, verschwinden, wird auch die Mauer verschwinden«.[14]

Die Bundesrepublik galt der Führung in Ost-Berlin bis zum Ende als der verbrecherische und aggressive Staat, der aktiv versuchte, der DDR durch Abwerbung ihrer Staatsbürger zu schaden. Dieses Feind- und Geschichtsbild wurde in der DDR gepflegt und perpetuiert, beispielsweise dadurch, dass die Beschäftigung mit dem Mauerbau und seinen vermeintlichen Hintergründen obligatorischer Unterrichtsinhalt in den Schulen war. Auch galten weiterhin Reiseeinschränkungen für die Bürger der DDR, insbesondere bei Reisen in den Westen. Denn der Westen missbrauche »den Reiseverkehr für ideologische Diversion und andere subversive Handlungen«.[15] Auch auf propagandistischem Wege versuchte Ost-Berlin weiterhin gegen die Absicht, die DDR zu verlassen, vorzugehen. Nachdem die Ausreise von 30000 Menschen 1984 einen großen Zuwachs von Ausreiseanträgen hervorgerufen hatte, veröffentlichte das *Neue Deutschland* am 6. März 1985 den Artikel »Über 20000 Ehemalige wollen zurück«, in dem namentlich genannte Ausgereiste erläuterten, warum sie, vom Westen enttäuscht, gern wieder in die DDR zurückkehren wollten – eine »Es ist nicht alles Gold, was glänzt«-Kampagne von Mitte der 50er Jahre

13 Befehl Nr. 6/77 zur Vorbeugung, Verhinderung und Bekämpfung feindlich-negativer Handlungen im Zusammenhang mit rechtswidrigen Versuchen von Bürgern der DDR, die Übersiedlung nach nichtsozialistischen Staaten und Westberlin zu erreichen, sowie zur Unterbindung dieser rechtswidrigen Versuche, abgedruckt in: Riemann, Dietmar: Laufzettel. Tagebuch einer Ausreise, Göttingen 2005, S. 449f.

14 Abgedruckt in: Judt, Matthias (Hrsg.): DDR-Geschichte in Dokumenten. Beschlüsse, Berichte, interne Materialien und Alltagszeugnisse, Berlin 1998, S. 527.

15 Nichtöffentlicher Teil einer Rede Erich Honeckers am 12. Februar 1988, abgedruckt in: Riemann: Laufzettel, S. 470.

im modernen Gewand. Das westdeutsche Fernsehmagazin »Kennzeichen D« suchte einige der in dem Artikel Genannten auf. Es stellte sich heraus, dass die meisten gar nicht daran dachten, in den Osten zurückzugehen.

Die Ausreisewellen wie auch die Durchbruchversuche an der Grenze zeigen deutlich, dass das Verlangen, die DDR zu verlassen, bei einer großen Zahl von Menschen auch nach dem Mauerbau stark ausgeprägt war. Dass dabei die Bundesrepublik das Ziel war, verdeutlicht aber zudem, dass trotz gegenteiliger offizieller Politik aus Sicht der Ostdeutschen immer noch eine gesamtdeutsche Perspektive vorherrschte, Deutschland als Einheit wahrgenommen wurde – und zwar wahrscheinlich deutlich stärker als im Westen.

Das korrespondiert mit dem Wissen, das die Ostdeutschen über die Bundesrepublik besaßen. Immer wieder waren Bundesdeutsche beschämt, wenn sie bei einem Besuch im Osten das Gefälle des Kenntnisstandes bemerkten. Die Menschen in der DDR informierten sich durch Kontakte zu Verwandten, in erster Linie jedoch aus den westdeutschen Medien. Welchen Einfluss dabei das Fernsehen hatte, lässt sich schwer ausmachen. Zweierlei ist aber unübersehbar: Zum einen schürte es durch eine offene Berichterstattung das Misstrauen gegenüber der DDR-Führung. In seinem Tagebuch der Jahre 1986 bis 1995 beschreibt der Fotograf Dietmar Riemann, dass er von den Todesschüssen auf Chris Gueffroy im Februar 1989 aus dem Westfernsehen erfahren habe. Gleichzeitig dementierte Honecker den Vorfall. Ein Gefühl der Ohnmacht, des Entmündigtseins stellte sich ein. »Ich bin wütend und […] traurig.«[16] Zum anderen blickten die DDR-Bürger skeptisch auf das von ARD und ZDF vermittelte Bild des Westens und nahmen es nicht für bare Münze. Die Tatsache, dass trotz erweiterter Reisemöglichkeiten wenige Menschen im Westen blieben und erst nach ihrer Rückkehr einen Ausreiseantrag stellten – was selbst die DDR-Führung erstaunte[17] –, lag auch daran, dass sie nun erst mit eigenen Augen gesehen hatten, wie groß die tatsächliche Differenz zwischen den beiden Staaten war und dass die Bilder in den westlichen Medien mehrheitlich keine Propaganda darstellten.[18]

Das bereits zitierte Tagebuch erlaubt einen tieferen Einblick in die Wahrnehmung der Bundesrepublik durch die DDR jenseits der politischen Sphäre.

16 Ebenda, S. 313.
17 Vgl. Honecker am 12. Februar 1988, in: ebenda, S. 470.
18 Vgl. die Berichte in: Krätzschmar, Sabine/Spanier, Thomas: Ankunft im gelobten Land. Das erste Mal im Westen, Berlin 2004. Wichtiger war wohl, dass Familien auch Mitte der 80er Jahre nur selten gemeinsam eine Reisegenehmigung erhielten, also zumeist ein »Pfand« in der DDR zurückblieb.

Der Autor ist als Antragsteller für eine Ausreise nicht repräsentativ, aber als sowohl regime- wie oppositionsferner Bürger sicher auch nicht ganz untypisch für die DDR. Sein Bild speiste sich aus Informationen, welche die Medien verbreiteten und Verwandte und Freunde aus dem Westen beisteuerten, und ist durchaus differenziert. Der Hilfe, die aus dem Westen angeboten wurde, stand der Eindruck großen Unverständnisses der Bundesbürger über die Lebensumstände und Befindlichkeiten Ostdeutscher gegenüber, die die »Schwestern und Brüder« mitunter von oben herab behandelten. Auch die wirtschaftliche Lage der Bundesrepublik Ende der 80er Jahre wurde in ihrer Widersprüchlichkeit wahrgenommen. Einerseits berichteten Ausgereiste von ihrem schnellen beruflichen Einstieg, der mit einem hohen materiellen Wohlstand verbunden war. Andererseits war dem Autor klar, dass gerade ihm als Freischaffendem der berufliche Neuanfang schwer fallen würde. Ein Schlaraffenland erwartete er im Westen nicht – aber eben doch ein auf vielen Gebieten attraktiveres Gegenmodell auf deutschem Boden. In gewisser Weise lässt sich feststellen, dass, parallel zur starren Haltung der Staatsführung, ebenfalls das Westbild der Bevölkerung über die Jahrzehnte hinweg grundsätzlich konstant blieb.

Auch die Kunst der DDR – sieht man von den »linientreuen« Werken wie zum Beispiel der Singegruppe »Oktoberklub« ab, die 1988 den Ausreisenden hinterherrief, »es ist gut, dass man sie ziehen lässt«[19] – beschäftigte sich häufig, vielfältig, aber wegen der Zensur meist versteckt mit den Themen Grenze und Ausreise. Das Wegwollen, das Gefühl, im Niemandsland zwischen den deutschen Staaten zu stehen, und der Abschied sind wiederkehrende Motive in der Literatur und im Popsong. Die Sehnsucht fortzugehen drückten die Künstler der DDR häufig durch das Ikarus-Motiv aus, Wolfgang Mattheuer etwa in seinen Bildern »Und der Nachbar, der will fliegen« sowie »Und die Flügel ziehen himmelwärts«, die Gruppe Silly in ihrem Song »Verlorene Kinder«.[20] Kunstwerke, die sich offen mit der Grenze und ihrem Schrecken auseinandersetzten, konnten in der DDR nicht gezeigt werden und erschienen nur in der Bundesrepublik. Ein sehr eindringliches Beispiel ist das in der Erinnerungsstätte Notaufnahmelager Marienfelde gezeigte Gemälde »Die Mauer« von Hans Ticha aus dem Jahr 1980, auf dem ein DDR-Grenzsoldat zwischen Stacheldraht auf Deutschland als Zielscheibe schießt. Die große Zahl derartiger Kunstwerke dokumentiert, dass die Grenze als offene Wunde innerhalb Deutschlands stark im Bewusstsein der Künstler aus der DDR verankert blieb.

19 Aus dem Lied »Wenn Leute unser Land verlassen«.
20 Aus dem Album »Februar« von 1989.

DDR und Fluchtbewegung in der Wahrnehmung der Bundesrepublik

Als positive Alternative wurde die DDR in der Bundesrepublik nur von den wenigsten gesehen. In den Jahren 1952/53 hatte sie ihr Ansehen im Westen schließlich vollends verspielt. Auf die Abriegelung der innerdeutschen Grenze durch die DDR im Mai 1952 reagierte die bundesdeutsche Politik ähnlich wie neun Jahre später, als Ost-Berlin die Mauer baute: Der Kanzler sprach im Bundestag von einer »Missachtung der Menschenrechte« und davon, dass die Machthaber in Ost-Berlin dabei seien, »die Bevölkerung der Sowjetzone […] zu terrorisieren«.[21] Ein gemeinsamer Aufruf der Bundesregierung, der Bundesländer und acht politischer Parteien nannte die Grenzschließung »neue brutale Willkürmaßnahmen der Machthaber der Sowjetzone«.[22] Zum ersten Mal gab der Minister für gesamtdeutsche Fragen ein Weißbuch heraus, das den Hergang der Dinge erläuterte und dokumentierte. Dieses Bild der DDR ist an Deutlichkeit nicht zu übertreffen. Westdeutsche Politiker bewerteten die DDR aber nicht nur öffentlich auf diese Weise, der Bundesvertriebenenminister sprach auch vor dem Gesamtdeutschen Ausschuss des Deutschen Bundestages am 29. Mai 1952 von »neuen Terrormaßnahmen an der Zonengrenze«.[23] In diesem Zusammenhang erwähnte er auch den nach der Grenzschließung gewachsenen Zustrom von Flüchtlingen. Die Konsequenzen, die sich daraus für die Aufnahme der Flüchtlinge ergaben, sind auch deshalb interessant, weil sie das westliche Bild von der DDR deutlicher konturieren.

Gerade die Aufnahme der Menschen aus der – freilich im Westen noch nicht so genannten – DDR zeigt klar, wie der ostdeutsche Teilstaat wahrgenommen wurde. Schon 1949/50 diskutierte die Bundesrepublik das Notaufnahmegesetz. Für eine Aufnahme als Flüchtling forderte es in seinen entscheidenden Paragraphen, dass der Anspruchsberechtigte politischem Druck in der DDR weichen musste. Dabei präzisierten die Richtlinien zum Gesetz, dass auch Gewissenskonflikte aufgrund staatlicher Vorgaben, etwa bei Lehrern wegen des Unterrichtsinhalts, als Aufnahmegrund akzeptiert werden sollten.

21 Verhandlungen des Deutschen Bundestages, 1. Wp., Stenographische Berichte, 219. Sitzung am 18. Juni 1952, S. 9634.

22 Vgl. Bundesminister für gesamtdeutsche Fragen (Hrsg.): Die Sperrmaßnahmen der Sowjetzonenregierung an der Zonengrenze und um Westberlin, Bonn 1953 (Nachdruck, Bonn 1987), S. 71.

23 Der Gesamtdeutsche Ausschuß. Sitzungsprotokolle des Ausschusses für gesamtdeutsche Fragen des Deutschen Bundestages 1949–1953, bearb. von Andreas Biefang, Düsseldorf 1998, S. 339.

Im Umkehrschluss lässt sich diesen Bestimmungen das Westbild über die DDR entnehmen: Es handelte sich um ein Regime, das politischen Druck und Zwang in allen Lebensbereichen ausübte sowie von Unfreiheit und Willkür geprägt war. Die Prüfungen nach dem Gesetz wurden zunächst streng vorgenommen, etwa zwei Dritteln der Antragsteller wurde die Aufnahme versagt. Aber auch die Nichtaufgenommenen mussten nicht in die DDR zurückkehren, sondern durften in der Bundesrepublik bleiben – weil sie nach dem Grundgesetz deutsche Staatsbürger waren.

Als im Jahr 1952 die Zahl der Flüchtlinge drastisch anstieg, schlug der zuständige Minister in der zitierten Ausschusssitzung vor, nicht das Gesetz zu ändern, sondern die Aufnahmepraxis »sehr locker« zu handhaben und sie »lediglich ausgesprochen kriminellen oder politisch Verdächtigen« zu versagen.[24] Implizit – schließlich sollten laut Gesetz nur politische Flüchtlinge aufgenommen werden – hieß das, dass mit dieser Ausnahme alle, die kamen, als politische Flüchtlinge anzusehen waren.[25] Damit war wiederum und mit aller Schärfe definiert, welche Art von Herrschaft in der »Ostzone« ausgeübt wurde.

Ergänzt wurde die Flüchtlingspolitik im Westen durch Aufrufe in den Osten. Gerade der West-Berliner Sender RIAS strahlte immer wieder Programme und Botschaften in die DDR. Darunter waren auch Aufrufe, »die Heimat nicht ohne letzte Not« zu verlassen. Motiv derartiger Stellungnahmen war nicht nur, die Situation im Westen nicht weiter zu verschärfen, blieb doch die Tür des Westens für Verfolgte stets offen. Mehr als propagandistischen Wert hatten zu jener Zeit Stimmen, die davor warnten, »die Zone von aufrechten, freiheitlich gesinnten Deutschen zu entblößen«, da das »den Widerstand schwächen« würde. Deshalb wurde in den Osten gerufen: »Haltet am Boden der Heimat fest!«[26] Aus heutiger Sicht wirkt diese Diktion fremd, sie fügt dem Bild der DDR, das im Westen durch Flucht und Grenzregime entstand, jedoch eine wichtige Facette hinzu, nämlich die, dass die politische Situation in der DDR nicht nur qualitativ bewertet wurde, sondern dass das System und seine

24 Ebenda.

25 Tatsächlich wurden nicht die Aufnahmen aufgrund politischer Fluchtgründe ausgeweitet, sondern die aufgrund von Ermessensgründen. Diese rechtliche Unterscheidung wurde aber nach außen hin nicht kommuniziert. Sie hätte das Bild des »politischen Flüchtlings« aus der DDR konterkariert und war möglicherweise in der öffentlichen Diskussion auch schwer vermittelbar.

26 Zitate aus der Rede des Leiters des Hilfsdienstes Ost in der Bundesgeschäftsstelle der FDP, Karl-Heinz Naase, im RIAS am 10. Februar 1953, abgedruckt in: Heidemeyer, Helge: Flucht und Zuwanderung aus der SBZ/DDR 1945/1949–1961. Die Flüchtlingspolitik der Bundesrepublik Deutschland bis zum Bau der Berliner Mauer, Düsseldorf 1994, S. 296.

Träger auch bekämpft werden sollten. Zwar war kein aktiver Kampf gemeint, die Ostdeutschen sollten sich aber den Zumutungen des Unrechtsregimes widersetzen.

Diesen Reden stand gegenüber, dass die bundesdeutsche Politik stets sehr aufmerksam die Abwanderung in die DDR beobachtete. Mit Sorge nahm sie zur Kenntnis, dass gerade junge Flüchtlinge aus der DDR wieder zurückkehrten. Nach außen interpretierte sie das als »lebhafte Wanderung«[27] zwischen den Landesteilen, intern forderte sie jedoch eine bessere Betreuung und sensiblere Verteilung dieser begehrten Arbeitskräfte. Hier scheint ein anderes politisches Denkmuster auf: In der Systemkonkurrenz zwischen Ost und West war es auch für die Bundesrepublik ein Makel, wenn ihr viele Menschen den Rücken kehrten.

Der geschilderten Bewertung von »Grenzsicherungsmaßnahmen« der DDR und Flüchtlingsstrom widersprachen nur extreme, von wenigen ernst genommene Außenseiter wie die kommunistischen Abgeordneten im ersten Deutschen Bundestag. Auch der Verdacht beispielsweise des CDU-Politikers Jakob Kaiser, die DDR wolle durch eine Förderung der massenhaften Abwanderung der Bundesrepublik bewusst schaden, fand nur insofern Resonanz, als die Kontrolle des Zustroms damit gerechtfertigt wurde.[28]

Anders sah es aus, wenn es um die Belastungen ging, die aufgrund des Zustroms für die Bundesrepublik entstanden. Hier wurde davon gesprochen, dass die Menschen als Wirtschaftsflüchtlinge nur das bessere Leben suchten. Mitunter gingen Mutmaßungen dahin, Kriminelle und Asoziale wollten sich auf diese Weise einer Bestrafung entziehen. Mit Blick auf die Bundesrepublik war die Rede davon, das Boot sei voll,[29] eine weitere Aufnahme von Flüchtlingen sei selbstmörderische Humanität.[30] Auch wenn die Bundesregierung stets mit dem Verweis auf den politischen Charakter der Flucht dagegen argumentierte, so zeigen solche Äußerungen doch, dass in manchen Kreisen der politische

27 Spormann, Kurt: Der Flüchtlingsstrom. Die Flüchtlingszahlen im ersten Quartal 1959 – Ein natürlicher Wanderungsvorgang, in: Bulletin der Bundesregierung, Nr. 69 vom 15.4.1959, S. 661.

28 Vgl. die Rede Kaisers im RIAS vom 30. August 1952, in: Union in Deutschland vom 6. September 1952.

29 So der Bundestagsabgeordnete Ernst August Farke (Deutsche Partei) bei der Beratung des Notaufnahmegesetzes. Vgl. Verhandlungen des Deutschen Bundestages, 1. Wp., Stenographische Berichte, 52. Sitzung am 27. März 1950, S. 1888.

30 Kommentator Walter von Cube im Bayerischen Rundfunk am 14. Februar 1953. Vgl. Heidemeyer: Flucht, S. 295.

Druck in der DDR als nicht gravierend eingeschätzt wurde. Den Menschen wäre nicht nur das Verbleiben dort zuzumuten, den Kommenden wurde generell die politische Motivation ihres Schrittes abgesprochen.

Solche Stimmen konnten sich letztlich aber nicht durchsetzen. Auch in der westdeutschen Kunst dominierte in jener Zeit das Bild der DDR als Unrechtsstaat. Als Beleg mögen hier zwei Spielfilme dienen: In Helmut Käutners Film »Himmel ohne Sterne« aus dem Jahr 1955 wird die innerdeutsche Grenze jungen Liebenden zur tödlichen Falle, in »Flucht nach Berlin« (Will Tremper, 1960) werden die Flüchtlinge als mutige Sucher nach Freiheit dargestellt.

Die Politik behauptete insgesamt ihre Deutungshoheit der DDR-Flucht als Ausdruck der dortigen politischen Lage und der individuellen Befreiung von politischen Zwängen. Dennoch war auch die praktische Politik Veränderungen unterworfen: Ein immer größerer Anteil der Ankommenden wurde aufgenommen, die Leistungen, die sie erhielten, wurden ausgebaut, und sie wurden stärker in die sozialen Sicherungssysteme eingebunden. Die Grundlage der Politik jedoch lag fest. Zu fragen ist nun, ob in dieser Hinsicht der Mauerbau eine Zäsur darstellte und langfristig zu einer Änderung auch dieser Grundlage führte.

In der Bundesrepublik und besonders in West-Berlin war der Aufschrei nach dem Mauerbau groß. Ganz explizit wurde die DDR nun mit einem von Stacheldraht umgebenen KZ verglichen.[31] Die westdeutsche Politik hielt über die Jahrzehnte hinweg grundsätzlich an ihrem gesamtdeutschen Ansatz fest. Gemeinsam war beiden deutschen Staaten bis in die 60er Jahre hinein der Ruf nach der nationalen Einheit. Wenn er auch in der DDR immer leiser wurde, so bildete er doch auf beiden Seiten des Stacheldrahts den Hintergrund für Forderungen ans Gegenüber – die sich in ihrer Tendenz dann freilich grundlegend unterschieden. Dem Wunsch nach (Wieder-)Vereinigung stand die innerdeutsche Grenze ganz buchstäblich im Weg, die Mauer verbaute ihn vollends.

Der gesamtdeutsche Ansatz führte zu dem von der westdeutschen Politik häufig herausgestellten Bestreben, die DDR nicht den Kommunisten zu überlassen. »Jene Millionen aufrechter Männer und Frauen, die trotz aller Bedrängnis auf dem Boden der Heimat aushalten, sind die stärksten Stützen für die Wiedervereinigung unseres Landes«, ließ der Bundesminister für gesamtdeutsche Fragen am 7. Februar 1953 die Menschen in der DDR wissen.[32] In erster Linie verurteilte die westliche Seite jedoch stets die Gewaltmaßnahmen wie

31 Siehe auch das Zitat von Willy Brandt, S. 89.
32 Bundesminister Jakob Kaiser im RIAS, abgedruckt in: Die Flucht aus der Sowjetzone, S. 27.

den Grenzausbau und die Anwendung von juristischer und physischer Gewalt gegenüber den Flüchtlingen.

Ab Mitte der 60er Jahre versuchte die Bundesrepublik der gesamtdeutschen Verpflichtung nachzukommen, indem sie Verhandlungen aufnahm, welche die Grenze durchlässiger machen und allgemein humanitäre Fortschritte erzielen sollten. Die ersten Früchte von direkten Verhandlungen waren die Passierscheinabkommen, die es West-Berlinern Weihnachten 1963 zum ersten Mal wieder erlaubten, in den Ostteil der Stadt zu gelangen. Der Freikauf politischer Häftlinge wurde indirekt und unter Ausschluss der Öffentlichkeit angebahnt und durchgeführt. Die Große Koalition suchte auch offiziell eine neue politische Linie gegenüber der DDR, die dann in der neuen Ostpolitik der sozial-liberalen Koalition mit dem Abschluss der Ostverträge und des Grundlagenvertrags zwischen Bonn und Ost-Berlin kulminierte. Verhandlungen und Kontakte entstanden nun in viele Richtungen – stets mit dem Ziel, menschliche Erleichterungen zu erreichen. Für dieses Ziel floss vor allem viel Geld – dessen die marode DDR-Wirtschaft dringend bedurfte. Stabilisierung der DDR gegen Mobilität im Ost-West-Verkehr, so nennt Andreas Wirsching diese Politik. Die Gegenleistungen waren nicht immer messbar, aber zumindest der Abbau der Selbstschussanlagen sowie die Gewährung einer großen Zahl von Ausreiseanträgen 1984 war mit den Milliardenkrediten von Seiten der Bundesrepublik verknüpft. Allein bei dem Punkt, ihren Bürgern Reisefreiheiten einzuräumen, blieb die DDR lange vollkommen unbeweglich – wohl aus gutem Grund. Ab 1964 durften Rentner in den Westen reisen, erst nach 1986 wurde die bis dahin sehr streng gehandhabte Regelung für Verwandtenbesuche gelockert.

Eine solche Politik, welche die Führung der DDR zumindest implizit als Verhandlungspartner akzeptierte, hat möglicherweise das Sich-Abfinden der Westdeutschen mit der Teilung befördert. Der Kanzler der Großen Koalition, Kurt Georg Kiesinger, äußerte schon 1966 Bedenken: »Das Schlimmste, was uns passieren kann in der Deutschlandfrage, wäre, dass tatsächlich einmal die Bevölkerung hüben und drüben nichts mehr miteinander gemeinsam hätte, dass sich also ein Sonderpatriotismus, ein Sonderverständnis der nationalen Existenz, ein eigenes Staatsbewusstsein, womöglich sogar ein eigener Staatsenthusiasmus entwickeln könnte. Dass sich da viel geändert hat in den vergangenen Jahren, das wissen wir leider nur allzu gut.«[33]

33 »Wir leben in einer veränderten Welt«. Die Protokolle des CDU-Bundesvorstands 1965–1969, bearb. von Günter Buchstab, Düsseldorf 2005, S. 406.

Die politischen Kontakte zwischen West und Ost wurden intensiver, westdeutsche Spitzenpolitiker besuchten Erich Honecker in den 80er Jahren häufig. Kritik an den Grenzanlagen und an dem Umgang mit Ausreisewilligen wurde dabei nur noch von wenigen wie Hans-Jochen Vogel geäußert. Journalisten, die wie Gerhard Löwenthal die Erinnerung an die Unmenschlichkeit der Grenze und die menschlichen Tragödien in den Mittelpunkt ihrer Arbeit stellten, wurden als politische Außenseiter abgestempelt – was aus der DDR Kommende überhaupt nicht verstehen konnten[34] und was nach 1990 auch in der westdeutschen Öffentlichkeit kritisch hinterfragt wurde. Als Michael Gartenschläger in der Nacht zum 1. Mai 1976 von den Grenztruppen der DDR erschossen worden war, betonte der Parlamentarische Staatssekretär des innerdeutschen Ministeriums, Karl Herold, vor dem Bundestag, die Tat sei »menschenunwürdig« gewesen: »Über die Beurteilung der Sperranlagen der DDR an der innerdeutschen Grenze und der Mauer gibt es, so hoffen wir, in diesem Hause keine Meinungsverschiedenheiten.«[35] Reserviert war allerdings die Reaktion gewesen, als Gartenschläger im Monat zuvor erstmals eine Splittermine abgebaut und damit der Welt ihre Existenz überhaupt bewiesen hatte. Sein Mitstreiter erinnert sich, die bundesdeutschen Politiker fanden »das Vorhandensein und die menschenrechtsverletzende Wirkung der Splitterminen fast ebenso schlimm wie das ›fragwürdige Abenteurertum‹ Gartenschlägers und gingen zur ›entspannenden‹ Tagesordnung über.«[36]

Manche in Politik, Medien und Wissenschaft zeichneten im Gefolge der Entspannungspolitik das Bild der DDR mehr und mehr weich. Man nahm sie als zwar »anderen«, aber doch eigenständigen Staat wahr. Zunächst hatten die Medien die Geringschätzung der DDR allein durch die Wortwahl ausgedrückt. »Pankow« galt als Synonym für die ostdeutsche Regierung, die Tageszeitung *Die Welt* entfernte als letzte erst Anfang 1989 die Gänsefüßchen von den drei Buchstaben DDR. In dem immer versöhnlicheren Bild störten allzu kritische Betrachtungen der Grenzanlagen oder die tiefe Analyse, warum der Ausreisewille so vieler Menschen aus der DDR fortbestand. Das Bild der DDR als Unterdrückungsstaat verblasste zusehends.

Dass Grenze und Mauer ab den 60er Jahren ein beliebtes touristisches Ziel wurden, bei dem der Schrecken der Grenzanlagen erfahrbar blieb, wirkte

34 Vgl. Österreich, Tina: Luftwurzeln. Ein »Umzug« von Deutschland nach Deutschland, Böblingen 1987, S. 52 f.

35 Verhandlungen des Deutschen Bundestages, 7. Wp., Stenographische Berichte, 237. Sitzung am 5. Mai 1976, S. 16579.

36 Lienecke, Lothar/Bludau, Franz: Todesautomatik. Die Staatssicherheit und der Tod des Michael Gartenschläger an der Grenzsäule 231, Hamburg 2001, S. 183.

dieser Tendenz kaum entgegen. Jeder Berlin-Besucher der Jahre vor 1989 erinnert sich an die hölzernen Plattformen, von denen aus man in den Ostteil der Stadt blicken konnte und auf denen sich auch Politiker gern fotografieren ließen – symbolische Politik, die zumeist im Gegensatz zum politischen Alltagsgeschäft stand.

In der Aufmerksamkeit der Bundesrepublik trat das vordem so virulente wie sensible sozialpolitische Thema des Umgangs mit den Menschen aus der DDR ebenfalls in den Hintergrund. Die geringe Zahl der Ankommenden erregte kaum mehr öffentliches und politisches Interesse, höchstens spektakuläre Fluchtversuche wie die in den USA verfilmte Ballonflucht aus dem Jahr 1979 fanden breitere Aufmerksamkeit. Nichts zeigt den Bedeutungsverlust schärfer als die Tatsache, dass es für die 70er Jahre nicht einmal mehr durchgängig Monatsstatistiken über die Abwanderung aus der DDR in deutschen Archiven gibt. Mit dem sich verbreitenden Bild von der DDR änderte sich auch der Blick auf die vergleichsweise wenigen Menschen, die aus der DDR in die Bundesrepublik kamen. Unverständnis gegenüber ihrer Lebenssituation war noch der harmloseste Fall. Tina Österreich und Dietmar Riemann berichten von einer feindseligen Haltung mancher Westdeutschen, die nicht mehr verstanden, warum Ostdeutsche in den Westen kamen, hielten sie die DDR doch für einen gleichwertigen Staat. Der Bundestagsabgeordnete der Grünen Dirk Schneider bezeichnete sie als »Luxusflüchtlinge«, die nur wirtschaftlichen Motiven folgten.[37] Ablehnung wurde immer dann artikuliert, wenn die Ausgereisten durch ihr Verhalten auffielen oder zu Konkurrenten um die weniger werdenden Arbeitsplätze wurden.

Dieser verbreiteten Haltung in der Bevölkerung stand das politische Handeln für die Menschen aus der DDR gegenüber, das geräuschlos und im Hintergrund kontinuierlich bemüht blieb, ihre Startchancen zu verbessern. Da nach 1961 die Gruppe der Flüchtlinge nicht mehr nennenswert anwachsen konnte und gleichzeitig der finanzielle Spielraum der Bundesrepublik relativ groß war, wurden die Leistungen für sie ausgeweitet. Deutlichstes Zeichen ist ihre Einbeziehung in den Lastenausgleich Mitte der 60er Jahre. Ganze Pakete von Sozialleistungen standen fortan für die Flüchtlinge und Ausreisenden bereit, von der Freifahrkarte für Busse und Bahnen bis zur Wohnungsbeihilfe. Zunehmend erschwerten es jedoch nicht materielle, sondern mentale Probleme den neuen Bundesbürgern, Wurzeln zu schlagen. Diese Probleme griffen

37 Grüne: In der DDR bleiben, in: Stuttgarter Nachrichten vom 28. Mai 1984. Schneider galt schon in seiner Fraktion als »ständige Vertretung der DDR« (Joschka Fischer) und wurde später als Mitarbeiter des MfS enttarnt.

Journalisten und Wissenschaftler verstärkt nach der großen Ausreisewelle im Jahr 1984 auf. Sie wollten nicht nur analysieren, sondern mit ihren Beiträgen auch um Verständnis für die Neubürger werben. Diese Arbeiten zeigen aber vor allem eines: Die Schere zwischen politischem Handeln und der Grundhaltung in der Bevölkerung hatte sich weit geöffnet – so wie Kiesinger dies befürchtet hatte.

Auch in der Kunst spiegelte sich die beschriebene Haltung in der Bundesrepublik wider. Grenze, Flucht und Ausreise wurden als Thema kaum mehr aufgegriffen, und wenn, dann von Künstlern, die selbst aus dem Osten kamen wie Wolf Biermann oder Katja Lange-Müller.[38] In der bildenden Kunst sieht die Bilanz nicht anders aus. Auch in den Medien Film und populäre Musik herrschte, nachdem die bis zur Mitte der 60er Jahre dominierende Schwarz-Weiß-Sicht überwunden war, kein großes Interesse mehr an dem Sujet. Erst mit den 80er Jahren wurde das Thema mit aktuellen Nuancen wieder aufgegriffen, denkt man etwa an den Film »Der Mann auf der Mauer« von 1982. Marius Müller-Westernhagen stellte darin das Unbehagen eines Ausgereisten dar, der sich im Osten und im Westen fremd fühlt.[39] Demgegenüber ist in »Westler« von Wieland Speck aus dem Jahr 1985 die Mauer wieder die das Leben zerschneidende Barriere, allerdings ohne die hohe ideologische Aufladung der 50er Jahre, sondern ganz ins Private gewendet. Zum Teil mit verdeckter Kamera in Ost-Berlin gedreht, erzählt der Film eine Liebesgeschichte über die Mauer hinweg, die in einem Fluchtversuch gipfelt. Dieses Thema variierten schon früher einige Pop-Songs, »Mädchen aus Ost-Berlin« von Udo Lindenberg (1973) und »Heroes« des Wahl-West-Berliners David Bowie (1977). Müller-Westernhagen schlug mit »Von drüben« (1981) andere Töne an: Gerti ist ausgereist, findet in der Bundesrepublik ihre Nische als Sängerin und rät ihrer Schwester nachzukommen, »denn hier ist genug für alle da«. Die Schwierigkeiten der Ausgereisten klingen hier genauso an wie die Bilder der Westdeutschen, nach denen die Menschen vorwiegend aus materiellen Gründen kamen. Derartige Songs von namhaften Künstlern sind nicht nur Ausdruck eines wiedererwachenden Interesses. Sie brachten darüber hinaus das deutsch-deutsche Thema einer Generation nahe, die unkritisch mit der Zweistaatlichkeit lebte und der Frankreich vertrauter war als die DDR.

38 Dazu Mauser, Kaspar: Die Feigheit vorm Freund, Köln 1988.

39 Der Film basiert allerdings auf der Erzählung »Mauerspringer« von Peter Schneider, der 1961 aus der DDR in den Westen gegangen war.

Die Krise der DDR, der Anstieg der Fluchtbewegung und der Mauerfall: Reaktionen in Ost und West

1989 brach die latente Krise der DDR offen aus. Die Opposition zeigte sich immer sichtbarer und selbstbewusster auf den Straßen und Plätzen, die politische und wirtschaftliche Schieflage wurde immer offensichtlicher. Aber noch waren der Machtapparat und der Wille, ihn einzusetzen, nicht gebrochen: Am 6. Februar 1989 wurde Chris Gueffroy bei einem Fluchtversuch an der Berliner Mauer erschossen, am 8. Juni begrüßte die Volkskammer das blutige Vorgehen der chinesischen Militärs gegen die Studentendemonstrationen als »Niederschlagung einer Konterrevolution«, im Oktober 1989 bekämpften Sicherheitskräfte brutal die Demonstranten in Leipzig, Berlin und an der Bahnstrecke, über die Sonderzüge die Botschaftsflüchtlinge aus Prag in die Bundesrepublik brachten. Zur Dynamik des Geschehens trugen maßgeblich auch die Menschen bei, die in diesen Monaten auf allen sich bietenden Wegen die DDR verließen. Zunächst stieg die Zahl der Anträge auf Ausreise aus der DDR seit 1987 kontinuierlich an. Die Regierung reagierte mit der Genehmigung von 46 000 Anträgen im ersten Halbjahr 1989 – mehr als in den vorhergehenden vier Jahren zusammen. Der Effekt war – wie 1984 –, dass nun noch mehr Anträge eingereicht wurden. Blieb die Genehmigungspraxis noch in der Hand der Machthaber der DDR, so waren andere Brennpunkte ihrem Einfluss jedoch weitgehend entzogen.

Schon in den Vorjahren war es vereinzelt dazu gekommen, dass DDR-Bürger in Botschaften der Bundesrepublik Zuflucht gesucht hatten, um ihre Ausreise zu erzwingen. Im Sommer 1989 besetzten jedoch Hunderte die bundesdeutschen Vertretungen in Prag, Budapest und Warschau sowie die Ständige Vertretung in Ost-Berlin. Während die Ausreisewilligen in Prag und Warschau noch bis Ende September/Anfang Oktober darauf warteten, bis sie endlich in die Bundesrepublik ausreisen durften, trug sich in Ungarn das lange Unvorstellbare zu: Ab Anfang Mai 1989 bauten die Grenztruppen dort den Stacheldraht ab. Das sollte, so beruhigte die ungarische Regierung die DDR-Führung, keine Konsequenzen für die Durchlässigkeit der Grenze für DDR-Bürger haben. Und tatsächlich riegelten Truppen die Grenze weiterhin ab. Gleichwohl strömten immer mehr Menschen nach Ungarn, die auf diesem Weg ihre Chance witterten, die DDR endgültig zu verlassen. Als Mitte August Ungarn und Österreich kurzzeitig die Grenze für ein »Paneuropäisches Picknick« öffneten, nutzten sofort Hunderte Ostdeutsche die Gelegenheit zur Flucht. Immer wieder gelang es nun Fluchtwilligen, die Grenze zu überwinden, gleichzeitig reisten immer mehr Ostdeutsche nach Ungarn. Die unhaltbaren Zustände – und das westliche Wohlwollen – im Auge, öffnete die ungarische Regierung am 10. September schließlich ihre Grenze zu Österreich auch für DDR-Bürger.

Noch konnte die DDR-Regierung auf die tschechoslowakische Führung rechnen, die nun die Grenze zu Ungarn für DDR-Bürger schloss. Aber dort wiederholte sich das Geschehen. Die Bilder der Prager Botschaft quasi im Belagerungszustand gingen um die Welt. Drei Tage nachdem diese Botschaftsflüchtlinge am 30. September in den Westen ausreisen durften, schloss die DDR die letzte offene Grenze, die zur ČSSR. Auf ein liberales Reisegesetz konnte sich das Politbüro nicht verständigen. Völlig eingeschlossen, machte sich der Unmut der Menschen immer massiver Luft, die politische Krise eskalierte. Aus der Retrospektive erscheint das improvisierte Verlesen der Information: »Privatreisen nach dem Ausland können ohne Vorliegen von Voraussetzungen [...] beantragt werden. Die Genehmigungen werden kurzfristig erteilt« durch Günter Schabowski am Abend des 9. November als das unfreiwillige Zerschlagen eines gordischen Knotens.[40]

Nun kam es erst recht zu einer Übersiedlungswelle ungekannten Ausmaßes. Schon die Zahlen derjenigen, die sich im November 1989 dem Notaufnahmeverfahren stellten, zeigen die extreme Situation: 133 429 Personen, das waren 4500 Anträge am Tag und mehr als doppelt so viele wie im bis dahin stärksten Monat März 1953. Zwischen der Grenzöffnung und dem Ende des Notaufnahmeverfahrens am 30. Juni 1990 registrierten die Behörden etwa eine halbe Million Übersiedler – wobei die Dunkelziffer erheblich sein dürfte.

Die Bundesrepublik konnte während der hier beschriebenen Phase nur reagieren. Einerseits versuchte sie, mäßigend auf die Menschen, die DDR-Führung und die Führung der betroffenen Länder in dem Sinne einzuwirken, dass die Lage nicht eskalierte. Die »chinesische Lösung« in der DDR lag als reale Gefahr in der Luft. Andererseits setzte der massenhafte Zustrom die Politik freilich unter großen Druck im Hinblick auf die Erstversorgung und Unterbringung, aber auch die Finanzierung der Leistungen für Übersiedler. Als sich der Zustrom auf mehrere Hunderttausende belief, waren auch eine spürbar gestiegene Arbeitslosigkeit und erhebliche Probleme auf dem Wohnungsmarkt die Folge. Das veranlasste die Bundesregierung, in schnellen Schritten die Vereinheitlichung der wirtschaftlichen Verhältnisse anzustreben und die Währungs-, Wirtschafts- und Sozialunion sowie schließlich die Einigung Deutschlands voranzutreiben. »Die Auswanderung aus der DDR [...] hat auch den

40 Zit. nach: Hertle, Hans-Hermann: Die Chronik des Mauerfalls. Die dramatischen Ereignisse um den 9. November 1989, Berlin 1996, S. 145.

politischen Prozess, der am 3. Oktober 1990 zur deutschen Einigung führte, entscheidend beschleunigt.«[41]

Dem politischen Wandel des Jahres 1989 trug die Führung der DDR nur sehr eingeschränkt Rechnung. Nach der weltweit negativen Reaktion auf die Erschießung eines Flüchtlings im Februar setzte der Minister für Nationale Verteidigung im April 1989 den Schießbefehl aus. Er veröffentlichte diese Entscheidung aber erst nach dem Fall der Mauer, am 12. November. Die Führung versuchte also, einerseits künftigen Verschlechterungen ihres Images durch das Grenzregime vorzubeugen, andererseits aber die fluchtabschreckende Wirkung der Drohung mit Schusswaffengebrauch aufrechtzuerhalten.

Die Machthaber in der DDR nahmen die Dimensionen der Abwanderung gerade ab der Jahresmitte mit Fassungslosigkeit wahr. Grotesk war die Ratlosigkeit im Politbüro: »Es gibt Kritiken, Unzufriedenheit usw. Aber das kann ja nicht der Grund sein, warum man alles im Stich lässt«, rätselte Willi Stoph, und Günter Mittag ergänzte: »Bei uns hungert und friert keiner.«[42] Obwohl klar war, dass durch die Abwanderung »empfindliche Lücken«[43] entstanden, entwickelte sich immer noch keine Einsicht in grundlegende Unzulänglichkeiten des Systems. Vielmehr griffen die Mitglieder des Politbüros auf alte, stereotype Erklärungsmuster und Feindbilder zurück, wenn Hermann Axen erklärte, »der Hauptfeind ist die BRD«, und Mittag bei der Frage, wie man auf das Verhalten Ungarns reagieren solle, riet: »Die Schritte gegenüber Ungarn müssen wir uns gut überlegen. Der Gegner will uns mit allen Mitteln gegeneinander aufbringen.«[44] Dass es in Budapest einen politischen Wandel gegeben hatte, wurde offensichtlich überhaupt nicht realisiert. Dazu kam – auch das seit den 50er Jahren stereotyp – die Beschimpfung der Abwandernden als »Strolche«, »Schufte« und »miese Säcke«[45] und ihre öffentliche Verunglimpfung. Das *Neue Deutschland* kommentierte am 2. Oktober 1989 die Ausreisewelle mit den Worten, »sie alle haben durch ihr Verhalten die moralischen Werte mit Füßen getreten und sich selbst aus unserer Gesellschaft ausgegrenzt. Man sollte ihnen deshalb keine Träne nachweinen.«

41 Ritter, Gerhard A.: Die menschliche »Sturmflut« aus der »Ostzone«. Die Flucht aus der DDR und ihre Folgen für Berlin und die Bundesrepublik, in: Effner, Bettina/Heidemeyer, Helge (Hrsg.): Flucht im geteilten Deutschland, Erinnerungsstätte Notaufnahmelager Marienfelde, Berlin 2005, S. 47.
42 Protokoll der Sitzung des Politbüros am 12. September 1989, abgedruckt in: Judt: DDR-Geschichte, S. 542.
43 Erich Mielke, in: ebenda.
44 Ebenda.
45 Erich Mielke auf einer Zentralen Dienstbesprechung des MfS am 28. April 1989, abgedruckt in: Riemann: Laufzettel S. 483.

Ganz anders empfanden das aber viele Bürger der DDR, die auf den großen Demonstrationen in Ost-Berlin und anderen Städten eine grundlegende Veränderung des politischen Kurses forderten, gerade um den andauernden Exodus zu beenden. Damit wollten die Demonstranten der Perspektivlosigkeit in der DDR entgegentreten und das Dableiben attraktiver machen. »Traurige Bilanz. Meine Söhne, 4 Kollegen, 10 Bekannte im Westen« lautete beispielsweise einer der Transparenttexte, die in Berlin am 4. November 1989 gezeigt wurden. An keiner anderen Stelle wird die katalysierende Wechselwirkung von Fluchtbewegung und innerer Opposition für das Ende der DDR augenfälliger.

Nachdem die wachsende Zahl der Ausreisenden und Flüchtlinge aus der DDR ab Mitte der 80er Jahre auch das Interesse an ihrem Schicksal wiederbelebt hatte, wurde den ab dem Sommer 1989 in noch weit größerer Zahl Ankommenden die Sympathie der Westdeutschen entgegengebracht. Die Bilder geschmückter Hallen und Bahnhöfe in Passau oder Hof spiegeln die Freude über diese Entwicklung. Die Stimmung steigerte sich vollends zur Euphorie, nachdem die innerdeutsche Grenze am 9. November geöffnet wurde. Die Szenen, die sich abspielten, als endlose Trabi-Schlangen auf westlicher Seite mit Sekt und Freudenkundgebungen empfangen wurden, sind bei vielen ein fester Bestandteil der Erinnerung an das Ende der deutschen Teilung. Dieser Freudentaumel, der sich vielfach auch in kleinen persönlichen Hilfestellungen zeigte, schlug aber bald um. Zum Wortführer der Ängste und Befürchtungen, die mit dem massenhaften Zustrom von DDR-Bürgern einhergingen, machte sich der saarländische Ministerpräsident Oskar Lafontaine. Am 27. November 1989 trat er gegen Vergünstigungen für Übersiedler ein. Er argumentierte, die sozialen Sicherungssysteme der Bundesrepublik könnten einen weiteren Zuzug nicht verkraften. Sein Antrieb war weniger die Sorge um die Zukunft Ostdeutschlands als die Bewahrung des westdeutschen Wohlstands.

Die Menschen aus der DDR wurden sehr schnell als Bedrohung des westdeutschen Wohlstands wahrgenommen, der Begriff des »Sozialneids« machte die Runde. Diesen Umschwung dokumentiert auch die westdeutsche Presse: Titelte *Der Spiegel* am 13. November 1989 noch: »Das Volk siegt: offene Grenzen«, so konnte man bereits zehn Wochen später, am 22. Januar 1990, an gleicher Stelle lesen: »Massenflucht in die Bundesrepublik. Gefahr für den Wohlstand«. Drei Wochen danach, am 19. Februar 1990, war Deutschland schon beim »Katzenjammer« angekommen. Artikel thematisierten nun »einen neuen Typ von Übersiedlern: [...] gesellschaftliche Außenseiter« (11. Dezember 1989) oder »›Nie wieder Übersiedler‹. Viele [...] sind an den neuen Arbeitsplätzen überfordert« (19. Februar 1990). In der gleichen Ausgabe wusste das Magazin: »In Westdeutschland kocht der Hass auf die Übersiedler hoch.« Um bei Zitaten aus dieser Zeitschrift zu bleiben: Am 26. März 1990 war dann »Schluss mit lustig«: Die Politik musste auf den Stimmungsumschwung und die ja tatsächlich vorhandenen massiven Probleme, die durch die große Zahl von Übersiedlern vor allem auf dem Arbeits- und Wohnungsmarkt entstanden, reagieren. Bund und Länder beschlossen, das Notaufnahmeverfahren für Menschen aus der DDR zum 1. Juli abzuschaffen, was bedeutete, dass Übersiedlern keine besonderen Vergünstigungen mehr zuteil wurden. Die Voraussetzungen für das Gesetz, politischer Druck in der DDR, und damit seine Rechtfertigung galten als nicht mehr gegeben.

Die Beschäftigung mit Grenzregime und Grenzüberschreitung verdeutlicht, dass sich in der DDR-Führung 1953 ein bestimmtes Bild so stark eingebrannt hatte, dass es sich bis in den Herbst 1989 nicht mehr veränderte. Das gesellschaftlich Fatale an dieser Einschätzung war, dass sie der Wahrnehmung der Bevölkerung diametral entgegenlief und somit gerade in diesem Bereich der Anspruch der Führung, die Interessen der Arbeiter und Bauern zu vertreten, offen als Illusion zutage trat. Die westliche Wahrnehmung war zunächst homogener, was den Einklang von Politik und Gesellschaft anging. Sie blieb bis in die 60er Jahre hinein von der Dichotomie des Kalten Krieges geprägt. Nach dem Mauerbau wurde die Politik beweglicher, um humanitäre Vorteile zu erreichen, behielt aber stets eine gesamtdeutsche Perspektive. Das Beispiel von Kooperation, dazu die starke Abschottung von der DDR und die Zuwendung zum westlichen Ausland führten in der westdeutschen Gesellschaft jedoch zur Westorientierung und Konzentration auf sich selbst. Die Folge war, dass Flüchtlinge und Übersiedler aus der DDR als Fremde wie Asylsuchende wahrgenommen wurden. Stark waren die Abwehrreflexe, als sie 1989/90 in großer Zahl zuströmten.

Das in dieser Hinsicht dunkle Bild wird aufgehellt durch die Reaktionen im November 1989. Einig waren sich Ost- und Westdeutsche damals auch, dass das Monstrum Mauer aus dem Berliner Stadtbild verschwinden müsse. Schon am 12. November 1989 wurde die Mauer am Potsdamer Platz eingerissen. Bis auf wenige Segmente wurde das verhasste Symbol der Teilung, des Leides und des Todes in den folgenden Monaten abgebaut. So verständlich dieses Verlangen nach Normalisierung war: Heute ist es schwierig, nachwachsenden Generationen – und Touristen – den Schrecken der Teilung zu vermitteln. Nur das geschulte Auge erkennt noch die Narben des Grenzstreifens. Das empfinden Berliner und Zugereiste gleichermaßen mehr und mehr als Problem, denn die Erinnerung an Grenze und Flucht unterstreicht den Wert, in einem freiheitlichen Staat leben zu dürfen.

Amit Das Gupta

1965 Ulbricht am Nil

Die deutsch-deutsche Rivalität in der Dritten Welt

Er hatte aus gesundheitlichen Gründen um eine Kur in Assuan gebeten. Als Walter Ulbricht, Staatsratsvorsitzender der DDR und Erster Sekretär der SED, schließlich am 24. Februar 1965 in Ägypten eintraf, wurde er mit 21 Salutschüssen, der DDR-Hymne sowie gehisster DDR-Flagge empfangen. Die Genugtuung war groß, wie der Reisebericht von Lotte Ulbricht und die Schlagzeilen der ostdeutschen Presse belegen. Und dennoch: Was einem Staatsbesuch zum Verwechseln ähnlich sah, war keiner. Ägyptens Präsident Gamal Abdel Nasser sorgte dafür, dass die kleinen, aber feinen Unterschiede nicht unter den Teppich gekehrt wurden, indem er nur von einem Freundschaftsbesuch sprach. Denn zwischen der DDR und Ägypten bestanden keine diplomatischen Beziehungen, woran auch Ulbrichts Besuch nichts änderte. Ost-Berlin hatte es zu einem Generalkonsulat in Kairo gebracht, also sehr viel weiter als in den meisten anderen Staaten der Dritten Welt. Eine Botschaft, wie sie die Bundesrepublik seit mehr als einem Jahrzehnt unterhielt, gewährte Nasser bewusst nicht. Denn die vollwertige Anerkennung der DDR war keine Herzenssache, sondern pure Verhandlungsmasse, eine Trumpfkarte, mit der man reizen, die man aber nur einmal wirklich spielen konnte.

Der Jubel in Ost-Berlin war also voreilig. Und das prunkvolle Zeremoniell konnte nicht verdecken, dass sich Ulbricht bei der Erkundung von ihm exotischen Gefilden in Übersee nicht anders bewegte als jeder westdeutsche Tourist in dieser Zeit. Seine erste Reise in Länder außerhalb des sozialistischen Blocks blieb auch seine letzte. Damit erging es ihm nur unwesentlich besser als den DDR-Bürgern – mit dem feinen Unterschied, dass der Regierungschef von niemandem eingeladen wurde, während die Menschen in der DDR vom eigenen Staat mit aller Macht an solchen Reisen gehindert wurden.

Der Erfolg von Ulbrichts Reise lag also nicht in einer international folgenreichen Aufwertung der DDR. Er lag in der hysterischen Reaktion in der Bundesrepublik, wo man alle Besonnenheit und außenpolitische Raffinesse früherer Jahre vermissen ließ. Die westdeutsche Presse sah den bundesdeutschen Alleinvertretungsanspruch am Ende. Die Zeitschrift *Christ und Welt* schrieb am 5. Februar 1965 gar von einem »Stalingrad am Nil«. Dem *Spiegel* erschien Erhard wie ein »zugleich tolpatschiger und gefährlicher Hanswurst, der mit seiner Kehrseite umwirft, was er zuvor selbst aufgebaut hat, [...] und Fußtritte, die er empfängt, mit Gold vergilt«.[1] Hier kam die Verbitterung darüber zutage, dass die Bundesrepublik zwar großzügig Entwicklungskredite vergab, dafür aber wieder einmal Undank geerntet hatte.

Wenn es aus westdeutscher Sicht eine Person gab, die stellvertretend für die Fortdauer der deutschen Teilung stand, dann war das der »Spitzbart« Ulbricht, der Statthalter Stalins. DDR-Ministerpräsident Otto Grotewohl oder DDR-Außenminister Otto Winzer hatten in den vergangenen Jahren die Hauptstädte einflussreicher Staaten der Dritten Welt besucht. Das war schlimm genug, aber schon Gewohnheit geworden. Dass nun aber auch noch Ulbricht zu derartigen Ehren kam, schien unerträglich. In einer Bundestagsdebatte am 29. Januar 1965 nannte Karl Mommer von der SPD, die der Hallstein-Doktrin in Teilen durchaus kritisch gegenüberstand, den starken Mann der DDR »den Spalter der Nation« und den »Feind Nummer eins der deutschen Einheit«.[2] Diese Weltuntergangsstimmung wurde noch dadurch vertieft, dass der außenpolitisch unbedarfte Bundeskanzler Ludwig Erhard als Reaktion auf Ulbrichts Empfang am Nil die Aufnahme diplomatischer Beziehungen zwischen der Bundesrepublik und Nassers Erzfeind, dem Staat Israel, ankündigte, woraufhin zehn arabische Staaten ihrerseits die Beziehungen zur Bundesrepublik abbrachen. Der Rat des sehr viel gewiefteren Bundesaußenministers Gerhard Schröder, Ulbrichts Reise nicht überzubewerten, wurde nicht beachtet.

Dabei wäre Gelassenheit durchaus angebracht gewesen. Deutschland besaß in der arabischen Welt traditionell einen ausgezeichneten Ruf, und auch die Bundesrepublik verfügte über einigen politischen Einfluss. Sie wurde im Gegensatz zu ihren Verbündeten nicht als Kolonialmacht wahrgenommen, und die wirtschaftliche Zusammenarbeit war für die Staaten der Region von eminenter Bedeutung. Hinzu kamen die arabischen Sympathien wegen des Genozids an den europäischen Juden.[3] Die Krise im Verhältnis zu Kairo war zudem nicht überraschend über die Regierung Erhard hereingebrochen, war

1 Der Spiegel vom 24. Februar 1965, S. 25.

2 Verhandlungen des Deutschen Bundestages, 4. Wp., Stenographische Berichte, Bd. 57, S. 7877 f.

3 Berggötz, Sven Olaf: Nahostpolitik in der Ära Adenauer. Möglichkeiten und Grenzen (1949–1963), Düsseldorf 1998, S. 35–48.

die bundesdeutsche Nahostpolitik doch von Anfang an eine Gratwanderung gewesen. Insbesondere Erhards Vorgänger Konrad Adenauer hatte sich früh darum bemüht, ein gutes Verhältnis zu Israel herzustellen. Das im Jahr 1952 unterzeichnete Luxemburger Abkommen zur Wiedergutmachung war ein erster Schritt in diese Richtung. Doch sorgte es mitsamt dem Bekenntnis zum Existenzrecht Israels für massive Probleme in der arabischen Welt. Der Libanon und Saudi-Arabien brachen aus Protest die laufenden Verhandlungen über die Aufnahme diplomatischer Beziehungen mit der Bundesrepublik ab, und auch andere waren nur schwer zu beruhigen. Wiedergutmachung interessierte nicht, wohl aber die Aufrüstung Israels, die angesichts der finanziellen Hilfe aus Westdeutschland in noch größerem Tempo voranzuschreiten drohte. Nasser warnte bereits 1956, dass er im Falle einer Normalisierung der Beziehungen zwischen der Bundesrepublik und Israel die DDR anerkennen werde. Bonn wusste die arabischen Gemüter mit finanziellen Zusagen zu besänftigen. Wäre es nach Adenauer gegangen, hätte die Bundesrepublik sogar erheblich zur Finanzierung des Assuan-Staudammes in Ägypten beigetragen. Das Angebot der Sowjetunion war allerdings so viel besser, dass sich Kairo gegen Bonn entschied.

Die Nahostpolitik hatte immerhin vorerst zu einer mühsam ausbalancierten Grundlage gefunden, auf der es sich arbeiten ließ. Es war jedoch die Bundesrepublik selbst, genauer Bundeskanzler Adenauer und Verteidigungsminister Franz Josef Strauß, die einen Sprengsatz zum Einsturz des fragilen Gebäudes legten. Begonnen hatte alles mit einer eher harmlosen Unterstützung der israelischen Rüstungsindustrie, die dringend Abnehmer im Ausland suchte und deshalb die Bundeswehr mit Uzi-Maschinengewehren ausrüsten durfte. 1962 gaben Kanzler und Verteidigungsminister jedoch dem vereinten amerikanisch-israelischen Drängen nach bundesdeutschen Waffenlieferungen nach. Israel sah darin eine Kompensation für das Ausbleiben diplomatischer Beziehungen, die USA wünschten nach Waffenlieferungen an Jordanien sowohl einen Ausgleich an militärischer Schlagkraft herzustellen als auch wegen ihres eigenen Ansehens in der arabischen Welt dabei im Hintergrund zu bleiben. Nasser war darüber bereits 1963 im Bilde und teilte dies Diplomaten der Bundesrepublik mit. Ab 1964 lieferte Bonn auch große Waffensysteme wie Panzer und Helikopter aus ursprünglich amerikanischer Produktion, deren Herkunft sich möglicherweise hätte verschleiern lassen. Fatalerweise verrutschten jedoch Planen, und Zugwaggons mit Panzern blieben in Alpentunneln stecken, so dass Ende 1964 die Presse darüber berichtete.[4]

4 Jelinek, Yeshayahu A.: Deutschland und Israel. Ein neurotisches Verhältnis, München 2004, S. 401–417.

Nasser machte aber weiter keinen Gebrauch von seinem Wissen. Denn auch hier fuhr Bonn zweigleisig. Seit Beginn der 50er Jahre arbeiteten deutsche Wissenschaftler mit Kenntnis der V-2-Technologie im ägyptischen Heluan an der Entwicklung von Kurz- und Mittelstreckenraketen. Das war insofern nichts Ungewöhnliches, als in der Bundesrepublik bis 1955 keine Waffen produziert werden durften und die zahlreichen ausgewiesenen Experten aus den Waffenschmieden des »Dritten Reiches« nicht nur in der Sowjetunion und den USA, sondern auch in Lateinamerika, den arabischen Staaten oder Indien begehrt waren. Das Auswärtige Amt half tatkräftig bei der Vermittlung. Nun konnte aber kein Zweifel daran bestehen, dass Ägypten gegen Israel rüstete und ein Erfolg des Heluan-Projekts beim nächsten Nahostkrieg dazu führen konnte, dass sozusagen erneut jüdisches Blut an deutschen Händen kleben würde. Es war nicht nur die anhaltende Erfolglosigkeit des Raketenprojekts, die dafür sorgte, dass die Bundesrepublik trotz massiver Proteste aus Israel merkwürdig passiv blieb. Zum einen gab es kaum eine Rechtsgrundlage, Bundesbürgern die Arbeit im Ausland zu verbieten. Zum anderen aber war man sich in Bonn sehr wohl der Tatsache bewusst, dass die Anwesenheit der Experten in Ägypten Nasser bei der Stange hielt, dessen Einfluss in der arabischen Welt und in der Blockfreienbewegung nicht unterschätzt werden durfte. So wurden ohnehin fragwürdige Gesetzesinitiativen, die darauf zielten, die Arbeit der Experten in Ägypten zu verbieten, im Bundestag 1963 so lustlos vorangetrieben, dass sie letztlich scheitern mussten. Die sehr viel einfachere Variante, nämlich den durchaus nicht unwilligen Experten lukrative Stellungen in der Bundesrepublik anzubieten, wurde zwar erwogen, aber nicht ernsthaft betrieben.[5]

Auf jeden Fall hatte sich Bonn ungewöhnlich weit vorgewagt. Technologien und Waffen wurden auch in andere Krisengebiete geliefert, jedoch bis zum Herbst 1965 mit weit weniger militärischer und damit politischer Brisanz. Als Nasser sich um die Jahreswende 1964/65 verstärkt um die Sowjetunion bemühte, wurde deutlich, dass die Regierung Erhard das heikle Spiel auf diesem Niveau nicht beherrschte. Ägypten steckte tief in wirtschaftlichen Problemen und hatte sich zudem im Jemen militärisch engagiert. Nach dem Sturz Nikita Chruschtschows im Oktober 1964 bestand große Unsicherheit, ob Moskau Kairo weiter finanziell und militärisch unterstützen würde. Als die neue sowjetische Führung um Leonid Breschnew im Dezember ihre Zusagen bekräftigte, schien Nasser eine Geste zugunsten der alten und neuen Freunde vonnöten. Und hier bot sich die Einladung Ulbrichts an, die in Moskau gut ankam,

5 Ebenda, S. 417–429.

gegenüber der Bundesrepublik aber eben mit den Waffenlieferungen an Israel gerechtfertigt werden konnte. Statt es mit stiller Diplomatie, finanziellen Lockungen oder souveränem Wegsehen zu versuchen, ließ sich die Regierung Erhard auf einen öffentlichen Schlagabtausch ein, der Nasser, wollte er sein Gesicht wahren, keinen Weg zurück ließ. Der Imageschaden war beträchtlich.[6]

Die Nahostkrise des Frühjahrs 1965 war mehr als ein überflüssiger Unfall. Sie stellt vielmehr eine Zäsur im langen Wettlauf der beiden deutschen Staaten in der Dritten Welt dar. Unverändert hielt die Bundesrepublik die Fäden in der Hand, denn noch erkannte außerhalb der kommunistischen Welt nur das blockfreie Jugoslawien die DDR an. Daran änderte sich bis zur Unterzeichnung des deutsch-deutschen Grundlagenvertrags am 21. Dezember 1972 auch nicht viel. Entscheidend war jedoch, dass die Bundesrepublik 1965 den Glauben in die eigene Stärke verlor. Kritik an der Nichtanerkennungspolitik hatte es schon seit Jahren gegeben. Der Mauerbau am 13. August 1961 hatte die Dauerhaftigkeit der deutschen Teilung vor Augen geführt. Seitdem war klar, dass die DDR nicht kollabieren oder gar kapitulieren würde. Angesichts dieser Verunsicherung hatte auch in der Außenpolitik der Bundesrepublik ein Suchen nach neuen Optionen begonnen, das allerdings halbherzig geblieben war. Einerseits betrieb Außenminister Schröder eine vorsichtige Öffnung gegenüber den Satellitenstaaten mit Ausnahme der DDR. Andererseits verschärfte sein Staatssekretär Karl Carstens die Kampagne gegen jegliche Aufwertung der DDR weltweit in einem Maße, wie das unter der Ägide des in Details nicht kleinlichen Adenauer nie der Fall gewesen war.[7] Vage Hoffnungen standen also massiven Ängsten gegenüber. Im Frühjahr 1965 obsiegten Letztere. Ost-Berlin war nicht in der weiten Welt der entscheidende Durchbruch gelungen, sondern am entscheidenden Punkt, in Bonn.

Der Beginn des Wettlaufs in der Dritten Welt

Der deutsch-deutsche Wettlauf in der Dritten Welt war bereits in der doppelten Staatsgründung im Herbst 1949 angelegt. Das Ulbricht-Regime verdankte seine Macht nicht dem Wählerwillen, sondern war eine Marionette der Sowjetunion, die »ihr« Deutschland an der kurzen Leine führte. Nach der Erfahrung des »Dritten Reiches« bestand in der Bundesrepublik ein breiter Konsens, dass

6 Troche, Alexander: Ulbricht in der Dritten Welt, Erlangen/Jena 1996, S. 39–44.
7 Gray, William Glenn: Germany's Cold War. The Global Campaign to Isolate East Germany 1949–1969, Chapel Hill/London 2003, S. 144f.

die Interessen des deutschen Volkes nicht mehr durch eine Diktatur vertreten werden durften. Dies war auch für die drei westlichen Siegermächte USA, Großbritannien und Frankreich eine Selbstverständlichkeit. Dass sie die von der Sowjetunion proklamierte Staatlichkeit der DDR nicht anerkannten, hing zudem damit zusammen, dass sie auch die Souveränität der demokratischen Bundesrepublik zunächst in engen Grenzen hielten. Der in der Bundesrepublik bis weit in die 60er Jahre hinein gebräuchliche, aber immer mehr kritisierte Terminus Sowjetische Besatzungszone (SBZ) war in großen Teilen der 50er Jahre auch Sprachgebrauch der Westmächte, insbesondere der USA.[8] Im Übrigen trug auch die Sowjetunion ihr Scherflein dazu bei, der DDR jegliche Reputation als eigenständiges Staatswesen zu nehmen. Zu offensichtlich war ihre Gründung eine reine Gegenmaßnahme zu der der Bundesrepublik gewesen, zu sehr ging es Stalin um ein Faustpfand in den Verhandlungen mit den Weltkriegsverbündeten. Erst 1955 rangen sich seine Nachfolger dazu durch, aus dem Provisorium mit der Aufnahme in den Warschauer Pakt ein langfristiges Projekt zu machen.

Bis dahin hatten die Westmächte eine überaus erfolgreiche Nichtanerkennungskampagne betrieben, die sich an die europäischen Neutralen wie an die soeben von der Kolonialherrschaft befreiten jungen Staaten der Dritten Welt richtete. Aus deren Sicht wäre es eigentlich eine Selbstverständlichkeit gewesen, zu beiden deutschen Staaten diplomatische Beziehungen aufzunehmen, genau wie sie zu den anderen Mitgliedstaaten der beiden dominierenden Blöcke einigermaßen gleichwertige Kontakte pflegten. Indiens Premierminister Jawaharlal Nehru beispielsweise setzte zwar auf ein vereintes Deutschland, das erneut die Rolle einer Dritten Kraft spielen und damit aufsteigenden Mächten wie eben Indien Spielräume in der internationalen Politik verschaffen würde. Wie etwa der Außenminister des neutralen Schweden, Östen Undén,[9] war er jedoch der Auffassung, dass wegen der berechtigten Sicherheitsinteressen der UdSSR die Einheit nur über eine Neutralisierung Gesamtdeutschlands zu erreichen sei – der Albtraum Adenauers. Als es allerdings darum ging, die Bundesrepublik wieder in den Kreis der anerkannten Staaten zurückzuführen, spielte er den Vorreiter: Schon 1951 beendete Indien den Kriegszustand mit Deutschland und tauschte mit Bonn Gesandtschaften aus, unmittelbar nachdem die Bundesrepublik von den Westmächten in Stand gesetzt worden war,

8 Ebenda, S. 13–21.
9 Muschik, Alexander: Die beiden deutschen Staaten und das neutrale Schweden. Eine Dreiecksbeziehung im Schatten der offenen Deutschlandfrage 1949–1972, Münster 2005, S. 52–65.

weltweit diplomatische Beziehungen aufzunehmen. Der DDR gegenüber hielt sich Neu Delhi dagegen bedeckt: Schon 1950 erklärte Nehru, Indien werde keine diplomatischen Beziehungen mit ihr aufnehmen, weil er die deutsche Teilung nicht verfestigen wolle. Als Ost-Berlin im folgenden Jahr über die jeweiligen Botschaften in Peking dennoch anfragte, erhielt die DDR-Regierung einen abschlägigen Bescheid.

Indien begründete der DDR gegenüber seine Haltung vertraulich ausschließlich mit seinen wirtschaftlichen Interessen. Dies »bedeute jedoch nicht die Anerkennung der ideologischen und politischen Haltung der Bonner Regierung«.[10] In einer UNO-Debatte weigerte sich Indien 1951, eine Resolution zu unterstützen, die eine Kommission für die Durchführung freier Wahlen in Ostdeutschland forderte. Zum Entsetzen der Bundesregierung plädierte sein Vertreter – auch noch ein Verwandter Nehrus – stattdessen für deutsch-deutsche Gespräche. Das Entsetzen wäre ein knappes Jahr später noch größer gewesen, hätte Bonn erfahren, dass Vizepräsident Sarvepalli Radhakrishnan im Oktober 1952 einen Besuch in West-Berlin zu einem heimlichen nächtlichen Abstecher über die Sektorengrenze und einem Gespräch mit DDR-Präsident Wilhelm Pieck nutzte, in dem es auch um die Frage der Anerkennung ging, die Radhakrishnan für den Moment allerdings ausschloss.[11] Da Indien das größte Land der Dritten Welt war und sein Premierminister weltweit hohes Ansehen genoss, hatte seine Haltung durchaus Vorbildfunktion. Die Herstellung normaler Beziehungen zur Bundesrepublik, das Interesse an wirtschaftlicher Zusammenarbeit, aber auch Neugier ohne Berührungsängste gegenüber der DDR waren symptomatisch für die Haltung vieler Entwicklungsländer in der ersten Hälfte der 50er Jahre.

Die Nichtanerkennungspolitik war anfangs praktisch Angelegenheit der Westmächte. Schon vor der Unterzeichnung der Pariser Verträge, die der Bundesrepublik 1955 eine fast vollständige Souveränität zuerkannten, wurde Bonn allerdings gezwungen, mehr und mehr selbst aktiv zu werden. Ende 1953 gelang Ost-Berlin mit einer Handelsvertretung in Kairo ein erster Schritt aus der Isolation. Die ägyptischen Behörden sicherten der Bundesregierung zwar zu, dass diese Vertretung keinerlei diplomatische oder konsularische Rechte erhalten würde. Dies war jedoch Theorie, hatte die DDR doch nun einen Fuß in der Tür. Indiens Regierung ging ein Jahr später noch weiter: Sie ließ

10 Aktennotiz der Botschaft der DDR, Peking, über ein Gespräch mit Botschaftsrat T.N. Kaul am 3. November 1961, Geheime Verschlußsache, Grüttner, in: PA/MfAA, Bd. A 100024.

11 Das Gupta, Amit: Handel, Hilfe, Hallstein-Doktrin. Die bundesdeutsche Südasienpolitik unter Adenauer und Erhard, 1949–1966, Husum 2004, S. 70f.

Handelsvertretungen in Bombay und Kalkutta zu und unterzeichnete in Form eines Briefwechsels auch einen Handelsvertrag, das erste Abkommen der DDR mit der Regierung eines Landes außerhalb des sowjetischen Blocks.[12] Die DDR besaß zwar nur mit elf Staaten, die alle dem eigenen Block angehörten, diplomatische Beziehungen, während die Bundesrepublik solche mit 53 Staaten unterhielt. Der Wettlauf um die Gunst der Dritten Welt hatte aber begonnen.

Bis Ende 1972 waren bundesdeutsche diplomatische Vertretungen überall dort, wo die DDR in irgendeiner Weise Fuß gefasst hatte, in erheblichem Maße durch einen zunehmend ermüdenden Kleinkrieg beschäftigt. Es ging dabei um das Hissen der DDR-Flagge an den Gebäuden der Vertretungen bzw. auf Messen, um das Anbringen von Wimpeln an Fahrzeugen, um die exakte Titulatur der DDR-Diplomaten oder um die Frage, in welchem Ministerium und von Beamten welcher Rangstufe diese empfangen wurden. Gleichzeitig entbrannte ein Kampf um die öffentliche Meinung in den jeweiligen Gastländern, der den dortigen Medien durchaus willkommen war. Beide deutsche Staaten kauften Sonderausgaben mit wohlwollenden Darstellungen der Politik, förderten wohlmeinende Journalisten mit Reisen in den jeweiligen Teilstaat oder stellten gar das Inventar für Druckereien oder Fernsehstationen zur Verfügung. Auf Messen wurde genauestens beobachtet, in welcher Größe und wo dem Konkurrenten ein Stand zugeteilt wurde. Und beide deutsche Staaten waren bemüht, sich in Sachen auswärtiger Kulturpolitik zu übertreffen.

Auf diesem Feld, auf dem nicht unbedingt die finanziellen Ressourcen, sondern Einfallsreichtum und geschickte Darstellung Erfolg versprachen, zeigte sich die DDR bemerkenswert findig. Auf einer indischen Messe wurde 1955 ein gläserner Mann vorgeführt, der – wie die DDR-Dolmetscher – in mehreren Landessprachen reden konnte. Bei Gesprächen an bundesdeutschen Ständen musste man des Englischen mächtig sein. 1959 folgte im Land der heiligen Kühe die gläserne Kuh »Heidi«, deren Verdauungsprozesse beobachtet werden konnten. Bundeslandwirtschaftsminister Lübke dagegen hatte eine Teilnahme an der Messe abgelehnt. »Eine bessere und billigere Propaganda hätte sich Ulbricht selbst kaum für sein Regime ausdenken können. Die Bundesrepublik gibt Wirtschaftshilfen, und die Zone erntet den Ruhm. […] Als ob es für eine Regierung Maßnahmen gegenüber dem Ausland gäbe, die nur nach wirtschaftlichen und nicht nach politischen Gesichtspunkten beurteilt werden könnten! Mit einer solchen Einstellung kann man zwar alle möglichen Waren verkaufen,

12 Ebenda, S. 112–114.

aber nicht einen Staat lenken«,[13] wetterte *Die Welt*. Wanderausstellungen, zum Beispiel mit Zeichnungen von Käthe Kollwitz, waren große Erfolge, und auch mit Bertolt Brecht oder klassischer Musik wusste Ost-Berlin für sich zu werben. Dazu wurden international renommierte Wissenschaftler entsandt, wie etwa der Archäologe Heinz Mode zu Ausgrabungen nach Ceylon. Es war nicht so, dass die Bundesrepublik insbesondere in Form der Goethe-Institute hier nicht gegengehalten hätte. Die ostdeutschen Aktivitäten wurden aber oft besser vermarktet und sorgten damit dafür, dass die Existenz eines zweiten deutschen Staates nicht nur den politischen Eliten bekannt war, sondern diese Kenntnis auch beim einfachen Mann auf der Straße allmählich durchsickerte. Diese mühevolle Kleinarbeit zeigte insbesondere dort, wo die Politik Rücksicht auf die öffentliche Meinung nehmen musste, mittelfristig durchaus Erfolge.

Die deutsch-deutsche Rivalität im Schatten der Hallstein-Doktrin

Geduld war eigentlich nicht die Stärke des Regimes in Ost-Berlin. In den ersten Jahren hatte es eine Alles-oder-nichts-Taktik verfolgt – volle Anerkennung oder keinerlei Beziehungen –, die jedoch nicht zu vorzeigbaren Resultaten geführt hatte. Die Unzufriedenheit musste noch wachsen, als die Bundesrepublik ihrerseits in die Offensive ging, nachdem sie 1955 diplomatische Beziehungen zur UdSSR aufgenommen hatte. Damit gab es zwei deutsche Botschaften in einer Hauptstadt, wogegen Bonn ansonsten Sturm lief. Um andere von der Nachahmung des eigenen Beispiels abzuhalten, wurden die Beziehungen zu Moskau zum Sonderfall erklärt, da die Sowjetunion als Siegermacht des Zweiten Weltkriegs ein unmittelbares Mitspracherecht bei der deutschen Einheit hatte. Zur demonstrativen Abschreckung verkündete Adenauer, die Bundesrepublik werde die Anerkennung der DDR durch einen dritten Staat als unfreundlichen Akt ansehen, auf den sie mit Maßnahmen bis hin zum Abbruch der diplomatischen Beziehungen reagieren werde. Dies war die berühmte Hallstein-Doktrin, die eigentlich nur auf den Punkt brachte, was längst Grundlinie der Bonner Außenpolitik war. Und genauer betrachtet war sie eine Dritte-Welt-Doktrin, da weder von den Verbündeten der Bundesrepublik noch von den europäischen Neutralen ein solcher Schritt zu befürchten war.

13 Gr.: Grotesk, in: Die Welt vom 14.11.1959.

Zugleich nahm die Bundesregierung die durch die Pariser Verträge geschaffene Möglichkeit einer unbeschränkten diplomatischen Aktivität wahr: Die ersten Besuche von Regierungschefs außereuropäischer Länder im Jahr 1956 waren schon deshalb Erfolge, weil sie in der bundesdeutschen Öffentlichkeit mit großer Aufmerksamkeit verfolgt wurden.[14] Ergänzt wurden sie durch zahlreiche Auslandsreisen führender Bonner Politiker. Die dabei etablierten direkten Kontakte sorgten nicht nur für mehr Verständnis, sondern zeitigten auch direkte Folgen. Nehru hatte Ende 1955 DDR-Außenhandelsminister Heinrich Rau, der zur Eröffnung einer Messe nach Neu Delhi gekommen war, fast wie einen Staatsgast behandelt und nun auch in der Hauptstadt eine DDR-Handelsvertretung zugelassen.[15] Im Sommer 1956 traf der Premier zu einem Staatsbesuch in der Bundesrepublik ein. Die Gespräche mit Adenauer verliefen keineswegs in jeder Hinsicht zur beiderseitigen Zufriedenheit. Als Nehru sich jedoch im Anschluss mit Nasser und Jugoslawiens Staatschef Josip Broz Tito auf der Adriainsel Brioni zu einer Art Gipfel der führenden Politiker der Blockfreien traf, lehnte er den jugoslawischen Wunsch ab, in das Schlusskommuniqué einen Passus aufzunehmen, in dem die Existenz zweier deutscher Staaten erwähnt wurde. Das Kommuniqué hatte Signalwirkung, denn in der bunten Welt der Blockfreien waren – wenn überhaupt – letztlich nur diese drei Politiker dazu in der Lage, eine gemeinsame Initiative ins Leben zu rufen. Ob allerdings die Bonner Albträume, einer der drei könne eine Anerkennungswelle lostreten, realistisch waren, ist schwer zu beantworten. Tito verschoss 1957 sein Pulver, Nasser ging 1965 diesen letzten Schritt wohlweislich nicht, Nehru zögerte zeitlebens. Seine überaus moralische Haltung zu derartigen Fragen schloss eine Vorbildrolle bei einem solch provokativen Schritt aber wohl aus.

Konnte Indien dank einer solchen Haltung mit Wohlwollen und ab 1958 mit erheblichen finanziellen Hilfen rechnen, bezahlte Jugoslawien mit einer riskanteren Deutschlandpolitik einen einigermaßen hohen Preis. Die Bundesregierung hatte eine Reihe von Signalen aus Belgrad ebenso wenig ernst genommen wie die Wiederannäherung Titos an die Sowjetunion. Als der jugoslawische Staatspräsident am 17. Oktober 1957 die Anerkennung der DDR verkündete, nutzte Adenauer jedoch die Gelegenheit dazu, ein Exempel zu statuieren. Die Glaubwürdigkeit der Bundesrepublik stand auf dem Spiel: Würde

14 Schwarz, Hans-Peter: Adenauer, Bd. 2: Der Staatsmann 1952–1967, München 1994, S. 314–320.

15 Kupper, Siegfried: Die Tätigkeit der DDR in den nichtkommunistischen Ländern. III. Indien, Ceylon, Malediven, Bonn 1970, S. 11 f.

man Jugoslawien gewähren lassen, so die Befürchtung, könnte dies die besagte Anerkennungswelle lostreten. 1956 hatte es bereits viel Mühe gekostet, ein DDR-Konsulat in Damaskus zu verhindern. Syrien hatte die schon erteilte Zusage erst auf massive Bonner Drohungen zurückgezogen. Tito aber hatte den Rubikon überschritten, weshalb die Botschaft der Bundesrepublik in Belgrad geschlossen wurde. Von einem kompletten Abbruch der Beziehungen konnte jedoch keine Rede sein. Die Bundesrepublik war zum Beispiel auf Bauxit-Lieferungen aus Jugoslawien angewiesen, und niemand im westlichen Bündnis hatte Interesse daran, Tito weiter in die Arme der Sowjets zu treiben. Die Wirtschaftskontakte wurden also ebenso wenig gekappt wie die bundesdeutschen Konsulate geschlossen.[16] Dennoch zeigte die scharfe Reaktion der Bundesregierung gegenüber einem europäischen Blockfreien die erwünschte Wirkung auf die Staaten der Dritten Welt. Mit Ausnahme des kommunistischen Kuba 1962 erkannte über ein Jahrzehnt keiner von ihnen die DDR an. Sollte Tito auf Solidarität aus dem heterogenen Lager der ungebundenen Staaten gehofft haben, wurde er bitter enttäuscht.

Für die DDR war der Erfolg in Belgrad ein Pyrrhussieg, denn er machte überdeutlich, wie aussichtslos ihre Kampagne gegen die »Nichtanerkennungsanmaßung« der Bundesrepublik insgesamt war. Es mochte ihr gelingen, einzelne Staaten auf ihre Seite zu ziehen und diese im Windschatten einer weltpolitisch günstigen Lage zu einer Anerkennung zu bewegen. Das machte es der omnipräsenten Bundesrepublik leicht, diese einzeln abzustrafen und damit ein warnendes Beispiel für andere zu setzen. Der Abbruch der Beziehungen zu Belgrad war für Bonn keine Kleinigkeit, er hatte aber angesichts der starken internationalen Stellung Westdeutschlands keinen wirklichen Einfluss auf dessen Reputation.

Waren Beziehungen zum westdeutschen Teilstaat schon bis 1957 wirtschaftlich sehr viel lukrativer, musste sich die ökonomische und finanzielle Schwäche des ostdeutschen Teilstaats mit dem Anlaufen der Entwicklungshilfe ab 1958 noch nachteiliger auswirken. Erstaunlicherweise versuchte dennoch zunächst die DDR, sich das Wohlwollen in einem wichtigen Entwicklungsland zu »erkaufen«. Sie bot Ägypten im Herbst 1957 einen für ihre Verhältnisse völlig überdimensionierten Kredit über 7,2 Millionen US-Dollar an, kombiniert mit einem zweiten über 4,3 Millionen für Syrien. Das SED-Regime setzte so gut wie alle für Entwicklungshilfe zur Verfügung stehenden Mittel auf eine Karte, um

16 Booz, Rüdiger Marco: »Hallsteinzeit«. Deutsche Außenpolitik 1955–1972, Bonn 1995, S. 41–46.

endlich den Durchbruch in einem Schlüsselland zu erzielen. Damit erreichte es immerhin die Zulassung eines DDR-Konsulats in Kairo sowie die Eröffnung einer ägyptischen Handelsvertretung in Ost-Berlin. Obwohl das Kreditangebot schließlich bis auf 21,5 Millionen US-Dollar erhöht wurde, lehnte Nasser es letztlich ab, weil inzwischen die Bundesrepublik eine wesentlich bessere Offerte in Höhe von 95,2 Millionen US-Dollar vorgelegt hatte. Kairo entsandte zwar einen Mitarbeiter in das neue Ost-Berliner Büro. Ägyptens Präsident dachte aber nicht an vollwertige diplomatische Beziehungen, sondern verlangte den Kredit über 21,5 Millionen US-Dollar bereits für die Ausstattung des DDR-Konsulats mit vollen Rechten.

Leichter schien es, sich für kleine Münze die Sympathien revolutionärer Regime zu sichern. Im Irak kam 1958 eine Militärjunta an die Macht, die der DDR umgehend ein Konsulat wie das in Kairo zugestand. Ähnlich leichtes Spiel schien man in Guinea zu haben, das sich im selben Jahr von Frankreich lossagte. Da Paris seine Partner um Solidarität bat, stand der junge Staat vorerst international völlig isoliert da. Umgehend entsandte Ost-Berlin eine Delegation, die in schnellen Verhandlungen mit der Regierung von Ahmed Sékou Touré gleich zwei Fliegen mit einer Klappe schlug. Gegen den sofortigen Aufkauf der bereits in den Häfen lagernden kompletten Bananenernte unterzeichnete Guinea Abkommen über Handel, kulturelle Beziehungen und den Austausch von Handelsvertretungen – die ersten überhaupt mit einem anderen Staat. Und die Bürger der DDR durften sich über die umfangreiche Lieferung einer so begehrten wie seltenen Delikatesse freuen. Ungeachtet eines ungewöhnlich starken Engagements Ost-Berlins in dem kleinen westafrikanischen Land, das auch die Entsendung von Militärberatern einschloss, endete jedoch auch diese Episode wie so viele andere. Nach langem Hin und Her gab Sékou Touré 1960 schließlich der Bonner Kombination aus Werben, Druck und finanziellen Angeboten nach. Während die Bundesrepublik eine vollwertige Botschaft in Guinea unterhielt, erklärte dessen Präsident öffentlich, sein Land erkenne die DDR nicht an und unterhalte auch keine diplomatischen Beziehungen mit ihr. Über den Status der ostdeutschen Vertretung im Lande schwieg man sich wohlweislich aus.[17]

Die Dekolonisierung Afrikas und die Entwicklungspolitik blieben wichtige Themen der Weltpolitik der 60er Jahre. Und bei beiden wurde die Schwäche der DDR überdeutlich. Allein 1960 wurden 16 afrikanische Staaten unabhängig, aber kein einziger von ihnen nahm diplomatische Beziehungen mit Ost-

17 Gray: Germany's Cold War, S. 107–115.

Berlin auf. Es war wie in der Fabel vom Hasen und vom Igel: Wohin immer das Ulbricht-Regime den Blick richtete, fand es bereits eine Botschaft der Bundesrepublik vor. Bonn baute allen Avancen der DDR geschickt vor, indem es eng mit den sich allmählich zurückziehenden Kolonialmächten zusammenarbeitete, mit denen es allesamt verbündet war. Wohl wurde es mehrfach beschuldigt, im Rahmen der NATO oder der EWG mit Frankreich, Belgien oder Großbritannien zusammenzuarbeiten und damit die Kolonialzeit zu verlängern. Ganz besonders in der Kritik standen die finanziellen Zuschüsse in den europäischen Fonds für die Entwicklung von Frankreichs überseeischen Gebieten. Das war der Preis gewesen, den Paris 1957 von Bonn für die Aufnahme in die EWG gefordert hatte, und Adenauer, der als Kind der wilhelminischen Epoche ohnehin von der Dekolonisierung und den meisten Politikern Asiens und Afrikas herzlich wenig hielt, hatte ohne zu zögern eingewilligt. Diese Zusammenarbeit eröffnete nun die einzigartige Chance, sich bereits vor dem endgültigen Abzug der Kolonialherren in den neuen Hauptstädten mit Vertretungen zu etablieren, mit den künftigen Regenten zu verhandeln und dringend erhoffte finanzielle Zusagen zu tätigen. Gleichzeitig sorgten die Kolonialbehörden dafür, dass Vertreter der DDR keine Einreiseerlaubnis erhielten. Und selbst im Falle der Etablierung radikaler Regime in den neuen Staaten kam Ost-Berlin nicht zum Zuge, weil angesichts des enormen Geldbedarfs auch diese Politiker wussten, dass sie vom Westen und insbesondere der Bundesrepublik letztlich mehr zu erwarten hatten.[18]

Denn diese hatte sich 1960 dazu entschlossen, Finanzhilfen im großen Umfang zu gewähren und stellte dafür knapp vier Milliarden DM bereit. Das war ein Quantensprung. Zuvor hatte es gegenüber Ägypten und Indien 1958 einzelne größere Zusagen bzw. Umschuldungen gegeben. Ansonsten hatte sich Bonn auf die zwar begehrte, aber kostengünstige technische Hilfe beschränkt und mit Hermes-Bürgschaften das Risiko bundesdeutscher Exporteure abgedeckt. Die Kehrtwende war ökonomisch sinnvoll. Erhard, noch Bundeswirtschaftsminister, wurde nicht müde zu betonen, dass ein exportorientiertes Land nicht nur Zugang zu Märkten gewinnen, sondern diese auch langfristig stabilisieren müsse. Das Paradebeispiel war Indien, das ab 1953 nach den USA der zweitgrößte Abnehmer für bundesdeutsche Exporte in Übersee war. Die Investitionen in die Infrastruktur sowie Langzeitprojekte wurden von Experten zwar befürwortet, brachten jedoch kurzfristig keine Gewinne, weshalb 1957 die Kassen so leer waren, dass Neu Delhi mit der Stornierung aller Auslandsaufträge

18 Ebenda, S. 103 f.

drohte. 1958 fanden sich die wichtigsten westlichen Handelspartner Indiens zu einer ersten konzertierten westlichen Rettungsaktion zusammen, die jedoch nur kurzzeitige Linderung brachte. 1960 war klar, dass der südasiatische Riese langfristig am Tropf westlicher Geber hängen würde, die sich im Aid India Consortium zusammenschlossen, das jährlich rund eine Milliarde US-Dollar aufbrachte.[19]

Nicht zu vergessen ist die humanitär motivierte Hilfsbereitschaft in der Bundesrepublik, war man doch selbst erst wenige Jahre zuvor in den Genuss der Marshall-Plan-Gelder gekommen. Mindestens ebenso wichtig war jedoch die veränderte politische Großwetterlage, für die Nikita Chruschtschow Ende 1958 mit seinem Berlin-Ultimatum gesorgt hatte. Die Freiheit West-Berlins war zum zweiten Mal bedroht, und die Regierung Adenauer warb nicht nur bei den Westmächten, sondern auch in der Dritten Welt um Unterstützung. Sie verstärkte ihre diplomatischen Vertretungen um Presse-Attachés und schickte im Rahmen der »Berlin-Aktion« 1959 auch führende Köpfe der bundesdeutschen Politik rund um den Globus.

Der erfolgreichste war der Regierende Bürgermeister Berlins, Willy Brandt. Linksgerichtete Regierungen der Dritten Welt hatten sich immer wieder am konservativen Adenauer gerieben. Nun trat ein charismatischer, junger Sozialdemokrat auf, dessen Zeit als Widerstandskämpfer ihm eine Aura der Glaubwürdigkeit verlieh. Nahezu gleichzeitig reiste DDR-Ministerpräsident Grotewohl, der auch einstmals der SPD angehört hatte, in den Nahen Osten und nach Indien. Ansonsten hätte der Kontrast aber nicht größer sein können. Während Brandt freundlich warb, Verständnis zeigte, aber keine Forderungen stellte, benahm sich Grotewohl schlichtweg daneben. Nasser hatte zögernd der Errichtung eines DDR-Konsulats zugestimmt, jedoch um Stillschweigen gebeten – Grotewohl blamierte ihn mit der Bekanntgabe des Vorhabens anlässlich einer Pressekonferenz. Die Inder fühlten sich brüskiert, weil der Gast sie darüber belehrte, dass ihre Außen- und Deutschlandpolitik objektiven Kriterien nicht genüge. Grotewohls Reise sorgte für Aufsehen, aber nicht für guten Willen bei denen, auf die die DDR angewiesen war. Jenes Aufsehen aber bestärkte die Bundesregierung, die sich ohnehin in der Berlin-Krise in der Defensive sah, sich auch finanziell umfassender zu engagieren. Adenauer, der zwar klagte, er müsse Entwicklungskredite nur den Amerikanern zuliebe gewähren,[20] verstand diese nun auch als einen Aspekt der Verteidigungspolitik. Der aggres-

19 Das Gupta: Handel, S. 167–173 sowie 231–242.
20 Adenauer, Konrad: Teegespräche 1959–1961, Berlin 1988, Dok. Nr. 38, vertrauliches Informationsgespräch (Wortprotokoll) vom 14. Februar 1961, Ziehe.

siven Politik Chruschtschows müsse mit allen Mitteln begegnet werden, und eine der stärksten Waffen der Bundesrepublik war ihre Wirtschaftskraft. Der Erfolg gab ihm recht.

Die Krisenstimmung sorgte jedoch nicht nur für die Besinnung auf die eigenen Stärken, sondern auch für eine Wagenburgmentalität. Hatten die Regierenden am Rhein sich zwischen 1956 und 1958 bemüht, die Sichtweisen anderer zu verstehen, war es damit nun vorbei. Dabei waren außereuropäische Politiker die ewigen Spannungen und Streitereien in Mitteleuropa leid, zu denen sie immer wieder um Stellungnahmen gebeten wurden. Nasser war die Auseinandersetzung mit Israel naturgemäß wichtiger als das Schicksal Berlins, und Nehru bereiteten die Drohgebärden der Volksrepublik China an der Nordgrenze weitaus eher schlaflose Nächte. Letzterer sprach 1959 öffentlich aus, was der Großteil der Welt dachte, dass nämlich niemand, einschließlich der Bundesregierung, die Wiedervereinigung ernsthaft wolle, solange jeder kompromisslos auf seinen eigenen Bedingungen beharre. Auch wenn ihn heftige Bonner Reaktionen zu einer halben Entschuldigung zwangen,[21] konnte kein Zweifel mehr daran bestehen, dass die Dritte Welt sich zwar aus pragmatischen Gründen an die Bundesrepublik hielt, dieselbe aber nicht mehr auf moralische oder völkerrechtliche Argumente setzen durfte.

Dieser Stimmungswandel wurde unmittelbar nach dem Bau der Mauer am 13. August 1961 überdeutlich. Nehru, gern als das Weltgewissen verklärt, äußerte mehrfach öffentlich, die Sowjets hätten auf Basis ihrer Rechte in Berlin gehandelt. Auf der ersten Konferenz der Blockfreien Anfang September in Belgrad drohte noch Schlimmeres: Eine Reihe von Politikern, insbesondere Ghanas Präsident Kwame Nkrumah, forderte eine Passage im Schlusskommuniqué, in der die Existenz zweier deutscher Staaten bekräftigt wurde. Sie wurden darin von Tito bestärkt, der argumentierte, der Abbruch der Beziehungen zur Bundesrepublik habe keinerlei nachteilige wirtschaftliche Folgen gehabt. Hätten sich die anwesenden Regierungschefs zu gemeinsamem Handeln durchgerungen, wäre die Hallstein-Doktrin wenige Wochen nach dem Mauerbau am Ende gewesen. Nehru und Nasser retteten sie. Während Ersterer froh war, dass die Krise in Europa ihren Höhepunkt überschritten hatte, und nicht weiter Öl ins Feuer gießen wollte, wusste Letzterer, dass sich bei Beibehaltung des bisherigen Schwebezustands sehr viel mehr Profit bei beiden deutschen Staaten herausschlagen ließ. Das deutsch-deutsche Duell ging also in die nächste Runde.

21 Das Gupta: Handel, S. 223–229.

Für die DDR war dies eine erneute Enttäuschung, hatte sie doch im Sommer 1961 Emissäre in alle Welt entsandt und vor der Blockfreienkonferenz intensiv für ihre Position geworben. Der Durchbruch auf breiter Front war wieder einmal misslungen und in den Schlüsselländern Ägypten und Indien auch nicht zu erwarten. Die Bilanz bis 1963 war frustrierend: Außerhalb des eigenen Blocks unterhielt die DDR sieben Konsulate, zehn staatliche Handelsvertretungen und dazu in 17 Staaten nichtstaatliche Vertretungen der Ost-Berliner Kammer für Außenhandel. Ost-Berlin besann sich nun auf eine Diplomatie der Umwege: Die Zusammenarbeit mit kleineren Entwicklungsländern sollte beweisen, dass die Bundesrepublik eine Aufwertung der DDR hinzunehmen bereit und Letztere mögliche finanzielle Ausfälle auszugleichen in der Lage war. Eine solche Gelegenheit bot sich 1964 auf Ceylon, das schon in den 50er Jahren Ost-Berlin Avancen gemacht hatte, seinerzeit aber kühl abgewiesen worden war. Dessen Premierministerin Sirimavo Bandaranaike und ihr Neffe, Außenminister Felix Diaz Bandaranaike, die im Schatten des indischen Riesen nach internationaler Geltung strebten, waren leichte Beute für geschickte DDR-Unterhändler. Ost-Berlin spielte nicht nur das Bonner Drohpotential herunter, sondern lockte auch mit Krediten. Dabei kam die südasiatische »Geheimwaffe« der DDR zum Einsatz: Die DDR hatte nur wenige echte Experten mit Auslandserfahrung vorzuweisen, Herbert Fischer aber war bei den westdeutschen »Kollegen« gefürchtet. Er hatte die Jahre des »Dritten Reiches« im Gandhi-Ashram verbracht und war daher nicht nur mit führenden indischen Politikern einschließlich Nehru bestens bekannt, sondern ein echter Kenner der Region mit beeindruckenden Sprachkenntnissen.[22] Stationiert in Neu Delhi, stand er in der entscheidenden Phase der Verhandlungen über eine Konsulatseröffnung jederzeit zur Verfügung. Zwar besaß die Bundesrepublik mit Botschafter Theodor Auer ebenfalls einen hochangesehenen Diplomaten und, da sie nach Verstaatlichungsmaßnahmen als einziges westliches Land ihre Präsenz auf Ceylon aufrechterhalten hatte, auch eine starke Stellung. Auer und seine Vorgesetzten hatten den DDR-Avancen jedoch keine größere Bedeutung beigemessen, so dass der Botschafterposten just im entscheidenden Moment wegen der routinemäßigen Neubesetzung vakant war.

Ceylons Botschafter am Rhein und Auer selbst hatten gemutmaßt, dass Bonn ein DDR-Konsulat hinnehmen werde, solange dieses keine konsularischen Rechte erhalte. Die Erwartungen Colombos wurden aber gleich doppelt enttäuscht. Zum einen fuhr die Bundesregierung eine harte Linie, seit mit dem

22 Fischer, Herbert: DDR-Indien. Ein Diplomat berichtet, Berlin 1984, S. 10–12.

Rücktritt Adenauers die Leitung der bundesdeutschen Außenpolitik weitgehend an das Auswärtige Amt übergegangen war, wo Staatssekretär Carstens eine Abkehr vom vermeintlichen Laisser-faire und der flexiblen Haltung früherer Jahre propagierte. Abschreckung war das Schlüsselwort der Stunde, und diese erschien umso notwendiger, als man Indien, dessen Haltung nach dem absehbaren Tod Nehrus nicht kalkulierbar war, auf keinen Fall einen Kurswechsel mit dem Verweis auf Ceylon erlauben wollte. Bonn entsandte also keinen neuen Botschafter und vergab keine Entwicklungskredite mehr.

Die zweite Überraschung bot der neue Partner DDR. Wohl entsandte Ost-Berlin mit Ludwig Zempelburg umgehend einen Generalkonsul. Dessen Instruktionen beschränkten sich aber bezeichnenderweise ausschließlich auf Statusfragen, von Zusammenarbeit war nirgendwo die Rede.[23] Intern hielt man Colombo vielmehr für rückständig, zum Beispiel hinsichtlich seiner Tamilenpolitik. Und die finanziellen Zusagen, die ja den Verlust der bundesdeutschen Gelder ausgleichen sollten, ließen auf sich warten. Ost-Berlin ging es ausschließlich darum, im Vorhof Indiens ein weiteres Konsulat vorweisen zu können, während an Ceylon an sich keinerlei Interesse bestand. Wenige Monate später wurde Bandaranaike durch den konservativen Dudley Senanayake ersetzt, einen ausgewiesenen Freund der Bundesrepublik. Bonner Drängen, das Konsulat völlig zu schließen, widersetzte sich der neue Premier allerdings wohlweislich, so dass die deutsch-deutsche Dritte-Welt-Politik um eine weitere Hängepartie reicher war. Die DDR hatte angesichts eines drastisch reduzierten Personalbestands in ihrem Konsulat allerdings wieder einmal schmerzhaft erfahren müssen, dass Regierungswechsel auch zu ihren Ungunsten zu Buche schlagen konnten. Von einem linearen Fortschritt konnte keine Rede sein.

Ein ähnliches Hin und Her spielte sich fast zeitgleich auf Sansibar ab, dessen revolutionäre Regierung der DDR völlig überraschend eine Botschaft zugestand. Die für die Bundesrepublik heikle Situation schien sich in Wohlgefallen aufzulösen, als Sansibar nach wenigen Monaten mit Tanganjika zum neuen Staat Tansania fusionierte und der Bonn wohlgesinnte Präsident Tanganjikas, Julius Nyerere, zum neuen Staatsoberhaupt avancierte. Die Freunde Ost-Berlins auf Sansibar leisteten jedoch anhaltenden Widerstand gegen eine Schließung der Botschaft. 1965 fand sich schließlich eine »Kompromisslösung«, die keinen zufriedenstellte: Die Botschaft auf Sansibar wurde zum Konsulat

23 Direktive für die Tätigkeit des Generalkonsuls der DDR in Ceylon vom 20. März 1964, in: PA/MfAA, A 12393.

zurückgestuft, im Gegenzug jedoch ein DDR-Generalkonsulat in der Hauptstadt Daressalam eingerichtet. Das war mehr, als Bonn erwartet hatte, weshalb es die Militärhilfe einstellte, woraufhin Nyerere im Gegenzug die Annahme von Entwicklungshilfe verweigerte.

Auch nach einem Jahrzehnt hatte es für die DDR nur zu Achtungserfolgen auf Nebenbühnen gelangt. Abgesehen von eigenen Fehlern und Schwächen gab es dafür noch einen anderen Grund: Während Bonn sich letztlich immer auf seine keineswegs stets zufriedenen Bündnispartner verlassen konnte, wurde Ost-Berlin vom großen Bruder in Moskau mit schöner Regelmäßigkeit schmählich im Stich gelassen. Diplomaten der Supermacht waren keineswegs erbaut, wenn ostdeutsche Kollegen sie hektisch um Soforthilfe baten, weil angeblich wieder einmal der große Durchbruch unmittelbar bevorstand. Sie mahnten nicht nur die deutschen Genossen zur Zurückhaltung, sondern mehrfach auch die Regierungen der Gastländer; selbst gegenüber Diplomaten der Bundesrepublik ließen sie gelegentlich ihr Missfallen über die Aktivitäten der DDR durchblicken. So wie im Kleinen die sowjetische Botschaft auf Ceylon den ostdeutschen Unterhändlern bestenfalls nicht im Wege gestanden hatte, ließ im Großen Chruschtschow Ulbricht hängen. Dessen Lieblingsprojekt, die Unterzeichnung eines separaten Friedensvertrages zwischen der UdSSR und der DDR, den möglichst viele Staaten der Dritten Welt formell gutheißen und damit die Staatlichkeit der DDR bekräftigen sollten, ließ der starke Mann im Kreml versanden. Eigenständigkeit innerhalb des eigenen Blocks war in Moskau höchst unerwünscht, und in der Dritten Welt war es schwer genug, die eigenen Interessen zu verteidigen.

Aber auch die Bundesrepublik saß in ihrer eigenen Wahrnehmung fest. Je rigoroser sie die Nichtanerkennungspolitik Mitte der 60er Jahre betrieb, desto mehr geriet dies auf einem anderen wichtigen Feld zur Selbstfesselung. Die DDR wollte man zwar weiter ignorieren. Kontakte zu anderen Staaten des Warschauer Paktes waren aber gerade deshalb durchaus erwünscht, hoffte doch insbesondere Außenminister Schröder, das Ulbricht-Regime im eigenen Lager zu isolieren. Nun konnte die Bundesrepublik schlecht Botschaften in Staaten eröffnen, die ihrerseits seit Jahren solche der DDR beherbergten, ohne außerhalb Europas jegliche Glaubwürdigkeit zu verlieren. Die »Geburtsfehlertheorie«, die besagte, dass die osteuropäischen Satellitenstaaten das Gebilde im Osten auf Geheiß der Sowjetunion hätten anerkennen müssen, war nur ein dürftiges Feigenblatt. Ratlos und ohne Visionen stolperte die Regierung Erhard 1965 in die Nahostkrise.

Aus dem Schaden wurde sie jedoch nicht klug. Das Frühjahr 1965 hatte gezeigt, dass geheime Waffenlieferungen Bonn erpressbar gemacht hatten. Das hinderte den Bundesnachrichtendienst, alte Getreue von Strauß im Bundesverteidigungsministerium und eine kleine Gruppe im Auswärtigen Amt um Carstens nicht, denselben Fehler zum zweiten Mal zu begehen, als Indien und Pakistan ab Ende August des Jahres ihren zweiten Kaschmir-Krieg führten. Da Pakistan – entgegen jahrelangen Zusicherungen Washingtons an Neu Delhi, dass die Waffen nicht gegen Indien eingesetzt würden – fast ausschließlich mit amerikanischen Waffen focht, war eine Hinwendung Indiens zur Sowjetunion zu befürchten. Also sprang die Bundesrepublik ein und versprach noch während des Krieges die Lieferung von U-Boot-Jägern. Die Pakistanis wiederum, denen es nicht gelang, ihren Angriff als einen Volksaufstand in Kaschmir zu verkaufen, wussten nur zu gut, dass ihnen die USA ihre Verluste an Material nicht so schnell ersetzen würden. Auch hier sagten stille Helfer aus Bonn Waffen zu.[24] Nachdem Neu Delhi schon seine Verärgerung darüber hatte laut werden lassen, dass die indischen Panzer mit Panzerabwehrraketen aus deutscher Lizenzproduktion beschossen wurden, zeugte es nicht von Fingerspitzengefühl, nun auch noch große Waffensysteme zuzusagen, deren Existenz nicht übersehen werden konnte. Das Auftauchen von 90 Kampfjets im Sommer 1966 sorgte für eine schwere Belastung der bundesdeutsch-indischen Beziehungen. Als dann noch durchsickerte, dass 200 Panzer folgen sollten, stellte Premierministerin Indira Gandhi ein Ultimatum: Sollte ein einziger Panzer in Pakistan gesichtet werden, werde sie am nächsten Tag die Anerkennung der DDR verkünden. Mit dem Versuch, mittels geheimer Waffenlieferungen Außenpolitik zu machen, hatten sich die Verantwortlichen in Bonn heftig die Finger verbrannt.

Die deutsch-deutsche Rivalität in den Jahren der Aufweichung der Hallstein-Doktrin

Ein Politikwechsel zeichnete sich mit dem Abtritt Erhards Ende 1966 ab. Bundeskanzler Kiesinger pflegte im Umgang mit Staaten der Dritten Welt einen Stil, wie er in Bonn fast schon in Vergessenheit geraten war. Drohungen wurden – so weit möglich – durch Dialog und Offenheit ersetzt, was auch deshalb möglich war, weil die Vorgängerregierungen die Druckmittel hinlänglich bekannt gemacht hatten. Kiesinger blieb aber ein Gefangener der Hardliner seiner

24 Vielain, Heinz: Waffenschmuggel im Staatsauftrag. Was lange in Bonn geheim bleiben musste, Herford 1986, S. 30–50.

eigenen Partei, für die dieser Stil ein Zeichen der Schwäche war. Wirklich neue Wege hatten der sozialdemokratische Außenminister Brandt und sein Adlatus Egon Bahr im Sinne, die bereit waren, die Nachkriegsrealitäten anzuerkennen, angesichts der zunehmenden Lähmung und Isolierung der Bonner Außenpolitik in einer Periode der Entspannung aber auch eine Flucht nach vorn antraten. Die Bundesrepublik hätte den internationalen Durchbruch des zweiten deutschen Staates noch sehr viel länger als bis 1972 verhindern können, hatte sie faktisch doch nach wie vor alle Trümpfe in der Hand. Die Hallstein-Doktrin erschien jedoch nicht nur in der bundesdeutschen Politik vielen mittlerweile als Anachronismus, der Bonn in die Defensive zwang, in einen letztlich nicht zu gewinnenden Abnutzungskampf, für den innenpolitisch dauerhaft kein Konsens mehr herzustellen war.[25]

Die Sollbruchstelle in der Großen Koalition wurde 1969 mit der völlig überraschenden Entscheidung Kambodschas sichtbar, aus dem eigenen Verständnis von Neutralität heraus neben der westdeutschen nun auch eine ostdeutsche Botschaft in Phnom Penh zuzulassen. Massiver Druck aus Bonn verleitete Prinz Sihanouk zu einer öffentlichen Stellungnahme, in der er der Bundesrepublik Großmachtchauvinimus vorwarf. Er werde nicht den kambodschanischen Botschafter aus Paris nach Bonn schicken, damit dieser die Hacken zusammenschlage und »Heil Hitler« rufe.[26] Der von der Union daraufhin geforderte Abbruch der Beziehungen scheiterte zunächst am Veto Brandts: Würde die Bundesrepublik eine Anerkennung der DDR in jedem Falle mit dem Abbruch der Beziehungen beantworten, würde dies mittelfristig zu einer Selbstisolation führen. Die Große Koalition verständigte sich mühsam auf einen Formelkompromiss: Keine neuen Kredite und Abberufung des Botschafters, aber keine Schließung der Botschaft. Diese Art des Umgangs in zwischenstaatlichen Beziehungen lief bald unter der Bezeichnung »kambodschieren«. In Phnom Penh war es damit allerdings bald vorbei, da Kambodscha von sich aus die Beziehungen abbrach. Erosionserscheinungen, die seit 1965 ausgeblieben waren, waren nun nicht mehr zu übersehen. Der Irak hatte die Anerkennung der DDR bereits vor Kambodscha vollzogen, innerhalb eines Jahres folgten der Sudan, Syrien, die Volksrepublik Jemen und Ägypten, kein Durchbruch, aber ein wachsendes Rinnsal durch den mittels der Hallstein-Doktrin errichteten Damm.

In der Frage des Umgangs mit Kambodscha waren sich die SPD und die oppositionelle FDP bereits einig gewesen. Mit dem Wahlsieg Brandts Ende

25 Schöllgen, Gregor: Geschichte der Weltpolitik von Hitler bis Gorbatschow 1941–1991, München 1996, S. 216–220.
26 Gray: Germany's Cold War, S. 211.

1969 und der Bildung der sozial-liberalen Koalition war es mit der innenpolitischen Selbstblockade somit vorbei. Bereits in seiner Regierungserklärung sprach der neue Kanzler von »zwei Staaten in Deutschland« und machte damit deutlich, dass er darauf abzielte, zu einem Arrangement mit der DDR zu kommen. Dass die Annäherung schwierig werden würde, war allen Beteiligten klar. Umso wichtiger war es, Trümpfe in der Hand zu haben, für die man sich Konzessionen einhandeln konnte. An Sinn und Haltbarkeit der Hallstein-Doktrin mochte die neue Regierung nicht mehr glauben – als Verhandlungsmasse musste sie allemal beibehalten werden. Ost-Berlin strebte mit aller Macht nach internationaler Anerkennung und Gleichwertigkeit – und sollte sie nur aus Bonner Händen erhalten.

Seit sich mit Bekanntwerden der Ergebnisse der Bahr-Gespräche in Moskau 1970 ein umfassender Ausgleich der Bundesrepublik mit den Nachbarn im Osten – hinsichtlich Grenzanerkennung und Gewaltverzicht – abzeichnete, hatten es ihre Diplomaten einerseits leicht, in der Dritten Welt noch einmal um Geduld mit der Anerkennung der DDR zu bitten. Ein solcher Schritt würde zu Turbulenzen bei der ohnehin schwierigen Neuen Ostpolitik führen. Die Emanzipation der DDR werde sowieso bald kommen, und bis dahin lohne es sich nicht, sich das Wohlwollen der finanzkräftigen, einflussreichen Bundesrepublik zu verscherzen. Die nur noch temporäre Hallstein-Doktrin wurde nach dem neuen Bundesaußenminister in Scheel-Doktrin umgetauft. Sie barg jedoch auch ein Risiko: Wollte eine Regierung der Dritten Welt noch Kapital aus der deutsch-deutschen Rivalität schlagen, musste sie diplomatische Beziehungen zur DDR zu einem Zeitpunkt herstellen, wo es dieser noch klingende Münze wert war, während die Bundesrepublik nicht mehr hart reagieren würde.

Das Fallbeispiel par excellence lieferte Südasien, wo Pakistan 1971 an seinen inneren Widersprüchen auseinanderbrach und der östliche Landesteil sich unter dem Namen Bangladesh selbständig machte. Den ganzen Sommer über zeichnete sich ab, dass Indien in den pakistanischen Bürgerkrieg eingreifen und Fakten schaffen würde. Auf indischem Boden gab es eine Exilregierung von Bangladesh, die allerdings von auswärtigen Diplomaten angesichts der ungewissen Lage gemieden wurde. Die Ausnahme war die DDR, die den »Außenminister« Abdus Samad bereits im Mai 1971 zu einem Staatsbesuch empfing. Die Kalkulation in Ost-Berlin war einfach: Bangladesh an sich interessierte nicht, aber sein Mentor Indien war international weitgehend isoliert.[27] Würde

27 Das Gupta, Amit: Südasien und der Wettbewerb der Supermächte 1954–1972, in: Greiner, Bernd u. a. (Hrsg.): Heiße Kriege im Kalten Krieg, Hamburg 2006. S. 260 f.

die DDR sich bedingungslos hinter den bereits proklamierten neuen Staat stellen, wäre Indien zur Dankbarkeit und womöglich sogar zur Anerkennung verpflichtet gewesen. Dies hätte Signalwirkung für andere zögerliche Blockfreie gehabt, womit die Grundlage der deutsch-deutschen Verhandlungen auf einen Schlag eine andere gewesen wäre. Der Abschluss des indisch-sowjetischen Freundschaftsvertrages im August, der Neu Delhi militärisch den Rücken freihielt, schien die Aussichten weiter zu verbessern.

Folgerichtig waren DDR-Diplomaten schon vor Ende des kurzen indisch-pakistanischen Krieges am Jahresende zur Stelle, Bangladesh die beiderseitige Anerkennung zu offerieren, wenn Indien bis zum März 1972 folgen werde. Nach einigen Tagen der Unsicherheit zur Jahreswende konnten die westdeutschen Konkurrenten aber schon Entwarnung geben: Die mit Brandt befreundete Indira Gandhi hatte signalisieren lassen, dass sie weiter warten würde, wenn die Bundesrepublik ihre europäischen Partner dazu bewegen könnte, Bangladesh schnell als vollwertiges Staatswesen anzuerkennen. Nachdem klar war, dass dies in der ersten Februarwoche geschehen würde, hatte die DDR erneut verloren. Der Durchbruch gelang ihr erst, als der Grundlagenvertrag unter Dach und Fach war.

Ende 1972 war es nicht nur wegen der Emanzipation der DDR mit dem deutsch-deutschen Wettlauf in der Dritten Welt vorbei. Wohl beäugten sich beide Seiten nach wie vor misstrauisch und hielten minutiös fest, wie Vertreter des Konkurrenten von Regierungen in Asien und Afrika behandelt wurden. Die Sonderrivalität innerhalb der größeren Rivalität des Kalten Krieges verlor aber deshalb an Bedeutung, weil die DDR nun zwar alle Freiheiten genoss, aber selbst nachhaltig demonstrierte, dass sie dort in jeder Hinsicht ein Leichtgewicht war. Ost-Berlin war weiterhin mittels Grußadressen und Besuchern präsent, als Handelspartner war es – ganz im Gegensatz zu Bonn – nur einer unter ferner liefen. In der Dritten Welt einsetzbares politisches Gewicht besaß sie nicht, da sie gerade dort fast ausschließlich im Windschatten der Sowjetunion segeln musste. Daher war die Zusammenarbeit mit der Dritten Welt weiterhin nur punktuell: Sie bezog sich auf das südliche Afrika, Angola, Indochina,[28] in den 80er Jahren auch auf Nicaragua.

Der deutsch-deutsche Wettlauf in der Dritten Welt liest sich heute in mancher Hinsicht wie eine Sammlung merkwürdiger Anekdoten, und schon manchen Zeitgenossen schienen seine Hintergründe Anachronismen zu sein. Er

28 Spanger, Hans-Joachim: Die beiden deutschen Staaten in der Dritten Welt. Die Entwicklungspolitik der DDR – eine Herausforderung für die Bundesrepublik Deutschland?, Opladen 1987, S. 168–172.

trug aber erheblich dazu bei, das jeweilige Selbstverständnis zu formen. Aus Sicht der Bundesrepublik war er Teil der Deutschlandpolitik, und das bemerkenswert zähe und erfolgreiche Ausgrenzen der DDR aus dem Kreis der Etablierten war mitverantwortlich dafür, dass nicht nur im Bewusstsein der Deutschen, sondern auch in der Welt Bundesrepublik und DDR füreinander kein Ausland wurden. 1972 war weltweit bekannt, dass es zwei deutsche Staaten gab, aber eben auch, dass nur einer davon einflussreich war.

Und das hatte durchaus gravierende, langfristige Folgen. Während das Kaiserreich und das »Dritte Reich« beständig von Weltpolitik oder gar Weltherrschaft getönt hatten, waren es zwei wesentlich kleinere und schwächere Teilstaaten, die wirklich bis in die letzten Winkel des Globus vordrangen, um sich gegenseitig auszustechen. Die Bundesrepublik mochte als Exportland dazu prädestiniert sein, überall Kontakte zu pflegen – dass es ihr die noch viel kleinere DDR, abgeriegelt mit Stacheldraht, darin gleichtat, ist sehr viel bemerkenswerter. Hier liegt übrigens auch ihr »Verdienst«. Gegen die durchaus koloniale Attitüde nicht nur Adenauers zwangen seine teils plumpen, teils überaus geschickten Bemühungen die Bundesrepublik zu ihrem Glück, nämlich einen wirklichen und letztlich gewinnbringenden politischen Austausch zu pflegen sowie eine hochwertige auswärtige Kulturpolitik zu betreiben. Die enorme Reputation, der sich das geeinte Deutschland nach dem Ende des Kalten Krieges gerade in Afrika und Asien erfreute, war eine direkte Folge davon. Die Bundesrepublik hatte gelernt, dass Politik nachhaltig sein muss, und auch deswegen blieben dem oft kurzatmigen, punktuellen Aktionismus Ost-Berlins die Erfolge verwehrt. Ohne einen unmittelbaren Rivalen im Nacken scheinen solche Einsichten wie das Wissen, dass die kleinen Investitionen der auswärtigen Kulturpolitik großen politischen Gewinn abwerfen, verloren gegangen zu sein. Das einzigartige deutsche Engagement in der Dritten Welt nach 1949 war offensichtlich abhängig von der Existenz zweier deutscher Staaten.

Anne Rohstock

1965 Ist Bildung Bürgerrecht?

Wege zur Bildungsexpansion im doppelten Deutschland

»Bildung ist Bürgerrecht!« Mit diesem bekannten Schlagwort mahnte der Politiker, Professor und Publizist Ralf Dahrendorf im Jahr 1965 eine radikale Reform des Bildungswesens in der Bundesrepublik an. Hinter der Forderung des liberalen Deutsch-Briten stand die Hoffnung, durch eine umfassende Expansion des Bildungswesens »mehr Bildung für mehr Menschen« zu erreichen.[1] Ähnliche Überlegungen kamen zur gleichen Zeit auf der anderen Seite der Mauer auf. Erklärtes Ziel war es auch dort, die »Bildung des ganzen Volkes« merklich zu erhöhen. Per Gesetz räumte der Arbeiter- und Bauernstaat im Jahr 1965 »allen Bürgern der Deutschen Demokratischen Republik das gleiche Recht auf Bildung« ein.[2]

Tatsächlich gelang beiden deutschen Staaten eine beträchtliche »Demokratisierung des Bildungswesens«:[3] Hatte der Anteil der Abiturienten an ihrer jeweiligen Altersgruppe im Jahr 1870 noch unter einem und 1950 bei nur drei Prozent gelegen, absolvierten im Jahr des Mauerfalls rund 14 Prozent die Abiturklassen der DDR-Oberschulen. In Westdeutschland verließen im gleichen Jahr sogar 25 Prozent das Gymnasium mit dem Reifezeugnis in der Tasche.[4] Nach Gründung der beiden deutschen Staaten im Jahr 1949 kam es damit zur

1 Dahrendorf, Ralf: Bildung ist Bürgerrecht. Plädoyer für eine aktive Bildungspolitik, Osnabrück 1965. Meinem Kollegen Dr. Patrick Bernhard möchte ich an dieser Stelle für die wertvollen Anregungen und sein engagiertes Korrekturlesen sehr herzlich danken.

2 Gesetz über das einheitliche sozialistische Bildungswesen vom 25. 2. 1965, in: Gesetzblatt der DDR 1965, Teil I, S. 83–106.

3 Die »Demokratisierung des Bildungswesens« hatte der bekannte Pädagoge Friedrich Paulsen bereits um die Jahrhundertwende als einen der Grundzüge der deutschen Bildungsgeschichte herausgestellt. Vgl. Paulsen, Friedrich: Das deutsche Bildungswesen in seiner geschichtlichen Entwicklung, Leipzig 1906.

4 Zahlenangaben nach Geißler, Rainer: Die Sozialstruktur Deutschlands. Ein Studienbuch zur Entwicklung im geteilten und vereinten Deutschland, Opladen 1992, S. 217 f.

größten Expansion[5] in der Geschichte des deutschen Bildungswesens. Sowohl in der Bundesrepublik als auch in der DDR verweilten immer mehr Jugendliche immer länger in den Bildungssystemen und erreichten in immer größerer Zahl immer höhere Abschlüsse. Insgesamt lässt sich hier also ein »doppelter Bildungsboom« bzw. eine »doppelte Demokratisierung der Bildung« konstatieren.

Was waren nun die Gründe für diesen erstaunlichen systemübergreifenden Ausbau des Bildungswesens? Welche Phasen der Expansion lassen sich für beide deutsche Staaten ausmachen, und warum hinkte die DDR der Bildungsexpansion in Westdeutschland – wie die Abiturientenquote im Jahr des Mauerfalls zeigt – in so auffälliger Art und Weise hinterher? Doch zunächst gilt es, die bildungspolitische Entwicklung in beiden Teilen Deutschlands von 1945 bis Ende der 50er Jahre in den Blick zu nehmen.

Bildungsrevolution contra »Restauration«? Die 40er und 50er Jahre

Bereits vor Gründung der Bundesrepublik und der DDR liefen die bildungspolitischen Entwicklungen in beiden Teilen Deutschlands diametral auseinander. Während man in der Sowjetischen Besatzungszone (SBZ) schon 1946 eine weitreichende Bildungsreform in Angriff nahm, blieben vergleichbare Strukturveränderungen in Westdeutschland aus. Die Chance zum Neubeginn in der »Stunde Null«, so der Vorwurf, der dann vor allem in der bildungspolitischen Aufbruchdekade der 60er Jahre inflationär und ganz besonders lautstark von der Studentenbewegung erhoben wurde, sei nach 1945 schlicht verpasst worden. Weil man das Bildungswesen für »im Kern gesund« gehalten habe, seien seine noch aus Kaiserreich und Weimarer Republik stammenden Strukturen weitgehend restauriert worden.

Diese Restaurationsthese enthält zumindest einen wahren Kern. Prinzipiell nämlich führte nach 1945 in Westdeutschland kein Weg an der überkommenen

5 Der Begriff der Bildungsexpansion richtet sich zum einen auf die äußere Ausdehnung des Bildungssystems, umfasst also beispielsweise den quantitativen Ausbau des Schul- und Hochschulwesens ebenso wie die Zunahme der Bildungsbeteiligung. Zum anderen beschreibt er soziale Mobilisierungsprozesse und zielt damit auf die Vergrößerung von Bildungschancen für bislang im Bildungssystem unterprivilegierte Schichten. Vgl. zu dieser Definition Drewek, Peter: Bildungssysteme und Bildungsexpansion in Deutschland. Zur Entwicklung ihres Verhältnisses im historischen Vergleich, in: Zeitschrift für Pädagogik, 6 (2001), S. 811–818, hier S. 811.

vertikalen Gliederung und der traditionellen Dreigliedrigkeit des deutschen Schulsystems vorbei. Daran vermochten selbst die alliierten Besatzungsmächte nichts zu ändern. Den als Haupthindernis der sozialen Durchlässigkeit und damit als Hemmschuh der Bildungsexpansion interpretierten Aufbau des Schulwesens versuchten sie zwar zu durchbrechen. Insbesondere die Amerikaner setzten sich für die Ablösung des »Kastensystems« im Bildungswesen ein, das in ihren Augen die Reproduktion einer kleinen, traditionell privilegierten bürgerlichen Bildungselite nachhaltig förderte. Von diesen Maßnahmen versprachen sie sich wichtige Impulse zur gesamtgesellschaftlichen Modernisierung und politischen Demokratisierung Westdeutschlands. Die Schulreformpläne der Besatzungsmächte stießen aber in den deutschen Landesparlamenten auf erhebliche Widerstände. Im Zentrum des schulpolitischen Streits stand dabei die von den Alliierten befürwortete Einführung einer sechsjährigen Grundschule. Und es war keineswegs nur das von Kultusminister Alois Hundhammer kulturpolitisch konservativ geführte Bayern, das sich einer solchen Verlängerung der gemeinsamen Schulzeit verweigerte – auch wenn hier der Kampf der Katholisch-Klerikalen gegen die angeblich die deutsche Kultur unterminierenden Pläne der Amerikaner naturgemäß am heftigsten tobte. Auch in Hessen, Württemberg und Niedersachsen kam es – trotz bestimmenden Einflusses der Sozialdemokraten und Liberalen in den Landesparlamenten – nicht zur Einführung eines einheitlichen, organisch gegliederten Schulsystems.[6]

Vor allem aber im Bereich der Universitäten wirkten nach 1945 starke Beharrungskräfte. Die Strukturen der Hochschulen wurden unter Berufung auf die traditionelle deutsche Universität ebenso rekonstruiert wie deren angestammte innere Verfasstheit. Das veranlasste den amerikanischen Pädagogen und Politiker James B. Conant 1964 zu der zynischen Bemerkung, dass die deutsche Hohe Schule zweifelsohne die beste der Welt sei – allerdings für das 19. Jahrhundert.[7] Auch wenn das übertrieben ist: Die klassische deutsche Universität und mithin auch die Hochschule nach 1945 war eine wissenschaftliche Elitebildungsstätte für eine kleine Zahl. Sie sah ihre »Mission« nicht in der Ausbildung der Vielen und schon gar nicht von Fachkräften für den gesellschaftlichen Bedarf. Ganz im Gegenteil: Solchen Nützlichkeitsvorstellungen, die als utilitaristische »Indienstnahme« der Hohen Schulen durch Staat und Gesellschaft interpretiert wurden, verwehrten sich viele Gelehrte nach 1945

6 Vgl. Friedeburg, Ludwig von: Bildungsreform in Deutschland. Geschichte und gesellschaftlicher Widerspruch, Frankfurt a. M. 1989.

7 James B. Conant zit. nach: Peisert, Hansgert: Das Hochschulsystem in der Bundesrepublik Deutschland, Bonn 1990, S. 5.

insbesondere vor dem Hintergrund der Erfahrung mit der nationalsozialistischen Diktatur. Der Rekurs auf traditionelle Werte, auf die Idee der Humanitas und die Kritik weiter akademischer Kreise an einem vermeintlich um sich greifenden »Fachspezialistentum« ist gleichsam Kondensat dieser Erfahrung. Zusätzlich bestärkt sahen sich die Universitätsprofessoren hierin durch die Entwicklung in der DDR. Die bildungspolitischen Umwälzungen dort erhoben die westdeutschen Rektoren sogar zu einem der »schwersten Probleme für die deutsche Wiedervereinigung«.[8] Im Gegensatz dazu galt es in Westdeutschland, die angestammte Autonomie der Universität zu verteidigen und die Freiheit von Forschung und Lehre ein für allemal zu sichern.

Die Rückbesinnung auf die klassische Idee der Universität führte innerhalb der akademischen Elite gleichzeitig zu einer Renaissance des Distinktionsgedankens. Und das in mehrfacher Hinsicht: Als Bewahrer einer spezifischen, im Kern auch nach dem Nationalsozialismus noch intakten »deutschen Kultur« musste und wollte man sich einerseits von der kommunistischen Herrschaft im Osten und den Besatzungsmächten, aber auch von den »bildungsfernen Massen« der eigenen Gesellschaft abgrenzen.[9] Der nach der Wiedereröffnung der Universitäten stetig wachsende Zustrom zu den Hochschulen konterkarierte das Elitedenken der Akademikerschaft und untergrub den exklusiven Charakter der deutschen Hohen Schule. Obwohl der Anstieg der Studentenzahlen zu Beginn der 50er Jahre insgesamt kaum dramatisch war, führte die tendenziell größere Nachfrage nach höherer Bildung deswegen zu einem vor allem inneruniversitär sehr lebhaft geführten Diskurs über die »Vermassung der Hochschulen«. Das hatte aber auch damit zu tun, dass die Universitäten aufgrund der starken Kriegszerstörung bereits kurz nach der Wiedereröffnung tatsächlich an den Rand ihrer Kapazitäten gekommen waren. Die Einführung eines fast flächendeckenden Numerus clausus schien deswegen unumgänglich, kam aber vielen Rektoren und Professoren durchaus nicht ungelegen. Daraus ergäben sich immerhin ganz neue Möglichkeiten, konstatierte beispielsweise Heinrich Behnke, Rektor der Universität Münster. Durch eine »Auslese« allein nach Zeugnisnoten seien die Hochschulen nun in der Lage, »die Elite auszusuchen und alles, was wegen geringer Eignung das Leben an der Universität schleppender macht, zurückzuweisen«.[10]

8 Bericht über die XXXIII. WRK vom 29.–30.7.1955 in Münster, in: Bayerisches Hauptstaatsarchiv (BayHStA), MK 68650.

9 Jessen, Ralph/John, Jürgen: Wissenschaft und Universitäten im geteilten Deutschland der 1960er Jahre. Editorial, in: Jahrbuch für Universitätsgeschichte 8 (2005), S. 7–24, hier S. 19.

10 Behnke, Heinrich: Am Tor zur Hochschule, in: Frankfurter Hefte 3 (1947), S. 257–264.

Schleppend durfte es mit und in der deutschen Universität aber keinesfalls vorangehen – darüber waren sich alle einig. Sie hatte nach den zwölf auch für die Wissenschaft verheerenden Jahren nun wieder Anschluss an die internationale Elite zu gewinnen, eine Elite, die sie als eines der geistigen Zentren der abendländischen Kultur mit einer hohen Reputation im Ausland einstmals angeführt hatte. Vor allem in akademischen Kreisen spielten Leistungsprinzip und Auslesegedanke deswegen in den 50er Jahren eine herausragende Rolle. Doch auch in der Bildungspolitik überlagerten sie weitgehend einen unter sozialen und gesellschaftspolitischen Vorzeichen geführten Diskurs um die Öffnung des Zugangs zu höherer Bildung. Dafür gab es mehrere Gründe: Zum einen hatten konservative Begabungstheorien, die das Bildungsprivileg biologistisch untermauerten, in der ersten Hälfte der 50er Jahre Konjunktur. Demnach galten Kinder aus Arbeiterfamilien qua Anlage als tendenziell geringer begabt als ihre Schulkameraden mit bürgerlichem Familienhintergrund. Zum anderen führte die Suche nach Anknüpfungspunkten in der deutschen Bildungsgeschichte bei vielen Politikern, auch in den Reihen der SPD, zur Rückbesinnung auf humanistische Bildungstraditionen.[11] Das klassische Gymnasium, auf das dabei rekurriert wurde, trug aber – ebenso wie die deutsche Universität der Weimarer Republik – bildungselitären Charakter. Bedeutung kam ihm nicht nur als höherer Bildungsstätte, sondern vor allem als Selektionsinstitution zu.[12] Am Reifezeugnis als Hochschulzugangsberechtigung gab es deswegen im ersten Nachkriegsjahrzehnt nichts zu rütteln. Ganz im Gegenteil: Nicht nur in den Reihen der CDU wurden Stimmen laut, die eine verschärfte Auslese der Abiturienten für das Hochschulstudium forderten.[13]

Unter diesen Voraussetzungen war es um die Gleichheit der Bildungschancen in der Bundesrepublik der 50er Jahre alles andere als gut bestellt. So lag etwa der Anteil der Arbeiterkinder unter den Studierenden noch im Jahr 1959/60 bei fünf Prozent und damit nur geringfügig über den Quoten der ersten Hälfte des 20. Jahrhunderts.[14] Zahlenmäßig noch geringer war der Anteil der Facharbeiterkinder an den Gymnasien. 1960 besuchten gerade einmal zwei

11 Vgl. Lange-Quassowski, Jutta-B.: Neuordnung oder Restauration? Das Demokratiekonzept der amerikanischen Besatzungsmacht und die politische Sozialisation der Westdeutschen: Wirtschaftsordnung – Schulstruktur – politische Bildung, Opladen 1979.

12 Vgl. dazu seit neuestem: Gass-Bolm, Torsten: Das Gymnasium 1945–1980. Bildungsreform und gesellschaftlicher Wandel in Westdeutschland, Göttingen 2005.

13 Kurzprotokoll der Sitzung des Unterausschusses für Hochschulfragen vom 27.6.1950, in: BayHStA, MK 68594.

14 Vgl. Kaelble, Hartmut: Soziale Mobilität und Chancengleichheit im 19. und 20. Jahrhundert. Deutschland im internationalen Vergleich, Göttingen 1983.

Prozent von ihnen die höhere Schule.[15] Hier zeigt sich, dass die schulische Selektion de facto nicht nur zu einer leistungsbemessenen Auslese führte, sondern augenscheinlich auch eine soziale Selektion nach sich zog.

Jenseits des bildungspolitischen Strukturkonservatismus lassen sich in der Bundesrepublik der 50er Jahre aber durchaus erste Ansätze zu einer Modernisierung und Demokratisierung des Bildungssystems ausmachen. Dazu zählen insbesondere die Einführung der Schulgeld- und Lernmittel-, in Hessen auch der Studiengeldfreiheit und die finanzielle Förderung von Studierenden durch das sogenannte Honnefer Modell, dem 1955 eingeführten Vorläufer des BAföG. Zudem ist in der Diskussion über Restauration und Rekonstruktion oft verkannt worden, dass es trotz der relativen Statik des westdeutschen Bildungssystems bereits während der 50er Jahre zu einem Anstieg der Schülerzahlen in den weiterführenden Schulen und einer Erhöhung der Studentenzahlen kam, die in einigen Kultusministerien gegen Ende des Jahrzehnts sogar als »beängstigend« empfunden wurde.[16] Die zweifelsohne vorhandene bildungspolitische Passivität des Jahrzehnts beruhte aber auch schlicht darauf, dass die Mobilisierung der »Begabungsreserven« Mitte der 50er Jahre noch nicht zu der wirtschaftlichen Bedeutung gelangt war, die sie als »Schicksalsfrage der Nation« nur wenig später einnehmen sollte. Der große Zustrom von qualifizierten Fachkräften aus Ostdeutschland führte nämlich dazu, dass der Bedarf der prosperierenden Wirtschaft ausreichend gedeckt war.

Anders als in der Bundesrepublik fußte die in der Sowjetischen Besatzungszone bereits kurz nach Kriegsende eingeleitete Bildungsexpansion auf einer radikalen Reform des Bildungswesens. Sie verstand sich als integraler Bestandteil einer grundlegenden gesamtgesellschaftlichen Umwälzung. Die radikalen Umstrukturierungsprozesse im Bildungsbereich sollten die Sozialstruktur der bürgerlichen Gesellschaftsordnung aufbrechen helfen und den Weg zu einer neuen sozialistischen Gemeinschaft ebnen. In Abkehr von den überkommenen Bildungsstrukturen galt es deswegen zunächst, das »bürgerliche Bildungsprivileg« abzuschaffen. Den sichtbarsten Ausdruck fand dieser Gedanke in der Einrichtung von zunächst achtjährigen Einheitsschulen, die 1959 in die »zehnklassigen allgemeinbildenden polytechnischen Oberschulen« (POS) überführt

15 Schimpl-Neimanns, Bernhard: Hat die Bildungsexpansion zum Abbau der sozialen Ungleichheit in der Bildungsbeteiligung geführt? Methodische Überlegungen zum Analyseverfahren und Ergebnisse multinomialer Logit-Modelle für den Zeitraum 1950–1989, Mannheim 2000, Abbildung 4.

16 So die Leiterin der Hochschulabteilung im hessischen Kultusministerium, Helen von Bila, im Jahr 1958: Vermerk über ein Telefongespräch mit dem Rektor der Universität Frankfurt vom 31.3.1958, in: Hessisches Hauptstaatsarchiv Wiesbaden (HHStAW) 504 302a.

wurden, und in der forcierten Öffnung der Hochschulen für Arbeiter- und Bauernkinder.

Erklärtes Ziel der Schulreform war es, allen »Jugendlichen, Mädchen und Jungen, Stadt- und Landkindern [...] ohne Unterschied des Vermögens ihrer Eltern das gleiche Recht auf Bildung« einzuräumen.[17] Auf diese Weise verfolgten die Länder der SBZ ein sozialegalitäres Bildungsprogramm, das mit der traditionellen vertikalen Schulstruktur brach, die Differenzierung in Volksschule und Gymnasium auflöste und damit eine in vielerlei Hinsicht einschneidende »Reformzäsur deutscher Schulgeschichte« setzte.[18]

Nicht weniger einschneidend war die Gründung sogenannter Vorstudienanstalten im Jahr 1945/46. Sie wurden im Gründungsjahr der DDR in Arbeiter- und Bauernfakultäten (ABF) umbenannt und an den Hochschulen etabliert. An ihnen sollten »junge Menschen des arbeitenden Volkes« auf ein Studium an der Universität vorbereitet werden. Kinder aus bislang bildungsfernen Schichten erhielten so die Chance, ihre sichtbar gewordenen Bildungsrückstände bis zum Eintritt in die Hochschulen auszugleichen. Erklärtes Ziel war es, über die Einrichtung der ABF zu einem höheren Anteil von Arbeiter- und Bauernkindern in den Universitäten zu kommen und damit ein sichtbares Zeichen der Verwirklichung proportionaler Chancengleichheit im höheren Bildungswesen der DDR zu setzen. Die Führung der frisch gegründeten Republik feierte ihre neuen Fakultäten deswegen nachgerade martialisch als »Sieg der Demokratie« im Kampf gegen den »Klassen- und Kastengeist« des bürgerlichen Bildungswesens.[19] Der lautstarke Abgesang auf die »bürgerliche Begabungstheorie« und die immer wieder in Aussicht gestellte »Brechung des reaktionären Bildungsprivilegs«[20] besaßen dabei vor allen Dingen legitimatorische Funktion. Hier konnte man sich gegen die Rekonstruktion der Bildungsstrukturen in der Bundesrepublik in propagandistisch wirksamer Weise absetzen.

Der Preis dieser Bildungsreform war jedoch denkbar hoch. Die Verstaatlichung des Bildungswesens bei gleichzeitiger Verdrängung anderer Schulträger,

17 Gesetz zur Demokratisierung der deutschen Schule vom Mai/Juni 1946 [Auszug], in: Anweiler, Oskar/Fuchs, Hans-Jürgen u. a. (Hrsg.): Bildungspolitik in Deutschland 1945–1990. Ein historisch vergleichender Quellenband, Opladen 1992, S. 130–133.

18 Geißler, Gert: Zäsuren in der Schulpolitik der SBZ und der DDR 1945–1965, in: Hoffmann, Dietrich/Neumann, Karl (Hrsg.): Erziehung und Erziehungswissenschaft in der BRD und der DDR. Bd. 1: Die Teilung der Pädagogik (1945–1965), Weinheim 1994, S. 41 f.

19 Auszug aus der Rede Wilhelm Piecks anlässlich der Eröffnung der ABF der Humboldt-Universität, in: Forum. Zeitschrift für das geistige Leben an den deutschen Hochschulen 11/12 (1949), S. 28.

20 So Anton Ackermann 1947, zit. nach: Schneider, Michael C.: Bildung für neue Eliten. Die Gründung der Arbeiter- und Bauernfakultäten in der SBZ/DDR, Dresden 1998, S. 9.

die Ideologisierung sowohl der Lehrerausbildung als auch des Schulunterrichts und des Hochschulstudiums sowie die Verzahnung von Schulen und Universitäten mit den Kinder- und Jugendorganisationen zeugen von der zunehmenden machtpolitischen Instrumentalisierung des Bildungssystems durch die DDR-Führung.[21] Das beweist insbesondere die Ausbildung der sogenannten »Neulehrer«. Im Zuge der Entnazifizierungsmaßnahmen in der SBZ waren von den insgesamt 39346 Lehrern 20000 aus dem Schuldienst entlassen worden.[22] Ihre Stellen wurden nun mit kurzfristig ausgebildeten Pädagogen besetzt, deren politische Indoktrinierung von der KPD/SED aktiv betrieben wurde. Ganz zu Recht ist deswegen auf den »instrumentalen« Charakter der Entnazifizierung in der SBZ/DDR hingewiesen worden. Sie diente dem Ziel, die »Umwälzung der Schule mit Hilfe neuer Lehrer« im Sinne der politischen Führung voranzutreiben.[23]

Anders als in der Bundesrepublik war Bildungspolitik in der DDR kein Resultat einer häufig mühsamen Zusammenführung pluralistischer und konkurrierender Interessen, sondern wurde staatlich gelenkt und zentral gesteuert. Die Öffnung des Zugangs zu höherer Bildung erfolgte hier vor allem mit der Absicht, die Rekrutierungswege der politischen, gesellschaftlichen und kulturellen Führungsschicht der DDR grundlegend umzugestalten.[24] Unter dem bildungspolitischen Postulat der Chancengleichheit forcierte die SED also eine massive und primär gesellschaftspolitisch motivierte diktatorische Gegenprivilegierung. Immer deutlicher wurde dabei in den 50er Jahren das Ziel, linientreue kommunistische Kader für die Herausbildung einer systemkonformen sozialistischen Intelligenz heranzuziehen. Doch konnte vor diesem Hintergrund wirklich von einer »Demokratisierung der Bildung« die Rede sein? Dem in der Bundesrepublik verfassungsrechtlich garantierten Berechtigungswesen stand in der DDR nämlich ein Zulassungs- und Anrechtswesen gegenüber, das die Bildungsbeteiligung nach sozialen, politischen und ideologischen Auswahlkriterien steuerte. Die Gleichheit der Bildungschancen wurde so durch

21 Vgl. Jessen, Ralph: Zwischen Bildungsökonomie und zivilgesellschaftlicher Mobilisierung. Die doppelte deutsche Bildungsdebatte der sechziger Jahre, in: Haupt, Heinz-Gerhard/Requate, Jörg (Hrsg.): Aufbruch in die Zukunft. Die 1960er Jahre zwischen Planungseuphorie und kulturellem Wandel. DDR, ČSSR und Bundesrepublik Deutschland im Vergleich, Weilerswist 2004, S. 209–231, hier S. 210.

22 Baske, Siegfried: Grund- und Rahmenbedingungen, in: Handbuch der deutschen Bildungsgeschichte, Bd. VI/2: 1945 bis zur Gegenwart. Deutsche Demokratische Republik und neue Bundesländer, hrsg. von Christoph Führ und Carl-Ludwig Furck, München 1998, S. 3–25.

23 Hohlfeld, Brigitte: Die Neulehrer in der SBZ/DDR 1945–1953. Ihre Rolle bei der Umgestaltung von Gesellschaft und Staat, Weinheim 1992, S. 416f.

24 Schneider: Bildung für neue Eliten, S. 7.

Ausschluss, Repression und Diskriminierung all derjenigen untergraben, die sich durch einen wie auch immer gearteten Nonkonformismus auszeichneten. Die Zahlen sprechen Bände: Bis zum Mauerbau am 13. August 1961 wurden über 1000 Studienanfänger verhaftet; die Zahl der Studenten und nicht zum Studium zugelassenen Abiturienten, die bis zu diesem Zeitpunkt die Republik verließen, lag bei rund 35000.[25]

Rein statistisch gesehen war die politisch forcierte Bildungsexpansion in der DDR durchaus erfolgreich. Während der 50er Jahre verdreifachten sich die Studentenzahlen von 31000 auf 100000; die Zahl der Hochschulen stieg von zunächst 21 auf 44 an. Die auf dem Rücken der ehemaligen Bildungselite ausgetragene Ausweitung des Zugangs zu höherer Bildung führte zudem zu einer Erhöhung des Anteils der Arbeiterkinder unter den Studierenden von 1945/46 noch vier Prozent auf 55 Prozent bis Mitte der 50er Jahre. Auch die Zahl der Kinder aus Arbeiter- und Bauernfamilien an den Oberschulen vermehrte sich: Kamen dort noch 1945 nur etwa fünf Prozent der Jugendlichen aus bildungsfernen Schichten, waren es im Jahr 1952 bereits 43 Prozent.[26] Diese Zahlen sind allerdings mit einiger Vorsicht zu genießen.[27] Zwar ist es unbestritten, dass es zu einer deutlichen Erhöhung des Anteils der aus Arbeiter- und Bauernfamilien stammenden Kinder im höheren Bildungswesen der DDR kam. Der Begriff des »Arbeiter- und Bauernstandes« erwies sich jedoch als äußerst dehnbar und öffnete der Manipulation Tür und Tor. Offensichtlich sorgte die Frage, wer denn nun eigentlich ein Arbeiterkind sei, bei SED-Funktionären und Schülern gleichermaßen für Verwirrung. »Hinweise über Ihre soziale Herkunft erhalten Sie von Ihrem Klassenlehrer«, verfügte deswegen ein Merkblatt zur Studienplatzbewerbung.[28]

Zudem verlief die Umsetzung des bildungspolitischen Programms keineswegs so glatt, wie dies die unermüdliche Propagandamaschinerie glauben machen wollte. Es konnte nämlich nichts darüber hinwegtäuschen, dass viele derjenigen, die über das Bildungssystem privilegiert werden sollten, das

25 Baske, Siegfried: Das Hochschulwesen, in: Handbuch der deutschen Bildungsgeschichte, Bd. VI/2, S. 202–228, hier S. 211.

26 Zahlenangaben nach Stock, Manfred: Bildung zwischen Macht, Technik und Lebensstil. Das Beispiel der »sozialistischen Intelligenz« in der DDR, in: Tenorth, Heinz-Elmar u. a. (Hrsg.): Bildungsgeschichte einer Diktatur. Bildung und Erziehung in SBZ und DDR im historisch gesellschaftlichen Kontext, Weinheim 1997, S. 295–333.

27 Vgl. dazu beispielsweise Jessen, Ralph: Akademische Elite und kommunistische Diktatur. Die ostdeutsche Hochschullehrerschaft in der Ulbricht-Ära, Göttingen 1999, S. 445–452.

28 Zit. nach: Budde, Gunilla-Friederike: Wettkampf um Gerechtigkeit. Frauenförderung und Arbeiterkinder in den Hochschulreformdebatten in Ost und West, in: Jahrbuch für Universitätsgeschichte 8 (2005), S. 123–142, hier S. 128.

Bildungsangebot nur zögerlich wahrnahmen. Das hatte vor allem finanzielle Gründe, lag aber auch an dem über viele Jahrzehnte geprägten schichtspezifischem Bildungsverhalten und den dadurch historisch verfestigten Bildungsaspirationen. Besonders die ABF sahen sich hier vor Probleme gestellt. Der Freie Deutsche Gewerkschaftsbund (FDGB), der für die Delegierung von Arbeiter- und Bauernkindern an die Fakultäten verantwortlich war, hatte beispielsweise große Mühe, die vom Politbüro erhöhten Aufnahmezahlen auch tatsächlich zu erfüllen. Auch musste das Prüfungsverfahren, dem sich potentielle Kandidaten der ABF zu stellen hatten, bereits 1947 einer Revision unterzogen werden. Es hatte sich nämlich herausgestellt, dass die Tests zu einer Überrepräsentation von Kindern aus bürgerlichen Kreisen führten, während die Zahl der Arbeiter- und Bauernkinder an den Fakultäten stetig sank.[29]

Darüber hinaus spiegeln die Statistiken nicht wider, dass speziell im Schulbereich Ungleichheiten trotz Bildungsexpansion und Ausweitung der Bildungsbeteiligung bestehen blieben. So belegen lokalgeschichtliche Untersuchungen, dass die Einheitsschule Einheitlichkeit nur auf dem Papier schaffte, ein regionales Bildungsgefälle jedoch weiter fortbestand. Hier hatte der Schulausbau mit den Demokratisierungsforderungen offensichtlich nicht Schritt gehalten. Was institutionelle Ausdifferenzierung, Lehrerversorgung und Lernniveau anging, waren die zahlreichen, wenig gegliederten Landschulen in der DDR nämlich weit davon entfernt, ihren Schülern die gleichen Bildungschancen wie den Eleven in den Städten zu eröffnen.[30]

Doppelte »Ökonomisierung« der Bildung in den »langen« 60er Jahren

Ende der 50er Jahre kündigte sich in beiden deutschen Staaten ein bildungspolitischer Paradigmenwechsel an. Der enorme Fortschritt in Wissenschaft und Technik, darüber waren sich die Zeitgenossen in Ost und West einig, hatte einen Wandlungsprozess welthistorischen Ausmaßes eingeleitet. In der DDR wähnte man sich an der Schwelle zu einem neuen wissenschaftlich-technischen Zeitalter; in der Bundesrepublik kursierte das Wort von der Zweiten Industriellen

29 Vgl. Schneider: Bildung für neue Eliten.

30 Zymek, Bernd: Die Schulentwicklung in der DDR im Kontext einer Sozialgeschichte des deutschen Schulsystems. Historisch-vergleichende Analyse lokaler Schulangebotsstrukturen in Mecklenburg und Westfalen, 1900–1990, in: Tenorth: Bildungsgeschichte, S. 25–53, hier S. 36.

Revolution. Dazu trugen nicht zuletzt die technologischen Erfolge der Sowjetunion in den ausgehenden 50er Jahren bei, für die insbesondere der Sputnik stand. Während in der DDR der Start des ersten Erdsatelliten durch das Bruderland aber als Zeichen der Ebenbürtigkeit der Systeme gewertet wurde und dem Glauben an das eigene Innovationspotential einen euphorischen Schub verlieh, nahm man in Westdeutschland mit Schrecken die vermeintliche technologische Überlegenheit des Ostens wahr. Die Systemkonfrontation wich im Gefolge des Sputnikschocks einem Wettlauf der Blöcke. Bildung, Wissenschaft und Forschung erhielten hüben wie drüben eine grundlegend neue Bedeutung: Sie avancierten zu Indikatoren für die Zukunftsfähigkeit des jeweiligen Gesellschaftssystems. Bildungspolitik wurde zu einem zentralen Bestandteil der Gesellschaftspolitik.

Das leistete einer verstärkten »Ökonomisierung bildungspolitischer Argumente« Vorschub.[31] Bildungsreform und Bildungsexpansion entwickelten sich in den 60er Jahren gleichsam zu Zauberformeln, mit denen die wirtschaftliche Lebensfähigkeit des eigenen Staates gesichert werden sollte. Habe das Bildungsniveau einer Nation früher über »Kultur oder Barbarei« entschieden, brachte Carlo Schmid 1960 die Meinung vieler Zeitgenossen auf den Punkt, gehe es heute um nichts Geringeres als um »Bildung oder Untergang«. Man müsse sich im Klaren sein, so Schmid, dass Bildungsfragen jetzt über das »Schicksal der Nation« entschieden. Wenn man nicht den Mut habe, Milliardenbeträge zu investieren, werde man im internationalen Vergleich »noch weiter zurückfallen«.[32] Die Angst der Bundesrepublik vor einem Bedeutungsverlust innerhalb Westeuropas war nicht ganz unbegründet. International vergleichend angelegte Studien sahen sie – was die Entwicklung der Abiturientenzahlen anbelangte – als Schlusslicht der westeuropäischen Industrienationen. Doch musste man gar nicht den internationalen Vergleich bemühen, um die vermeintliche Rückständigkeit des eigenen Bildungssystems vor Augen geführt zu bekommen. Hier reichte ein Blick in den anderen Teil Deutschlands. Die Abiturientenquote der DDR, die zu diesem Zeitpunkt deutlich über der der Bundesrepublik lag, veranlasste die streitbare liberale Politikerin Hildegard Hamm-Brücher sogar dazu, von einem »innerdeutschen Bildungsgefälle« zu sprechen.[33] Die Entwicklung in der DDR und die Angst, auch im direkten

31 Jessen: Bildungsökonomie, S. 219.

32 Rede Carlo Schmids vor dem Deutschen Bundestag, in: Verhandlungen des Deutschen Bundestages, Stenographische Berichte, Bd. 43, 75. Sitzung am 12.6.1959, S. 4066.

33 Referat Hildegard Hamm-Brüchers auf dem XVI. Bundesparteitag der FDP am 22.3.1965, zit. nach: Rudloff, Wilfried: Bildungsplanung in den Jahren des Bildungsbooms, in: Frese, Matthias/Paulus, Julia/Teppe, Karl (Hrsg.): Demokratisierung und gesellschaftlicher

deutsch-deutschen Vergleich schlecht abzuschneiden, wirkten als Motor der bundesrepublikanischen Bildungsexpansion. So wie 1866 einem geflügelten Wort zufolge der preußische Schulmeister den Krieg gewonnen hatte, galt es nun, durch eine »Aufrüstung« im Bildungsbereich sowohl aus dem deutsch-deutschen Bildungswettlauf als Sieger hervorzugehen als auch die vitale Frage der internationalen Konkurrenzfähigkeit für sich zu entscheiden.

Dazu mussten alle zur Verfügung stehenden »Begabungsreserven« mobilisiert werden – darüber bestand breiter gesellschaftlicher Konsens. Die Einmütigkeit, mit der man in Westdeutschland eine Expansion des Bildungswesens forderte, war schließlich auch Resultat einer mit Vehemenz geführten öffentlichen Debatte. Die nahezu apokalyptisch anmutenden Schreckensszenarien des Pädagogen Georg Picht, der die Bundesrepublik in Anlehnung an Friedrich Meinecke in eine »deutsche Bildungskatastrophe«[34] schlittern sah und Bildungsnotstand zum wirtschaftlichen Notstand stilisierte, schreckte zwar weniger die Bildungspolitiker und bildungspolitisch Engagierten, wohl aber die bundesrepublikanische Öffentlichkeit auf, die sich eben noch in der satten Selbstzufriedenheit des westdeutschen Wirtschaftswunderlands gesonnt hatte.

Nachdem das Reformkarussell sich auf diese Weise zu drehen begonnen hatte, mehrten sich auch die Rufe nach dem Abbau der Bildungsungleichheiten. Pichts Diktum von der Bildungskatastrophe fand seine Entsprechung in Dahrendorfs gesellschaftspolitischer Forderung nach einem Bürgerrecht auf Bildung. Die in diesen Jahren immer wieder bemühte Kunstfigur der katholischen Arbeitertochter vom Lande spiegelte dabei vier Aspekte der bisherigen Bildungsdiskriminierung idealtypisch wider. Aufstieg im Bildungssystem war demnach von konfessionellen, schichtspezifischen, geschlechtlichen und regionalen Faktoren abhängig. Das galt es nun zu ändern. Chancengleichheit wurde zum Schlüsselwort des Jahrzehnts und avancierte zum ebenso plakativen wie legitimierenden Aushängeschild bildungspolitischer Reformen. Unter dem Banner der Bildungsgerechtigkeit ließ sich eine primär ökonomisch motivierte Bildungsexpansion nämlich besser »verkaufen«. Im Gegenzug erhielt die Demokratisierung des Bildungswesens durch die Ökonomisierung der bildungspolitischen Debatte ebenfalls eine deutlich größere Durchsetzungschance. So unterschiedlich die hinter der Bildungsexpansion stehenden Motive und Hoffnungen in der Bundesrepublik damit auch waren: Die Konvergenz

Aufbruch. Die sechziger Jahre als Wendezeit der Bundesrepublik, Paderborn u.a. 2003, S. 259–282, hier S. 268 f.

34 Picht, Georg: Die deutsche Bildungskatastrophe. Analyse und Dokumentation, Freiburg 1964.

wirtschaftlicher und gesellschaftspolitischer Zielsetzungen trug zum beschleunigten Ausbau des Bildungswesens in Westdeutschland nachhaltig bei.

Der Pulverdampf der Debatte um Bildungsgerechtigkeit war zu Beginn der 60er Jahre in der DDR bereits verraucht. Mit der Forderung nach Chancengleichheit, darüber war man sich dort im Klaren, konnte hier nichts mehr gewonnen werden – zumal ja nun offensichtlich auch die Bundesrepublik diese Parole für sich zu entdecken begann. Der bildungspolitischen Entwicklung in der DDR, pries die SED-Propaganda in nimmermüder Repetition, hinke man in Westdeutschland damit ohnehin hinterher. Dennoch galt es auch hier, alle zur Verfügung stehenden Begabungsreserven zu mobilisieren, wollte man den Wettlauf der Systeme für sich entscheiden. Auf der Suche nach Abgrenzungsmöglichkeiten vom deutschen Nachbarn entdeckte die DDR nun eine gesellschaftliche Gruppe, die aus der Bildungsexpansion der 40er und 50er Jahre als Verlierer hervorgegangen war und in Westdeutschland noch geringe Aufmerksamkeit genoss: die Frauen. Hatte sich der Anteil der Arbeiterkinder unter den Studierenden im Zuge der Bildungsexpansion in Ostdeutschland stark erhöht, pendelte die Frauenquote an den ABF noch während der 50er Jahre zwischen niedrigen 20 bis 27 Prozent.[35] Das folgende Jahrzehnt brachte hier eine grundlegende Veränderung: Die Zahl der Frauen an den Universitäten der DDR stieg von 25000 im Jahr 1960 auf 65000 im Jahr 1975 an.[36] Dahinter stand aber weniger die Absicht, den bisherigen proletarischen Egalitarismus nun auch in Geschlechterperspektive fortzuschreiben, als vielmehr der Wunsch, das Bildungssystem an die Erfordernisse der wissenschaftlich-technischen Revolution anzupassen. Und das bedeutete vor allem Höherqualifizierung der gesamten Bevölkerung. Frauenförderung war demnach im geringeren Maße der Chancengerechtigkeit und einem proklamierten gleichen Bildungsrecht für jeden Bürger als vielmehr einer Effektivierung und Optimierung des Bildungssystems vor dem Hintergrund wirtschaftlicher Notwendigkeiten geschuldet. Daraus ließ sich nichtsdestotrotz auch ideologisches Kapital schlagen.

Was den emanzipatorischen Gehalt der Bildungsexpansion anging, sah sich die DDR der Bundesrepublik weit voraus. Mit Blick auf die Ergebnisse einer Umfrage des westdeutschen Soziologen Hans Anger war diese Selbsteinschätzung nicht ganz falsch. Angers Befunde warfen ein bezeichnendes Licht auf

35 Vgl. Budde: Wettkampf, S. 127.
36 Handbuch der deutschen Bildungsgeschichte, Bd. VI/1: 1945 bis zur Gegenwart. Bundesrepublik Deutschland, hrsg. von Christoph Führ und Carl-Ludwig Furck, München 1998, S. 652.

die anachronistische Denkungsart einer mit Standesdünkel behafteten Hochschullehrerschaft und führte der Öffentlichkeit in Ost wie West deutlich vor Augen, welcher Geist in den Universitäten der Bundesrepublik zu Beginn der 60er Jahre herrschte. Die mit 21 Prozent geringe Studentinnenquote an den westdeutschen Hochschulen erschien der Mehrheit der Professoren noch als »viel zu hoch«. Das sei eine »unnütze Belastung der Universität«, zumal sowohl die »intellektuellen Fähigkeiten« als auch die »wissenschaftliche Phantasie« bei Frauen viel geringer und »abstraktes Denken«, ja »jedes Denken überhaupt« bekanntermaßen nicht ihre Sache seien. Warum sich Frauen überhaupt in die Hochschulen verirrt hatten, lag für die Ordinarien auf der Hand: Der Schwarm »bienenfleißiger« Studentinnen, der sich zurzeit an den Universitäten tummele, habe sich augenscheinlich gezwungen gesehen, die traditionsreiche Bildungsstätte als »standesgemäßen Heiratsmarkt« zu missbrauchen. Viele von ihnen seien eben einfach nicht hübsch genug, um auf normalem Wege einen Mann zu finden, so die Meinung einiger Professoren.[37] Die von Picht angeprangerten patriarchalischen Wurzeln des westdeutschen Bildungssystems saßen in den 60er Jahren offensichtlich noch bombenfest.

Mit der Ökonomisierung der bildungspolitischen Debatte in Ost und West ging in beiden deutschen Staaten ein Boom praxisorientierter Bildungsplanung einher. Eine künftige Entwicklungen antizipierende Planung sollte längerfristige Handlungsperspektiven eröffnen und dazu dienen, das jeweilige Bildungssystem zukunftsfähig zu gestalten. In der DDR waren die Planungsbemühungen allerdings sehr viel weitreichender als in der Bundesrepublik. Mit dem 1963 verkündeten »Neuen Ökonomischen System der Planung und Leitung« (NÖSPL) wurde das Bildungswesen in der DDR an das Beschäftigungssystem gekoppelt. Auf diese Weise sollte die Ausbildung des beruflichen Nachwuchses am Bedarf der staatlichen Planwirtschaft ausgerichtet werden. Zudem arbeitete man ab 1967 verstärkt an dem Konzept einer »sozialistischen Bildungsplanung«.[38] Bildung erhielt den Status eines »Produktionsfaktors«; die Bildungsinstitutionen fungierten weitgehend als Zubringerinstanzen für das Beschäftigungssystem. Dabei wurde insbesondere das im Zuge der Dritten Hochschulreform des Jahres 1968 umgestaltete Universitätswesen den Bedürfnissen der volkseigenen Industrie angepasst.[39] Unter dem Gesichtspunkt einer

37 Anger, Hans: Universität und Frau: Die Frau als Studentin – die Frau als Dozentin, zit. nach: Budde: Wettkampf, S. 131.

38 Anweiler, Oskar u. a. (Hrsg.): Vergleich von Bildung und Erziehung in der Bundesrepublik Deutschland und in der Deutschen Demokratischen Republik, Bonn 1990, S. 21.

39 Vgl. Laitko, Hubert: Umstrukturierung statt Neugründung: Die dritte Hochschulreform in der DDR, in: Berichte zur Wissenschaftsgeschichte 21 (1998), S. 143–158, hier S. 151 f.

neuen technischen Rationalität forcierte die DDR eine Erhöhung der Studentenzahlen vor allem in den technischen Wissenschaften, den Wirtschaftswissenschaften und den mathematischen und naturwissenschaftlichen Fächern und verlieh dem Ausbau von Hochschulen mit praxis- und produktionsnahen Schwerpunkten den Vorrang.[40]

Im Westen verfolgte man diese bildungspolitische Neuausrichtung aufmerksam. Der Sozialdemokrat und Berliner Schulsenator Carl-Heinz Evers beispielsweise warnte davor, die Entwicklung jenseits der Elbe »mit einer wegwerfenden Handbewegung« abzutun. Die Führung der SED scheine sich im steten Konflikt zwischen ideologischer Grundsatztreue und wissenschaftlicher bzw. wirtschaftlicher Effektivität nun für die Effektivität entschieden zu haben, lautete das Fazit seines Referats, das der Schulsenator anlässlich einer Parlamentarierkonferenz der SPD in Wiesbaden hielt.[41] Evers' Statement charakterisiert die damalige Entwicklung in der DDR treffend und verweist gleichzeitig auf ein systemübergreifendes Phänomen. Die Argumente der kühl kalkulierenden ökonomischen Bildungsplanung und die deutsch-deutschen Bemühungen um Rationalisierung und Funktionalisierung der Bildungssysteme führten nämlich sowohl zwischen- als auch innerstaatlich für kurze Zeit zu einer Entideologisierung der bildungspolitischen Debatte. In der DDR ließ sich das beispielsweise an der veränderten Aufnahmepraxis der Bildungsinstitutionen ablesen. Hatte hier noch bis vor kurzem vor allem die proletarische Herkunft über die Aufnahme entschieden, wurde nun in zunehmendem Maße nach Leistungskriterien ausgelesen. Auch sank der bisherige Einfluss der Vertreter der Massenorganisationen innerhalb der Universitäten. War ihnen zunächst eine entscheidende Rolle bei den Zulassungsverfahren zugekommen, konnten die Hochschulen ab 1963 selbst über die Aufnahme von Studienanfängern entscheiden. Nun wurden sogar Eignungsprüfungen angesetzt.[42] Doch auch in der Bundesrepublik wirkten die Herausforderungen der Moderne und der gemeinsame Wille zur Expansion zunächst als Brücke zwischen den bildungspolitischen Lagern. Hier war noch nichts von der politischen Aufgeladenheit der Diskussion zu spüren, die gegen Ende des Jahrzehnts Bildungspolitiker und bundesdeutsche Öffentlichkeit polarisierte.

40 Köhler/Stock: Bildung nach Plan?, S. 50.

41 Referat des Senators Carl-Heinz Evers auf der Parlamentarier-Konferenz der SPD vom 7.–9.5.1965 in Wiesbaden, Arbeitsgemeinschaft 3 – Schule, Bildung und Wissenschaft, in: Archiv der sozialen Demokratie (AdsD), NL Ernst Schütte, Box 42.

42 Köhler/Stock: Bildung nach Plan?, S. 35 f.

Auch in der Bundesrepublik wurde nun verstärkt bildungspolitisch geplant. Es war insbesondere der ernorme Anstieg der Studentenzahlen von 1955 noch 150 000 auf 308 000 Mitte der 60er Jahre, der die Kultusbürokratien in den Ländern zum Handeln zwang.[43] Von dem Anstieg waren – ähnlich wie in der DDR – vor allem die naturwissenschaftlichen, technischen und medizinischen Fächer betroffen. Dieser verstärkte Zustrom zu den Hochschulen erklärte sich nur bedingt aus demografischen Faktoren.[44] Durch den wirtschaftlichen Aufschwung hatten sich vielmehr grundlegende Veränderungen im Bildungsverhalten breiter Bevölkerungsschichten ergeben. Nachdem die ökonomische Basis vieler Familien gesichert schien, ließ sich nun nämlich auch in höhere Bildung investieren – zumal an der zunehmenden Bedeutung der Bildungsqualifikation für den individuellen sozioökonomischen Aufstieg kaum noch gezweifelt werden konnte. Im Gefolge des wirtschaftlichen Aufschwungs war es außerdem zu einer fortschreitenden Akademisierung der Ausbildungsgänge und einer stärkeren Nachfrage der Wirtschaft nach hochqualifizierten Fachkräften gekommen. Insbesondere die Westdeutsche Rektorenkonferenz (WRK), die sich seit Ende der 50er Jahre immer wieder mit dem Überfüllungsphänomen der deutschen Hochschulen beschäftigt hatte, beklagte diesen Trend. Das habe dazu geführt, dass die heutigen Studenten in manchen Zweigen von Wirtschaft und Industrie mit einem einfachen Diplom gar nicht mehr reüssieren könnten. Im deutschen Berufsleben bestehe die Neigung, »auch dann Akademiker bevorzugt einzustellen, wenn die in Betracht kommenden Stellen gleichwertig von Nichtakademikern ausgefüllt werden könnten«, kritisierten die Rektoren.[45]

Gleichzeitig war man in der Bundesrepublik aber auch davon überzeugt, dass die Überfüllung der Hochschulen aus einer Verlängerung der durchschnittlichen Studienzeit resultierte. Dazu hatten nach Meinung der Bildungsexperten sowohl »unvernünftige Prüfungsordnungen« und »Stoffüberlastungen«[46] als auch eine »zum größten Teil ganz unmotivierte, unmäßige Ausdehnung

43 Zahlenangaben nach Handbuch der deutschen Bildungsgeschichte, Bd. VI/1, S. 652.

44 So bereits Köhler, Helmut: Der relative Schul- und Hochschulbesuch in der Bundesrepublik Deutschland 1952 bis 1975. Ein Indikator für die Entwicklung des Bildungswesens, Berlin 1978.

45 Empfehlung der Arbeitsgruppe IV für die Plenarberatung der LII. Plenarversammlung der WRK am 8.7.1964 betr. Notmaßnahmen angesichts der Überfüllung der Hochschulen, in: BayHStA, MK 68653.

46 So ein Professor der Anglistik an der Universität München, zit. nach: Exposé des hessischen Kultusministers Ernst Schütte vom 14.5.1963, betr. Herabsetzung der überhöhten Studienzeiten. Vorlage zur Erläuterung des Tagesordnungspunkts »Hochschulreform« auf der Ministerpräsidentenkonferenz vom 10.–12.6.1963 in Saarbrücken, in: BayHStA, StK 17798.

der Studienzeit« durch die Studenten selbst beigetragen.[47] Diese Erkenntnis führte zu ganz unterschiedlichen Maßnahmen. So kamen in der ersten Hälfte der 60er Jahre Bemühungen um die Revision der größtenteils veralteten Prüfungs- und Studienordnungen in Gang.[48] Durch ihre Überarbeitung und eine stoffliche »Entrümpelung« sollte der Abschluss des Studiums in einem angemessenen Zeitraum möglich werden. Zum anderen versuchte man mit einer Reihe von restriktiven Regelungen, der »Studentenlawine« Herr zu werden. Zwar wurde der äußerst rigide Plan des Bundesinnenministeriums, »etwa jeden vierten Hochschulbesucher aus der Hochschule ›heraus[zu]prüfen‹«, um für die »wirklichen Studenten« Platz zu schaffen, nicht verwirklicht.[49] Die Maßnahmen zur Eindämmung der »Studentenflut« waren aber nichtsdestotrotz sehr weitgehend und reichten von einer Reduzierung der Zahl der ausländischen Studierenden an den deutschen Universitäten[50] über die Einführung von Leistungskontrollen[51] und höheren Prüfungsanforderungen für »Bummelanten«[52] bis hin zu Einzelmaßnahmen der Kultusministerien, wie beispielsweise die an die Adresse des Frankfurter Bürgermeisters gerichtete Aufforderung des hessischen Kultusministers Ernst Schütte, Jungakademiker nicht mehr im Fahrdienst der städtischen Straßenbahn zu beschäftigen, um sie durch praktische Arbeit nicht unnötig vom Studium abzulenken.[53] Die

47 Schreiben des hessischen Kultusministers Ernst Schütte an Dr. H. Marschall, geschäftsführender Direktor des physikalischen Instituts der Universität Freiburg, vom 12.9.1963, in: AdsD, NL Ernst Schütte, Box 25.

48 Vgl. z. B. Entwurf eines Berichts zum Stand der Studienreform in der Naturwissenschaftlichen Fakultät der Johann Wolfgang Goethe-Universität Frankfurt am Main vom September 1965, in: Universitätsarchiv Frankfurt a. M., 140, Nr. 99, Bl. 41 ff. und allgemein: Zum Stand der Studienreform. Beschluss der WRK auf der LVIII. Plenarversammlung vom 4.–6.7.1967 in Heidelberg, in: BayHStA, MK 68654.

49 Überfüllung der Hochschulen. Eine Studie über Studentenzahlen und Fassungsvermögen der deutschen Hochschulen. Von Dr. K. Fr. Scheidemann, Ministerialrat im Bundesinnenministerium. Mit einem Vorwort von Bundesinnenminister Gerhard Schröder, Bonn 1959, S. 19. Zur Reaktion auf diese Studie vgl. Deutsche Universitäts-Zeitung (DUZ) 1 (1960), S. 16 ff.

50 Bericht des Präsidenten der WRK, Julius Speer, vor der LII. Plenarversammlung der WRK am 8.7.1964 in Münster, in: BayHStA, MK 68653. In München wurden zu bestimmten Studiengängen nur »Inländer« zugelassen. Vgl. Zulassungsbeschränkungen und besondere Zulassungsbestimmungen an den Universitäten und wissenschaftlichen Hochschulen für das WS 1960/61, in: DUZ 12 (1960), S. 51–53.

51 So musste beispielsweise an der TH München im Fach Elektrotechnik nach dem 1. Semester eine Prüfung abgelegt werden, deren Nichtbestehen dann das Ende des Studiums bedeutete. Vgl. ebenda, S. 53.

52 Schreiben Marschalls an Schütte vom 9.9.1963, in: AdsD, NL Ernst Schütte, Box 25.

53 Schreiben Schüttes an den Frankfurter Oberbürgermeister Werner Bockelmann vom 4.1.1963, in: HHStAW 504 4840.

Bemühungen gipfelten schließlich in den von der WRK 1965 verabschiedeten, vielbeachteten Bestimmungen über die »befristete Immatrikulation«, die eine Relegation des Studenten nach der Überschreitung einer bestimmten Höchststudienzeit vorsah. Diese Vorschläge wurden zwar nur von einigen Universitäten verwirklicht, sorgten aber für Proteste unter den Studierenden und eine zunehmende Verschlechterung des Klimas an den Hochschulen.[54]

Offensichtlich befanden sich die Bildungsexperten in einem Zwiespalt. Zum einen begrüßten sie die Zunahme der Studentenzahlen prinzipiell – in einigen Disziplinen herrschte ja ein eklatanter Mangel an ausgebildeten Fachkräften. Zum anderen ließ der Studentenansturm die Universitäten aber nahezu arbeitsunfähig werden. Schon bald mehrten sich die Stimmen, die um die Qualität der Ausbildung an den deutschen Hochschulen fürchteten. Vor diesem Hintergrund galt es deswegen, zuverlässige Prognosen über die zukünftige Entwicklung der Studentenzahlen in die Hand zu bekommen. Seien diese bekannt, so die Hoffnung, werde man die Universitäten durch ihren Ausbau frühzeitig darauf einstellen können. Die Prognosesicherheit dieser am »social demand« orientierten ersten Planungsbemühungen ließ aber, das musste man bald erkennen, sehr zu wünschen übrig. Die Empfehlungen des Wissenschaftsrats zum Ausbau der Hochschulen aus dem Jahre 1960 basierten auf einer Schätzung der künftig zu erwartenden Studentenzahlen, deren Zenit das Expertengremium für das Jahr 1964 prognostiziert hatte. Tatsächlich aber stieg die Zahl der Jungakademiker über die geschätzte Marge hinaus weiter an und lag im Jahr 1970 um fast die Hälfte höher als erwartet.[55] Zwar wurden die vom Wissenschaftsrat abgegebenen Empfehlungen zum Ausbau von allen Ländern erfüllt und von manchen sogar übertroffen. Es zeigte sich aber, dass diese bei weitem nicht ausreichten, um eine Ausbildung auf hohem Niveau in allen Fächern zu gewährleisten.

In der zweiten Hälfte der 60er Jahre kam es in der Bundesrepublik dann zu Planungen auf der »strengeren methodischen Grundlage des Arbeitskräftebedarfsansatzes«.[56] Autoren verschiedener Studien unternahmen den Versuch, eine am wirtschaftlichen Bedarf orientierte Prognose der bis zum Jahr 1980 benötigten Arbeitskräfte aufzustellen und ein daran orientiertes Struktur-

54 Vgl. Schmidtke, Michael: Der Aufbruch der jungen Intelligenz. Die 68er Jahre in der Bundesrepublik und den USA, Frankfurt a. M. 2003.

55 Vgl. Oehler, Christoph: Die Hochschulentwicklung nach 1945, in: Handbuch der deutschen Bildungsgeschichte, Bd. VI/1, S. 417.

56 Teichler, Ulrich/Hartung, Dirk/Nuthmann, Reinhard: Hochschulexpansion und Bedarf der Gesellschaft, Stuttgart 1976, S. 20.

modell des Bildungssystems zu entwerfen.[57] Damit wurde in der Bundesrepublik zwar keine auch nur annähernd mit der DDR vergleichbare zentrale Bedarfslenkung intendiert – diese wäre schließlich weder mit dem Grundgesetz noch mit dem Wirtschaftssystem vereinbar gewesen. Dennoch stießen die neuen Planungsimpulse auf Kritik. Die Studentenrevolte der ausgehenden 60er Jahre nahm sie als willkommenen Anlass zur generellen Diffamierung der westdeutschen Bildungspolitik.[58] Hier zeigte sich nach Meinung der studentischen Linken eindeutig, dass das Bildungssystem von einem scheinliberalen Herrschaftskartell für machtpolitische und ökonomische Zwecke instrumentalisiert werden sollte, um dem Bedarf von Wirtschaft und Industrie an zwar hochqualifizierten, doch unkritischen und angepassten »Fachidioten« gerecht zu werden. Die Versuche der Kultusministerien, Hochschul-Informationssysteme (HIS) an den Universitäten zu etablieren, um die für die Hochschulen angeblich so charakteristischen »informationsblinden Entscheidungen«[59] durch rationale Planungen zu ersetzen, geißelten die Studenten als Teil der »Formierung und Reglementierung des Ausbildungssektors«.[60] »Das Kapital, das lechzt und giert, dann wird gelocht und programmiert, Student und Universität formiert«, lancierten Münchener Jungakademiker einen mehr oder minder poetischen Angriff auf Datenerhebung und vermeintliche »großindustrielle Bildungsplanung«.[61] Die kritischen Stimmen trugen schließlich auch dazu bei, dass solche Ansätze gegen Ende des Jahrzehnts vor allem in den Reihen der Sozialdemokratie zunehmend in Misskredit gerieten. Im Gegensatz zu den radikalen Linken an den Universitäten aber verurteilte die Politik die Planung der Bildung nicht generell. Die beiden großen diskursiven Leitsätze der »langen« 60er Jahre – Planung und Demokratisierung – betrachteten die Bildungspolitiker nämlich nicht als sich gegenseitig ausschließende Prinzipien, sondern betrieben in nachgerade dialektisch anmutender Manier ihre Synthese: Planung wurde zum Agenten der bildungspolitischen Demokratisierungsbemühungen und entwuchs damit dem Kleid eines rein reaktiven, auf Funktionalisierung und Optimierung des Bildungswesens zugeschnittenen Politikansatzes.

57 Vgl. Leibfried, Stefan: Die angepasste Universität. Zur Situation der Hochschulen in der Bundesrepublik und den USA, Frankfurt a. M. 1968.

58 Vgl. das sich in Planung befindende Dissertationsprojekt von Rohstock, Anne: Von der »Ordinarienuniversität« zur »Revolutionszentrale«? Hochschulreform und Hochschulrevolte in Bayern und Hessen 1957 bis 1976.

59 HIS 1969/70. Erster Jahresbericht der HIS GmbH, S. 8, in: AdsD, NL Schütte, Box 72.

60 Bericht des Vorstands des Verbands Deutscher Studentenschaften (VDS), in: VDS Press vom 15.4.1970.

61 Plakat im Lichthof der Universität München, Juni 1970, und Flugblatt des AStA der Universität München vom 13.4.1970, zitiert nach HIS 1969/70, S. 86.

Konsequenz dieses Bedeutungswandels war der Übergang von einer reinen Aus- zur Umbauplanung des Bildungssystems.[62] Die dadurch an Fahrt gewinnende Strukturreform ließ aber gleichzeitig den Konsens zusammenschmelzen, der für die erste Expansionsphase des Bildungswesens in der Bundesrepublik charakteristisch gewesen war. Gesellschaftspolitische Argumente verdrängten nun die Zahlenlogik der Bildungsökonomie und sorgten für eine Reideologisierung und Repolitisierung der Reformdebatte. Die Studentenrevolte hat hierzu nicht unerheblich beigetragen. Zwar verlieh sie den Reforminitiativen insbesondere der sozial-liberal regierten Länder gegen Ende des Jahrzehnts eine ganz neue Dynamik, leistete aber gleichzeitig einer zunehmenden Frontenbildung zwischen den bildungspolitischen Lagern Vorschub. Befördert durch die auch nach dem Zerfall der Studentenbewegung weiter anhaltende »Unruhe« in den Universitäten und die dramatisierenden Berichte über den Zustand der westdeutschen Elitebildungsstätten, mehrte sich allmählich die Zahl der Reformgegner. Das Scheitern der sozial-liberalen Hochschulpolitik konstatierte jedoch nicht nur die christdemokratische Opposition. Auch Sozialdemokraten und Liberale bekamen jetzt Angst vor der eigenen Courage und standen dem eigenen Reformwerk mit einem Mal skeptisch gegenüber. Das lässt sich an der relativ hohen Zahl der sozialdemokratischen Mitglieder im 1970 gegründeten Bund Freiheit der Wissenschaft ablesen. Mit großem publizistischem Aufwand betrieb dieses Sammelbecken konservativer Gegenreformer die Aufklärung der Öffentlichkeit über die vermeintlich kurz bevorstehende Übernahme der Universitäten durch »rote Revolutionäre« und zementierte dadurch die quer durch die Parteien laufende bildungspolitische Spaltung der Bundesrepublik.[63] Den hochschulpolitischen Grabenkrieg, der in den 70er Jahren sowohl in den Universitäten als auch in Parlamenten, Regierungen und Parteien ausgetragen wurde, vermochten die Konservativen schließlich für sich zu entscheiden: 1973 erging ein Urteil des Bundesverfassungsgerichts zum niedersächsischen Hochschulgesetz. Der Richterspruch über die Gruppenuniversität, wie die neue Organisationsform der Hochschulen nach dem personellen Repräsentationsprinzip der verschiedenen Hochschulmitglieder – Professoren, Studenten und Assistenten – genannt wurde, zwang viele Länder zur Novellierung ihrer Hochschulgesetze und markiert damit das Ende der gesellschaftspolitisch motivierten Hochschulreform der »langen« 60er Jahre.

62 Vgl. Rudloff: Bildungsplanung.

63 Zur »konservativen Tendenzwende« in den 70er Jahren insgesamt vgl. Schildt, Axel: »Die Kräfte der Gegenreform sind auf breiter Front angetreten«, in: Archiv für Sozialgeschichte 44 (2004), S. 449–478.

Bildungsexpansion West contra Stagnation Ost? Die 70er und 80er Jahre

Mit dem Ausgang des Jahrzehnts neigte sich auch die gemeinsame bildungspolitische Reformära des doppelten Deutschland seinem Ende zu. Während in der Bundesrepublik das Bildungswesen auch in der Folgezeit weiter expandierte, stagnierten in der DDR die Bemühungen um den Ausbau der Universitäten zusehends. Der Machtwechsel von Ulbricht zu Honecker im Jahr 1971 markiert eine klare Zäsur. Den Reformversuchen der Technokratenclique im Parteiapparat der Ära Ulbricht, die während der 60er Jahre einen Ausbau des Bildungswesens vor dem legitimierenden Hintergrund »technischer Sachzwänge« betrieben hatte, wurde nun ein jähes Ende gesetzt. Viel zu gefährlich erschienen dem 1976 zum neuen Staatsratsvorsitzenden erkorenen Erich Honecker diese innerparteilichen Inseln »akademischer Expertenkulturen«. Sie hatten bereits vor 1971 politischen Konflikten mit jenen nun führenden Parteikadern in der SED Vorschub geleistet, die »ihre Machtposition vornehmlich unter Berufung auf revolutionäre Tugenden des proletarischen Klassenkampfes« legitimierten.[64]

Die mit dem neuen Honecker'schen Pragmatismus eingeleitete »Brot-und-Butter-Politik«[65] zeitigte nicht nur für die Volkswirtschaft eine »abrupte Wende«, sondern brachte auch für das Bildungswesen der DDR quasi über Nacht »einschneidende Veränderungen«.[66] Unter der bildungspolitischen Prämisse von »Stabilität und Kontinuität« erteilte die DDR ihren hochfliegenden Zukunftsvisionen eine Absage und setzte fortan auf Konsolidierung. Vor dem Hintergrund ökonomischer Realitäten sowie daraus resultierender gravierender Koordinierungs- und Versorgungsprobleme hatte der »emphatische Fortschrittsglaube« beim Übergang zur Periode des real existierenden Sozialismus sichtbar an Wirkungsmacht eingebüßt.[67] Realistische Zukunftsprognosen standen nun hoch im Kurs. Und die warnten insbesondere vor einer in ökonomischer Hinsicht fatalen »Überproduktion von Akademikern«.

Ab 1972 wurde der Hochschulzugang deswegen massiv eingeschränkt und die Zahl der Abiturienten herabgesetzt. Hatte die Studienanfängerquote noch

64 Köhler/Stock: Bildung nach Plan?, S. 59 f.
65 Jessen: Bildungsökonomie, S. 229.
66 Wolter, Werner/Körner, Helge: Entwicklung und Struktur des Bildungswesens der DDR. Aspekte der Gleichwertigkeit von allgemeiner und beruflicher Bildung, Berlin 1994, S. 46 ff.
67 Sabrow, Martin: Zukunftspathos als Legitimationsressource. Zu Charakter und Wandel des Fortschrittsparadigmas in der DDR, in: Haupt/Requate: Aufbruch, S. 165–184, hier S. 179.

zu Beginn der 70er Jahre fast 19 Prozent betragen, wurde sie nun auf 12,6 Prozent zurückgeschraubt.[68] Damit büßte die DDR ihren expansionistischen Vorsprung im Bildungswesen gegenüber der Bundesrepublik ein – dort hatte die Akademisierungsquote zu Beginn der 70er Jahre im Vergleich nämlich noch um einiges niedriger gelegen – und wurde Mitte des Jahrzehnts vom westdeutschen Nachbarn dann sogar »quantitativ überholt«.[69] Die Schere zwischen den beiden deutschen Staaten tat sich während der 80er Jahre immer weiter auf und führte schließlich dazu, dass die Bundesrepublik im Jahr des Mauerfalls eine um fast die Hälfte höhere Abiturientenquote aufweisen konnte.

Die Drosselung des Zugangs zu höherer Bildung erfolgte in der DDR vor allem mit dem Hinweis auf »Disproportionen in der Nachwuchsplanung«. Nicht mehr Höherqualifizierung der gesamten Bevölkerung stand auf dem Programm, sondern eine an dem Qualifikationsanspruch des jeweiligen Arbeitsplatzes orientierte Ausbildung. Man habe in den letzten Jahren ja den Eindruck bekommen können, räsonierte Volksbildungsministerin Margot Honecker, »als müsste unsere Schule die Jugend in erster Linie auf das Studium an den Hoch- und Fachschulen vorbereiten«. Dabei gehe es doch in erster Linie darum, »den hochqualifizierten Facharbeiternachwuchs« heranzuziehen.[70] Berufsbildung rückte deswegen in den 70er Jahren immer stärker in den Vordergrund. Diese Verlagerung des bildungspolitischen Schwerpunkts lässt sich auch statistisch nachvollziehen: Während die Studentenzahlen kontinuierlich sanken, wuchs die Zahl der in eine Berufsausbildung eintretenden Schulabgänger zwischen 1970 und 1980 um fast ein Fünftel an.[71] Die bildungspolitische »Privilegierung« der Berufsbildung bei gleichzeitiger Drosselung des Zugangs zu höheren Schulen und Hochschulen schränkte die individuellen Wahlmöglichkeiten der Kinder und Jugendlichen im Bildungssystem der DDR wieder ein und leistete zunehmend »standardisierten Karriereprogrammen« Vorschub.[72]

Die Entwicklung der Bildungsbeteiligung verlief in der Bundesrepublik zwar genau gegenläufig. Hier stiegen die Studenten- und Abiturientenzahlen im Vergleich zum vorangegangen Jahrzehnt noch einmal deutlich an, so dass sie im Jahr 1975 bei 836 002 bzw. 169 464 lagen.[73] Abgesehen davon lassen sich

68 Köhler/Stock: Bildung nach Plan?, S. 61.
69 Vgl. Geißler: Sozialstruktur, S. 217.
70 Margot Honecker auf dem VIII. Parteitag der SED 1971, zit. nach: Anweiler: Vergleich, S. 25.
71 Vgl. ebenda.
72 Köhler/Stock: Bildung nach Plan?, S. 66.
73 Handbuch der deutschen Bildungsgeschichte, Bd. VI/1, S. 652, 648.

aber durchaus Parallelen zur Entwicklung in der DDR ziehen. Vor dem Hintergrund des Ölpreisschocks, wirtschaftlicher Rezession und ersten Anzeichen einer Akademikerarbeitslosigkeit wich auch in der Bundesrepublik der Zukunftsoptimismus zunehmend pessimistischeren Einstellungen. Das Ende des wirtschaftlichen Wachstums schien erreicht; die finanziellen Ressourcen wurden knapp. Im Zuge einer »konservativen Tendenzwende«, von deren Protagonisten als »realistische Neuorientierung« bezeichnet, kam es nun zu einer verstärkt vorgetragenen Kritik an der angeblich »blinden Expansion« im Bildungswesen der 60er Jahre. Dazu hatte nach Meinung vieler konservativer Politiker das »Bildungskatastrophen-Gerede« des vorangegangenen Jahrzehnts nachhaltig beigetragen.[74] Die Expansion, stellte man in der Bundesrepublik allerdings nicht nur auf konservativer Seite fest, war vor allen Dingen eine Expansion der höheren Bildung gewesen. Der Glaube an die ökonomische Bedeutung der »Wissensgesellschaft« hatte offensichtlich zu einer Vernachlässigung mittlerer Bildungsabschlüsse und insbesondere der Berufsbildung geführt. Ähnlich wie in der DDR machte man jetzt auch in Westdeutschland eine starke Universitätsbezogenheit des Sekundarschulwesens aus. Das Abitur, so ein häufig bemühter Vergleich, sei nun im Grunde nichts anderes als eine »Einbahnstraße zur Hochschule«. Was hingegen fehle, aber dringend benötigt werde, seien die unterhalb der Matura liegenden »Verteilerkreise« in den Beruf.[75]

Ließ sich eine weitere Expansion des höheren Bildungssystems überhaupt noch verantworten? Sowohl das Bildungswesen als auch der Arbeitsmarkt schienen nur noch begrenzt aufnahmefähig. Die häufige Rede von einer »Abiturientenschwemme«, einem »Lehrerberg« und einer »Studentenexplosion« sowie die menetekelhaften Prophezeiungen eines »akademischen Proletariats« zeugten in der Bundesrepublik der 70er Jahre von einer zunehmend ablehnenden Haltung, die Erhöhung von Abiturienten- und Studentenzahlen auch weiterhin aktiv zu betreiben. Für viele Zeitgenossen stand außer Frage, dass eine weitere Expansion zu einer Verminderung der Qualität der Absolventen führen werde. Anzeichen dafür ließen sich nach Meinung vieler schon jetzt erkennen. Die Forderungen der Studentenrevolte nach Abschaffung des »Leistungsterrors« seien insbesondere in den Universitäten auf allzu fruchtbaren Boden gefallen. Allerorten greife eine erschreckende »Zensurennivellierung«

74 Maier, Hans: Das Abitur – eine Ruine?, in: Freiheit der Wissenschaft. Materialien zur Schul- und Hochschulpolitik vom 8./9.1974.

75 Maier, Hans: Die andere Bildungskatastrophe. Zur Kritik der deutschen Schul- und Hochschulpolitik, 18.10.1970, in: AdsD, NL Richard Löwenthal, Box 63.

um sich; die Bereitschaft, Leistung zu bringen, sei insgesamt rückläufig. Genährt wurden diese Befürchtungen durch aufschreckende Berichte aus Industrie und Wirtschaft. Der Arbeitsring der Arbeitgeberverbände der chemischen Industrie beispielsweise stellte nach eigenen Angaben keinen Bewerber allein aufgrund einer herausragenden Promotion mehr ein. Das »Spektrum der Spitzennote« sei »erheblich breiter als früher« und keine Garantie mehr für die hohe Qualifikation des Akademikers. Misstrauen bei der Einstellung sei zudem bares Geld wert und insbesondere vor dem Hintergrund der Entwicklung an den von den Auswirkungen der Revolte vermeintlich besonders betroffenen Universitäten in Berlin, Heidelberg, Marburg und Hamburg dringend geboten, informierte der Forschungsleiter der Farbwerke Hoechst die interessierte Öffentlichkeit.[76]

Die Hochschulen versuchten auf ihre Art, mit dem »Massenandrang« und der drohenden Nivellierung der Ausbildung fertig zu werden. Besonders in den personalintensiven Fächern wurde der Numerus clausus zu einer Dauereinrichtung – zunächst ohne jede rechtliche Regelung. Für Unstimmigkeiten zwischen Universitäten und Kultusministerien sorgten dabei die häufig differierenden Meinungen über die Zahl der aufzunehmenden Studenten. Nur mit großem Verhandlungsgeschick gelang es etwa der Kultusbürokratie in Hessen, den totalen Aufnahmestopp in einzelnen Disziplinen abzuwenden. Gleichzeitig kam es zu einer wahren Klagewelle, die Studenten aufgrund ihrer Abweisung von den Universitäten bei den Gerichten forcierten. Nach dem Einspruch zweier Studenten aus Hamburg und Bayern bekräftigten die Urteile des Bundesverfassungsgerichts zum Numerus clausus aus den Jahren 1972 und 1977, dass das Grundgesetz jede »Bewirtschaftung des Begabungspotentials« verbiete und das Prinzip der freien Studien- und Berufswahl verteidige. Zulassungsbeschränkungen waren demnach nur unter äußerster Ausnutzung der Kapazitäten denkbar. Individuelle Bildungsentscheidungen erhielten hier Vorrang vor Maßgaben des gesellschaftlichen Bedarfs. Die Urteile bildeten die Grundlage dafür, dass die Hochschulen der Bundesrepublik auch in der Folgezeit offen gehalten werden konnten.[77]

Richtungsweisend wirkte auch der Öffnungsbeschluss der Ministerpräsidenten aus dem Jahr 1977. Er war für die Universitäten folgenreich, zementierte er doch die Überlastung der Hochschulen für die nächsten Jahrzehnte.

76 Die Industrie prüft die Geprüften. Wie in der Praxis Hochschulabsolventen ausgewählt werden, in: FAZ vom 2.2.1972.

77 Turner, George: Hochschule zwischen Vorstellung und Wirklichkeit. Zur Geschichte der Hochschulreform im letzten Drittel des 20. Jahrhunderts, Berlin 2001.

Vorübergehend waren diese zwar bereit, eine »Überlast« in Kauf zu nehmen. Prognosen aber, die den Universitäten einen Rückgang der Studenten in naher Zukunft prophezeiten, erwiesen sich als vollkommen unhaltbar. Die »disproportionale Entwicklung zwischen den Bildungsnachfragern und dem Grad der Hochschul-Ausstattung« hatte sich ganz im Gegensatz zu den Einschätzungen der Ständigen Konferenz der Kultusminister (KMK) verstetigt. Einer ständig wachsenden Studentenzahl standen so auch weiterhin sinkende Staatsausgaben gegenüber.[78]

Die 80er Jahre brachten in beiden deutschen Staaten – was die Bildungsexpansion anbelangt – kaum Veränderungen. In der DDR wurde die restriktive Handhabung des Bildungszugangs bis zu ihrem Ende beibehalten; in der Bundesrepublik stiegen Studenten- und Abiturientenzahlen kontinuierlich an. Mitte der 80er Jahre gingen Jungakademiker erstmals wieder auf die Straße und wandten sich mit großangelegten Protestaktionen gegen das restriktive Finanzgebaren der Regierung. Waren die 80er Jahre auch nicht gerade ein Aufbruch zu neuen Ufern: Vor dem Hintergrund der ähnlich wahrgenommenen internationalen Konkurrenzsituation kam es in Ost und West zu einer neuerlichen Debatte um die Herausforderungen der Moderne. Die DDR holte den Begriff der wissenschaftlich-technischen Revolution – bereits leicht angestaubt – wieder aus der Schublade, pries aber nun »Kontinuität – Dynamik – höhere Qualität« im Bildungswesen. Das Leistungsprinzip erfuhr in beiden deutschen Staaten eine Aufwertung; im Interesse der internationalen Konkurrenzfähigkeit setzte eine Hinwendung zur Begabtenförderung ein. Gleichzeitig versuchte die DDR, mit einer »Intensivierung der politischen Schulung und ideologischen Erziehung« den »bisher nicht gekannten Formen öffentlichen Widerspruchs« zu begegnen.[79] Letztendlich war diese Politik, wie sich auch an dem schnellen Ende der DDR ablesen lässt, aber nicht von Erfolg gekrönt.

78 Ebenda, S. 35.
79 Anweiler: Vergleich, S. 26 f.

Udo Wengst

1969 Das vorzeitige Ausscheiden von Heinrich Lübke aus dem Bundespräsidentenamt

Zweierlei »Vergangenheitsbewältigung« im Systemkonflikt

Am 14. Oktober 1968 erklärte Bundespräsident Heinrich Lübke während eines Empfangs zu seinem 74. Geburtstag, dass er zum 1. Juli 1969, zehn Jahre nach seiner ersten Wahl zum Bundespräsidenten, aus dem Amt ausscheiden werde. Er begründete den Rücktritt damit, dass er »aus staatspolitischen Gründen« eine »angemessene Zeitspanne« zwischen der Wahl eines Nachfolgers und der Wahl des nächsten Bundestages, die für Ende September 1969 angesetzt war, für erforderlich halte.[1]

Dies war jedoch nur ein vorgeschobenes Argument. In Wirklichkeit muss der Rücktritt Lübkes auf die Angriffe zurückgeführt werden, die der Sekretär des ZK der SED für Agitation und Propaganda, Albert Norden, seit dem Sommer 1964 gegen den Bundespräsidenten in die Wege geleitet hatte. Norden lud mehrfach zu Pressekonferenzen ein, in denen Material vorgelegt wurde, das den Nachweis erbringen sollte, dass Lübke als »Kriegsverbrecher« anzusehen sei. Insbesondere wurde dem Bundespräsidenten vorgeworfen, an der Planung und Errichtung von Konzentrationslagern beteiligt gewesen zu sein. Das von Norden herangezogene Material enthielt zwar authentische Unterschriften Lübkes, war aber ansonsten gefälscht und insbesondere mit Deckblättern versehen worden, die die vorgelegten Dokumente in einen Zusammenhang stellten, der Lübke belasten musste.

Der Bundespräsident geriet schon bald in eine schwierige Lage, weil die Propaganda der SED ein immer größeres Echo in den Medien in der Bundesrepublik fand. Insbesondere die Nachrichtenmagazine *Der Spiegel* und *Stern* griffen die Thesen aus Ost-Berlin auf und setzten den Bundespräsidenten unter Druck. Gleichzeitig wies die Verteidigungsstrategie aus dem politischen

1 Morsey, Rudolf: Heinrich Lübke. Eine politische Biographie, Paderborn u. a. 1969, S. 567. Auf Morseys Buch, S. 505–567, basiert im Wesentlichen auch der folgende Abschnitt.

Umfeld Lübkes deutliche Schwächen auf, und ein zunehmend unter Altersstarrsinn und Demenzerscheinungen leidender Bundespräsident bot zusätzlich Angriffsflächen. Selbst die Unterstützung aus der eigenen Partei, der CDU, wurde allmählich schwächer, so dass die Rücktrittserklärung Lübkes vom Oktober 1968 allgemein mit Erleichterung aufgenommen wurde.

Die Propagandaoffensive der SED gegen Bundespräsident Heinrich Lübke markierte den Schlusspunkt einer Kampagne, die der von Albert Norden geleitete Ausschuss für Deutsche Einheit seit Ausgang der 50er Jahre gegen die Bundesrepublik führte. Die Angriffe Nordens, dessen Aktionen durch das Politbüro der SED gedeckt waren, zielten darauf ab, die demokratische Ordnung in der Bundesrepublik zu destabilisieren. Dazu dienten NS-Beuteakten, die unter »›politisch-operativen‹ Gesichtspunkten« ausgewertet und genutzt wurden, um »westdeutsche Funktionseliten zu diskreditieren«.[2]

Im Zentrum der im Jahr 1957 einsetzenden Offensive standen zunächst »Hitlers Blutrichter in Diensten Adenauers«. Der Ausschuss für Deutsche Einheit publizierte in relativ dichter Folge Namensverzeichnisse von insgesamt ungefähr 1000 Ministerialbeamten und Juristen (Richter und Staatanwälte), die im »Dritten Reich« als Juristen tätig gewesen waren und denen zur Last gelegt wurde, »an Todesurteilen gegen politisch und rassisch Verfolgte« mitgewirkt zu haben.[3] Wirksamer als diese Angriffe auf Berufsgruppen waren jedoch Propagandaoffensiven gegen herausragende Repräsentanten des politischen Systems der Bundesrepublik. Deshalb leitete die SED im Frühjahr 1960 eine Kampagne gegen Bundesvertriebenenminister Theodor Oberländer mit dem Ziel ein, »das Bonner System zu diskreditieren und die Wesensgleichheit seiner Politik mit der des Hitlerfaschismus zu dokumentieren und zu beweisen«.[4]

Oberländer war sicherlich gut gewählt, da er am 9. November 1923 am Hitler-Putsch beteiligt gewesen, früh der NSDAP beigetreten war und ihm zur Last gelegt wurde, an Tötungsaktionen im Zweiten Weltkrieg in der Sowjetunion beteiligt gewesen zu sein. Vom 20. bis 29. April 1960 inszenierten

2 Weinke, Annette: »Alliierter Angriff auf die nationale Souveränität?« Die Strafverfolgung von Kriegs- und NS-Verbrechen in der Bundesrepublik, der DDR und Österreich, in: Frei, Norbert (Hrsg.): Transnationale Vergangenheitspolitik. Der Umgang mit deutschen Kriegsverbrechern in Europa nach dem Zweiten Weltkrieg, Göttingen 2006, S. 59.

3 Ebenda, S. 60.

4 Lemke, Michael: Instrumentalisierter Antifaschismus und SED-Kampagnenpolitik im deutschen Sonderkonflikt 1960–1968, in: Danyel, Jürgen (Hrsg.): Die geteilte Vergangenheit. Zum Umgang mit Nationalsozialismus und Widerstand in beiden deutschen Staaten, Berlin 1995, S. 67.

die DDR-Machthaber einen Prozess gegen Oberländer vor dem Obersten Gerichtshof des SED-Staates, an dessen Ende die Verurteilung zu einer lebenslangen Zuchthausstrafe stand. Die Begründung für diese Strafe findet sich im Plädoyer des Staatsanwalts, in dem es heißt: Oberländer sei »maßgeblich und zum Teil führend an der Aggressionspolitik des Hitler-Faschismus beteiligt« gewesen, habe »an der Vernichtung des Lebens zahlloser Menschen mitgewirkt und eigenhändig Morde begangen«.[5] Obwohl der Prozess politisch inszeniert war und sich die Oberländer zur Last gelegten Taten bis heute nicht nachweisen lassen, erreichten die DDR-Propagandisten ihr Ziel. Am 28. April 1960, also noch vor der »Urteilsverkündung« in Ost-Berlin, erklärte Oberländer nach einem Gespräch mit Bundeskanzler Adenauer seine Bereitschaft zum Rücktritt, den er am 4. Mai vollzog.

Nach dem Abschluss des Prozesses gegen Oberländer wurde die Propagandaoffensive gegen Hans Globke, Staatssekretär im Bundeskanzleramt, »Dreh- und Angelpunkt weiterer ›antifaschistischer‹ Kampagnen« der DDR.[6] Globke bot deshalb eine Angriffsfläche, weil er – wie allgemein bekannt – zusammen mit seinem Vorgesetzten im Reichsinnenministerium, Staatssekretär Wilhelm Stuckart, einen Kommentar zu den Rassegesetzen von 1935 verfasst hatte. Zwar wurde diesem Kommentar nach 1945 bestätigt, dass er im Unterschied zu anderen »besonders für sogenannte Mischlinge günstige Interpretationen enthielt«,[7] und Globke hatte darauf hingewiesen, nur deshalb im Amt geblieben zu sein, um »die Informations- und Hilfsmöglichkeiten seiner Stellung im Interesse« von Verfolgten zu nutzen.[8] Gleichwohl war sich auch Globke nach 1945 bewusst, dass seine Tätigkeit im Reichsinnenministerium bis 1945 Angriffsflächen bot; daher gab er auch erst 1953 dem Drängen von Bundeskanzler Adenauer nach, ihn zum Staatssekretär im Bundeskanzleramt zu ernennen.[9]

Zunächst versuchte die DDR, Globke im Rahmen des Eichmann-Prozesses in Jerusalem im Jahr 1961 auf die Anklagebank zu bringen. Globke, den die DDR-Propaganda als »Eichmann Bonns« bezeichnete, wurde vorgeworfen, im

5 Wachs, Philipp-Christian: Der Fall Theodor Oberländer (1905–1998). Ein Lehrstück deutscher Geschichte, Frankfurt a. M./New York 2000, S. 305. Ausführliche Schilderung des Prozesses S. 266–308.

6 Lemke: Antifaschismus, S. 70.

7 Kempner, Robert M. W.: Begegnungen mit Hans Globke: Berlin – Nürnberg – Bonn, in: Gotto, Klaus (Hrsg.): Der Staatssekretär Adenauers. Persönlichkeit und politisches Wirken Hans Globkes, Stuttgart 1980, S. 224.

8 Hehl, Ulrich von: Der Beamte im Reichsinnenministerium: Die Beurteilung Globkes in der Diskussion der Nachkriegszeit. Eine Dokumentation, in: ebenda, S. 232.

9 Wengst, Udo: Staatsaufbau und Regierungspraxis 1948–1953. Zur Geschichte der Verfassungsorgane der Bundesrepublik Deutschland, Düsseldorf 1984, S. 141–143.

»Dritten Reich« Eichmann Liquidierungslisten übergeben zu haben.[10] Beweise hierfür gab es jedoch nicht, und die israelische und die Bundesregierung verständigten sich darauf, »Globkes Verwicklung in den Eichmann-Prozess zu verhindern«. »Die daraufhin von Israel verfolgte Strategie, sich auf Eichmann zu konzentrieren« und damit die Aktionen aus Ost-Berlin zu unterlaufen, ist von Bonn mit Wohlwollen zur Kenntnis genommen und anscheinend »mit großzügigen Waffenlieferungen belohnt worden«.[11]

Zu Beginn des Jahres 1963 startete die SED eine neue Kampagne gegen Globke. Wie im Fall Oberländer leitete Albert Norden einen Prozess ein. Das Ziel beschrieb Norden mit den Worten: »Das Verfahren muss so angelegt werden, dass eine Generalabrechnung mit der Bonner Bundesregierung und ihrer Politik herauskommt.«

Als konkretes Ergebnis hoffte Norden darüber hinaus, dass es gelingen werde, »eine starke und nicht zu überhörende Bewegung zum sofortigen Rücktritt des Bonner Staatssekretärs« zu entfachen.[12] Dies ist so recht nicht gelungen. Zwar wurde Globke wie zuvor Oberländer vom 8. bis 23. Juli 1963 in einem Schauprozess vor dem Obersten Gericht der DDR zu einer lebenslangen Zuchthausstrafe verurteilt. Aber die Resonanz in der westdeutschen Presse war verhalten, und das Ausscheiden Globkes aus dem Amt des Staatssekretärs erfolgte mit dem Erreichen der Altersgrenze von 65 Jahren zusammen mit dem Rücktritt von Bundeskanzler Adenauer im Herbst 1963. Langfristig aber blieben die Attacken aus Ost-Berlin gleichwohl nicht ohne Wirkung. Bis heute nämlich gilt Globke gleichsam als Chiffre für das angebliche Versagen der »Vergangenheitsbewältigung« in den 50er Jahren in der Bundesrepublik Deutschland.

Die hier zum Einstieg skizzierte Propagandaoffensive der DDR in den 60er Jahren belegt, dass die NS-Vergangenheit von der SED als Instrument im deutsch-deutschen Systemkonflikt im Kalten Krieg eingesetzt wurde. Eine ähnliche Feststellung kann im Hinblick auf die Bundesrepublik nicht getroffen werden. Für sie stellt sich das Problem der »Vergangenheitsbewältigung« sehr viel differenzierter dar, da allein schon die politische und gesellschaftliche Situation unter ganz anderen Voraussetzungen stand. Diese Unterschiede gilt es im Folgenden ebenso herauszuarbeiten wie die Ähnlichkeiten, die ebenfalls vorhanden waren.

10 Lemke: Antifaschismus, S. 70 f.
11 Jelinek, Yeshayahu A.: Deutschland und Israel 1945–1965. Ein neurotisches Verhältnis, München 2004, S. 350.
12 Lemke: Antifaschismus, S. 74.

Grundzüge der »Vergangenheitsbewältigung« in den beiden deutschen Staaten

Die Auseinandersetzung mit dem Nationalsozialismus in der DDR ist immer wieder mit dem Terminus des »verordneten Antifaschismus« belegt worden. Dies zielt zum einen darauf ab, dass die Parteiführung die Bewertungsmaßstäbe vorgab, es also eine »offizielle« und »einzig zulässige Lesart« gab, über die eine Diskussion nicht erlaubt war.[13] Der Antifaschismus der SED war sozioökonomisch begründet, das heißt, dass als Wurzel des Faschismus »die private Verfügungsgewalt über Produktionsmittel« angesehen wurde. Die Beseitigung dieser Verfügungsgewalt führte nach Ansicht der SED-Oberen zwangsläufig zur Überwindung des Faschismus. Die DDR war somit per definitionem ein antifaschistischer Staat und unterschied sich in dieser Hinsicht – so die SED-Interpretation – grundlegend von der Bundesrepublik, in der es eine sozioökonomische Umgestaltung nicht gegeben hatte und die daher latent faschistisch geblieben war.[14]

Im Gegensatz zur DDR gab es in der Bundesrepublik keine der politischen und gesellschaftlichen Diskussion entzogene, staatlich verordnete Bewertung des Nationalsozialismus. Aus den politischen Debatten kristallisierte sich jedoch eine antitotalitäre Abgrenzung von jeglicher Form von Diktatur heraus, deren Stoßrichtung nicht nur gegen den Nationalsozialismus gerichtet war, sondern auch die Entwicklungen in der DDR ins Visier nahm, die als diktatorisches Regime wahrgenommen und tendenziell auf eine Stufe mit dem »Dritten Reich« gestellt wurde.[15]

Die 50er Jahre wurden und werden trotz schwerlich zu übersehender Auseinandersetzungen über die NS-Vergangenheit in der Bundesrepublik als »eine Zeit der zögerlichen und eher ausweichenden Beschäftigung mit dem Phänomen des ›Dritten Reiches‹« beschrieben.[16] So haben zum Beispiel Alex-

13 So mit Bezug auf die Geschichtswissenschaft Weber, Hermann: Die DDR 1945–1949, München 2000, S. 131.

14 Knütter, Hans-Helmuth: Antifaschismus, in: Eppelmann, Rainer u.a. (Hrsg.): Lexikon des DDR-Sozialismus. Das Staats- und Gesellschaftssystem der Deutschen Demokratischen Republik, Paderborn u.a. 1996, S. 54–58.

15 Dies lässt sich sehr gut veranschaulichen an der Entstehung des 1. Strafgerichtsänderungsgesetzes vom Januar 1951. Vgl. Schiffers, Reinhard: Zwischen Bürgerfreiheit und Staatsschutz. Wiederherstellung und Neufassung des politischen Strafrechts in der Bundesrepublik Deutschland 1949–1951, Düsseldorf 1989.

16 Graml, Hermann: Die verdrängte Auseinandersetzung mit dem Nationalsozialismus, in: Broszat, Martin (Hrsg.): Zäsuren nach 1945. Essays zur Periodisierung der deutschen Nachkriegsgeschichte, München 1990, S. 174.

ander und Margarete Mitscherlich in ihrem Buch *Die Unfähigkeit zu trauern* von 1967 unterstellt, dass das Verhalten der Deutschen in der Bundesrepublik zum Nationalsozialismus von »unbewusst wirksam gewordenen Verleugnungen bestimmt gewesen« sei.[17] Ralph Giordano legte 20 Jahre später nach, indem er in seinem Buch *Die zweite Schuld* den Bundesdeutschen der 50er und 60er Jahre vorwarf, die unter Hitler aufgeladene Schuld nach 1945 verdrängt und verleugnet zu haben.[18]

In dieser pauschalen Form ist Giordanos Urteil zurückzuweisen. Hermann Graml hat in einem Beitrag aus dem Jahr 1990 die These von der »permanenten Verdrängung« mit guten Gründen in Frage gestellt. Dabei hat er auf die damals bereits vollzogene »unwiderrufliche Abkehr von der Weltanschauung, dem Herrschaftssystem und den politischen Zielen des Nationalsozialismus« verwiesen. Er hat des weiteren die ersten Wiedergutmachungsmaßnahmen gewürdigt und nicht zuletzt die Debatten in Film, Literatur und Presse wie auch in der damals ins Leben gerufenen Zeitgeschichtsforschung als profunde Beiträge in der Auseinandersetzung mit dem Nationalsozialismus herausgearbeitet.[19] Gleichwohl hat es gravierende Probleme bei der »NS-Vergangenheitsbewältigung« in diesen Jahren gegeben. Darauf hatte der Philosoph Hermann Lübbe bereits wenige Jahre vor Giordano hingewiesen, als er »eine gewisse Zurückhaltung in der öffentlichen Thematisierung individueller oder auch institutioneller Nazi-Vergangenheiten« in der frühen Bundesrepublik konstatierte und darin die Voraussetzung sah für die »Verwandlung unserer Nachkriegsbevölkerung in die Bürgerschaft der Bundesrepublik Deutschland«.[20]

Damit hatte Lübbe in der Tat ein zentrales Problem angesprochen, das grundsätzlich die Bundesrepublik und die DDR betraf. Sowohl in der SBZ als auch in den Westzonen hatten die Alliierten eine Entnazifizierungspolitik betrieben, die darauf hinauslief, NS-belastetes Personal aus seinen Positionen zu entfernen und zu bestrafen. Diese Entnazifizierung war früher oder später jeweils in deutsche Verantwortlichkeit übergegangen – mit durchaus ähnlichen Konsequenzen: Spätestens am Ende der Besatzungszeit folgte auf die Entnazifizierung eine Rehabilitierung, und zumindest den ehemaligen Nationalsozialisten, die nicht an Verbrechen beteiligt gewesen waren, wurden

17 Mitscherlich, Alexander und Margarete: Die Unfähigkeit zu trauern. Grundlagen kollektiven Verhaltens, München 1967, S. 8.

18 Giordano, Ralph: Die zweite Schuld oder Von der Last ein Deutscher zu sein, Hamburg 1987, S. 11.

19 Graml: Auseinandersetzung, S. 169–183.

20 Lübbe, Hermann: Der Nationalsozialismus im deutschen Nachkriegsbewußtsein, in: Historische Zeitschrift 236 (1983), S. 587.

Integrationsangebote gemacht. In der SBZ umwarben die Kommunisten »zunehmend ihre ehemaligen Feinde und ebneten ihnen den Weg in die SED«. Dies hatte zur Folge, dass 1953 etwa »ein Viertel der Mitglieder der SED ehemals Angehörige der NSDAP oder Mitglieder einer ihrer Nebenorganisationen gewesen« waren.[21] 1948 war in der SBZ mit der Nationaldemokratischen Partei Deutschlands gar eine eigene Partei zur Integration ehemaliger Nationalsozialisten gegründet worden.

Integration ehemaliger Nationalsozialisten hat es auch in den Anfangsjahren der Bundesrepublik auf allen Ebenen gegeben. Dies kann man als eine »skandalgepflasterte Reintegration um fast jeden Preis« kritisieren (Norbert Frei) oder aber als alternativlose Maßnahmen werten, da geeignetes »Ersatzpersonal« nicht zur Verfügung stand. Sicherlich begründet dieses Argument nicht jede personalpolitische Entscheidung jener Jahre. Wohl aber legitimiert es die grundsätzliche Ausrichtung der damaligen Personalauslese, dies nicht zuletzt auch deshalb, weil sie sich aufs Ganze gesehen bewährt hat. Aus der Mehrzahl derjenigen, die dem Nationalsozialismus bis 1945 angehangen oder gedient haben, sind schließlich überzeugte Demokraten geworden.

Unterschiede zwischen West und Ost hat es in der Entnazifizierungspolitik aber insofern gegeben, als KPD und SED diese anfangs »zur politischen Säuberung und zur Übertragung des stalinistischen Gesellschaftsmodells instrumentalisierte[n]«.[22] Dies hatte besonders gravierende Auswirkungen auf die Zusammensetzung der Richterschaft. Vier Fünftel aller Richter und Staatsanwälte in der SBZ wurden in relativ kurzer Zeit entlassen und durch im Schnellkursus ausgebildete sogenannte Volksrichter bzw. -staatsanwälte ersetzt.[23] Damit hatte die SED die Herausbildung einer unabhängigen Justiz personell unterlaufen und sich ein treu ergebenes Instrument geschaffen, um die eigene Politik auch auf dem Rechtsweg durchzusetzen. Hier bestand ein gravierender Unterschied zur Bundesrepublik, wo die angestammte – und vielfach NS-belastete – Richterschaft im Amt blieb bzw. nach kurzer Unterbrechung dorthin zurückkehrte. Diese personellen Maßnahmen blieben nicht ohne Auswirkungen auf die rechtliche Ahndung von NS-Verbrechen, die als »Inkarnation der Vergangenheitsbewältigung« in Deutschland (Bernd Hey) angesehen werden kann.

21 Eckert, Rainer: Entnazifizierung, in: Lexikon des DDR-Sozialismus, S. 186.
22 Ebenda, S. 185.
23 Wentker, Hermann (Hrsg.): Volksrichter in der SBZ/DDR 1945 bis 1952. Eine Dokumentation, München 1997.

Die rechtliche Ahndung von NS-Verbrechen

Die rechtliche Ahndung von NS-Verbrechen durch deutsche Gerichte hat bereits in den Besatzungsjahren begonnen, und zwar sowohl in den Westzonen als auch in der SBZ. Grundlage war zunächst in West und Ost das Kontrollratsgesetz Nr. 10 vom Dezember 1945. Hiernach konnten die Besatzungsmächte deutsche Gerichte ermächtigen, Verbrechen zu ahnden, »die deutsche Staatsbürger oder Staatsangehörige gegen andere deutsche Staatsbürger oder Staatsangehörige oder gegen Staatenlose begangen« hatten. Diese Ermächtigung ist in der britischen und französischen Zone generell, in der amerikanischen Zone und in der SBZ von Fall zu Fall bzw. mit jeweils landesspezifischen Besonderheiten erteilt worden.[24] In den Westzonen wurden während der Besatzungszeit insbesondere Tötungsdelikte, die unmittelbar nach der Machtergreifung und in den letzten Monaten des Krieges (Erschießung politischer Gefangener und sogenannten Defätisten) begangen worden waren, Verfolgungen von Juden im Zusammenhang der »Reichskristallnacht« und zahlreiche Denunziationen geahndet, in der SBZ die Verbrechen Zwangssterilisationen, Denunziationen und die Euthanasie, mit der sich auch Gerichte in den Westzonen befassten. Ein Vergleich ergibt, dass die Zahl der Verurteilten und die Strafmaße in der SBZ deutlich höher war als in den Westzonen. Dies ist nicht auf eine politische Instrumentalisierung zurückzuführen, denn die Verfahren in der SBZ waren »im Wesentlichen frei von Eingriffen der Besatzungsmacht, der SED und der staatlichen Justizverwaltung«.[25] Obwohl die Verfolgungspraxis in den Westzonen weniger entschieden ausfiel als in der SBZ, muss man auch den Gerichten in diesem Teil des besetzten Deutschland bescheinigen, dass sie »unbezweifelbar Anstrengungen bei der Strafverfolgung von NS-Verbrechen« unternommen und damit dazu beigetragen haben, »die in der NS-Zeit so grenzenlos missachtete Idee des Rechts wieder zu befestigen«.[26]

Im August 1947 erging der SMAD-Befehl Nr. 201. Er diente der Umsetzung der Kontrollratsdirektive Nr. 38 vom Oktober 1946 und ermächtigte die Gerichte, Fehlverhalten im »Dritten Reich« zu ahnden. Mit dieser Ausweitung der Kompetenzen der Gerichte in der SBZ waren strukturelle Veränderungen

24 Hierzu und zum folgenden Broszat, Martin: Siegerjustiz oder strafrechtliche »Selbstreinigung«. Aspekte der Vergangenheitsbewältigung der deutschen Justiz während der Besatzungszeit 1945–1949, in: VfZ 29 (1981), S. 477–544; Meyer-Seitz, Christian: Die Verfolgung von NS-Straftaten in der Sowjetischen Besatzungszone, Berlin 1998; Wentker: Ahndung, S. 64–69.

25 Meyer-Seitz: Verfolgung, S. 345.

26 Broszat: Siegerjustiz, S. 544.

verbunden. Das Untersuchungsverfahren fand »in einem weitgehend rechtsfreien Raum statt«, da die Rechte der Polizei gestärkt und die der Angeklagten geschwächt wurden. Gleichwohl verliefen die Prozesse zunächst noch im Großen und Ganzen im rechtsstaatlichen Rahmen, was wohl darauf zurückzuführen ist, dass noch nicht genügend Volksrichter oder Richter mit SED-Parteibuch zur Verfügung standen. Erst als im Verlauf des Jahres 1948 die personellen Maßnahmen der SED griffen und zahlreiche zusätzliche Volksrichter ihre Arbeit aufnahmen, die die klassisch ausgebildeten Richter ersetzten, änderte sich das Bild. Nun gab es häufig Schuldsprüche für Angeklagte, denen keine persönliche Schuld nachzuweisen war, die aber verurteilt wurden, weil sie der SS, dem SD oder der Gestapo angehört hatten. Im Oktober 1949 sind 40 Prozent der wegen Vergehen im »Dritten Reich« Verurteilten auf dieser Grundlage abgestraft worden.[27]

Der im Verlauf der Verfahren nach Befehl Nr. 201 eingeschlagene Kurs, der vom anfänglich verfolgten Pfad der Rechtsstaatlichkeit immer deutlicher abwich, erlebte im Frühjahr 1950 mit den Waldheimer Prozessen einen Höhepunkt. Diese Prozesse fanden vom 26. April bis zum 14. Juli 1950 in der Haftanstalt Waldheim statt. Bei den weit über 3000 Angeklagten handelte es sich um Insassen der kurz zuvor aufgelösten sowjetischen Speziallager, die von den Sowjets nicht verurteilt worden waren. Sie wurden nunmehr von der DDR-Justiz als »schwerbelastete Nazi- und Kriegsverbrecher« angeklagt. Diese Anklagen entbehrten in den meisten Fällen jedoch einer wirklichen Begründung, und die SED-Führung, unter deren »direkter Anleitung und Regie« die Prozesse durchgeführt wurden, »erprobte in Waldheim, wie die Justiz zur Sicherung der Machtverhältnisse sowie zur Disziplinierung der politischen Verbündeten und Gegner genutzt werden« konnte.[28]

Die Prozesse waren eine Farce. Vor 20 Strafkammern wurden in den wenigen Wochen von Ende April bis Mitte Juli 3324 Angeklagte im Schnellverfahren abgeurteilt. Die Strafmaße reichten von vier Jahren Haft bis zur Todesstrafe, die an 24 Angeklagten vollstreckt wurde. Die meisten Angeklagten erhielten Haftstrafen zwischen 15 und 25 Jahren (1900) und zehn und 14 Jahren (947).[29] Die Mehrzahl der Prozesse fand unter Ausschluss der Öffentlichkeit statt – Freisprüche gab es nicht, die Beiziehung von Pflichtverteidigern nur bei

27 Wentker: Ahndung, S. 67–68.
28 Eisert, Wolfgang: Die Waldheimer Prozesse. Der Stalinistische Terror 1950. Ein dunkles Kapitel der DDR-Justiz, Esslingen/München 1993, S. 309.
29 Ebenda, S. 243.

Höchststrafen. »Maßstab für Recht oder Unrecht wurde die von der Führung der SED festgelegte politische Linie, die man mit Hilfe der Parteidisziplin«, der auch die Richter unterworfen waren, durchdrückte.[30] Eine rechtsstaatliche Überprüfung der Urteile der Waldheimer Prozesse hat es in der Geschichte der DDR nicht gegeben. Wohl aber begann 1952 die Entlassung von Häftlingen, die in Waldheim verurteilt worden waren. 1954 und 1955 wurden erneut zahlreiche Verurteilte begnadigt und freigelassen. Der letzte dieser Häftlinge verließ 1964 das Gefängnis.[31]

Die Verfolgung von NS- und Kriegsverbrechern nahm in der DDR nach dem Abschluss der Waldheimer Prozesse einen geringen Stellenwert ein. Die Zahl der Verurteilungen ging in den 50er Jahren drastisch zurück und erreichte in den Jahren 1956 und 1957 mit je einer Verurteilung ihren Tiefststand, der auch in den darauffolgenden Jahren nur wenig übertroffen wurde.[32] Parallel hierzu lief eine Entlassungswelle von »Kriegsverurteilten«, die nicht auf die Häftlinge aufgrund der Waldheimer Prozesse beschränkt blieb. Sie hatte zum Ergebnis, dass 1956 nur noch 34 »Kriegsverurteilte« in den Haftanstalten der DDR einsaßen.[33]

Auch in der Bundesrepublik ging die Zahl der Ermittlungsverfahren gegen und Verurteilungen von NS-Beschuldigten ständig zurück.[34] Parallelen zur Entwicklung in der DDR sind nicht zu übersehen. Während es sich aber in der DDR um einen von der SED-Führung gesteuerten Prozess handelte, in dem es bei den wenigen »Verfahren nur noch pro forma um die Bestrafung von Verbrechen, in Wirklichkeit jedoch um reine Propaganda« ging,[35] sind die Ursachen in Bezug auf die Bundesrepublik differenzierter zu beurteilen.

Zunächst ist hier das im Dezember 1949 verabschiedete Straffreiheitsgesetz zu nennen. Dieses Amnestiegesetz gewährte Straffreiheit für bis zum 15. September 1949 begangene Straftaten, die mit Freiheitsstrafen bis zu sechs Monaten und daneben einer Geldstrafe bis zu 5000 DM zu ahnden waren. Gefängnisstrafen bis zu einem Jahr waren auf Bewährung auszusetzen, sofern der Täter nicht grausam, ehrlos oder gewinnsüchtig gehandelt hatte. Diese doch

30 Ebenda, S. 309.
31 Finn, Gerhard: Waldheimer Prozesse, in: Lexikon des DDR-Sozialismus, S. 679 f.
32 Weinke: »Alliierter Angriff«, S. 58.
33 Leide, Henry: NS-Verbrecher und Staatssicherheit. Die geheime Vergangenheitspolitik der DDR, Göttingen 2005, S. 60.
34 Rückerl, Adalbert: Die Strafverfolgung von NS-Verbrechen 1945–1978. Eine Dokumentation, Heidelberg/Karlsruhe 1979, S. 125. Siehe auch die Gegenüberstellung in Weinke: »Alliierter Angriff«, S. 58.
35 Wentker: Ahndung, S. 60–78, hier S. 71.

sehr weitgehende Amnestie hat annähernd 800 000 Personen »Vergünstigungen« erbracht.[36]

Der Gesetzestext entsprach weitgehend dem Zeitgeist, dem Bundeskanzler Adenauer bereits in seiner ersten Regierungserklärung im September 1949 mit den Worten Ausdruck gegeben hatte, dass er eine Amnestie für so »manche Verfehlungen und Vergehen im Krieg« für erforderlich halte.[37] In den Reihen von FDP und Deutscher Partei wurde 1952 gar die Forderung nach einer Generalamnestie für alle Kriegsverbrecher und nach »Gerechtigkeit« für alle von der Entnazifizierung betroffenen Personen erhoben,[38] und die Bundesregierung intervenierte wiederholt zugunsten der von den Alliierten abgeurteilten Kriegsverbrecher.[39]

Im Juli 1954 erging das 2. Straffreiheitsgesetz, das insbesondere »für Straftaten, die unter dem Einfluss der außergewöhnlichen Verhältnisse des Zusammenbruchs in der Zeit zwischen dem 1. Oktober 1944 und dem 31. Juli 1945 in der Annahme einer Amts-, Dienst- oder Rechtspflicht, insbesondere eines Befehls, begangen worden sind«, Straffreiheit gewährte. Zwar waren von diesem Gesetz NS-Täter nur noch in relativ geringer Zahl betroffen. Gleichwohl ist auch dieses Gesetz als ein Anzeichen für Bestrebungen zu werten, die Zahl der NS-Prozesse zu reduzieren.[40]

Der unverkennbare Rückgang der Ermittlungen und Verfahren ist schließlich auch darauf zurückzuführen, dass seit dem 1. Straffreiheitsgesetz alle minderschweren Vergehen nicht mehr verfolgt werden konnten. Außerdem ging die Zahl der erstatteten Anzeigen ab 1950 erheblich zurück. Ebenso wurden von Amts wegen nur in wenigen Fällen Ermittlungen eingeleitet. Dies war zum einen darauf zurückzuführen, dass die Staatsanwälte »mit der Bewältigung der Alltagskriminalität bis an die Grenze ihrer Leistungsfähigkeit belastet« waren.[41] Außerdem erschwerte das Territorialitätsprinzip, wonach Staatsanwaltschaften nur dann aktiv werden konnten, wenn in ihrem Zuständigkeitsbereich eine Straftat begangen oder bekannt wurde bzw. wenn sich in ihrem

36 Zum 1. Straffreiheitsgesetz – sehr kritisch – Frei, Norbert: Vergangenheitspolitik. Die Anfänge der Bundesrepublik und die NS-Vergangenheit, München 1996, S. 29–53.

37 Verhandlungen des Deutschen Bundestages, 1. Wp., Stenographische Berichte, Bd. 1, S. 27.

38 FDP-Bundesvorstand. Die Liberalen unter dem Vorsitz von Theodor Heuss und Franz Blücher. Sitzungsprotokolle 1949–1954, bearb. von Udo Wengst, Düsseldorf 1990, S. XXXIV–XXXIX.

39 Frei: Vergangenheitspolitik, S. 133–306.

40 Ebenda, S. 100–131.

41 Rückerl: Strafverfolgung, S. 45.

Bezirk der Beschuldigte aufhielt, die Strafverfolgung.[42] Hinzu kam schließlich noch das Problem, dass Staatsanwälten, wenn sie Täter ermittelt hatten, die »notwendigen zeitgeschichtlichen Kenntnisse« fehlten, die »zur Aufklärung eines NS-Verbrechens« notwendig waren.[43]

Trotz aller dieser Erschwernisse für die Strafverfolgung hat es in den 50er Jahren in der Bundesrepublik weiterhin Prozesse gegen NS-Täter gegeben. Für den Zeitraum von 1950 bis 1958 dokumentiert die einschlägige Edition *Justiz und NS-Verbrechen* 280 Strafurteile wegen nationalsozialistischer Tötungsverbrechen. Dabei handelte es sich jedoch nur um einen Teil der rechtlichen Ahndungen. Ein Forschungsprojekt des Instituts für Zeitgeschichte hat ergeben, dass im Zeitraum von 1950 bis 1958 fast 5000 Ermittlungsverfahren wegen NS-Verbrechen eingeleitet wurden, die zu über 1400 Verurteilungen führten.[44] In diese Jahre fiel auch »eine Reihe aufsehenerregender Prozesse«. Darunter befanden sich Verfahren wegen Verbrechen in den Konzentrationslagern Buchenwald, Neuengamme, Groß-Rosen, Flossenbürg, Sachsenhausen und Auschwitz, im Vernichtungslager Treblinka, im Gestapo-Gefängnis »Kleine Festung Theresienstadt« oder im Polizeihaftlager Semlin/Belgrad. Ebenso gab es größere Verfahren gegen Angehörige von Gestapo-Dienststellen und gegen Beamte des Reichsjustizministeriums.[45] In fast allen diesen Verfahren wurden hohe Zuchthaus- oder Gefängnisstrafen ausgesprochen, Freisprüche gab es nur für die Beamten des Reichsjustizministeriums.

Trotz aller Mängel, die die rechtliche Ahndung von NS-Verbrechen in der Bundesrepublik in den 50er Jahren aufwies, erscheint es angesichts der damals ausgesprochenen Urteile problematisch, von einem »faktischen Stillstand der Rechtspflege in diesem Bereich« zu sprechen[46] oder die Behauptung aufzustellen, dass mit der Mitte der 50er Jahre erfolgten Wiederbewaffnung und Westintegration der Bundesrepublik »die NS-Prozesse an ihr vorzeitiges Ende gekommen« seien.[47] Eine Unterbrechung der Verfolgung von NS-Tätern hat es in der Bundesrepublik zu keinem Zeitpunkt gegeben, wohl aber stellt die

42 Hey, Bernd: Die NS-Prozesse – Versuch einer juristischen Vergangenheitsbewältigung, in: Geschichte in Wissenschaft und Unterricht 32 (1981), S. 342.

43 Rückerl: Strafverfolgung, S. 46.

44 Die Verfolgung von NS-Verbrechen durch westdeutsche Justizbehörden seit 1945. Datenbank aller Strafverfahren und Inventar der Verfahrensakten, bearb. im Auftrag des Instituts für Zeitgeschichte München-Berlin von Andreas Eichmüller und Edith Raim.

45 Ebenda, S. 135 f.

46 Weinke, Annette: Die Verfolgung von NS-Tätern im geteilten Deutschland. Vergangenheitsbewältigungen 1949–1969 oder: Eine deutsch-deutsche Beziehungsgeschichte im Kalten Krieg, Paderborn u. a. 2002, S. 13.

47 Weinke: »Alliierter Angriff«, S. 57.

Gründung der »Zentralen Stelle der Landesjustizverwaltungen zur Aufklärung nationalsozialistischer Verbrechen« 1958 in Ludwigsburg eine Zäsur dar, die eine Intensivierung der Ermittlungsarbeit zur Folge hatte.

Nach klassischer Auffassung ist die Gründung der Ludwigsburger Zentralstelle auf den Ulmer Einsatzgruppen-Prozess im Jahr 1958 zurückzuführen, der einen Schock ausgelöst habe.[48] Vor Gericht standen damals zehn Täter, die wegen der Ermordung von 4000 Juden in Litauen angeklagt waren.[49] Damit sei eine – wie es in vielen Darstellungen heißt – neue Dimension von NS-Verbrechen in den Blick gekommen, die in Politik und Gesellschaft der Bundesrepublik die Bereitschaft zu einer »intensiveren Verbrechensaufklärung« gefördert habe.[50] Die Zentrale Stelle erhielt die Zuständigkeit zur Ermittlung von Straftaten – Mord und Totschlag –, die von den Einsatzgruppen und Einsatzkommandos der Sicherheitspolizei und des SD in den Konzentrationslagern, Zwangsarbeitslagern und Ghettos vor allem in den besetzten Gebieten im Osten begangen worden waren. Erst später, 1964/65, erhielt die Zentrale Stelle auch die Zuständigkeit für die Verfolgung von Taten innerhalb des Bundesgebietes und damit für den Gesamtbereich der NS-Verbrechen.[51]

In neueren Veröffentlichungen wird bezweifelt, dass die Gründung der Zentralen Stelle infolge des Ulmer Einsatzgruppen-Prozesses auf eine Forcierung der Verfolgung von NS-Verbrechen abgezielt habe. Michael Greve unterstellt den Justizministerien die Absicht, mit der Gründung der Zentralen Stelle »dem Ausland gegenüber einen verstärkten Verfolgungswillen zu demonstrieren und späteren Vorwürfen einer defizitären Strafverfolgung vorzubeugen«. Sie habe daher nur »Alibicharakter« besessen.[52] Annette Weinke sieht dies ähnlich, betont darüber hinaus, dass die DDR »mit ihrer ›antifaschistischen‹ Kampagnenarbeit einen entscheidenden Impuls für die Intensivierung der bundesdeutschen NS-Ermittlungen«, das heißt die Gründung der Zentralen Stelle, geliefert habe und sich »die Bundesrepublik ihren Umgang mit NS-Systemunrecht zum Teil von der SED-Führung« habe diktieren lassen.[53] Ob dies in dieser Schärfe zutrifft, mag dahingestellt bleiben. Unabhängig hiervon ist

48 Steinbach, Peter: Nationalsozialistische Gewaltverbrechen. Die Diskussion in der deutschen Öffentlichkeit nach 1945, Berlin 1981, S. 46.

49 Justiz und NS-Verbrechen. Sammlung deutscher Strafurteile wegen nationalsozialistischer Tötungsverbrechen 1945–1966, Redaktion Fritz Bauer u. a., Bd. 1, Amsterdam 1968, S. v.

50 Steinbach: Nationalsozialistische Gewaltverbrechen, S. 48.

51 Rückerl: Strafverfolgung, S. 50–58; Hey: NS-Prozesse, S. 342–344.

52 Greve, Michael: Der justizielle Umgang mit den NS-Gewaltverbrechen in den sechziger Jahren, Frankfurt a. M. u. a. 2001, S. 395 f.

53 Weinke: Verfolgung, S. 343 f.

allerdings zu konstatieren, dass mit der Einrichtung der Zentralen Stelle eine Intensivierung der rechtlichen Ahndung von NS-Verbrechen in der Bundesrepublik verbunden war.

Bis zum Jahr 2005 hat die Zentrale Stelle 7315 Ermittlungsverfahren eingeleitet. Dabei ist zu berücksichtigen, dass es sich in der Mehrzahl der Fälle um Sammelverfahren mit einer großen Anzahl von Beschuldigten oder einer Vielzahl von Straftaten handelte. Nur 20 dieser Verfahren wurden nicht an die zuständigen Staatsanwaltschaften abgegeben. Die Zahl der Verfahren wegen nationalsozialistischer Verbrechen, die seit 1958 bei Staatsanwaltschaften und Gerichten in der Bundesrepublik anhängig geworden sind, betrug 17675. Obwohl sie nur zum Teil durch die Zentrale Stelle selbst eingeleitet wurden, sind auch die übrigen Verfahren mittelbar auf die Tätigkeit der Zentralen Stelle zurückzuführen.[54] Eine Studie aus dem Jahr 2002 gibt an, dass Verfahren gegen 102223 Personen mit Einstellungsverfügungen oder Freisprüchen endeten. Dem standen – dieser Publikation zufolge – 6495 rechtskräftig Verurteilte gegenüber, von denen lediglich 157 mit einer lebenslangen Freiheitsstrafe belegt worden seien.[55]

Die »großen Verbrechenskomplexe« standen in den 60er und 70er Jahren zur Verhandlung an. Hier ist insbesondere auf die Verfahren gegen Mitglieder verschiedener Einsatzkommandos und Sonderkommandos der Sicherheitspolizei bzw. von Polizeibataillonen hinzuweisen. Im Mittelpunkt des Interesses standen aber die Prozesse, in denen die Täter aus verschiedenen Konzentrationslagern abgeurteilt wurden. So verhandelten Schwurgerichte von 1965 bis 1969 »in erster Instanz gegen 361 Personen, die ausschließlich wegen des Verdachts der Beteiligung an nationalsozialistischen Mordtaten« angeklagt waren. Von den Angeklagten wurden 63 zu lebenslangen, 160 zu »zeitigen Freiheitsstrafen« verurteilt.[56]

Zu diesem Zeitpunkt hatte sich in der Bundesrepublik die Überzeugung durchgesetzt, dass wesentliche Verbrechenskomplexe immer noch nicht ermittelt und rechtlich geahndet worden waren. Dies hatten schon etliche Verfahren in den frühen 60er Jahren gezeigt, die wegen Massenvernichtungsaktionen durchgeführt worden waren. Dabei war es gelungen, »schwerste Verbrechen

54 Justiz im Netz, www.jum.baden-wuerttemberg.de/servlet/PB/menn/1193201/index.html?Root=-1, 14.12.2006.

55 Greve, Michael: Im Namen des Volkes. Eine kurze Bilanz von 50 Jahren bundesdeutscher Strafverfolgung von NS-Verbrechen, www.michael-greve.de/strafenbrd.htm (Zugriff am 14.12.2006).

56 Rückerl, Adalbert: NS-Verbrechen vor Gericht. Versuch einer Vergangenheitsbewältigung, Heidelberg 1984, S. 192.

dem kollektiven Vergessen zu entreißen, zu ahnden und das Unrechtsbewusstsein der Öffentlichkeit […] zu sensibilisieren«.[57] Als Staatsanwälte der Zentralen Stelle zu Beginn des Jahres 1965 erstmals in Warschau einschlägige Akten einsehen konnten, zeigte sich zudem, dass in den polnischen Archiven »in einem noch nicht überschaubaren Umfang Beweismaterial für bisher strafrechtlich nicht verfolgte Verbrechen« lagerte.[58] Nicht zuletzt hierauf ist zurückzuführen, dass eine heftige Debatte über die Verjährungsfrist für Mord einsetzte.

Nach den Bestimmungen des überkommenen Strafrechts galt damals für Mord eine Verjährungsfrist von 20 Jahren. Das bedeutete, dass nach dem 8. Mai 1965, 20 Jahre nach der Kapitulation, die Verfolgung von NS-Verbrechen gänzlich hätte eingestellt werden müssen, nachdem bereits Taten wie Totschlag, Körperverletzung mit Todesfolge, Freiheitsberaubung mit Todesfolge und Raub im Mai 1960 verjährt waren. Da sich zunächst keine Mehrheit für eine Verlängerung oder gar die Abschaffung der Verjährungsfrist für Mord und Völkermord finden ließ, einigten sich die Fraktionen im Bundestag mehrheitlich auf den Kompromiss, den Beginn der Verjährungsfrist auf den 1. Januar 1950 zu legen. Da auch 1969 noch kein Ende der rechtlichen Ahndung von NS-Verbrechen abzusehen war, wurde die Verjährungsfrist für Mord und Völkermord von 20 auf 30 Jahre verlängert. 1979 hob der Gesetzgeber die Verjährungsfrist für Mord und Völkermord gänzlich auf, da nicht auszuschließen war, dass auch über 30 Jahre nach dem Ende des NS-Regimes bisher unerkannt gebliebene NS-Verbrecher aufgespürt würden. »Praktische Bedeutung« kam dieser Regelung im Hinblick auf die Verfolgung von NS-Verbrechen zwar kaum noch zu – wohl aber hatte sie »als Ausdruck der moralischen Wertung der Geschehnisse« ein nicht unerhebliches Gewicht.[59]

Es gibt nicht wenige Historiker, die die Verfolgung von NS-Verbrechen in der Bundesrepublik auch nach der Errichtung der Zentralen Stelle durch Verzögerungen, Friktionen und Unterlassungen gekennzeichnet sehen.[60] Verantwortlich dafür machen sie die Schlussstrichmentalität in der bundesdeutschen Gesellschaft[61] bzw. die Eingliederung der »Funktionseliten des NS-Staates in die westdeutsche Gesellschaft«.[62] Im Hinblick hierauf ist von einer

57 Steinbach: Nationalsozialistische Gewaltverbrechen, S. 76.
58 Rückerl: NS-Verbrechen, S. 154.
59 Götz, Albrecht: Bilanz der Verfolgung von NS-Straftaten, Köln 1986, S. 144.
60 Greve: Umgang, S. 395.
61 Meusch, Matthias: Von der Diktatur zur Demokratie. Fritz Bauer und die Aufarbeitung der NS-Verbrechen in Hessen (1956–1968), Wiesbaden 2001, S. 378.
62 Freudiger, Kerstin: Die juristische Aufarbeitung von NS-Verbrechen, Tübingen 2002, S. 414.

»schleichenden Restauration des Justizdienstes« bzw. »von einer fast schrankenlosen personellen Kontinuität« gesprochen worden,[63] die unter Staatsanwälten und Richtern zum Widerstand gegen eine strafrechtliche Aufarbeitung von NS-Verbrechen geführt habe.[64]

In diesem Zusammenhang wird als Beleg für das – angeblich – durchgehend wenig entschiedene Verfolgungshandeln der Justiz auf die Tendenz hingewiesen, Strafmilderungen oder Straflosigkeit dadurch auszusprechen, dass die Gerichte in den jeweiligen Verfahren nicht auf Mord, sondern auf Beihilfe oder auf Totschlag erkannten. Eine wichtige Rolle spielten dabei zwei Urteile des Bundesgerichtshofs aus den Jahren 1956 und 1962, die unter bestimmten Bedingungen für Täter, die eigenhändig gemordet hatten, eine Verurteilung lediglich wegen Beihilfe ermöglichten. Allerdings hatte der Bundesgerichtshof dies nur für bestimmte Ausnahmefälle vorgesehen. Dieser Ausnahmecharakter ist von den Schwurgerichten in zahlreichen NS-Verfahren der 60er und 70er Jahre missachtet worden, so dass viele Täter von der Beihilfe-Konstruktion profitiert haben.[65] Die Urteile des Bundesgerichtshofs haben also »erst durch Einschränkungen und Umdeutungen der unteren Gerichte« ihre umstrittene Wirkung erhalten.[66]

Kritik haben die bei weitem zu milde ausgefallenen Urteile auch deshalb hervorgerufen, weil sie die mit den Prozessen verbundene Absicht, generalpräventiv zu wirken, unterlaufen hätten.[67] Schließlich ist darüber hinaus mit Recht moniert worden, dass es im Hinblick auf NS-Justizverbrechen eine »offensichtliche Sanktionsverweigerung« der westdeutschen Justiz gegeben habe,[68] da die meisten Juristen es abgelehnt hätten, »den Unrechtscharakter der NS-Justiz anzuerkennen«.[69] Aus diesem Grund ist auch nicht ein Mitglied des Volksgerichtshofs oder der vielen Sondergerichte abgeurteilt worden. Insofern hatte das hohe Maß an personeller Kontinuität in der Richterschaft über die Zäsur von 1945 hinaus eine unbestreitbare negative Auswirkung auf die rechtliche Ahndung von NS-Verbrechen.

Trotz all dieser Kritik im Detail ist festzuhalten, dass die NS-Prozesse die politische Diskussion über den Nationalsozialismus in der Bundesrepublik am Leben erhalten und dazu geführt haben, »dass sich das Bewusstsein von

63 Weinke: Verfolgung, S. 335, 337.
64 Greve: Umgang, S. 403.
65 Ebenda, S. 147–194.
66 Freudiger: Aufarbeitung, S. 408.
67 Meusch: Diktatur, S. 374 f.
68 Freudiger: Aufarbeitung, S. 414.
69 Meusch: Diktatur, S. 376.

der Schrecklichkeit und Strafwürdigkeit nationalsozialistischer Verbrechen« erhalten hat und schließlich in eine zwar nicht »kontinuierliche, aber doch unverkennbare, von Zeit zu Zeit intensiver werdende Auseinandersetzung mit der Vergangenheit einmündete«.[70] Die NS-Prozesse haben daher dazu beigetragen, »der Allgemeinheit sichtbar zu machen, dass Begriffe wie Rechtsstaatlichkeit und Rechtsbewusstsein zu bloßen Worthülsen degradiert werden, wenn sich der Staat über allgemein verbindliche sittliche Wertvorstellungen, unter denen die Achtung vor dem menschlichen Leben den ersten Rang einnimmt, hinwegsetzt«.[71] Insofern haben die NS-Prozesse in der Geschichte der Bundesrepublik einen nicht unerheblichen Beitrag zur kritischen Auseinandersetzung mit der NS-Vergangenheit und damit auch zur politischen Bildung in der Öffentlichkeit geleistet. Im Unterschied hierzu hat die Entwicklung in der DDR einen gänzlich anderen Verlauf genommen.

Im Mai 1964 beschloss die Regierung der DDR die Einrichtung einer »Dokumentationsstelle zur Erfassung und Auswertung von in der DDR befindlichen Dokumenten aus der NS-Zeit«. Was auf den ersten Blick so aussieht, als ob die SED-Führung mit ihrer Entscheidung etwas Ähnliches schaffen wollte wie die Zentrale Stelle in Ludwigsburg, erweist sich bei näherem Hinsehen als Trugschluss. Ziel der Dokumentationsstelle war »nicht die Strafverfolgung von NS-Tätern in der DDR, sondern die Diffamierung der Bundesrepublik in der Verjährungsdebatte«.[72] Dabei kam dem Ministerium für Staatssicherheit (MfS) schon bald die entscheidende Rolle zu. Denn ihm gelang es, »über die Dokumentationsstelle Zugriff auf alle [dort] erfassten Bestände« zu bekommen und diese selbst einer »intensive[n] geheimdienstliche[n] Kontrolle und Steuerung« zu unterwerfen.[73]

Strafverfolgung von NS-Tätern besaß daher in der DDR zu keinem Zeitpunkt Priorität. Dennoch eingeleitete Ermittlungen und Strafverfahren wurden zeitlich so effektvoll platziert, dass die westdeutsche Justiz vorgeführt werden konnte.[74] Ebenso achtete das MfS darauf, »dass öffentlich wahrnehmbare Aktivitäten nur dann in Frage kamen, wenn man gezielt und mit Erfolgsgarantie zu einer Verurteilung kommen würde«. Bei der Verfolgung ging das MfS zudem sehr willkürlich vor. Das soll an einem Beispiel verdeutlicht werden.

70 Steinbach: Nationalsozialistische Gewaltverbrechen, S. 91.
71 Rückerl: NS-Verbrechen, S. 324 f.
72 Wentker: Ahndung, S. 73.
73 Leide: NS-Verbrecher, S. 175 f.
74 Ebenda, S. 114.

1981 erfolgte die Festnahme des ehemaligen SS-Obersturmführers Heinz Barth, der wegen seiner Beteiligung am SS-Massaker von Oradour-sur-Glane im Juni 1944 wegen »Verbrechen gegen die Menschlichkeit« angeklagt wurde. Obwohl Barth nicht der einzige in der DDR lebende Tatbeteiligte war, wurde nur er angeklagt. Zwei seiner damaligen Untergebenen, die ebenfalls »dringend verdächtig« waren, »arbeitsteilig an der Vernichtung des Dorfes Oradour-sur-Glane mitgewirkt zu haben«, wurden nicht nur nicht angeklagt, sondern auch nicht als Zeugen in das Verfahren einbezogen, um jegliche Ausweitung des Verfahrens zu verhindern. Dem MfS ging es lediglich darum, ein Exempel zu statuieren und den Fall Barth propagandistisch zu vermarkten. Dies tat es zweifelsohne mit Erfolg. Denn die Verurteilung Barths zu einer lebenslangen Freiheitsstrafe wurde herangezogen, »um den Mythos von der konsequenten Strafverfolgung von NS-Straftaten durch die DDR bzw. deren Justiz einerseits und einer in dieser Hinsicht untätigen Bundesrepublik andererseits, zu veranschaulichen.«[75]

Als besonders problematisch ist das Verhalten des MfS auch in der Hinsicht zu werten, dass Mielke und seine Mitarbeiter der »geheimdienstlichen Überwachung und Nutzung von NS-Belasteten« den Vorzug vor deren Strafverfolgung gaben und diese »vorzugsweise« als inoffizielle Mitarbeiter anwarben.[76] Dabei schreckte das MfS auch vor Erpressung nicht zurück. Dies hatte zur Folge, dass bis in die 80er Jahre hinein den mehr als ein Dutzend verurteilten ehemaligen Angehörigen »von Polizeieinheiten, aber auch Beschuldigten aus anderen Komplexen«, eine »ungleich höhere Zahl von Tatverdächtigen« gegenüberstand, »bei denen es nicht zu Anklage und Urteil kam.«[77]

Auch in der Bundesrepublik hat es bis zum Ausgang der 80er Jahre Autoren gegeben, die der Propaganda der DDR auf den Leim gegangen sind. So heißt es zum Beispiel in einem Buch aus dem Jahr 1988 zum Fall Barth, dass er »vorbildhaft in Vorbereitung, Gründlichkeit, Rechtsstaatlichkeit« gewesen sei.[78] Erst als nach dem Ende der DDR ihre Archive geöffnet wurden und »ein grundlegender Paradigmenwechsel bei der wissenschaftlichen Betrachtung der SED-Herrschaft« eingeleitet wurde, trübte sich »das strahlende Selbstbild der DDR als konsequente Verfolgerin von Nazitätern«.[79] Selbst Autoren, die der Vergangenheitsbewältigung in der Bundesrepublik äußerst kritisch gegenüber-

75 Vgl. ebenda, S. 131–142, Zitate S. 138, 142.
76 Ebenda, S. 414.
77 Ebenda, S. 108.
78 Rosh, Lea/Schwarberg, Günther: Der letzte Tag von Oradour, Göttingen 1988, S. 137.
79 Leide: NS-Verbrecher, S. 413.

stehen, können nicht umhin, zuzugestehen, dass die Bundesrepublik durch die von ihren Gerichten vorgenommene rechtliche Ahndung von NS-Verbrechen an »Glaubwürdigkeit gewonnen« habe, der DDR dies aber nicht gelungen sei, da die in diesem Staat durchgeführten NS-Prozesse »nicht in erster Linie der Aufarbeitung von NS-Unrecht« gedient hätten, »sondern das Mittel des Rechts zweckentfremdet« worden seien, »um sich auf den Gebieten der Vergangenheits- und Geschichtspolitik von der Bundesrepublik abzugrenzen«.[80]

Tendenzen der »Vergangenheitsbewältigung« und Geschichtspolitik in der Bundesrepublik in den 80er Jahren und im wiedervereinigten Deutschland

In der Bundesrepublik selbst – und dies soll abschließend noch kurz herausgearbeitet werden – ist die »Vergangenheits- und Geschichtspolitik« in den 80er Jahren zunehmend Gegenstand heftiger politischer Auseinandersetzungen geworden. Dies hatte mit der »Rückkehr der Geschichte« in der öffentlichen Wahrnehmung zu tun, die es im Übrigen auch in der DDR gegeben hat. Ihre Auswirkungen blieben dort aber auf die Geschichtswissenschaft und die Instrumentalisierung von historischen Bezügen durch die Politik (Preußen-Renaissance, Luther-Jahr) begrenzt.[81] Hiermit verbunden war auch eine leichte Modifizierung in der Beurteilung der NS-Zeit, so zum Beispiel in Bezug auf den »20. Juli«, der nunmehr positiver als in der Vergangenheit bewertet wurde, und die jüdischen Opfer, die bisher wenig wahrgenommen worden waren, nun aber zunehmend in den Blick gerieten.[82]

Trotz der hiermit verbundenen Annäherung von Positionen, wie sie in der DDR vertreten wurden, an Entwicklungen in der Bundesrepublik war hier die Situation vollkommen anders. Sowohl die Anstöße, die aus der Politik für den Umgang mit der deutschen Geschichte gegeben wurden, als auch die fachinterne Diskussion in der Wissenschaft über diese Frage stellten den Nationalsozialismus in den Mittelpunkt. Dies gilt zum Beispiel für Bundeskanzler Helmut Kohl, der sogleich nach seinem Regierungsantritt im Jahr 1982 Maßnahmen getroffen und symbolische Zeichen gesetzt hat, die im Umgang mit

80 Weinke: »Alliierter Angriff«, S. 93; dies.: Verfolgung, S. 354.

81 Wolfrum, Edgar: Geschichtspolitik in der Bundesrepublik Deutschland. Der Weg zur bundesrepublikanischen Erinnerung 1948–1990, Darmstadt 1999, S. 318–325.

82 Hammerstein, Katrin: Deutsche Geschichtsbilder vom Nationalsozialismus, in: APuZ 3/2007, S. 30.

dem Nationalsozialismus eine andere Gewichtung vorsahen. Zwar wollte auch Kohl »mit seiner ›Geschichtspolitik‹ keineswegs die fortbestehende Relevanz der NS-Vergangenheit« leugnen, aber er wollte sie historisch einbetten, in dem auf die positiven Entwicklungslinien der deutschen Geschichte vor 1933 und vor allem auf die »demokratische Geschichte des Friedens, der Freiheit und des Wohlstands« in der Bundesrepublik verwiesen wurde.[83] Der Umsetzung dieser Absicht dienten die Initiativen des Bundeskanzlers zur Errichtung des Hauses der Geschichte der Bundesrepublik Deutschland in Bonn und des Deutschen Historischen Museums in Berlin.

Kohls Geschichtsverständnis und seine Initiativen für die genannten Museumsgründungen stießen insbesondere im linken Lager auf Opposition. Die Kritiker fühlten sich in ihrem Verdacht, dass Kohl eine »Normalisierung« der deutschen Geschichte betreiben wolle, bestätigt, als der Bundeskanzler auf einer Israel-Reise im Januar 1984 zwar die Verantwortung aller Deutschen für die Vergangenheit anerkannte, für sich und seine Generation aber alle Schuldvorwürfe mit dem Hinweis auf »die Gnade der späten Geburt« zurückwies.[84] Als noch problematischer erwies sich im Mai 1985 ein gemeinsamer Auftritt mit US-Präsident Ronald Reagan auf dem Soldatenfriedhof in Bitburg. Die Kranzniederlegung an diesem Ort, an dem auch 49 Angehörige der Waffen-SS bestattet waren, wurde weithin als skandalös empfunden und kann – sofern man nicht über das Jahr 1990 hinaussieht – als Symbol für das Scheitern Kohlscher Geschichtspolitik gelten.[85]

Wie schwierig der Umgang mit dem Nationalsozialismus in dieser Dekade bundesrepublikanischer Geschichte weiterhin war, ist zwei Gedenkreden zu entnehmen, die von hohen Würdenträgern gehalten worden sind. Dabei handelte es sich zum einen um die Rede von Bundespräsident Richard von Weizsäcker, die er am 8. Mai 1985 aus Anlass des 40. Jahrestages der Kapitulation der deutschen Wehrmacht hielt, zum anderen um die Rede von Bundestagspräsident Philipp Jenninger, die er am 9. November 1988 zum Gedenken an die Reichspogromnacht hielt, die 50 Jahre zuvor einen ersten Höhepunkt der Judenverfolgung dargestellt hatte. Während der Bundespräsident den richtigen Ton traf und mit einem »Dreiklang von Opfergedenken, verhaltener Täteranklage und Versöhnungsgeste« weitgehend Akzeptanz fand, geriet der Auftritt Jenningers zum Skandal. Dies ist zum großen Teil auf die »rhetori-

83 Wirsching, Andreas: Abschied vom Provisorium 1982–1990. Geschichte der Bundesrepublik Deutschland, München 2006, S. 474–475.
84 Ebenda, S. 476.
85 Ebenda, S. 478.

schen Fehlleistungen, Ungeschicklichkeiten, aber auch Geschmacklosigkeiten« Jenningers zurückzuführen – vielleicht aber auch darauf, dass Jenninger »eine radikale Täterperspektive« einnahm, das heißt große Teile der deutschen Gesellschaft für die im »Dritten Reich« begangenen Verbrechen verantwortlich machte und damit »Tabubruch« beging.[86]

Nur wenig später – im Sommer 1986 – entbrannte dann – ausgehend von einem Angriff von Jürgen Habermas auf einige Historiker – der sogenannte Historikerstreit. Hierin ging es nicht nur um die Deutung des Nationalsozialismus und seiner Verbrechen, insbesondere die Einzigartigkeit der Judenvernichtung, sondern auch um Fragen der Gegenwart und Zukunft und dabei vor allem um den deutschen Nationalstaat. Habermas und mit ihm Historiker wie Heinrich August Winkler vertraten die Meinung, dass angesichts der Geschichte des »Dritten Reiches« und der Rolle, die Deutschland beim Ausbruch der beiden Weltkriege gespielt habe, die Bundesrepublik den Anspruch auf die Wiedervereinigung aufgeben solle. Die entgegengesetzten Positionen und die Gründungsaktivitäten für das Haus der Geschichte der Bundesrepublik Deutschland und das Deutsche Historische Museum wurden mit dem Verdikt des »historischen Revisionismus« belegt.[87]

Die Debatte, deren Ertrag nicht allzu hoch zu veranschlagen ist, war aber insofern von Bedeutung, als die Angriffe von Habermas als Versuch zu kennzeichnen sind – wie Peter Graf Kielmansegg 1989 betont hat –, »den Gegner in den politischen Konflikten der Demokratie in den Schatten der Vergangenheit zu stoßen«.[88] Nur wenig später fiel die Mauer, und es kam zum Zusammenbruch der DDR und zur Wiedervereinigung.

Hiermit ergaben sich vollkommen neue Rahmenbedingungen für die »Vergangenheitsbewältigung« in Deutschland, die nun nicht mehr vom Systemkonflikt geprägt war und auch nicht mehr von der Frage nach der Legitimität eines deutschen Nationalstaates beeinflusst wurde. Die »Vergangenheitsbewältigung« im vereinten Deutschland orientiert sich an den Mustern, die auch in der alten Bundesrepublik dominant waren. Es ist der Unterschied von (westlicher) Demokratie und Diktatur, der thematisiert wird. Dabei steht

86 Ebenda, S. 483–485.

87 Repgen, Konrad: Der Historikerstreit (I). Einige Anmerkungen zu den aktuellen Veröffentlichungen über kontroverse Grundprobleme unserer Geschichte, in: Historisches Jahrbuch 107 (1987), S. 417–430. Vgl. auch »Historikerstreit«. Die Dokumentation der Kontroverse um die Einzigartigkeit der nationalsozialistischen Judenvernichtung, München/Zürich 1987.

88 Kielmansegg, Peter Graf: Lange Schatten. Vom Umgang der Deutschen mit der nationalsozialistischen Vergangenheit, Berlin 1989, S. 93.

die Auseinandersetzung mit dem Nationalsozialismus im Vordergrund; daneben wird aber auch die Diktatur der DDR einbezogen. Besonders für den Nationalsozialismus gilt das Diktum Ernst Noltes von der »Vergangenheit, die nicht vergehen will« nach wie vor, ja in noch stärkerem Maße als in der alten Bundesrepublik. Dies belegt nicht nur der stark in die Öffentlichkeit ausstrahlende Fortgang einer intensiven zeitgeschichtlichen Forschung, sondern dies ist ebenfalls an der Errichtung neuer und dem in den 80er Jahren bereits begonnenen Ausbau zahlreicher Dokumentations- und Gedenkstätten zur NS-Geschichte festzumachen und außerdem an der politischen Bildungsarbeit abzulesen. Die fortdauernde Aufklärungsarbeit über den Nationalsozialismus bedarf keiner weiteren Begründung, da sie einen Beitrag zur Stabilisierung der Demokratie leistet. Besonders notwendig ist sie in den neuen Bundesländern, wie sich vor allem an den Wahlerfolgen rechtsextremer Parteien zeigt. Auch dies ist ein Ergebnis einer »Vergangenheitsbewältigung« in der DDR, die nicht die inhaltliche Auseinandersetzung mit dem Nationalsozialismus, sondern die Diskreditierung der Demokratie westlicher Prägung als neofaschistisch in den Vordergrund gestellt hat.

Michael Schwartz

1972 »Liberaler als bei uns«? Zwei Fristenregelungen und die Folgen

Reformen des Abtreibungsstrafrechts in Deutschland

»Totenstille in der Volkskammer«. – »Erstmals Gegenstimmen in der Volkskammer der DDR«! – Diese Sensationsmeldung prangte am 10. März 1972 auf der Titelseite der *Frankfurter Allgemeinen Zeitung* (*FAZ*), und sie wurde ähnlich zum Gegenstand eingehender Spekulationen im gesamten westdeutschen Blätterwald.[1] Was war geschehen? Am Tag zuvor, dem 9. März, hatte das »Volkskammer« genannte Parlament der DDR, das seit 1949 stets alle Vorlagen der SED-Führung in vorhersehbarer Einstimmigkeit abgenickt hatte, erstmals kontrovers über einen zur Entscheidung anstehenden Gesetzentwurf entschieden. Die SED-Führung und der von ihr kontrollierte DDR-Ministerrat hatten Ende 1971 überraschend eine weitreichende Reform des geltenden Abtreibungsstrafrechts beschlossen – und diese Reform, die einen Schwangerschaftsabbruch in den ersten drei Schwangerschaftsmonaten grundsätzlich in das freie Ermessen der Schwangeren selbst stellte und daher »Fristenregelung« genannt wurde, war in der DDR daraufhin gesellschaftlich ähnlich umstritten wie die parallelen Reformpläne der SPD/FDP-Bundesregierung Willy Brandts in Westdeutschland. Freilich hatten gesellschaftliche Widerstände in Demokratie und Diktatur ganz unterschiedliche Spielräume und Auswirkungen. Die evangelische Presse in Westdeutschland markierte im Februar 1972 – noch vor der formellen Entscheidung der DDR-Volkskammer – diese Systemdifferenz treffend: Während in der Bundesrepublik noch heftig gestritten werde, sei in der DDR schon alles entschieden – trotz der dortigen öffentlichen Proteste der katholischen und evangelischen Kirchen.[2]

1 Erstmals Gegenstimmen in der Volkskammer der DDR, in: FAZ vom 10.3.1972, S. 1, in: Evangelisches Landeskirchliches Archiv Berlin-Brandenburg-Schlesische-Oberlausitz, Berlin (ELAB) 55.2/2.

2 Stubbe, Heinrich: Paragraph 218 drüben, in: Deutsche Zeitung/Christ und Welt vom 11.2.1972, in: ELAB 55.2/3.

Diese Kirchenproteste erklären auch die sensationellen Gegenstimmen im DDR-Parlament, das einem wirklichen Parlament – einem Ort der strittigen Diskussion – schon deshalb nicht entsprach, weil dort weder frei entschieden noch offen diskutiert werden konnte. Letzteres war auch am 9. März 1972 nicht anders, wo gegen das Reformgesetz der SED-Führung nichts gesagt werden durfte, aber immerhin dagegen gestimmt werden konnte. Es waren einige Abgeordnete der Ost-CDU – einer ansonsten gefügigen »Blockpartei« der SED –, die an diesem 9. März aus christlich motivierten Gewissensgründen den Mut hatten, gegen die von der SED, aber auch von ihrer eigenen CDU-Parteiführung unterstützte Abtreibungsreform Stellung zu nehmen. Von 500 Abgeordneten der Volkskammer stimmten 14 dagegen, weitere acht enthielten sich. Das war nur eine winzige Minderheit von 2,8 Prozent Reformgegnern bzw. 4,4 Prozent Nichtzustimmung, doch erstmalig – aber wie sich leider zeigen sollte, bis zu den Wendetagen des November 1989 auch letztmalig – in der 40-jährigen Geschichte der SED-Diktatur musste deren Zentralorgan *Neues Deutschland* am Tag nach der Volkskammersitzung statt der üblichen Einstimmigkeit vermelden, die Volkskammer habe nur »mit absoluter Stimmenmehrheit« ein Gesetz beschlossen – eben das neue, umstrittene »Gesetz über die Unterbrechung der Schwangerschaft«.[3] Dieses Ausnahmeereignis wurde in der DDR nicht vergessen. Im Dezember 1989 dankte Lothar de Maizière, der neugewählte Vorsitzende der Ost-CDU und spätere letzte (und einzige frei gewählte) Regierungschef der DDR, ausdrücklich jenen »Unionsfreunden und Unionsfreundinnen« des Jahres 1972, »die damals den Mut hatten, gegen dieses Gesetz zu votieren«, das auch er weiterhin ablehnte.[4] So warb denn – wie die Schriftstellerin Monika Maron ironisch feststellte – die eben erst in die Freiheit entlassene Blockpartei im Volkskammerwahlkampf vom März 1990 mit ihren »unglaublichen, ungeheuerlichen 14 Gegenstimmen« als »einzigem Ruhmesblatt« ihres ansonsten traurigen Mitläufertums.[5]

Jeder geübte Zeitungsleser im SED-Staat wusste sofort, was Sache war. Noch mehr DDR-Bürger wurden durch das grenzüberschreitende Westfernsehen aufgeklärt, wo das Ereignis hohe Wellen schlug. Die SED-Führung unterhielt damals ein Forschungsinstitut, das hauptamtlich Westfernsehen und Westradio beobachtete, um Honecker und seinen Politbürokraten ebenso vertraulich wie

3 Recht und Würde der Frau vollauf garantiert. 4. Tagung der Volkskammer beschloss Gesetz zur Unterbrechung der Schwangerschaft, in: ND vom 10.3.1972, S. 1.
4 In »eigener Verantwortung« – aber wie lange noch?, in: taz vom. 2.3.1990, in: ELAB 55.2/2.
5 Maron, Monika: Letzter Zugriff auf die Frau, in: Der Spiegel vom 14.5.1990, in: ELAB 55.2/2.

regelmäßig über die neuesten »Tendenzen der Feindpropaganda gegen die DDR im Rundfunk und Fernsehen der BRD sowie Westberlins« zu berichten. Im März 1972 dominierten in diesen Geheimberichten die deutsch-deutschen Beziehungen (der im Dezember 1972 abgeschlossene Grundlagenvertrag zwischen Bonn und Ost-Berlin warf seine Schatten voraus). Doch schon an zweiter Stelle stand, wie der SED-Führung gemeldet wurde, »das innenpolitische Geschehen der DDR [...] bei allen [westdeutschen] Sendern im Mittelpunkt ihrer Hetze«. Demnach versuchten die Westsender gezielt, »die sozialistische Demokratie in Frage zu stellen«. Anhand der »Volkskammerabstimmung über das Gesetz zur Schwangerschaftsunterbrechung mit ihren Gegenstimmen« würden angebliche »Widersprüche« zwischen DDR-Bevölkerung und »Staatsführung« konstruiert, etwa ein Gegensatz der Kirchen und gläubigen Christen zur neuen DDR-Politik in der Abtreibungsfrage. Die Westsender kommentierten, die Gegenstimmen in der Volkskammer seien kein Zeichen für politische Liberalisierung in der DDR; stattdessen habe es die SED sich schlicht mit den protestierenden katholischen Bischöfen nicht völlig verderben wollen. Einmalige »Ansätze einer Gewissensentscheidung« könnten die prinzipielle Entwertung der Parlamente in der DDR nicht verdecken. Die CDU habe lediglich aus »Profilneurose« ausnahmsweise einmal gegen die SED gestimmt.[6]

Auch in der Westpresse wirkte die Volkskammer-Abstimmung über die Fristenregelung sensationell, wurde allerdings sehr unterschiedlich bewertet. Die *Süddeutsche Zeitung* (*SZ*) warf die Frage auf, ob das in der Bundesrepublik herrschende Bild vom DDR-Parlament als bloßer »Zustimmungsmaschine der SED« nicht »›entzerrt‹ werden« müsse. Bisher seien Gegenstimmen in der DDR nur aus Kommunalparlamenten bekannt geworden, etwa im Falle der umstrittenen Abrisse der Potsdamer Garnisonkirche oder der Leipziger Universitätskirche in den 60er Jahren. Dass nun »auch einige Vertreter der Volkskammer« gegen einen Beschluss der SED-Führung »aufbegehrt« hätten, sei daher »ein bemerkenswerter Vorgang«.[7] Andere – etwa die *Frankfurter Rundschau* – hängten die Sache niedriger und mutmaßten, das abweichende Stimmverhalten einiger CDU-Abgeordneter sei gewiss in vorheriger Absprache mit der SED erfolgt. Der gut informierte *FAZ*-Journalist Peter Jochen Winters wies darauf hin, dass der die außergewöhnliche Sitzung vom 9. März lei-

6 Institut für Internationale Politik und Wirtschaft [beim ZK der SED], vertraulich, Bericht über »Tendenzen der Feindpropaganda gegen die DDR im Rundfunk und Fernsehen der BRD sowie Westberlins, Beobachtungszeitraum: 7. bis 20. März 1972«, o. D., S. 1–6, in: Stiftung Archiv der Parteien und Massenorganisationen der ehemaligen DDR im Bundesarchiv, Berlin (SAPMO-BArch), DY30/JIV2/2J/4006.

7 ki.: Regt sich in der Volkskammer das Gewissen?, in: SZ vom 10.3.1972, in: ELAB 55.2/2.

tende Vizepräsident der Volkskammer, Gerald Götting, zugleich Vorsitzender der Ost-CDU sei und das außergewöhnliche Abstimmungsverhalten einiger Abgeordneter seiner Fraktion längst habe kommen sehen: »Schließlich ist es kein Geheimnis, dass katholische Abgeordnete in seiner Partei, nicht zuletzt nach den ablehnenden Stellungnahmen der Bischöfe beider christlicher Konfessionen in der DDR [...], in große Gewissenskonflikte gekommen wären, hätten sie dem Gesetz zustimmen müssen.« Schon Ende Februar 1972 habe Götting daher im Präsidium der Ost-CDU die Kompromissformel gefunden, es gebe in seiner Partei »unterschiedliche Meinungen« zur Fristenlösung, und die Parteiführung bewerte ablehnende Meinungen »in dieser Frage nicht als Kriterium« der sonstigen »Haltung zu den entscheidenden Problemen des gesellschaftlichen Fortschritts«. Man werde Gegenstimmen in diesem Sonderfall daher »respektieren«.[8]

Diese »Zulassung von Gegenstimmen in der Volkskammer« wertete der gesamtdeutsch tätige Evangelische Pressedienst »als Signal dafür [...], dass die DDR den Schwangerschaftsabbruch zwar freigibt, aber nicht propagieren möchte«. Dies erkläre auch, weshalb die Anfang 1972 erfolgten Bischofsproteste nicht nur in den Kirchen ungehindert hätten verkündet werden können, sondern auch in der (vom SED-Regime zensierten) Kirchenpresse der DDR.[9] Die evangelische West-Zeitung *Christ und Welt* würdigte entsprechend den Erfolg der Kirchenproteste, zum ersten Mal eine »sichtbare Opposition« in der Volkskammer hervorgebracht zu haben, da die Führung der Ost-CDU »mit Billigung der Staats- und Parteispitze« der SED den üblichen »Fraktionszwang« habe aufheben müssen. Zugleich sah man aber sehr nüchtern, dass dieser symbolische Erfolg an der Durchsetzung der Fristenlösung in der DDR nichts geändert habe. Der Protest der Kirchen und das Abstimmungsverhalten der Ost-CDU seien für die SED umso eher »akzeptabel« gewesen, als sie selbst ein »Doppelspiel« in der Abtreibungsreform betreibe – einerseits eine Fristenlösung einzuführen, andererseits aber »nicht gewillt« zu sein, »den Schwangerschaftsabbruch über alle Maßen zu propagieren«, da man um die für die Zukunft der DDR wichtige »Geburtenfreudigkeit« der Bevölkerung fürchte.[10]

Das war gut beobachtet. Tatsächlich spiegelte sich dieses Dilemma in der SED-Propaganda zur Abtreibungsreform. Zwar hatte DDR-Gesundheitsmi-

8 Winters, Peter Jochen: Totenstille in der Volkskammer. Erstmals Neinstimmen im Plenarsaal, in: FAZ vom 10.3.1972, S. 3, in: ELAB 55.2/2.

9 DDR-Volkskammer verabschiedete Gesetz über Schwangerschaftsunterbrechung, in: epd, Landesdienst Berlin, vom 13.3.1972, in: ELAB 55.2/2.

10 HST.: Doppelspiel der SED. Abtreibung erlaubt, in: Deutsche Zeitung/Christ und Welt vom 17.3.1972, in: ELAB 55.2/2.

nister Ludwig Mecklinger (SED), ein aus Bayern gebürtiger Mediziner, in der Volkskammer am 9. März zunächst als »entscheidende[n] Beweggrund« für die Fristenregelung auf eine neue Stufe der »Gleichberechtigung der Frau« in der sozialistischen Gesellschaft hingewiesen, in der das neue Gesetz »der Frau das Entscheidungsrecht über die Austragung einer Schwangerschaft« übertrage. (Nicht zufällig hatte die SED den 9. März als Datum des Volkskammerbeschlusses gewählt – den 25. Gründungstag des Demokratischen Frauenbundes [DFD], der SED-kontrollierten Frauenorganisation der DDR.) Zugleich aber hatte Mecklinger betont, man wolle in der DDR weiterhin freudige Mutterschaften und in Geborgenheit heranwachsende Kinder. Darum würden Mittel zur Schwangerschaftsverhütung »künftig auf Rezept kostenlos abgegeben«, um »die im Interesse der Frau liegende wünschenswerte Bevorzugung dieses Weges der Empfängnisverhütung […] gegenüber der Schwangerschaftsunterbrechung« besonders hervorzuheben.[11] Übrigens sah sich der SED-Minister aufgrund der Kirchenproteste, der Abweichler in der Ost-CDU und der Westmedien gezwungen, in der Volkskammer auf Widerstände in der DDR-Gesellschaft offen einzugehen. Es betraf nicht nur christliche Einwände, sondern auch starke Vorbehalte in der SED selbst, wenn Mecklinger Befürchtungen »einige[r] Bürger« ansprach, dass mit der Fristenregelung »Unmoral unter der Jugend begünstigt« und »bei jungen Menschen der Wunsch zur Familienbildung zugunsten einer Bequemlichkeitseinstellung verdrängt« werden könnten. Der Abtreibungsreformer beteuerte, der Wunsch nach Familienbildung sei in der jungen Generation fest verankert, und die »Erhöhung der Geburtenfreudigkeit« werde auch in Zukunft »ein Grundanliegen der sozialistischen Politik« bleiben. Wiederum »einige Bürger«, so Mecklinger, befürchteten gesundheitliche Schäden für Frauen bei Schwangerschaftsunterbrechungen; solche Schädigung könne aber durch fachgerechte medizinische Eingriffe vermieden werden. Im Übrigen werde die Regierung alles tun, damit Frauen stärker den Weg der Verhütung statt des Abbruchs gingen. Schließlich berührte der Gesundheitsminister auch das Wissen der Regierung darum, »dass sich kirchlich gebundene Frauen in ihren Vorbehalten gegen die gesetzliche Regelung auf ihre religiös motivierte Moralauffassung berufen«. Mecklingers Reaktion zeigte, dass die SED einen gesamtgesellschaftlichen Wirkungsradius christlicher Moral längst nicht mehr anerkannte, sondern allenfalls noch ein Recht auf abweichende Privatmoral: Das war der Unterton jener beruhi-

11 Recht und Würde der Frau vollauf garantiert. 4. Tagung der Volkskammer beschloss Gesetz zur Unterbrechung der Schwangerschaft, in: ND vom 10.3.1972, S. 1.

gend gemeinten Minister-Äußerung, das neue Gesetz gewähre den Frauen ein Recht, überlasse es aber jeder Frau selbst, »von diesem Recht Gebrauch zu machen oder darauf zu verzichten«.[12]

Historische Bezüge und wechselseitig beeinflusste Grundsatzdiskussionen

Das Jahrzehnt zwischen 1965 und 1976 war in beiden deutschen Staaten eine Zeit der Reformen. Gemeinsame Liberalisierungstendenzen finden sich nicht zuletzt im Strafrecht zum Schwangerschaftsabbruch. Die DDR ging dabei zeitlich voran, und sie ging beim Schwangerschaftsabbruch auch inhaltlich weiter als Westdeutschland. Diese doppelten deutschen Reformen haben internationale Parallelen in West und Ost und verweisen damit auf einen übergreifenden globalen Wertewandel – weg von staatlicher »Normenkontrolle«, hin zu mehr Individualisierung. Zugleich besaßen beide Reformpolitiken eine gemeinsame Vergangenheit, aus der sie schöpften: Alle Gesetzesmodelle und die meisten Streitargumente stammten aus den hitzigen Reformdebatten der Weimarer Republik. Ebenso prägend wirkte die Abtreibungspolitik des »Dritten Reiches« im doppelten Deutschland nach – sei es durch Kontinuität oder durch Diskontinuität, nicht selten durch komplizierte Mischungen aus beidem.[13] Die Weimarer Strafrechtsreform von 1926 hatte das Prinzip des § 218 im Reichsstrafgesetzbuch von 1871, prinzipiell Zuchthausstrafen wegen Abtreibung und nur bei mildernden Umständen Gefängnisstrafen zu verhängen, abgeschwächt. Zudem erklärte 1927 das Reichsgericht in einem Grundsatzurteil ärztliche Abtreibungen aus »medizinischer Indikation« für straffrei. Das Leben der Mutter galt seither im Zweifel als höherwertiger als das des werdenden Kindes. Das NS-Regime beurteilte die Tötung ungeborenen Lebens sehr unterschiedlich, ganz nach seinen perversen Maßstäben »rassischer« Höher- oder Minderwertigkeit: So wurde die medizinische Indikation als Mutterschutz 1935 auch

12 »Das gewünschte Kind ist Ziel jeder Familie. Begründung des Gesetzes über die Unterbrechung der Schwangerschaft vor der Volkskammer am 9. März 1972 durch den Minister für Gesundheitswesen, Prof. Dr. Ludwig Mecklinger, in: ND vom 10.3.1972, S. 3 f., insb. S. 3.

13 Vgl. zur historischen Dimension: Gante, Michael: Paragraph 218 in der Diskussion. Meinungs- und Willensbildung 1945–1976, Düsseldorf 1991; Schwartz, Michael: Emanzipation zur gesellschaftlichen Nützlichkeit. Bedingungen und Grenzen von Frauenpolitik in der DDR, in: Hoffmann, Dierk/Schwartz, Michael (Hrsg.), Sozialstaatlichkeit in der DDR. Sozialpolitische Entwicklungen im Spannungsfeld von Diktatur und Gesellschaft 1945/49–1989, München 2005, S. 47–87, hier S. 71–78; Harsch, Donna: Society, the State and Abortion in East Germany, 1950–1972, in: American Historical Review 102 (1997), S. 53–84.

formell straffrei gestellt, zugleich wurde über eine juristische Hintertür (als Ergänzung zum Zwangssterilisationsgesetz »zur Verhütung erbkranken Nachwuchses«) die bis dahin von Kirchen und Konservativen scharf bekämpfte »eugenische Indikation« als Abtreibungsausnahme zugelassen. Alle sonstigen Schwangerschaftsabbrüche aber wurden im »Dritten Reich« streng verfolgt, sie waren ab 1943 wieder mit Zuchthaus und in schweren Fällen sogar mit Todesstrafe bedroht.

Ab 1945 wurde in allen deutschen Besatzungszonen zeitweilig – als Ausnahme von der Regel des Abtreibungsverbots – eine »ethische« oder »kriminologische Indikation« zugelassen. Dabei ging es um jene zahlreichen Frauen, die im Krieg und in der Nachkriegszeit Vergewaltigungsopfer geworden waren und die vom Staat nicht zum Austragen dadurch entstandener Schwangerschaften gezwungen werden sollten. Nicht nur in der sowjetischen Besatzungszone wurde dergleichen von allen politischen Kräften ermöglicht, sondern auch im amerikanisch besetzten Bayern.[14] Langfristig aber wurde in Westdeutschland der § 218 StGB in der Fassung von 1926 wieder gültig. Zugleich blieb in Teilen der Bundesrepublik die erweiterte medizinische Indikation der NS-Gesetzgebung in Kraft, was längerfristige Rechtsungleichheit zur Folge hatte. Nachdem Anläufe für eine Wiedereinführung der ethischen Indikation 1962 vor allem an katholischen Widerständen gescheitert waren, wurde der § 218 erst zwischen 1974 und 1976 in der Bundesrepublik grundlegend reformiert: Die sozial-liberale Koalition unter Willy Brandt, namentlich Justizminister Gerhard Jahn, plante ursprünglich eine begrenzte Indikationenlösung, musste diese aber aufgrund wachsenden Drucks aus den eigenen Reihen erweitern und schließlich 1973 durch ein der DDR-Regelung des Vorjahres nicht unähnliches Dreimonats-Fristenmodell ersetzen. Dieses wurde vom Bundestag unter heftigen Protesten der Kirchen und der CDU/CSU-Opposition im April 1974 verabschiedet. Doch die Union zog vor das Bundesverfassungsgericht, das im Februar 1975 diese Fristenregelung für verfassungswidrig erklärte. Am Ende stand im Februar 1976 eine Reform durch ein Vier-Indikationen-Modell, das neben den drei schon genannten Ausnahmen vom Abtreibungsverbot (der medizinischen, eugenischen und ethischen Indikation) auch eine »soziale

14 »Damals stand man auch in Bayern noch unter dem Eindruck der Gewalttaten des soeben beendeten Krieges. Heute widerspricht das Land Bayern der Zulassung der ethischen Indikation. Der Erlass aus dem Jahre 1946 war vom […] Staatssekretär im Münchner Justizministerium, Ehard [CSU], unterzeichnet worden. Ehard ist heute bayerischer Ministerpräsident.« Vgl. Gründler, Gerhard E.: Ethische Indikation?, in: Die Welt vom 3.10.1962, in: ELAB 55.5/4.

Indikation« für zulässig erklärte. Dieses Gesetz blieb – ebenso wie die DDR-Fristenregelung – bis in die 90er Jahre in Kraft.

Die soziale Indikation – das heißt die staatliche Tolerierung eines an sich strafbaren Schwangerschaftsabbruchs aufgrund einer schweren sozialen Notlage der Mutter – war während des gesamten 20. Jahrhunderts die am heftigsten umstrittene Ausnahmeregelung. Die einen sahen darin eine notwendige Modernisierung durch Anerkennung sozialer Probleme oder individueller Freiheitsrechte, die anderen eine unsittliche Kapitulation vor egoistischen Motiven oder Sozialstaatsversagen. Schon in der Weimarer Republik hatten Sozialdemokraten ein Indikationenmodell favorisiert, das die soziale Ausnahme einschloss, nachdem weitergehende Forderungen von KPD und SPD, das Abtreibungsverbot ersatzlos zu streichen bzw. eine Fristenlösung einzuführen, an bürgerlichen Widerständen gescheitert waren. Schon in der Weimarer Republik hatte das ganze konservative Spektrum, aber auch die NSDAP die soziale Indikation vehement verworfen – aus christlicher Überzeugung, aus bevölkerungspolitischen oder aus rassenideologischen Gründen. All diese Konflikte lebten in der Sowjetischen Besatzungszone (SBZ) nach 1945 wieder auf, als dort der § 218 StGB auf Initiative der SED 1947 völlig abgeschafft und in fünf Ländergesetzen »über die Unterbrechung der Schwangerschaft« durch unterschiedlich gefasste Indikationenmodelle ersetzt wurde. Diese enthielten zumeist eine soziale Indikation. Schon damals leistete die Ost-CDU heftigen Widerstand, schon damals konnte sie die Reformgesetze nicht verhindern – mit Ausnahme von Sachsen-Anhalt, wo eine bürgerliche Landtagsmehrheit aus Christdemokraten und Liberaldemokraten zumindest die soziale Indikation im Landesgesetz kippte. Im Unterschied zu 1972 konnte aber die Ost-CDU in den Parlamenten der SBZ gegen eine Abtreibungsreform deutlich *reden*. Das löste namentlich in der sächsischen SED mit ihren ultralinken Traditionen antichristliche Affekte aus,[15] doch auch anderswo schenkten sich Christen und Sozialisten nichts. Im Brandenburger Landtag stellte am 4. November 1947 der spätere Vorsitzende der Ost-CDU, Otto Nuschke, den Gesetzentwurf der SED in eine Reihe mit NS-Verbrechen, insbesondere der »Euthanasie« an Geisteskranken: »Millionen von Menschen sind gemordet worden. Nun besteht aber kein Unterschied, ob das verlöschende oder das werdende Leben getötet wird.« Mit dieser Gleichsetzung erzeugte Nuschke massive Unruhe auf der Linken, und SED-Chef Wilhelm Pieck antwortete scharf: »Bei Hitler war es Mord, hier

15 Vgl. Sächsischer Landtag 1946–1950, Bd. 1: Stenographische Protokolle 25.6.1946–4.6.1947, S. 318–327.

nicht!«[16] Diese unvereinbaren Standpunkte prallten in der DDR 1972 erneut aufeinander und blieben auch nach Einführung der Fristenregelung brisant, die unter dem Titel eines »Gesetzes zur Unterbrechung der Schwangerschaft« ausdrücklich an die Reformgesetze der Nachkriegszeit anknüpfte. 1988/89 registrierte die westdeutsche Presse, dass sich kirchliche Kreise in der DDR nicht mit der Fristenregelung abgefunden hatten und erneut den Mut fanden, öffentlich dagegen Stellung zu nehmen.[17]

Zwischen 1947 und 1972 lag das Jahr 1950 – die konservative Wende in der Abtreibungspolitik der DDR. Ausschlaggebend war der starke Einfluss der sowjetischen Kontrollkommission, die das in ihren Augen zu liberale Nachkriegsrecht der SBZ/DDR dem sehr viel restriktiveren sowjetischen Vorbild anpasste.[18] In der Sowjetunion Stalins war 1936 die nach 1917 eingeführte Freigabe der Abtreibung wieder rückgängig gemacht worden. Dies hatten Abgeordnete der Ost-CDU (und zuweilen auch der LDP) schon in den hitzigen Landtagsdebatten von 1947 genüsslich gegen die SED-Reformpläne hervorgehoben.[19] Durch das restriktive Interessenbündnis zwischen Sowjets, ostdeutschen Christdemokraten und Kirchen wurde die SED-Reformpolitik 1950 dann tatsächlich zum Rückzug gezwungen – was umso leichter fiel, als die SED selbst in dieser Frage uneins war. Zudem hatte sie bei der DDR-Regierungsbildung das Gesundheitsministerium 1949 den ostdeutschen Christdemokraten überlassen, die es bis 1971 hielten: Der erste CDU-Minister Luitpold Steidle begründete die restriktive Abtreibungsgesetzgebung von 1950 mit den rasant angestiegenen Schwangerschaftsabbrüchen, die wieder eingedämmt werden müssten: 1948/49 seien auf 55 Geburten 45 Abtreibungen gekommen.[20] Und 1972 brachte die Katholische Nachrichten-Agentur die überraschend beschlossene Fristenlösung in der DDR damit in Verbindung, dass im Vorjahr das Amt des Gesundheitsministers vom Christdemokraten Max Sefrin auf den

16 Akten und Verhandlungen des Landtags der Mark Brandenburg 1946–1952, Bd. I: 1.–69. Sitzung 1946–1950, S. 304f.

17 Vgl. Abtreibung wird auch in der DDR zunehmend zum Thema, in: Westfälische Rundschau vom 16.2.1988, in: ELAB 55.2/2; Hirtenbrief der katholischen Bischöfe gegen die Abtreibung, in: SZ vom 18.2.1988, in: ELAB 55.2/3; DDR: Kirchliche Abtreibungsgegner treten in Aktion, in: Informationsdienst der Evangelischen Allianz vom 13.3.1989, in: ELAB 55.2/2.

18 Poutrus, Kirsten: Von den Massenvergewaltigungen zum Mutterschutzgesetz. Abtreibungspolitik und Abtreibungspraxis in Ostdeutschland 1945–1960, in: Bessel, Richard/Jessen, Ralph (Hrsg.): Die Grenzen der Diktatur. Staat und Gesellschaft in der DDR, Göttingen 1996, S. 170–198, hier S. 192.

19 Sächsischer Landtag 1946–1950, Bd. 1: Stenographische Protokolle 25.6.1946–4.6.1947, S. 452; Akten und Verhandlungen des Landtags der Mark Brandenburg 1946–1952, Bd. 1: 1.–69. Sitzung 1946–1950, S. 184, 254 und 304.

20 Vgl. Archiv des Demokratischen Liberalismus Gummersbach, LDPD/22305.

Einheitssozialisten Ludwig Mecklinger übergegangen war. Sollte heißen: Unter einem CDU-Minister wäre das vielleicht nicht passiert.[21]

Mit der Abtreibungs-Neuregelung von 1950 brach die DDR übrigens mit der deutschen Rechtstradition (die in der Bundesrepublik weiter gültig blieb), den Schwangerschaftsabbruch allein durch das Strafrecht zu regeln. Die DDR baute ihre Ausnahmeregelung in ein am 27. September 1950 verabschiedetes »Gesetz über den Mutter- und Kinderschutz und die Rechte der Frau« ein, in dem es primär um staatliche Geburtenförderung und um eherechtliche Gleichberechtigung der Frau zum Zwecke gesteigerter Erwerbstätigkeit ging. In diesem wirtschafts- und sozialpolitischen Kontext neuer Rechte und Zwänge wurde das Abtreibungsstrafrecht für die gesamte DDR restriktiv zurückgeschraubt: Ausnahmen vom Abtreibungsverbot, dessen Nichtachtung im DDR-Strafgesetzbuch strafbar blieb, begrenzte der Paragraph 11 des neuen Gesetzes strikt auf die medizinische und eugenische Indikation. Im ersten Fall, »wenn die Austragung des Kindes das Leben oder die Gesundheit der schwangeren Frau ernstlich gefährdet«, knüpfte das DDR-Recht an stalinistische und an Weimarer Vorbilder an, im zweiten Falle, »wenn ein Elternteil mit schwerer Erbkrankheit belastet ist«,[22] wurde nicht eigentlich auf NS-Recht, sondern auf eugenische Forderungen der Weimarer Arbeiterbewegung zurückgegriffen, die nie realisiert, aber 1929 von SPD und KPD im Reichstag in seltener Eintracht erhoben worden waren.[23] 1947 war diese sozialistisch-eugenische Indikation von der SED nachträglich in das Indikationenmodell des Reformgesetzes in Mecklenburg eingebaut worden.[24] Trotz dieser sozialistischen Traditionslinie sah sich die SED wegen partieller Ähnlichkeiten mit dem abgeschafften Nazirecht öffentlich unter Erklärungsdruck.[25] Die entscheidenden Unterschiede zwischen NS- und SED-Eugenik lagen einerseits zwischen rassistischen Anteilen bzw. deren deutlicher Ablehnung, andererseits zwischen NS-Zwangseugenik und einer auf Experten- bzw. Frauenentscheidungen basierenden Individualeugenik im SED-Staat.

21 Fristenlösung als »soziale Errungenschaft«, in: Katholische Nachrichten-Agentur (KNA) Nr. 4 vom 27.1.1972, in: ELAB 55.2/3.

22 Vgl. Gesetzblatt der DDR 1950, S. 1037, Gesetz über den Mutter- und Kinderschutz und die Rechte der Frau vom 27.9.1950, § 11, Abs. 1.

23 Vgl. Schwartz: Sozialistische Eugenik, S. 253–260.

24 Vgl. Akten und Verhandlungen des Landtags des Landes Mecklenburg 1946–1952, Bd. I.1: Sitzungsprotokolle 1. Wp., Sp. 824 und Sp. 896 f., sowie Bd. II: Landtags-Drucksachen 1. Wp., S. 546–551.

25 Für das Glück unserer Mütter und Kinder, in: ND vom 28.9.1950.

Die sozialistische oder kommunistische Reformtradition der Weimarer Zeit war übrigens vielfältig, mit ihr konnte man sehr Unterschiedliches legitimieren. 1947 war das in der SBZ ein Vier-Indikationen-Modell, 1950 ein zurückgestutztes Zwei-Indikationenmodell, 1972 plötzlich das Gegenteil – die Fristenregelung als weitgehende Selbstbestimmung der Frau in den ersten drei Schwangerschaftsmonaten. In der Volkskammersitzung vom 9. März 1972 präsentierte denn auch SED-Gesundheitsminister Mecklinger diese Reform, die das bisherige DDR-Recht völlig über den Haufen warf, als historische Forderung der »revolutionären Arbeiterbewegung« und verwies auf einen KPD-Antrag im Reichstag vom Oktober 1931, »die Unterbrechung der Schwangerschaft gesetzlich freizugeben«. Das war nicht falsch. Dreist aber war die Behauptung, die Fristenregelung entspringe denselben SED-Grundüberzeugungen wie das Gesetz von 1950. Dass in Wahrheit mit dem Gesetz von 1972 ein echter Paradigmenwechsel stattgefunden hatte, räumten enge Mitarbeiter des DDR-Gesundheitsministers – bezeichnenderweise weibliche Funktionäre – gegenüber der Westpresse einige Monate später ein: Auf die Interviewfrage, ob in der DDR nach wie vor »das gesellschaftliche Interesse an der Bevölkerungspolitik dem individuellen Anspruch auf das Recht über den eigenen Körper« vorgehe, antwortete im November 1972 die DDR-Gesundheitsfunktionärin Dr. Helga Rayner klipp und klar: »Es *ging*, denn das war im Jahr 1950. Inzwischen sind wir zu der Überzeugung gekommen, dass wir keine Bevölkerungspolitik machen können zu Lasten der Einzelnen.«[26]

Mecklingers Berufung auf die KPD-Tradition wurde in den Westmedien aufgegriffen, aber meist kritisch kommentiert. So bemerkte die *SZ* im März 1973 zum ersten Jahrestag der DDR-Fristenregelung, dass die in der DDR gemachten »gute[n] Erfahrungen« noch ziemlich »kurz« seien, denn »Ostdeutschlands regierende Sozialisten hatten sich aus Sorge um die Überalterung der Bevölkerung und den Mangel an Arbeitskräften nur zögernd entschlossen, diese alte Forderung der Arbeiterbewegung zu erfüllen. Was die KPD schon 1931 im Reichstag beantragt hatte, verwirklichte die DDR erst 1972, im 22. Jahr ihres Bestehens.«[27] Und zum zweiten Jahrestag des DDR-Reformgesetzes bemerkte das kirchennahe *Deutsche Allgemeine Sonntagsblatt* 1974, der Weg zur Fristenlösung und Selbstentscheidung der Frauen sei in der DDR »nicht schnurgerade« verlaufen: Denn obwohl Minister Mecklinger die Fristenlösung mit der »revolutionäre[n] Tradition der Arbeiterbewegung« begründet habe,

26 Abtreibung in der DDR, in: konkret vom 23.11.1972, S. 18–20, in: ELAB 55.2/2.
27 Sudau, Christel: Die Frau hat das letzte Wort. Gute Erfahrungen mit der Fristenregelung, in: SZ vom 31.3.1973, in: ELAB 55.2/2.

sei diese Tradition für die SED-Politik »eine ziemlich späte Entdeckung« gewesen: »Von Walter Ulbrichts Ablehnung der Hilfe für vergewaltigte Frauen im Jahr 1945 – aus politischen Gründen – über bevölkerungspolitische Argumente […] bis hin zu Befürchtungen um die Moral – natürlich nur die des ›Volkes‹, nicht die der Ärzte und Politiker –« finde »sich auch in der DDR in den jahrelangen Diskussionen über die Abtreibung die ganze Skala männlicher Inhumanität, die aus den Diskussionen anderswo reichlich bekannt ist«. Die Journalistin Marianne Regensburger folgerte, dass die Motive der DDR-Reform »weniger in der wiederentdeckten Tradition der revolutionären Arbeiterbewegung zu finden« seien »als in der Einsicht in die Wirkungslosigkeit einer Gesetzgebung, welche die Abtreibung zwar verbietet, aber nicht verhindern konnte«.[28]

Anders bewertete das SED-Traditionsargument 1975 die SPD-Parteizeitung *Vorwärts*. Deren DDR-Korrespondent Walter Leo verwies auf den eklatanten Widerspruch der DDR-Fristenlösung zur dort seit 1950 gepflegten pronatalistischen Politik: »Es läge eigentlich nahe, dass die DDR[,] staatlichem Eigennutz folgend, erklärt: Um zu überleben, brauchen wir jedes Baby: Also Schluss mit Fristenlösung und Pille. So müsste sie wohl reagieren, wäre sie ein autoritärer Staat unter anderen.« Der SPD-Journalist erklärte den Widerspruch mit der (sympathisch gewerteten) Ideologiebindung der SED: »Die DDR wird von Marxisten regiert, die es seit Bebel – woran sich alte Sozialdemokraten erinnern werden – mit der Gleichberechtigung der Frau ernst meinen.« Dass die Gleichberechtigung der Frau seinerzeit von der SED auch mit eher repressiven Lösungen – wie dem restriktiven Abtreibungsrecht im Gleichberechtigungsgesetz von 1950 – in Einklang hatte gebracht werden können, focht Leo nicht an. Er verwies lieber darauf, dass sich die DDR-Führung in der Abtreibungsfrage »ihre ideologische Standfestigkeit etwas [habe] kosten lassen« – denn nach Freigabe der Abtreibung seien die Schwangerschaftsabbrüche in der DDR regelrecht explodiert.[29]

Widersprüche beim Traditionsbezug zeichneten nicht nur die ostdeutschen Erben der alten deutschen Arbeiterbewegung aus. Auf einer Frankfurter Veranstaltung der SPD-»Wählerinitiative«, die von Prominenten wie dem Schriftsteller Günter Grass getragen wurde, trat SPD-Bundesgesundheitsministerin Käthe Strobel für die damalige Regierungslinie einer Indikationenlösung ein,

28 Regensburger, Marianne: Eine deutsche Republik der Wunschkinder?, in: Deutsches Allgemeines Sonntagsblatt vom 3.3.1974, in: ELAB 55.2/2.

29 Leo, Walter: Fristenlösung trotz Kindermangel, in: Vorwärts vom 20.2.1975, in: ELAB 55.2/2.

musste aber einräumen, dass die Mehrheit ihrer SPD-Fraktion mittlerweile eine Fristenlösung favorisiere. Daraufhin machte sich auch die Mehrheit der Frankfurter Diskussionsteilnehmer »temperamentvoll« für die Fristenregelung stark – schließlich habe sich dafür »die SPD schon 1921 im Reichstag eingesetzt«.[30] In Wahrheit war die SPD nicht nur 1971 in dieser Frage gespalten, sie war es auch 1921 gewesen – denn große Teile der SPD hatten in den 20er Jahren eine Fristenregelung abgelehnt und stattdessen Indikationenmodelle favorisiert. SPD-Bundesjustizminister Jahn, der für eine gemäßigte Abtreibungsreform durch Indikationenlösung stand, zog es im aufgeheizten Diskussionsklima des Herbstes 1971 vor, lieber gegen die Parteitradition zu argumentieren, als sich auf sie zu berufen: In einem Interview mit dem *Spiegel* bemerkte er, gewiss habe die SPD vor über einem halben Jahrhundert die Fristenregelung gefordert, doch sei es nicht fortschrittlich, sondern zutiefst konservativ, »wenn man nicht bereit ist, die Thesen der 20er Jahre unter den veränderten Verhältnissen der 70er Jahre zu überprüfen«. Mittlerweile seien die Verhütungsmethoden derart fortgeschritten, dass Abtreibung kein Mittel der Geburtenregelung mehr sein dürfe.[31] Nur wenig später sahen sich die sozial-liberalen Reformer in der Bundesrepublik durch die Entscheidung der SED-Führung, in der DDR eine Fristenregelung einzuführen, unter zusätzlichen Druck gesetzt. Nicht allein »breite Bevölkerungskreise«, darunter viele SED-Mitglieder, wurden von dieser Wende der SED-Politik völlig »überrascht«, dasselbe galt auch für zahlreiche »westliche Beobachter«.[32] Unversehens verwarf die DDR-Führung ausgerechnet jenes seit 1950 geltende – je nach Standpunkt – restriktive oder gemäßigte Indikationenmodell, das die SPD/FDP-Regierung in der Bundesrepublik gerade erst durchzusetzen versuchte. Dort waren die Konflikte so groß und die Kurswechsel so zahlreich, dass sich der Traditionsbezug am Ende auf Veränderung an sich reduzierte. So erklärte die SPD-Abgeordnete Elfriede Eilers 1976 im Bundestag, man unternehme nach 1920 und 1974 nun den dritten sozialdemokratischen Vorstoß, um den »seit Jahrzehnten dauernden Sozialskandal« des § 218 »– nunmehr hoffentlich endgültig – aus der Welt

30 »Wohl auf der falschen Veranstaltung …« Diskussion mit Günter Grass bei der SPD-»Wählerinitiative« über den Paragraphen 218, in: FAZ vom 15.10.1971, in: ELAB 55.5/5.

31 Rücksicht auf die Konservativen im Lande, in: Der Spiegel vom 8.11.1971, in: ELAB 55.5./5.

32 Fristenlösung als »soziale Errungenschaft«, in: KNA vom 27.1.1972, in: ELAB 55.2/3; Hintergründe der neuen Regelung für eine Schwangerschaftsunterbrechung, in: berliner extradienst. Pressedienst der neuen Linken/Sozialistischer Informationsdienst vom 30.12.1971, in: ELAB 55.2/2.

zu schaffen«.[33] Ganz egal, ob Fristen- oder Indikationenlösung; Hauptsache, etwas bewegte sich überhaupt!

Setzte die DDR-Fristenregelung die Reformdiskussion in der Bundesrepublik unter Druck, so könnte umgekehrt auch die plötzliche Reformentscheidung der SED-Führung durch die sich abzeichnende Reform in Westdeutschland beeinflusst worden sein. Manche Historiker jedenfalls haben einen bewussten Reformwettlauf der SED-Führung – angetrieben von der »Angst« vor »Gesichtsverlust« – erkennen wollen.[34] Dabei musste die SED-Diktatur, wenn sie den »Wettlauf« erst einmal begann, zwangsläufig »siegen«. Denn sie konnte eine Abtreibungsreform zweifellos schneller und radikaler umsetzen, als dies der auf Diskussion, Gewaltenteilung und Kompromiss ausgerichteten Demokratie der Bundesrepublik möglich war. Zudem spielten ethische Bedenken in der DDR keine rechtsbindende Rolle mehr – anders als in Westdeutschland, wo die zwei Jahre später als im SED-Staat eingeführte Fristenregelung an einer höchstrichterlichen Auslegung des Grundrechtes auf Leben auch für ungeborenes Leben scheiterte.

Eine unkonventionelle Deutung wechselseitiger deutsch-deutscher Reformeinflüsse lieferte die »gelernte« DDR-Bürgerin und damals im Westen lebende Schriftstellerin Monika Maron, die im Frühjahr 1990 – kurz vor der Vereinigung beider deutscher Staaten – mit Blick auf die DDR-Fristenregelung feststellte: »Die Frauen in der DDR verdankten [1972] die überraschende Veränderung ihres Lebens weniger den alten Männern, von denen sie regiert wurden, als dem mutigen und lautstarken Aufbegehren der westdeutschen Frauenbewegung, die damals gegen den Anspruch des Staates auf ihre Leibeigenschaft durch die Straße zogen. Ihr Protest weckte in den ehemaligen Proletariern Erinnerungen an die eigenen Kämpfe gegen den § 218 in der Weimarer Republik und ließ sie den hybriden Slogan der Ulbrichtzeit ›Überholen ohne einzuholen‹ erneut beleben. Seitdem ziert ein uneingeschränkt freiheitliches und liberales Gesetz das düstere Gesetzeswerk der DDR als ein schöner Fremdkörper.« Fast 30 Jahre später, so meinte Maron, sei es an der Zeit, dass nun auch die westdeutschen Frauen die von ihnen bewirkten Segnungen der DDR-Fristenlösung genießen könnten.[35]

33 Bundestag, 7. Wahlperiode, 221. Sitzung vom 12.2.1976, in: Bundestag, Parlamentsarchiv, Gesetzesdokumentation (PA, GD) VII 406 A.

34 Hahn, Daphne: Modernisierung und Biopolitik. Sterilisation und Schwangerschaftsabbruch in Deutschland nach 1945, Frankfurt a. M./New York 2000, S. 265, 270; tendenziell ähnlich: Harsch, Donna: Revenge of the Domestic. Women, the Family, and Communism in the German Democratic Republic, Princeton (N. J.) 2007, S. 273.

35 Maron, Monika: Letzter Zugriff auf die Frau, in: Der Spiegel vom 14.5.1990, in: ELAB 55.2/2.

Reformgesetzgebung und grenzüberschreitende öffentliche Debatten

Der »großen« DDR-Reform war 1965 eine »kleine« vorausgegangen. Ähnlich wie für die Fristenlösung von 1972 machte die Katholische Nachrichten-Agentur dafür wachsende SED-Einflüsse auf die DDR-Gesundheitspolitik verantwortlich – namentlich den stellvertretenden Minister Ludwig Mecklinger, der 1971 zum Ressortchef aufstieg.[36] Mindestens ebenso wichtig war wohl die Kombination aus nach 1950 erheblich gesunkenen offiziellen Abtreibungsziffern (bei hoher Dunkelziffer illegaler Aborte), wachsenden Selbstbestimmungsforderungen von Frauen und einer diesen entgegenkommenden Verjüngung und Verweiblichung der DDR-Ärzteschaft. Im Übrigen ging seit der Lockerung des Abtreibungsrechts in der Sowjetunion Chruschtschows 1955 der Trend im »Ostblock« in Richtung Liberalisierung. Seit 1963 arbeiteten auch DDR-Experten an Lockerungen beim stalinistischen § 11 des Mutterschutzgesetzes. Inge Lange, seit 1961 Leiterin der Frauen-Abteilung des ZK der SED, ließ diese Arbeitsgruppe wissen, dass ihre Empfehlungen keinesfalls publik werden dürften, ein »öffentlicher Dialog« sei zu vermeiden.[37] Im März 1965 erließ das DDR-Ministerium für Gesundheitswesen daher eine »Rundverfügung« mit geheimen »Instruktionen« an die Ärzteschaft der DDR, durch die – ohne das Gesetz von 1950 formell zu ändern – das restriktive Zwei-Indikationenmodell stillschweigend aufgehoben wurde. Die bisher außerordentlich eng ausgelegte »medizinische Indikation«, aufgrund derer im Jahr 1962 ganze 860 Schwangerschaftsabbrüche genehmigt wurden,[38] wurde als medizinisch-soziale Indikation (mit acht Unterindikationen) beträchtlich ausgeweitet. Die psychische Gesundheit der Frau und ihre sozialen Verhältnisse wurden erstmals berücksichtigt, insbesondere »sozial-medizinische und rein soziale Indikationen« wurden seither praktiziert. Hatte man 1949 in der SBZ 35000 Anträge auf Schwangerschaftsunterbrechung verzeichnet, von denen drei Viertel bewilligt wurden, so waren 1951 nur noch 8774 Anträge gestellt und 57 Prozent derselben bewilligt worden. 1958 stellten nur noch 1730 Frauen einen Abtreibungsantrag bei den offensichtlich abschreckenden staatlichen Gutachterkommissionen. Demgegenüber hatte es in der Bundesrepublik 1950 10320 legale Abbrüche gegeben, 1959 2931 – eine Zahl, die ein Jahrzehnt konstant blieb

36 Fristenlösung als »soziale Errungenschaft«, in: KNA vom 27.1.1972, in: ELAB 55.2/3.
37 Vgl. Harsch: Revenge of the Domestic, S. 244f., 265f.; Fulbrook, Mary: The People's State. East German Society from Hitler to Honecker, New Haven/London 2005, S. 152f.
38 Vgl. FAZ vom 9.7.1966, in: ELAB 55.2/2.

(1968: 2863), sich aber dann 1970 fast verdoppelte.[39] Die Dunkelziffer illegaler Abbrüche galt für beide deutschen Staaten als hoch – für die DDR wurde sie auf 55000 bis 80000 pro Jahr veranschlagt.[40]

Diese faktische Einführung einer »sozialen Indikation« durch größtmögliche Ausweitung der »medizinischen« hatte ein Vorbild im brandenburgischen Abtreibungsgesetz von 1947, bei dessen Beratungen die SED diese von der LDP angeregte »Synthese«-Lösung akzeptiert und dadurch die ablehnende Ost-CDU geschickt isoliert hatte.[41] Schon damals war diese sozial erweiterte medizinische Indikation christlichen Widerständen begegnet, und als die »Instruktionen« von 1965 bekannt wurden, protestierten die evangelischen Bischöfe in der DDR scharf, aber eher nichtöffentlich, gefolgt von zurückhaltenderer, aber kirchenöffentlicher Kritik durch einen Hirtenbrief der katholischen Bischöfe im November 1965.[42] 1966 bewertete der evangelische Kirchenjournalist Reinhard Henkys die DDR-Instruktion als Bruch der gesamtdeutschen Rechtseinheit: »Damit ist in der DDR der [...] im letzten Jahrzehnt in beiden deutschen Teilstaaten einheitlich konservativen Haltung in der Frage der Abortbekämpfung der Abschied gegeben worden.« Leider sei diese Wende der DDR-Politik in der selbstbezüglichen Öffentlichkeit der Bundesrepublik kaum beachtet worden.[43]

Letzteres war ein zu scharfes Urteil. Denn der Konflikt zwischen SED-Staat und Kirchen über die Instruktion eskalierte durch ein Spiel über die deutsch-deutsche Bande. Der Versuch der DDR-Regierung, ihr restriktives Abtreibungsrecht an der eigenen Öffentlichkeit vorbei durch eine geheime Verwaltungsverfügung zu lockern, wurde – wahrscheinlich durch kirchliche Informanten – binnen kurzem in der Westpresse publik, und dies erzwang wiederum jene öffentliche Debatte in den Medien der DDR, welche die SED-Führung unbedingt hatte vermeiden wollen. Im Juli 1965 berichtete die *FAZ* ausführlich über die Instruktion und kritisierte nicht nur den »Umfang der künftig zulässigen Schwangerschaftsunterbrechung«, sondern auch die anhal-

39 Wolff, Ulrich: Schwangerschaftsabbruch aus medizinischer Sicht. Legal oder illegal, Berlin/New York 1973 S. 78–80, 137.

40 5 Jahre Schwangerschaftsabbruch in der DDR, in: KNA vom 11.3.1977, in: ELAB 55.2/2; Bundestag, 7. Wahlperiode, 20. Sitzung des Sonder-Ausschusses für die Strafrechtsreform vom 28.11.1973, in: PA, GD VII 152 A 2.

41 Vgl. Akten und Verhandlungen des Landtags der Mark Brandenburg 1946–1952, Bd. I: 1.–69. Sitzung 1946–1950, S. 183f., 252, 303.

42 Pritzel, Konstantin: Geburtenregelung in der DDR, in: Deutschland Archiv 4 (1971), S. 62–68, hier S. 64f.

43 Henkys, Reinhard: Abortus – Probleme einer Seuchenbekämpfung, in: Kirche in der Zeit 6/1966, S. 275–281, hier S. 275, in: ELAB 55.2/2.

tende Täuschung der DDR-Bevölkerung durch die DDR-Medien und »vor allem das auch nach Sowjetzonen-Recht Illegale des Verfahrens«.[44] Daraufhin bemächtigten sich westliche Massenblätter wie *Bild* des Themas, und der gut informierte Evangelische Pressedienst legte nichtöffentlich mit weiteren Informationen nach.[45] Dieser von der Westpresse erzeugte Druck trug dazu bei, dass die evangelischen Bischöfe der DDR im September 1965 vom DDR-Gesundheitsminister und vom Staatssekretär für Kirchenfragen empfangen wurden. Die Bischöfe forderten nachdrücklich, die Ehrfurcht vor dem Leben müsse als Prinzip der DDR-Politik weiterhin öffentlich herausgestellt werden; ein Abort sei nur zur Abwendung einer Lebensgefahr für die Mutter zulässig.[46] Diese Kirchenproteste bewirkten im Dezember 1965 eine offizielle Reaktion im *Neuen Deutschland*. Dort betonten Professor Ludwig Mecklinger, Stellvertreter des Ministers für Gesundheitswesen, und der ZK-Abteilungsleiter für Gesundheitspolitik, Dr. Werner Hering, die »Ehrfurcht vor dem Leben« sei und bleibe ein grundlegendes Prinzip der »Familien- und Bevölkerungspolitik« der DDR. Zugleich polemisierten die SED-Politiker heftig gegen die Westpresse, die den günstigen »Einflüssen unserer Gesundheits- und Sozialpolitik durch bewusste Fehlinformationen entgegenzuwirken« versuche. So sei die DDR-Instruktion zum Schwangerschaftsabbruch massiv verleumdet worden – von Medien, die im Westen selbst eine immer größere Unmoral förderten. Der *ND*-Artikel brachte das Kunststück fertig, mit aller Vehemenz der damals noch herrschenden Ulbricht'schen »sozialistischen Moral« gegen den dekadenten Westen zu poltern und gleichzeitig zu behaupten, die Lockerung des DDR-Abtreibungsrechts sei mit dieser SED-Moral ebenso kompatibel wie mit der pronatalistischen Politiktradition. Während sie die Instruktion als notwendige Anpassung an neueste wissenschaftliche Erkenntnisse verteidigten, lehnten Mecklinger und Hering ein Selbstentscheidungsrecht der Frau über ihre Schwangerschaft – wie es derselbe Mecklinger 1972 als Minister dann umsetzen sollte – noch vehement ab.[47] Die *FAZ* berichtete postwendend über diese SED-Reaktion und kritisierte, dass diese mit keinem Wort auf »die schweren

44 Cramer, Dettmar: In der Zone wird die Abtreibung stillschweigend erleichtert, in: FAZ vom 22.7.1965, in: ELAB 55.2/2.

45 Vgl. Zone erlaubt Eingriff nach Vergewaltigung, in: BILD vom 24.7.1965 und epd, Zentralredaktion, »Grüner Dienst« Nr. 30/65, »Nur zur persönlichen Information! Nicht zur Veröffentlichung!«, 26.7.1965, in: ELAB 55.2/2.

46 Vgl. Pritzel: Geburtenregelung, S. 64f.; Helwig, Gisela: Künftig Fristenlösung in der DDR, in: Deutschland Archiv 5 (1972), S. 120–121.

47 Mecklinger, Ludwig/Hering, Werner: Schutz der Gesundheit – Ehrfurcht vor dem Leben, in: ND vom 11.12.1965, Beilage S. 4.

Vorwürfe« eingegangen sei, »welche die beiden Kirchen der Zonenregierung im Zusammenhang mit den sich häufenden amtlich genehmigten Schwangerschaftsunterbrechungen gemacht« hätten.[48]

Nach diesem deutsch-deutschen Pressegefecht wurde es für längere Zeit still. Das Interesse der Westmedien an DDR-Abtreibungspolitik sollte erst zwischen 1971 und 1974 – in der Hochphase der westdeutschen Reformdiskussion – erneut und anhaltend wach werden. Diente dieses Interesse 1965 noch primär konservativ-reformkritischen Zwecken, sollte es sich ab 1971 deutlich in kritische und befürwortende Positionen aufspalten. Ein erster westlicher Versuch, mit Verweisen auf DDR-Reformen Veränderungen im Westen zu fördern, datiert jedoch schon vom September 1965. Kurz nach dem konservativen Alarmruf der *FAZ* traf sich in der Schweiz *Stern*-Reporter Wilfried Ahrens mit dem DDR-Gynäkologen Karl-Heinz Mehlan zum Interview. Das Eintreten dieses prominenten Rostocker Professors gegen das Abtreibungsverbot hatte, wie Ahrens sagte, »großes Aufsehen erregt, auch in der Bundesrepublik«. Mehlan verteidigte die neue DDR-Instruktion und bewirkte damit bei Ahrens die sympathisierende Schlussfolgerung: »Man ist in dieser Beziehung bei Ihnen also liberaler als bei uns.« Doch als der DDR-Professor konkrete Abtreibungsmethoden schilderte, wurde es dem West-Reporter zu viel: »Das ist doch Mord, Herr Professor.« Mehlan räumte ein, auch er halte »die Legalisierung des Aborts« nicht für »das geeignetste Mittel zur Familienplanung«.[49]

Dieses »*Stern*-Gespräch« erregte Aufsehen in der Bundesrepublik. Wenig später interviewte derselbe Reporter den ehemaligen nordrhein-westfälischen Justizminister und aktiven evangelischen Kirchenfunktionär Dr. Otto Flehinghaus (CDU), der seit 1962 für eine Erweiterung des westdeutschen Abtreibungsrechts um eine ethische Indikation eintrat und dabei Konflikte mit der katholischen Seite nicht scheute. Zugleich aber war Flehinghaus ein scharfer Gegner der sozialen Indikation. Ohne danach gefragt worden zu sein, attackierte er die DDR: »Von der Meinung Prof. Mehlans trennen mich Welten«, denn wenn man Abtreibung so weitgehend freigebe wie das SED-Regime, könne man gleich »auch Mord und Totschlag erlauben«.[50] Dieselbe Gleichsetzung hatte 1947 die Ost-CDU vollzogen, und sie sollte 1972 auch die abweichenden CDU-Stimmen in der Volkskammer motivieren.

48 Instruktion zur Schwangerschaftsunterbrechung, in: FAZ vom 15.12.1965, in: ELAB 55.2/2.

49 Ahrens, Wilfried: »Ist Abtreibung bei Ihnen KEIN MORD, Herr Professor?« Stern-Gespräch mit Prof. Dr. Karl-Heinz Mehlan, dem führenden Experten für Geburtenregelung im Ostblock, in: Stern vom 26.9.1965, S. 158–165, in: ELAB 55.2/2.

50 Ahrens, Wilfried: Abtreibung wird bei uns niemals erlaubt, in: Stern vom 3.10.1965, in: ELAB 55.2/4.

Erst 1971 wurde die DDR erneut Reform-Vergleichsobjekt. Damals wandte sich die sozial-liberale Bundesregierung Brandt unter heftigen Konflikten – auch in den eigenen Reihen – ihrer Reform des § 218 zu. Im April 1971 plädierte Bundesrichter Dr. Horst Woesner im *Spiegel* für einen reformorientierten »Blick über die Grenzen« und nannte unter anderen Vorbildern die DDR.[51] Selbst die Springer-Presse konstatierte: »Wir müssen uns nichts vormachen: Die Bundesrepublik ist nach den katholischen Ländern Spanien, Portugal und Italien auf diesem Gebiet das Land mit mittelalterlicher Rechtspraxis – mit einer ›frauenfeindlichen‹ Rechtsprechung.« Hingegen habe sich »rings um die Bundesrepublik [...] einiges getan«. Dabei diente neben den Fristenregelungen in der Sowjetunion und Polen die erweiterte soziale Indikation der DDR als positives Beispiel.[52] Konservative Medien wie die *FAZ* suchten gegen reformorientierte Rechtsvergleiche die inhaltlichen Probleme liberaler Regelungen zu betonen.[53] SPD-nahe Zeitungen bemerkten demgegenüber, dass der § 218 in der DDR längst »kein Problem mehr« sei, weil dort das »Recht auf Schwangerschaftsunterbrechung« 1965 »weitgehend liberalisiert« worden sei.[54] Demnach wäre die 1972 erfolgte Einführung der Fristenregelung in der DDR eigentlich gar nicht mehr nötig gewesen.

Dass zu Beginn der westdeutschen Reformdiskussion sogar das restriktive DDR-Recht von 1950/65 als Reformmodell herangezogen werden konnte, verweist auf die sehr begrenzten Anfänge der westdeutschen Reformpläne, die erst allmählich immer umfassender wurden. Denn einer wachsenden Mehrheit im westdeutschen Reformlager ging ein Indikationenmodell wie in der DDR längst nicht weit genug. Diese Kräfte in SPD und FDP bekämpften schon 1971 das zurückhaltende Reformvorhaben des SPD-Bundesjustizministers Jahn – ein Indikationenmodell. Nicht die DDR, sondern Fristenlösungsmodelle in England, Polen oder Schweden regten westdeutsche Reformbefürworter an und Reformgegner auf.[55] Ende 1972 konnte die *Frankfurter Rundschau* die

51 Bundesrichter Dr. Woesner: Das Gerede vom Mord am Ungeborenen, in: Der Spiegel vom 19.4.1971, S. 77–82, in: ELAB 55.2/4.

52 Kirchner, K. H.: Abtreibung auf Schein – daraus wird nichts!, in: BZ [West-Berlin] vom 17.4.1971, in: ELAB 55.2/4.

53 Winters, Peter Jochen: Kampf dem Abtreibungselend – aber wie?, in: FAZ Nr. 137 vom 27.8.1971, in: ELAB 55.2/4.

54 Schmied, Jürgen: § 218 – in der DDR kein Problem mehr. Recht auf Schwangerschaftsunterbrechung weitgehend liberalisiert, in: Telegraf vom 10.10.1971, in: ELAB 55.2/2.

55 Leonhardt, Rudolf Walther: § 218. Drei Argumente für die Reform, in: Die Zeit vom 27.8.1971, in: ELAB 55.5/5; Nüsse, Robert-Julius: Die Zahl der legalen Eingriffe sinkt ständig. Schwangerschaftsabbruch in Polen, in: FR vom 16.10.1971, in: ELAB 55.5/5; Seiler, Rudolf: Abtreibung – nicht wie in England, in: Publik vom 15.10.1971, in: ELAB 55.5/5.

alte, unterdessen abgeschaffte DDR-Indikationenregelung offen als Negativbeispiel für entsprechende Reformpläne im Westen anführen.[56] Und auch die lange zögernde SPD/FDP-Bundesregierung fand sich – allerdings erst nach überstandener Klippe der Bundestagswahl von 1972 – in den Jahren 1973/74 zur Umsetzung einer Fristenregelung bereit.

Wurde dem DDR-Indikationenmodell in der westdeutschen Reformdebatte die ihm anfänglich attestierte Modernität rasch wieder aberkannt, so änderte der Beschluss der SED-Führung vom Dezember 1971, in der DDR eine Fristenregelung einzuführen, das Bild grundlegend. Anfangs überwogen noch negative Wertungen in den Westmedien: Im 1. Quartal 1972 konzentrierte sich die Berichterstattung auf die neuerlichen Bischofsproteste in Ost-Berlin, bei denen – umgekehrt wie 1965 – die katholische Kirche früher und schärfer auftrat als die evangelische: Am 9. Januar 1972 ließen die katholischen Bischöfe der DDR eine Kanzelerklärung verlesen, in der sie auf eine »nicht unerhebliche Unruhe« in der DDR-Bevölkerung verwiesen und darauf beharrten, eine Gesellschaft, die dem werdenden Leben ihren Schutz entziehe, werde in ihrem stets proklamierten »Bemühen um wahren Humanismus« unglaubwürdig.[57] Der Vorsitzende der katholischen Bischofskonferenz, der Münchener Erzbischof Julius Kardinal Döpfner, attackierte im Januar 1972 prompt die westdeutschen Sozialdemokraten, indem er deren Fristenlösungspläne »mit einem ähnlichen Beschluss des DDR-Ministerrates« verglich.[58] Auch in westdeutschen Fernsehberichten über die DDR-Reformpläne überwogen im Januar 1972 kritische Stimmen: »Unter Berufung auf katholische Bischöfe wurde mehrfach das Argument verbreitet, ›eine Gesellschaft, die auf den gesetzlichen Schutz des werdenden Lebens‹ verzichte, werde ›mit ihren Bemühungen um wahren Humanismus unglaubwürdig‹. Außerdem hieß es, ein solches Gesetz würde in der DDR im Gegensatz zur BRD ohne vorherige öffentliche Diskussion ›von oben beschlossen‹ (2. Fernsehen).« Allerdings artikulierte sich auch »eine entgegengesetzte Wertung«: So hieß es in einer ZDF-Sendung, »die mögliche Schwangerschaftsunterbrechung sei ein ›Zeichen dafür, dass die Gleichberechtigung der Frau in der DDR weiter fortgeschritten‹ sei als in der Bundesrepublik«.[59]

56 Regensburger, Marianne: Die seelischen Folgen der Abtreibung, in: FR vom 4.12.1972, in: ELAB 55.5/6.
57 Vgl. Helwig: Künftig Fristenlösung, S. 121.
58 Kardinal Döpfner kritisiert Bonner Rechtsreformpläne, in: Der Tagesspiegel vom 18.1.1972, in: ELAB 55.5/5.
59 Institut für Internationale Politik und Wirtschaft [beim ZK der SED], vertraulich, Bericht über »Tendenzen der Feindpropaganda gegen die DDR im Rundfunk und Fernsehen der

Auch später, in den Ausschussberatungen des Bundestages zur westdeutschen Fristenregelung Ende 1973, versuchten konservative Reformgegner die West-Reform durch Gleichsetzung mit der Ost-Reform zu diskreditieren. So bat der CSU-Abgeordnete Carl-Dieter Spranger die Bundesregierung »um Auskunft, aus welchen Gründen in der DDR das ungeborene Leben als Rechtsgut nicht anerkannt werde und ob dort die Freigabe der Schwangerschaftsunterbrechung irgendwie ideologisch motiviert werde«. Damit löste er Empörung beim liberalen Abgeordneten Andreas von Schoeler aus, einem engagierten Befürworter der Abtreibungsreform, der von Spranger zu wissen verlangte, »was die Fristenregelung mit Sozialismus zu tun habe«. Offenbar hatte der CSU-Politiker die westdeutsche Reform schon anderweits als »sozialistisches Projekt« angeprangert. Der Vertreter des Bundesjustizministeriums, Ministerialrat Hartmuth Horstkotte, entschied den Disput gegen Spranger: Zwar falle es Außenstehenden »schwer, die Motivationen derjenigen zu ergründen, die für die Gesetzgebung in der DDR und in den anderen osteuropäischen Ländern verantwortlich seien, weil die Entscheidungsprozesse weitgehend verborgen bleiben. Ihm scheine aber sicher zu sein, dass die dort vollzogenen Reformen ihre gedankliche Wurzel nicht speziell in Gesellschaftsordnungen hätten, die sich als sozialistisch verstünden.« Schon SPD-Reichsjustizminister Gustav Radbruch habe um 1930 treffend bemerkt, »eine Fristenregelung sei mehr ein individualistischer als ein sozialer Gedanke«. Auch die DDR-Fristenregelung verfolge gesundheitliche, individualistische und gesellschaftliche Ziele, vor allem der nicht nur dem sozialistischen System eigentümliche Aspekt der Entscheidungsfreiheit der Frau spiele eine Rolle. Daher sei er »nicht in der Lage, den Ideologieverdacht hinsichtlich Osteuropas mit Fakten zu belegen«.[60] Daraufhin wurden Versuche der CDU/CSU, die westdeutsche Fristenlösung als Nachahmung eines kommunistischen Projekts zu diskreditieren, offenbar stillschweigend beerdigt.

Nach Verabschiedung der DDR-Fristenregelung am 9. März 1972 konzentrierte sich die kritisch-konservative Berichterstattung in Teilen der Westpresse auf die zunächst steigenden Abtreibungszahlen der DDR, wo nach 1972 plötzlich »auf vier Geburten drei Abtreibungen« kämen.[61] Die Katholische Nach-

BRD sowie Westberlins, Beobachtungszeitraum: 1. bis 17. Januar 1972«, o. D., in: SAPMO-BArch, DY30/JIV2/2J/3911.

60 Bundestag, 7. Wahlperiode, 21. Sitzung des Sonder-Ausschusses für die Strafrechtsreform vom 5.12.1973, Sp. 1306–1308, in: PA, GD VII 152 A 2.

61 Fristenlösung in der DDR, in: FAZ vom 9.5.1972; Schwangerschaftsunterbrechung bereitet der DDR Sorgen, in: Der Tagesspiegel vom 11.5.1972, in: ELAB 55.2/2; Kummer, Jochen: Eingriff bis zum dritten Monat, in: Stern vom 4.6.1972, in: ELAB 55.2/3; Auf vier Gebur-

richten-Agentur berief sich 1977 auf Angaben des DDR-Rundfunks, als sie von 119000 Schwangerschaftsabbrüchen im Jahr 1972 und 83000 im Jahr 1976 berichtete. Das bedeutete, dass die anfangs sehr hohen Abtreibungszahlen wieder um ein Drittel gesunken waren.[62] Gleichwohl bohrten solche Berichte in einer schmerzenden SED-internen Wunde. Jedenfalls hatten die Befürworter der DDR-Abtreibungsreform im SED-Politbüro längere Zeit ihre Fristenregelung gegen die Kritik zu verteidigen, sehenden Auges einen massiven Einbruch der Geburtenentwicklung verursacht zu haben. Im Juli 1973 sah sich die ZK-Abteilungsleiterin für Frauen, Inge Lange, seit 1973 auch Kandidatin des Politbüros, genötigt, in einer geheimen Information für dieses Führungsgremium nachzuweisen, dass die 1972 begleitend zur Abtreibungsreform beschlossene Geburtenförderung sich bereits erkennbar auswirke und der Tiefpunkt der Geburtenentwicklung überwunden sei. Überhaupt sei für Letztere der Zusammenhang mit der (in der DDR außerordentlich hohen) Frauenerwerbsquote und der beruflichen Qualifizierung von Frauen entscheidend; daher entsprächen »Meinungsäußerungen, die darauf hinauslaufen, die ungünstige Bevölkerungsentwicklung in der DDR ausschließlich der neuen gesetzlichen Regelung der Schwangerschaftsunterbrechung anzulasten, nicht den tatsächlichen Gegebenheiten«. Langes Rechtfertigungsschrift warf einen Blick auf die Geburtenentwicklung in anderen sozialistischen Ländern, um zu zeigen, dass restriktive Abtreibungspolitik – wie sie etwa in Rumänien praktiziert wurde – einen Geburtenrückgang ebenfalls nicht habe verhindern können. Auf westliche Länder oder auf die Bundesrepublik ging Lange mit keinem Wort ein.[63] Doch die von ihnen durchgesetzte Fristenregelung ließ sich das Netzwerk weiblicher SED-Funktionäre nicht wieder nehmen. »Frauen entscheiden verantwortungsbewusst«, titelte die Ost-*Berliner Zeitung* im Juni 1975 über ein Interview mit Helga Rayner.[64] Diese rührige DDR-Regierungsfunktionärin erklärte wenig später im Presseorgan des West-Berliner SED-Ablegers SEW kategorisch: »Die verantwortlichen Politiker in der DDR [...] sind der Auffassung, dass der legal induzierte Abort als Mittel der Familienplanung noch weiter und

ten drei Abtreibungen. DDR veröffentlichte erstmals detaillierte Angaben über Schwangerschaftsunterbrechung seit gesetzlicher Freigabe, in: KNA vom 6.8.1974, in: ELAB 55.2/2.

62 5 Jahre Schwangerschaftsabbruch in der DDR, in: KNA vom 11.3.1977, in: ELAB 55.2/2.

63 ZK-Abteilung Frauen, Inge Lange, Information [für das Politbüro des ZK der SED] zu einigen Problemen der Bevölkerungsentwicklung in der DDR, 3.7.1973, in: SAPMO-BArch, DY30/JIV2/2J/4798; zur hohen Frauenerwerbstätigkeit in der DDR vgl. Schwartz: Emanzipation zur sozialen Nützlichkeit; Trappe, Heike: Emanzipation oder Zwang? Frauen in der DDR zwischen Beruf, Familie und Sozialpolitik, Berlin 1995.

64 Statkowa, Susanne: Frauen entscheiden verantwortungsbewußt, in: Berliner Zeitung vom 7./8.6.1975, in: ELAB 55.2/2.

schneller zurückgehen wird, dass der Weg zu diesem [...] Ziel jedoch keinesfalls über eine Veränderung des Gesetzes zur Schwangerschaftsunterbrechung im Sinne einer Restriktion führen kann. [...] Bevölkerungspolitik wird in der DDR nicht mit einengenden Gesetzen gemacht.«[65]

Die SED-Reformer(innen) lancierten eine gesamtdeutsche Medienoffensive nicht nur über ein im Westen kaum gelesenes kommunistisches Blatt. Auch interessierte sie eher wenig, ob westdeutsche Maoisten-Grüppchen die DDR-Fristenregelung als Errungenschaft betrachteten oder totschwiegen, um stattdessen Chinas Bevölkerungspolitik zu preisen.[66] Der SED-Charmeoffensive ging es um Breitenwirkung im linksliberalen Mainstream der Bundesrepublik. Eher noch auf die DDR-interne Diskussion gerichtet war ein Artikel im *Neuen Deutschland*, der im August 1972 günstige Auswirkungen der Fristenregelung auf die Gesundheit der Frauen konstatierte.[67] Bereits dieser SED-Bericht fand im Westen Resonanz, wenngleich er noch als eine von vielen »Übertreibungen« im Meinungskampf gewertet wurde.[68] Massiv auf die westdeutsche Diskussion wirkte aber ein Interview, das die Stellvertreterin des DDR-Ministers für Gesundheitswesen, Prof. Dr. Anneliese Toedtmann, ihre Abteilungsleiterin Dr. Helga Rayner und ein führender DDR-Sozialhygieniker im November 1972 in Ost-Berlin zwei Journalisten des westdeutschen Magazins *konkret* gewährten. Die SED-Politik nutzte die ihr gewährte Chance zur Selbstdarstellung perfekt. Rayner verweis darauf, dass die »heiße Diskussion um die Jahn'sche Reform des § 218« im Westen »auch unsere Frauen« in der DDR »nicht unberührt« gelassen habe; vor allem der konservative »Zweckpessimismus, der den Eingriff als lebensgefährlich darstellt«, habe leider in der DDR Resonanz gefunden. Die *konkret*-Journalisten Luc Jochimsen und Hermann L. Gremlitza fragten mit beflissenem Witz, ob westdeutsche Frauen nun bald in Dresden ihre Abtreibung erledigen lassen könnten, statt weiterhin ins europäische Ausland (»Zagreb«) reisen zu müssen. Hierauf erhielten sie von Toedtmann eine abschlägige Antwort: Das DDR-Gesetz habe nicht die Absicht, »in die gesetzlichen

65 Rayner, Helga: Familienplanung besitzt Vorrang. Eine Bilanz der Schwangerschaftsunterbrechung in der DDR, in: Die Wahrheit vom 9.7.1975, in: ELAB 55.5/8.

66 Vgl. Weg mit dem § 218. Abtreibung – Ja oder Nein, das muß Sache der Frauen sein!, hrsg. vom Verlag Arbeiterkampf, Hamburg Januar 1976, S. 35f.; Weg mit dem § 218!, hrsg. von der Sektion Sozialpolitik der Gesellschaft zur Unterstützung der Volkskämpfe Heidelberg, Heidelberg 1974, S. 29.

67 Hannes, Dieter: Günstige Wirkung auf die Gesundheit der Frau, in: ND vom 5.8.1972, S. 12.

68 Abtreibung: Massenmord oder Privatsache?, in: Der Spiegel vom 21.5.1973, S. 38–58, hier S. 54.

Bestimmungen der Bundesrepublik willkürlich einzugreifen«.[69] Das lag ganz auf der vom Honecker-Regime verfochtenen deutschlandpolitischen Linie gegenseitiger Nichteinmischung – was die konkret-Reporter längst hätten wissen können, denn schon im März 1972 hatte die *FAZ* korrekt gemeldet: »DDR verbietet Abtreibung an Ausländerinnen. Auch Westdeutsche von der Verordnung betroffen.«[70] Die Unwissenheit der westdeutschen Linken focht das freilich nicht an. Noch 1980 rechnete Ingrid Zwerenz unter die »guten Seiten« des SED-Staates die vermeintliche Chance zum DDR-Abtreibungstourismus für westdeutsche Frauen, um sich zu wundern: »Ich hab nur noch nie gehört, dass jemand die in diesem Punkt größere Liberalität der DDR auch ausgenutzt hat.«[71]

Das *konkret*-Interview scheint einen Bann gebrochen zu haben. Im Frühjahr 1973 (die Beratungen zur westdeutschen Fristenregelung liefen im Bundestag an) berichtete die ganze liberale westdeutsche Presse – *Tagesspiegel, SZ, Frankfurter Rundschau (FR)* – unter Berufung auf Verlautbarungen der DDR-Vizeministerin Toedtmann überaus positiv über die DDR-Reform. *FR*-Korrespondentin Annemarie Doherr (die Ulbricht 1961 einst zur öffentlichen Lüge provoziert hatte, niemand habe die Absicht, eine Mauer zu errichten) erklärte, die guten Erfahrungen, die die DDR unterdessen damit gemacht habe, seien auch für die Bundesrepublik »aufschlussreich«. Die »über Erwarten günstige Bilanz« der Fristenregelung sei »allerdings auch den familienpolitischen und sozialen Maßnahmen zu danken, die die Regierung gleichzeitig in Kraft setzte, um den Willen zum Kind zu unterstützen«.[72] Kirchliche Blätter werteten die Abtreibungszahlen der DDR weiterhin negativ, kamen aber gegen den neuen Positivtrend kaum noch an, der – garniert mit Zitaten der SED-Politikerin Toedtmann – bis in die westdeutsche Provinzpresse reichte.[73]

Einen zweiten Höhepunkt erreichte das medial konstruierte DDR-Vorbild in Westdeutschland im Umfeld der Fristenlösungsentscheidung des Bundestages. Im Februar 1974 griff die *FR* einen bislang nichtöffentlichen Bericht des

69 Abtreibung in der DDR, in: konkret vom 23.11.1972, S. 18–20, in: ELAB 55.2/2.

70 FAZ vom 29.3.1972, in: ELAB 55.2./2.

71 Dieser fiktive Frauendialog findet sich in: Zwerenz, Ingrid: Frauen. Die Geschichte des § 218. Erzählendes Sachbuch, Frankfurt a. M. 1980, S. 143.

72 Doherr, Annemarie: Die Zahl der illegalen Abtreibungen ging schlagartig zurück, in: FR vom 24.4.1973; Mara, Michael: Aufschlußreiche Erfahrungen mit der Fristenregelung, in: Der Tagesspiegel vom 23.3.1973; Sudau, Christel: Die Frau hat das letzte Wort. Gute Erfahrungen mit der Fristenregelung, in: SZ vom 31.3.1973, in: ELAB 55.2/2.

73 Vgl. K.N., Abtreibungs-Welle in der DDR, in: Publik-Forum. Zeitung kritischer Christen vom 6.4.1973, S. 18, in: ELAB 55.2/2; Frist oder Freigabe. Korrespondenten berichten aus europäischen Ländern, in: Neue Rhein-Zeitung vom 6.5.1973, in: ELAB, 55.5/7.

SPD-Bundestagsabgeordneten Hugo Brandt auf, der sich im Oktober 1973 als Mitglied des Sonderausschusses für die Strafrechtsreform mit juristischen und medizinischen Experten der DDR in Ost-Berlin getroffen hatte. Brandts Bericht über diese Gespräche war zu den Akten gelegt worden, ohne bei den politischen Beratungen irgendwelche Beachtung zu finden.[74] Allerdings setzte sich der SPD-Abgeordnete in den Ausschussberatungen Ende 1973 wiederholt für eine Würdigung der DDR-Fristenregelung ein: So widersprach er der verbreiteten Befürchtung, Fristenregelung bedeute zwangsläufig Abtreibungszunahme: »Zumindest für den Staat, der eine exakte Drei-Monats-Fristenregelung habe, für die DDR, treffe dies nach den Erfahrungen mit dem neuen Gesetz nicht zu.«[75] Anfang 1974 referierte dann die *FR* ausführlich, was der Sozialdemokrat in Ost-Berlin an DDR-Selbstdarstellung notiert hatte. Dabei kritisierte die *FR* süffisant das Desinteresse der Ausschussmehrheit: »Wenn andere Ausschussmitglieder wochenlange Reisen nach London, New York oder Tokio unternehmen, fährt [Hugo] Brandt in die DDR [...]. Sein Erfahrungsbericht jedoch [...] wird von den Kollegen des Bundestages zwar zur Kenntnis, aber offensichtlich nicht so recht ernst genommen. Über die Gründe kann man rätseln.«[76]

Wenig später, im März 1974, fand sich eine Würdigung der DDR-Fristenregelung sogar im kirchennahen *Deutschen Allgemeinen Sonntagsblatt*.[77] Bereits nach der Verabschiedung der Fristenregelung durch die SPD/FDP-Mehrheit im Bundestag am 26. April 1974, deren Entscheidung von CDU/CSU und großen Teilen der Kirchen weiter bekämpft wurde, erschien im Mai 1974 eine äußerst positive Darstellung der DDR-Politik in der *SZ*. Deren DDR-Korrespondent Peter Pragal hatte aufs Neue die DDR-Funktionärin Helga Rayner interviewt und maß deren Aussagen viel »Gewicht« bei. Zugleich verwies er abwertend auf die endlosen Bonner »Auseinandersetzungen« um die Abtreibungsreform – gemeint war die von der Union eingeleitete Klage vor dem Bundesverfassungsgericht –, während das »Fristenmodell« in der DDR schon seit zwei Jahren »verankert« sei.[78]

74 Bericht des Abgeordneten Brandt (Grolsheim) über eine Informationsreise im Zusammenhang mit der Reform des § 218 StGB in die DDR am 9.10.1973, o. D., in: PA, GD VII 152 B 1.

75 Bundestag, 7. Wahlperiode, 20. Sitzung des Sonder-Ausschusses für die Strafrechtsreform vom 28.11.1973, Sp. 1285, in: PA, GD VII 152 A 2.

76 Lerchbacher, Hans: Der Wille zum Kind wird dennoch gestärkt. Erfahrungsbericht eines Abgeordneten über die Fristenlösung in der DDR, in: FR vom 25.2.1974, in: ELAB 55.2/2.

77 Regensburger, Marianne: Eine deutsche Republik der Wunschkinder?, in: Deutsches Allgemeines Sonntagsblatt vom 3.3.1974, in: ELAB 55.2/2.

78 Pragal, Peter: Wende nach zwei Jahren Erfahrung mit der Fristenregelung in der DDR, in: SZ vom 31.5.1974, in: ELAB 55.2/2.

Ein solches Argument in einer führenden westdeutschen Zeitung war neu. 1972 war die diktaturspezifische »Basta«-Politik der DDR noch kritisch der langsamen, aber demokratischen Streitkultur des Westens gegenübergestellt worden: »Das unterschiedliche Demokratieverständnis zeigte sich jüngst am Thema Schwangerschaftsunterbrechung. Im Westen: Heftiger Streit um Fristen- oder Indikationslösung seit Monaten. Im Osten: Ministerrat beschloss Fristenlösung! Ohne Diskussion. Basta!«[79] Zweieinhalb Jahre später, den anhaltenden und letztlich auch erfolgreichen Widerstand der CDU/CSU-Opposition gegen die Bonner Fristenlösung vor Augen, konnten entnervte westdeutsche Reformanhänger dem SED-Durchregieren zumindest bei der Abtreibungsreform plötzlich etwas abgewinnen.

Reaktionen auf das Scheitern der Fristenregelung in der Bundesrepublik

Erst als der Bundestag im April 1974 das westdeutsche Pendant zur DDR-Fristenlösung beschloss, reagierte mit dem *Neuen Deutschland* das Flaggschiff der DDR-Presse auf die parallele Reform in Westdeutschland. Säuerlich verwies das SED-Zentralorgan auf »Einschränkungen für die Entscheidungsfreiheit der Frauen« im neuen Bundesgesetz – was richtig war, aber für die Durchführungsbestimmungen der DDR-Fristenregelung von 1972 (z. B. in Form von Altersgrenzen) ebenso zutraf. Als einziger westdeutscher Kommentar wurde der Parteivorstand der Deutschen Kommunistischen Partei (DKP) – der SED-finanzierten westdeutschen Schwesterpartei – zitiert, »die Änderung des reaktionären Paragraphen 218 sei vor allem Ergebnis langjähriger Kämpfe von Millionen Frauen und Männern«.[80]

Mehr als die verspätete westdeutsche Fristenlösung, die immerhin große Ähnlichkeiten mit dem eigenen Reformgesetz aufwies und daher schlecht grundsätzlich angegriffen werden konnte, bot deren baldiges Scheitern der DDR-Presse bestes Propagandamaterial. Am 25. Februar 1975 siegte die Verfassungsklage der oppositionellen CDU/CSU in Karlsruhe. Durch dieses Urteil des Bundesverfassungsgericht wurde die Bundestagsmehrheit genötigt, ihr Fristenregelungsprojekt aufzugeben und eine Lebensschutzinteressen der Ungeborenen stärker Rechnung tragende Reformvariante umzusetzen. In der

79 Basta!, in: BZ vom 15.1.1972, in: ELAB 55.2/2.
80 Bundestag beschloß Gesetz zum Schwangerschaftsabbruch, in: ND vom 27.4.1974, S. 7.

Urteilsbegründung spielte die DDR keine Rolle. Lediglich jene beiden Verfassungsrichter, die gegen die Mehrheitsentscheidung votiert hatten, bezogen sich einmal ausdrücklich auf die ostdeutsche Parallel-Reform. Der Einschätzung der Senatsmehrheit, dass eine Folgenabschätzung der Fristenregelung aufgrund des vorliegenden Zahlenmaterials nicht möglich sei, widersprachen sie durch den Verweis auf einen neuesten Aufsatz des DDR-Mediziners Mehlan, wonach die DDR-Abtreibungszahlen »in den letzten beiden Jahren wesentlich zurückgegangen« seien. Mehlan habe dies auf die staatliche Familienförderung und den Ausbau der Ehe- und Sexualberatungsstellen in der DDR zurückgeführt.[81]

Einen Tag nach dem Karlsruher Urteil titelte das *ND*: »BRD-Verfassungsgericht entschied gegen elementares Recht der Frau«. Sofort nach der Urteilsverkündung sei es in Westdeutschland zu »spontanen Protestaktionen« von Frauen gekommen, das Verfassungsgericht habe mit Wasserwerfern und Hundestaffeln gesichert werden müssen. »Sprecherinnen von Gewerkschaften und Frauenorganisationen« hätten »darauf aufmerksam« gemacht, »dass 26 Jahre nach Verabschiedung des BRD-Grundgesetzes den Frauen in der Bundesrepublik auch noch in vielen anderen Bereichen elementare Rechte vorenthalten werden« – von der Lohnentwicklung bis zur Familienförderung.[82] Diesem Artikel folgten drei weitere – der erste mit einer der DKP entlehnten Sprachregelung, das Karlsruher Urteil sei »antidemokratisch«, missachte das Grundgesetz und habe »im Sinne der reaktionärsten Kräfte der CDU/CSU entschieden«.[83] Sodann berichtete der Bonner *ND*-Korrespondent Dieter Wolf von anhaltender »Empörung« und »Protestaktionen« im »ganzen Bundesgebiet«. Zwei Gewerkschaftsführungen – Handel/Banken/Versicherungen und IG Metall – hätten sich mit den demonstrierenden Frauen solidarisiert. Das SED-Organ ließ sich die Chance nicht entgehen, in später Revanche für die provozierende *FAZ*-Berichterstattung von 1965 westdeutsche Kirchenstimmen als Kronzeugen der DDR-Politik zu präsentieren. So wurde der Leiter des Evangelischen Zentralinstituts für Familienberatung, Professor Guido Gröger, mit der Befürchtung zitiert, die illegalen Abtreibungen würden nach dem Scheitern der Fristenlösung steigen, womit das Karlsruher Urteil »zum

81 Bundesverfassungsgericht, Minderheitsvotum Rupp-von Brünneck und Dr. Simon zum Urteil des 1. Senats des Bundesverfassungsgerichts über das 5. StRRG vom 25.2.1975, S. 24 f., in: PA, GD VII 406 A.

82 BRD-Verfassungsgericht entschied gegen elementares Recht der Frau. Schwangerschaftsunterbrechung für »verfassungswidrig« erklärt, in: ND vom 26.2.1975, S. 7.

83 DKP für demokratische Frauenpolitik. Der Kampf für die »Fristenregelung« in der BRD geht weiter, in: ND vom 27.2.1975, S. 7.

Beginn einer neuen großen Lüge« werde. *ND*-Korrespondent Wolf schloss mit dem Hinweis, »in der Öffentlichkeit« Westdeutschlands werde »immer wieder darauf verwiesen, dass die Bundesrepublik einer der letzten europäischen Staaten sei, der an der Beibehaltung dieses frauenfeindlichen Paragraphen festhält«. Demgegenüber werde »in Dänemark, der DDR, Frankreich, Österreich, Schweden, der Sowjetunion und den USA nach der Fristenlösung verfahren«.[84] Die Bundesrepublik – so die Botschaft der DDR-Presse – war das finstere Mittelalter; die DDR hingegen wurde im Mainstream einer modernen, internationalen Reformpolitik präsentiert, die weltweit – systemübergreifend in Ost und West – längst umgesetzt worden war.

Diese SED-Argumentationsstrategie fand in der Bundesrepublik nicht nur in Teilen der Medien Resonanz, welche den Zustand im Westen längst als »mittelalterlich« zu brandmarken gelernt hatten, sondern veränderte auch die Argumentation der westdeutschen Reformgegner. Hatten sich diese um 1970 noch zahlreich auf Negativbeispiele aus dem Ausland berufen, konnte man wenige Jahre später solche Rechtsvergleiche nicht mehr erfolgversprechend gegen Abtreibungsreformen heranziehen. Wer gegen den internationalen Reformsog argumentieren wollte, musste nun isolationalistisch argumentieren. Entsprechend erklärte der CDU-Politiker Paul Mikat in der Fristenlösungsdebatte des Bundestages im April 1974: »Wir haben unsere Entscheidung unabhängig von Lösungen anderer Länder zu treffen. Hier kommt es nicht darauf an, wie man es in Schweden, in den USA, in Österreich oder sonstwo gemacht hat. *Wir* haben zu entscheiden.«[85]

Der letzte Artikel dieser Angriffsserie des *ND* von 1975, ein Abdruck aus dem DKP-Organ *Unsere Zeit*, kontrastierte folgerichtig den anhaltenden westdeutschen Konflikt um den »Klassenparagraphen« 218, der zwischen rechten Richtern und unterdrückten Frauen ausgefochten werde, mit der fortschrittlichen Fristenlösung der DDR.[86] Mitten in den abschließenden westdeutschen Beratungen über eine begrenzte Indikationenlösung dozierte am Heiligabend 1975 die unermüdliche Dr. Rayner im SEW-Organ *Die Wahrheit* über den »Irrweg der Indikation«.[87] Und als der Bundestag schließlich im Februar 1976 ein

84 Wolf, Dieter: Empörung in der BRD über das Urteil gegen die Frauen. DKP verlangt Reform des überholten Paragraphen 218, in: ND vom 28.2.1975, S. 7.

85 Bundestag, 7. Wahlperiode, 95. Sitzung vom 25.4.1974 und 96. Sitzung vom 26.4.1974, Sp. 6482, in: PA, GD VII 152 A 3; Hervorhebung durch den Verfasser.

86 Kampf für Fristenregelung in der BRD geht weiter. DKP-Erklärung zum reaktionären Urteil gegen die Frauen, in: ND vom 1./2.3.1975, S. 6.

87 Dieses Interview leitete eine vierteilige Serie über Abtreibungen im SEW-Organ *Die Wahrheit* ein; vgl. ELAB 55.2/2.

Gesetz zur Änderung des Strafgesetzbuches verabschiedete, das den bisherigen § 218 durch ein Vier-Indikationen-Modell ersetzte, konnte das SED-Zentralorgan daran überhaupt nichts Positives entdecken. Schon gar nicht erinnert wurde an die DDR-Vergangenheit ganz ähnlicher Indikationenmodelle. Stattdessen hieß es lautstark, in Westdeutschland sei ein »frauenfeindlicher Gesetzentwurf« verabschiedet worden, der »das Verlangen von Millionen Frauen und Mädchen nach einer [...] Fristenregelung« sträflich missachte.[88] Dass die Einführung der sozialen Indikation aufgrund ihrer breiten Auslegungsmöglichkeiten von der CDU/CSU als »versteckte« Fristenregelung durch die Hintertür attackiert wurde[89] (was die Folgeentwicklung treffend beschrieb), konnten interessierte DDR-Bürger aus der DDR-Presse jedenfalls nicht erfahren.

Das Ende der Ost-West-Debatte

Nach 1976 brach das Interesse der SED-Medien an der West-Entwicklung schlagartig ab. Das West-Interesse an der DDR ging ebenfalls zurück, wurde aber zeitweilig wiederbelebt. So erfuhren die Leser der *FAZ* 1981 die zentralen Ergebnisse einer Leipziger Studie zu Motiven von DDR-Frauen bei einem Schwangerschaftsabbruch.[90] 1988 erhielten die Leser der *FR* Kenntnis von der Artikelserie einer FDJ-Zeitschrift, die im Vorjahr eine zu lockere Einstellung der jüngsten DDR-Frauengeneration zur Abtreibung kritisiert hatte. *FR*-Autorin Katharina Belwe bemerkte kritisch, das DDR-Reformgesetz von 1972 habe offenbar ausschließlich den Frauen die Verantwortung für einen Schwangerschaftsabbruch aufgeladen und den Männern gezielt »ein Stück Verantwortung abgenommen«.[91] Damit hatte eine ursprünglich konservative Kritik – schon 1972 hatten die evangelischen Bischöfe der DDR an der Fristenregelung kritisiert, diese lege »die Last der Verantwortung allein auf die werdende Mutter«[92] – letztendlich das linksliberale Spektrum erreicht. Entsprechend schwankten nach dem Zusammenbruch des SED-Staates »linke« Westmedien

88 BRD: Frauenfeindlicher Gesetzentwurf verabschiedet, in: ND Nr. 38 vom 13.2.1976, S. 7.

89 Bundestag, 7. Wahlperiode, 221. Sitzung vom 12.2.1976, Sp. 15322 und Sp. 15341, in: PA, GD VIII 406 A.

90 Winters, Peter Jochen: In der DDR die Zwei-Kinder-Familie, in: FAZ vom 18.5.1981, in: ELAB 55.2/2.

91 Belwe, Katharina: Alle Verantwortung liegt auf den Schultern der jungen Frauen, in: FR vom 2.1.1988, in: ELAB 55.2/2.

92 Auch evangelische Bischöfe in der »DDR« gegen Abtreibung, in: Die Welt vom 2.2.1972, in: ELAB 55.2/3.

zwischen feministisch motivierter Kritik am DDR-Abtreibungsrecht und feministisch motivierter Verklärung. Die *taz* verwies im März 1990 darauf, das Gesetz von 1972 sei in der DDR unterschwellig »stets umstritten« geblieben; Abtreibung sei dort »kein öffentlich diskutiertes Thema« gewesen, sondern nur ein von oben »geschenkt[es]« Recht.[93] Letzteres sah die DDR-Dissidentin Monika Maron – Stieftochter eines einstigen SED-Ministers – ähnlich, als sie im Mai 1990 im *Spiegel* bemerkte, die DDR-Fristenregelung sei natürlich genauso undemokratisch zustande gekommen wie alle übrigen DDR-Gesetze. Das gelte allerdings ebenso für den westdeutschen § 218, denn hier hätten Männer über Frauen entschieden. Verglichen damit waren für Maron die Vorzüge der durch die Wiedervereinigung in Frage gestellten DDR-Fristenregelung keine Sekunde zweifelhaft: »Befragt nach dem Bewahrenswerten in der DDR fällt mir – außer dem grünen Pfeil für Rechtsabbieger an der roten Ampel – einzig das Abtreibungsgesetz ein.«[94]

In derselben *Spiegel*-Nummer findet sich der treffende Satz: »Der Streit um die Abtreibung spaltet die Nation kurz vor ihrer Vereinigung.«[95] Man wird das Paradox hinzufügen müssen: Im Reformjahrzehnt um 1970 hat eben dieser Streit um die Abtreibung die gespaltene Nation auch geeint. Ansatzweise konstituierte sich damals trotz aller Abgrenzung eine gesamtdeutsche Öffentlichkeit, die über gemeinsame Probleme und Lösungen stritt. Die Frontverläufe dieses Streits haben die deutsch-deutschen Staatsgrenzen mit bemerkenswerter Intensität überschritten – in beiden Richtungen. Unser Blick auf das Wechselverhältnis zweier deutscher Abtreibungsreformen widerlegt damit die verbreitete Annahme, im doppelten Deutschland habe vielleicht die DDR stets auf die Bundesrepublik geschaut, die westdeutsche Seite aber habe sich für die DDR kaum interessiert. Zumindest in der aufgeregten Reformzeit zwischen 1965 und 1976 war das grundlegend anders: In der Abtreibungspolitik wurde die DDR kurzfristig zum Maßstab einer kontroversen Debatte der Westdeutschen.

93 In »eigener Verantwortung« – aber wie lange noch?, in: taz vom 2. 3. 1990, in: ELAB 55.2/2.
94 Maron, Monika: Letzter Zugriff auf die Frau, in: Der Spiegel vom 14. 5. 1990, in: ELAB 55.2/2.
95 Die sind tierisch hinterm Mond, in: Der Spiegel vom 14. 5. 1990, in: ELAB 55.2/2.

Dierk Hoffmann

1973 Ölpreisschock und Utopieverlust

Getrennte Krisenwahrnehmung und -bewältigung

Das *Neue Deutschland* (*ND*) druckte am 28. Oktober 1973 auf der vorletzten Seite eine äußerst unscheinbare Meldung ab, die es in sich hatte: »Die arabischen Erdölländer haben aus Protest gegen den israelischen Aggressionskrieg und dessen Unterstützung durch die USA und andere kapitalistische Staaten ihre Rohölförderung um insgesamt 20% gedrosselt.«[1] Dass mit dem Einsatz von Öl als politischer Waffe eine dramatische Verteuerung der Erdölprodukte verbunden war, die Folgen für die internationale Energieversorgung insgesamt haben musste, konnte der Leser nur erahnen. Wenige Wochen zuvor hatte das amtliche Organ des ZK der SED noch über den ausgebrochenen Yom-Kippur-Krieg berichtet und dabei einseitig Partei gegen Israel bezogen. Täglich waren Nachrichten über angebliche militärische Erfolge der arabischen Kriegskoalition erschienen. Mit dem Ende der Kampfhandlungen rückte nunmehr ein neues Thema in den Mittelpunkt der Berichterstattung: die wirtschaftliche und soziale Krise des westlichen kapitalistischen Systems. In der Folgezeit berichtete das *ND* zunächst noch etwas verhalten, aber mit der verordneten Einführung der autofreien Sonntage in der Bundesrepublik Ende November 1973[2] dann fast regelmäßig über den Umgang des westdeutschen Konkurrenzstaates mit der einsetzenden Energiekrise, die sich in der Tat rasch zu einer Krise der Arbeitsgesellschaft ausweitete.[3] Endlich sah sich die SED in ihren Prognosen bestätigt: Seit Ende der 40er Jahre hatte das Politbüro den Zusammenbruch

1 ND vom 28.10.1973, S. 7.

2 Die Meldung erschien sogar auf der Titelseite, allerdings in Verbindung mit den deutsch-deutschen Verkehrswegen: »Bonn drosselt Transitverkehr zwischen BRD und Westberlin«. Vgl. ND vom 21.11.1973, S. 1.

3 Das betraf sowohl die monatlichen Meldungen der Bundesanstalt für Arbeit (BfA) in Nürnberg über die Entwicklung der Arbeitslosenzahlen als auch Berichte über Streiks in Westdeutschland. Auffallend ist, dass dabei kaum ein anderer deutscher Politiker so häufig genannt wurde wie der zwischen 1968 und 1984 amtierende Präsident der BfA, Josef Stingel.

des Kapitalismus vorhergesehen, ja sogar herbeizureden versucht. Nun schien dieser unmittelbar bevorzustehen. So unterstrich Erich Honecker auf dem IX. Parteitag der SED 1976 die Überlegenheit der Planwirtschaft, die von der Ölpreiskrise nicht erfasst worden sei, gegenüber der krisenanfälligen Marktwirtschaft.[4] Aus Sicht Honeckers verfestigte sich in ökonomischer Hinsicht die bipolare Welt: Während die Industrieproduktion der RGW-Länder in der ersten Hälfte der 70er Jahre um 45 Prozent angestiegen sei, liege die Zuwachsrate in den »entwickelten kapitalistischen Ländern« nur bei neun Prozent. Hinzu komme ein Arbeitslosenheer im Westen von 18 Millionen; dagegen biete der Sozialismus »eine gesicherte Gegenwart und eine helle Zukunft für die Menschen«. Die DDR, die sich im Kalten Krieg an der Schnittstelle zwischen Ost und West befand, konnte nun endlich zum attraktiven Schaufenster des Ostens werden.

Die offizielle Wahrnehmung der globalen Wirtschaftskrise in der DDR wandelte sich aber im Laufe der Zeit. So meldete das *ND* noch 1974 nahezu monatlich die aktuellen Erwerbslosenzahlen in der Bundesrepublik. Hinzu kamen Berichte über die sich zuspitzende Energiekrise in den westlichen Industriestaaten sowie ausführliche Meldungen über Streiks und Arbeitsniederlegungen. Auffallend häufig war dabei zum Beispiel von »Krisenzeichen über ganz Westeuropa«, vom »Gespenst der Arbeitslosigkeit«, von einer grassierenden »Existenzangst« oder aber auch von der »›Wegwerfdemokratie‹ des Kapitals« die Rede.[5] Ab 1975 wurde die vor allem in den Wintermonaten besonders intensive Berichterstattung deutlich zurückgefahren: Das betraf nicht nur die Häufigkeit der Meldungen und Berichte, sondern auch die Platzierung der Beiträge in der Zeitung, die von der SED nicht dem Zufall überlassen wurde. Gleichzeitig begann die Redaktion damit, Einzelschicksale von primär jungen Arbeitslosen vorzustellen: »Fünfzigmal beworben, fünfzigmal abgelehnt«, »BRD: Von der Schulbank gleich zur Stempelstelle«, »… dann bleibt nur der Strick«, »Selbstmord nach vergeblicher Suche nach einer Lehrstelle«.[6] Als Quelle dienten in der Regel westdeutsche Printmedien; eigene Recherchen blieben die Ausnahme. Während die Leser im *Neuen Deutschland* entsprechende Informationen und Kommentare zur westlichen Wirtschaftskrise zunächst auf der Titelseite präsentiert bekamen, rutschte das Thema in der Folgezeit auf die

4 Die folgenden Zitate stammen aus: Protokoll der Verhandlungen des IX. Parteitages der SED (18.–22.5.1976), Berlin (Ost) 1976, Bd. 1, S. 45 f.
5 So die Artikelüberschriften in: ND vom 11.1.1974, S. 6; ND vom 5.2.1974, S. 7; ND vom 8.4.1974, S. 5; ND vom 10.3.1974, S. 2.
6 So die Artikelüberschriften in: ND vom 3.1.1975, S. 7; ND vom 17.1.1975, S. 6; ND vom 11./12.10.1975, S. 7; ND vom 30.8.1976, S. 5.

hinteren Seiten des Blattes.[7] Gleichwohl blieb die offizielle Fixierung auf den anderen deutschen Staat und die westliche Welt insgesamt erhalten. Kritische Berichte zur Energieversorgung der DDR, geschweige denn zur Krisenstrategie der SED fehlten dagegen völlig.

Auch wenn sich die jeweilige Perzeption in beiden deutschen Staaten aufgrund der andersartigen Grundstrukturen der Gesellschaftssysteme und ihrer Öffentlichkeiten nur schwer miteinander vergleichen lässt, so ist doch auffallend, dass die DDR in der bundesrepublikanischen Öffentlichkeit kaum eine Rolle spielte. Bei der Diskussion über Ursachen und Wirkungen der Ölpreiskrise war die westdeutsche Öffentlichkeit primär auf die anderen westeuropäischen Industrienationen und vor allem auf Nordamerika (USA, Kanada) ausgerichtet. Dieser Diskurs beschränkte sich jedoch nicht nur auf wirtschaftspolitische Themen im engeren Sinne: Er zeichnete sich vielmehr dadurch aus, dass verschiedene Grundannahmen westlicher privatkapitalistischer Volkswirtschaften, die bis dahin Geltung besessen hatten, auf einmal ins Wanken gerieten. Dazu gehörte etwa der Glaube an stetiges Wirtschaftswachstum und unaufhaltsamen technologischen Fortschritt. Auf den Prüfstand gerieten aber auch die keynesianische Globalsteuerung der 60er Jahre, die sich in der Bundesrepublik mit dem Stabilitäts- und Wachstumsgesetz von 1967 festmachen lässt, sowie in soziokultureller Hinsicht das Ende der allgemeinen Modernisierungsideologie.[8] All diese Glaubensgrundsätze wurden nun erstmals fundamental erschüttert. Bereits Anfang der 70er Jahre lässt sich in der Bundesrepublik ein »deutlicher Wandel des Zeitgefühls« feststellen.[9] Dies hing zum einen mit einer international einsetzenden Debatte über Grenzen und Risiken des Wirtschaftswachstums zusammen, zum anderen spielten aber auch spezifisch deutsche, kulturpessimistische Denkformen eine nicht unwesentliche Rolle für den weiteren Diskursverlauf. Große Signalwirkung hatte hierbei in erster Linie der 1972 veröffentlichte Bericht des Club of Rome: Darin beschäftigte sich der elitäre und regierungsunabhängige Zirkel, in dem international angesehene Wirtschaftswissenschaftler versammelt waren, ausführlich mit den »Grenzen des Wachstums«. Damit rückten langfristig neue Themen ins öffentliche Bewusstsein, bei denen es etwa um die Bewältigung von Zivilisationsschäden oder um den verantwortungsvollen Umgang mit Ressourcen

7 Ganz anders sah die Berichterstattung im DDR-Fernsehen aus. Hier war die westdeutsche Arbeitslosigkeit ein zentrales Thema. Diesen Hinweis verdanke ich Prof. Dr. Wolfgang Mühl-Benninghaus.

8 Rödder, Andreas: Die Bundesrepublik Deutschland 1969–1990, München 2004, S. 49.

9 Bracher, Karl Dietrich/Jäger, Wolfgang/Link, Werner: Republik im Wandel 1969–1974. Die Ära Brandt, Stuttgart/Mannheim 1986, S. 346.

ging. Probleme der Bevölkerungsentwicklung und der Umweltbelastung durch extensives Wirtschaftswachstum kamen verstärkt auf die politische Agenda. Die zunächst sehr stark von Wissenschaftlern, speziell von Ökonomen geprägte Debatte bot zudem Anknüpfungspunkte für neue geistige Strömungen und politische Bewegungen, die auf dem Boden der 68er-Bewegung gut gedeihen konnten.

Da in der Bundesrepublik 1974 auch ein Regierungswechsel (vom Visionär Brandt zum Macher Schmidt) stattfand, breitete sich in der westdeutschen Medienöffentlichkeit rasch der Begriff der »Tendenzwende« (Karl Dietrich Bracher) aus. Die Reformeuphorie der Ära Brandt war verflogen; die Kanzlerschaft Schmidts stand unter dem Motto »bewahren« und »sichern«.[10] Zu diesem Zeitpunkt befanden sich die westdeutsche Gesellschaft und ihre Teilöffentlichkeiten in einer Phase des Umbruchs und der Neuorientierung. Etwa zeitgleich verlor beispielsweise die nationale Frage im Zuge der Ostpolitik der sozial-liberalen Koalition im westdeutschen Bewusstsein zunehmend an Bedeutung. Nicht mehr die deutsche Frage, sondern globale Probleme standen nunmehr im Mittelpunkt des öffentlichen Interesses. Nun ging auch das Interesse an der Entwicklung des ostdeutschen Teilstaates stetig zurück, obwohl die Zahlen von Besuchsreisen in die DDR auf unverändert hohem Niveau blieben. Während die Bundesrepublik in wirtschaftlicher Hinsicht für die DDR eine wichtige Bezugsgröße darstellte, kann dies in umgekehrter Richtung nicht konstatiert werden.

Arbeitsmarkt und Beschäftigung in der Bundesrepublik und in der DDR

Die Entwicklung der Arbeitslosigkeit in der Bundesrepublik ab Mitte der 70er Jahre schien auf den ersten Blick der düsteren, kapitalismuskritischen Agitation der SED Recht zu geben. So stieg die Arbeitslosenquote in der Rezession 1974/75 von 2,6 auf 4,7 Prozent. Ein neuer Schub setzte in der Rezession Anfang der 80er Jahre ein, als sich die Quote von 3,8 (1980) auf 5,5 (1981) und im darauffolgenden Jahr sogar auf 7,5 Prozent erhöhte. Die Arbeitslosenquote stieg unaufhaltsam weiter und lag 1983 bereits bei 9,1 Prozent.[11] Diese dramatische

10 Wolfrum, Edgar: Die Bundesrepublik Deutschland 1949–1990, Stuttgart 2005, S. 427.

11 Zu den Zahlen Bundesministerium für Arbeit und Sozialordnung vgl. Statistische Übersichten zur Geschichte der Sozialpolitik in Deutschland seit 1945. Band West. Verfasser: Hermann Berié, Bonn 1999, S. 120.

Entwicklung wird beim Vergleich der absoluten Zahlen noch deutlicher: Von 1974 (582000) auf 1975 (1,074 Millionen) verdoppelte sich fast die Gesamtzahl der Arbeitslosen. Gleichzeitig stieg die Zahl der Kurzarbeiter von 292000 (1974) auf 773000 (1975). Darüber hinaus war Arbeitslosigkeit nicht mehr nur konjunktureller, sondern auch struktureller Natur: Es entwickelten sich unübersehbare Disproportionen zwischen den Strukturen des Arbeitsangebots und der Arbeitsnachfrage.[12] Viele Zeitgenossen fühlten sich an die Zeit vor dem »Wirtschaftswunder« erinnert, das heißt an die ausgehenden 40er und frühen 50er Jahre, als Erwerbslosigkeit noch ein Massenphänomen war und als solches auch öffentlich wahrgenommen wurde. Die sich daran anschließende Phase allgemeinen relativen Wohlstands mit niedrigen Erwerbslosenzahlen schien unwiderruflich zu Ende zu gehen.

Verstärkt wurde dieser Trend durch ein im Vergleich zu den meisten OECD-Ländern erheblich langsamer werdendes Wirtschaftswachstum[13] sowie eine ansteigende Inflationsrate. Ende der 70er und Anfang der 80er Jahre war »Stagflation« einer der am häufigsten verwendeten Begriffe in der öffentlichen politischen Debatte. Für zahlreiche ältere Bundesbürger, die noch die turbulenten Anfänge der Weimarer Republik als Kinder oder Jugendliche miterlebt hatten, tauchte zum ersten Mal seit der Währungsreform 1948 wieder das Gespenst der Inflation auf. Im Jahr des Ölpreisschocks stiegen die Verbraucherpreise in der Bundesrepublik um 6,9 Prozent; mit dem Konjunktureinbruch sank gleichzeitig das reale Sozialprodukt um 1,8 Prozent. Des Weiteren ging die Zahl der beschäftigten Arbeitnehmer bis 1976 um 1,3 Millionen zurück.[14] Der kurzzeitig einsetzende wirtschaftliche Aufschwung führte dagegen nicht mehr zum früheren Niveau der Vollbeschäftigung. Die Bundesrepublik stand vor einem Zielkonflikt zwischen Sicherung der Geldwertstabilität auf der einen und kostenintensiver Beschäftigungspolitik auf der anderen Seite. Dabei traten unter anderem Konfliktlinien zwischen der Bundesregierung unter Helmut Schmidt und der Bundesbank als Währungshüterin auf. Beide Ziele ließen sich offensichtlich nicht miteinander vereinbaren. Somit waren in der Bundes-

12 Schmidt, Manfred G.: Rahmenbedingungen, in: Geschichte der Sozialpolitik in Deutschland seit 1945, hrsg. vom. Bundesministerium für Gesundheit und Soziale Sicherung, und Bundesarchiv, Bd. 7: Bundesrepublik Deutschland 1982–1989. Finanzielle Konsolidierung und institutionelle Reform. Bandherausgeber: Manfred G. Schmidt, Baden-Baden 2005, S. 3–60, hier S. 42.

13 Ebenda, S. 41 f.

14 Zu den Zahlen vgl. Abelshauser, Werner: Deutsche Wirtschaftsgeschichte seit 1945, München 2004, S. 421.

republik bereits Mitte der 70er Jahre »die Grenzen einer Konjunktursteuerung durch expansive Finanzpolitik« deutlich geworden.[15] Während die Inflationsangst Anfang der 80er Jahre weitgehend gebannt werden konnte, stieg die Zahl der Arbeitslosen weiter, was sowohl auf einen weiteren Rückgang der Erwerbstätigenzahl als auch auf einen Anstieg der erwerbsfähigen Bevölkerung zurückzuführen war.[16]

Mit dem Problem der Arbeitslosigkeit hatte allerdings nicht nur die Bundesrepublik zu kämpfen. In den ersten Nachkriegsjahren fanden auch in der SBZ Tausende keinen Arbeitsplatz. Doch bei der Bewältigung dieses Massenphänomens schien Ostdeutschland auf den ersten Blick ein Erfolgsrezept zu haben. Bereits Mitte der 50er Jahre herrschte in der DDR offiziell keine Arbeitslosigkeit mehr. Seitdem wurde das in der Verfassung verankerte Recht auf Arbeit[17] als sozialpolitische Errungenschaft gepriesen. Dabei waren die Ausgangsbedingungen für die DDR zunächst recht ungünstig: Angesichts der wirtschaftlichen und sozialen Folgen des Zweiten Weltkriegs stand die ostdeutsche Arbeitsverwaltung vor schier unüberwindlichen Aufgaben: So mussten etwa die sowjetischen Reparationsforderungen bedient, die zurückkehrenden Soldaten in die zivile Arbeitswelt wieder integriert und die Flüchtlinge und Vertriebenen mit Arbeit versorgt werden. Die ersten Nachkriegsjahre bargen nicht nur für die junge Bundesrepublik, sondern auch für die junge DDR gewaltigen sozialen Sprengstoff in sich. Der mit Blick auf Westdeutschland geprägte Begriff der »Gründungskrise« (Hans Günter Hockerts) kann folglich auch auf den ostdeutschen Teilstaat angewandt werden. In den ersten Nachkriegsjahren war Arbeitslosigkeit ein Massenphänomen in allen Besatzungszonen. Die ostdeutsche Arbeitsverwaltung registrierte etwa im vierten Quartal 1945 zwischen 536 000 und 590 000 Arbeitslose; diese Zahl sank bis September 1946 auf 182 000.[18] Im August 1947 erreichten die Erwerbslosenzahlen einen Tiefstand von 102 000; der erneute Anstieg im Winter 1946/47 wurde als vorübergehende Episode interpretiert. Erst das unerwartet rasche Ansteigen der Erwerbslosenzahlen im Winter 1948/49 (März 1949: 390 000) rief bei den

15 Ebenda, S. 422.

16 Schmid, Günter/Oschmiansky, Frank: Arbeitsmarktpolitik und Arbeitslosenversicherung, in: Geschichte der Sozialpolitik in Deutschland seit 1945, Bd. 7, S. 239–287, hier S. 245.

17 Vgl. Verfassung der DDR vom 7.10.1974 (Art. 24, Abs. 1), in: GBl. der DDR Teil I 1974, S. 440.

18 Zu den Zahlen vgl. Hoffmann, Dierk: Aufbau und Krise der Planwirtschaft. Die Arbeitskräftelenkung in der SBZ/DDR 1945–1963, München 2002, S. 109, 271 (Tabellen 1 und 6).

politisch Verantwortlichen in der SBZ Beunruhigung hervor. Daraus wurde letztlich die Konsequenz gezogen, mit staatlichen Beschäftigungsprogrammen einzugreifen. Von der Arbeitslosigkeit waren übrigens von Anfang an Frauen besonders stark betroffen; sie wurden auf den Teilarbeitsmärkten sukzessive verdrängt. Zwischen 1950 und 1955 sank die Arbeitslosenzahl wieder rapide: 1955 lag sie zwischen 25000 (August) als tiefstem und 66000 (März) als höchstem Wert. Dagegen waren in der Bundesrepublik zum gleichen Zeitpunkt noch 1,074 Millionen Arbeitslose gemeldet.

Was waren die Gründe für den raschen Rückgang der Arbeitslosigkeit in der SBZ/DDR? Die Errichtung der Planwirtschaft und die damit verbundene staatliche Arbeitskräftelenkung hatten daran einen erheblichen Anteil. Die bis 1951 eigenständigen Arbeitsämter und die Staatliche Plankommission verfügten über eine Reihe von beschäftigungspolitischen Instrumenten: die Schaffung von Arbeitsplätzen im Rahmen der schwerindustriellen Aufbauprojekte oder aber auch den zwischen- und überbezirklichen Ausgleich von Arbeitskräften. Zu den weiteren Maßnahmen, die zum Absinken der Erwerbslosenzahlen beitrugen, gehörte der erschwerte Zugang zu den Leistungen der Arbeitslosenversicherung und Sozialfürsorge. Die arbeitsfähige Bevölkerung sollte somit in die Arbeitswelt gedrängt, das Arbeitskräftepotential, einschließlich Schwerbeschädigter und Rentner, für die ambitionierten Ziele des ersten Fünfjahrplanes (1951–1955) weitgehend ausgeschöpft werden. Zum Tableau der arbeitsmarktpolitisch relevanten Instrumente gehörten in der DDR-Planwirtschaft auch die Lohnpolitik, die Berufsausbildung sowie die Wohnungsbaupolitik. Ziel der Arbeitskräftelenkung war es letztlich, mit dem richtigen Arbeitskräftekontingent zum richtigen Zeitpunkt am richtigen Ort zu sein. Auf diese Weise sollte Arbeitslosigkeit in der DDR endgültig der Vergangenheit angehören.

Gleichwohl gab es schon von Anfang an Sand im planwirtschaftlichen Getriebe. So ergaben sich etwa bei der Lohnfestsetzung Probleme, die kaum lösbar waren. Dabei befand sich die SED von Anfang an in einem grundsätzlichen Dilemma: Auf der einen Seite propagierte sie eine Besserstellung der unteren Einkommensgruppen zu Lasten der höheren Einkommen, was einer Nivellierung der Löhne gleichkam, auf der anderen Seite war eine Differenzierung der Löhne zwingend erforderlich, um eine Steigerung der Arbeitsproduktivität zu erreichen. Die Aktivistenbewegung, die Normenfrage und der 17. Juni 1953, aber auch die Brigadebewegung machten der SED klar, dass die Schmerzgrenze der Arbeiter schnell erreicht werden konnte. Die Stabilität des politischen Systems konnte mitunter auf dem Spiel stehen. Auf der anderen Seite hatte die SED-Führung mit ihrer Lohnpolitik die Entwicklung der Löhne von der Produktivitätsentwicklung abgekoppelt. In der DDR stiegen die Löhne de facto schneller als die Arbeitsproduktivität,[19] was wiederum fatale wirtschaftliche Folgen hatte. In der DDR bestand zu keinem Zeitpunkt ein effizientes Anreizsystem.[20] Dies existierte dagegen in der Bundesrepublik und war für einen großen Teil der bis 1961 rund 2,5 Millionen »Republikflüchtigen« ein wesentliches Motiv dafür, die alte Heimat zu verlassen. Grundsätzlich blieb es bis zum Ende der DDR dabei, dass das SED-Politbüro die Löhne festlegte, welche der volkswirtschaftlichen Bedeutung der einzelnen Wirtschaftszweige Rechnung tragen sollten: An erster Stelle rangierten die Beschäftigten des Steinkohlen- und Erzbergbaus, an zweiter die vom Braunkohlenbergbau und an dritter Position die der metallerzeugenden Industrie. Das Ziel, mit Hilfe der widersprüchlichen Lohnpolitik Leistungsanreize in einzelnen, ausgewählten Wirtschaftsbranchen zu bieten, konnte auch angesichts der begrenzt zur Verfügung stehenden Finanzmittel kaum realisiert werden.

Zu den strukturellen Problemen der DDR-Arbeitsmarktpolitik zählten insbesondere Arbeitskräftefluktuation und Arbeitskräftehortung. Beides wurde in offiziellen Statistiken nicht ausgewiesen; beides bekam die Zentralverwaltungswirtschaft nie in den Griff. Vor allem die betriebliche Hortung von Arbeitskräften verringerte das zur Verfügung stehende Arbeitskräftepotential. Von daher erklärt sich auch der in der Ära Honecker oft beklagte Mangel an Arbeitskräften. In diesem Fall handelte es sich um versteckte Arbeitslosigkeit. Wie bei sämtlichen Produktionsfaktoren zeichneten zahlreiche Betriebe auch hier »weiche« Pläne. Überschüssige Arbeitskräfte wurden beispielsweise in den betrieblichen Berichten und Statistiken nicht ausgewiesen. Sowohl das Arbeitsministerium als auch die Staatliche Plankommission unternahmen zwar des Öfteren den Versuch, dieses »Schweigekartell« aufzubrechen. Da jedoch für die Betriebe kaum Anreize zum effizienten Einsatz des Faktors »Arbeit« bestanden und angedrohte Strafmaßnahmen rasch verpufften, wurden hier die Unzulänglichkeiten der Zentralverwaltungswirtschaft unübersehbar. Wesentliche Ursachen dafür waren die ordnungspolitische Weichenstellung Ende der 40er Jahre und die damit verbundene Ausschaltung des Konkurrenzprinzips, was letztlich dazu führte, dass Betriebe, die nicht wettbewerbsfähig waren, weiter existieren konnten.

19 Steiner, André: Von Plan zu Plan. Eine Wirtschaftsgeschichte der DDR, München 2004, S. 58.

20 Pierenkemper, Toni: Vierzig Jahre vergebliches Mühen – die Beschäftigungs- und Arbeitsmarktpolitik, in: Steiner, André (Hrsg.): Überholen ohne einzuholen. Die DDR-Wirtschaft als Fußnote der deutschen Geschichte?, Berlin 2006, S. 45–66, hier S. 57.

Auch das bereits Anfang der 50er Jahre erkannte Problem der Fluktuation von Arbeitskräften, das heißt des individuellen Arbeitsplatzwechsels ohne Abstimmung mit dem zuständigen Arbeitsamt, konnte von der ostdeutschen Planwirtschaft nicht behoben werden. In einem internen Konzeptpapier wies die zuständige Abteilung des Ministeriums für Arbeit und Berufsausbildung auf die Notwendigkeit hin, die Fluktuationsrate zu reduzieren. Nur so könnten Stammbelegschaften in den Betrieben gebildet werden, die zur Erreichung der Produktionsziele unabdingbar seien: »Die Beseitigung der Fluktuation ist notwendig zur Stabilisierung des Belegschaftsbestandes, ohne den die Einführung und maximale Ausnutzung der modernsten Technik beim Aufbau des Sozialismus gefährdet wird.«[21] In der sozialistischen Industrie sei die Gesamtbelegschaft – so erste vage Angaben des Ministeriums – im Jahr 1952 zu 30, 1953 zu 29 und 1954 zu 27 Prozent »[ge]wechselt«. Der Belegschaftswechsel weise zwar eine fallende Tendenz auf, sei aber nach wie vor ein Indiz für die »mangelhafte Planung und Planvorbereitung«. Als wesentliche Ursachen wurden vor allem die fehlerhafte Arbeitsorganisation, die unzulängliche Wohnraumversorgung und die mangelhafte Verkehrsanbindung zwischen Wohn- und Arbeitsort aufgelistet. Dagegen lag die Fluktuationsrate in der Bundesrepublik immer höher und war Ausdruck des sich vollziehenden Strukturwandels.

Systemwettstreit im Bereich der Wirtschaftspolitik

Bereits in den ersten Nachkriegsjahren gab es eine deutsch-deutsche Auseinandersetzung über das richtige, das heißt effektivere Wirtschaftssystem, die funktionale Bedeutung für die Deutschlandpolitik hatte. Für die westlichen Besatzungszonen entwickelten bekanntlich Kurt Schumacher und Konrad Adenauer die »Magnettheorie«, derzufolge der erwartete wirtschaftliche Aufschwung im Westen eine Sogwirkung auf den Osten entfalten sollte. So erklärte Schumacher am 31. Mai 1947 vor dem SPD-Vorstand: »Die Prosperität der Westzonen [...] kann den Westen zum ökonomischen Magneten machen. Es ist realpolitisch vom deutschen Gesichtspunkt aus kein anderer Weg zur Erringung der deutschen Einheit möglich als diese ökonomische Magnetisierung des Westens.«[22] Ähnlich äußerte sich auch Adenauer in einem Interview

21 Notiz vom 10.9.1955, S. 1, in: BArch, DQ 2/1777.

22 Zit. nach: Abelshauser, Werner: Zur Entstehung der »Magnet-Theorie« in der Deutschlandpolitik. Ein Bericht von Hans Schlange-Schöningen über einen Staatsbesuch in Thüringen im Mai 1946, in: VfZ 27 (1979), S. 661–679, hier S. 661.

am 6. Juli 1949: »Was nun die deutsche Bevölkerung in der Ostzone anlangt, so glaube ich, dass sie bei einer durch die Westmächte unterstützten Aufwärtsentwicklung des westdeutschen Staates schwerlich der geplanten Sowjetisierung erliegen wird. Am Beispiel Westdeutschlands wird sie sich aufraffen und diesem System der Unfreiheit und Verelendung entschlossenen Widerstand entgegensetzen.«[23] Dabei unterschätzte jedoch der spätere Bundeskanzler die Entschlossenheit der Sowjetunion, am Status quo festzuhalten, wie die blutige Niederschlagung des Volksaufstandes am 17. Juni 1953 zeigen sollte. Trotz unterschiedlicher wirtschaftspolitischer Auffassungen (z.B. in der Sozialisierungsfrage) einte Schumacher und Adenauer doch die Überzeugung, dass für die Westzonen die wirtschaftliche Eingliederung in den Westen unverzichtbar war und dass andererseits die ökonomische Konsolidierung im Westen das Herrschaftssystem in der SBZ langfristig erodieren würde.

Auf der anderen Seite des Eisernen Vorhangs hatte der SED-Vorsitzende Otto Grotewohl bereits im Juni 1946 seine »Magnettheorie« entwickelt, nur mit ungekehrten Vorzeichen. In Anspielung auf die angespannte Ernährungslage in den westlichen Besatzungszonen – die sich allerdings nicht grundsätzlich von der Situation in der SBZ unterschied – erklärte Grotewohl auf einer Parteivorstandssitzung: »Aber wenn sie [die Westmächte] nicht imstande sein werden, die wirtschaftlichen Fragen der Ernährung, der Wohnung und der Ankurbelung der Wirtschaft zu meistern, wird sich der politische Druck und die Spannungen, die von unserer Zone ausgehen, in den westlichen Zonen bemerkbar machen.« Anschließend wagte er eine kühne Prognose: »Die Sicherung der Ernährung in unserer Zone wird dann geradezu als Magnet wirken. Dasselbe gilt bezüglich der uns gewährten politischen Freiheiten: Rede-, Versammlungs- und Pressefreiheit, die auf die Arbeiterklasse im Westen die gleiche magnetische Wirkung ausüben werden [...]. Auch die Planmäßigkeit des Wirtschaftsaufbaus wird ihre Wirkung ausüben.«[24] Alle drei Politiker waren also von der Überlegenheit des eigenen wirtschaftlichen Systems überzeugt und wollten einem direkten Wettbewerb nicht aus dem Weg gehen. Im Gegenteil: Mit einem streckenweise missionarischen Eifer suchten sie die Zustimmung der Bevölkerung im jeweils anderen Teil Deutschlands zu erreichen. Bis Mitte der 50er Jahre wiederholte sich aber dieser unmittelbare, aufeinander

23 Zit. nach: Schwarz, Hans-Peter: Vom Reich zur Bundesrepublik. Deutschland im Widerstreit der außenpolitischen Konzeptionen in den Jahren der Besatzungsherrschaft 1945–1949, Neuwied/Berlin 1966, S. 479.

24 Stenographisches Protokoll über die Sitzung des SED-Parteivorstandes (18.–20.6.1946), in: SAPMO-BArch, DY 30/IV 2/14, Bl. 198.

bezogene Schlagabtausch nicht wieder, denn die wirtschaftliche Entwicklung verlief anders, als sie von der SED-Führung anfangs noch vorhergesehen war. Es kam nicht zur Versorgungs- und anschließend zur Systemkrise in der Bundesrepublik. Vielmehr geriet die DDR sukzessive in die Defensive: Die Abstimmung mit den Füßen bis zum Mauerbau 1961 signalisierte, dass es der ostdeutschen Führung noch nicht einmal gelang, eine Magnetwirkung auf die eigene Bevölkerung zu entfalten.

Obwohl die DDR zahlreiche Rückschläge hinnehmen musste, suchte sie doch weiterhin den Wettbewerb mit der Bundesrepublik, der stets auch Bestandteil des Systemwettstreits zwischen den von den beiden Supermächten USA und UdSSR geführten Blöcken war. Nach der innenpolitischen Konsolidierung im Zeichen des auf Weisung Moskaus Mitte 1953 eingeschlagenen »Neuen Kurses« und der Ausschaltung der innerparteilichen Opponenten schien sich nach dem XX. Parteitag der KPdSU auch ein sozialistisches Wirtschaftswunder anzubahnen. Auslöser dafür war der erfolgreiche Start des künstlichen Weltraumsatelliten »Sputnik« am 4. Oktober 1957. Die Sowjetunion und die »befreundeten« osteuropäischen Staaten feierten dieses Ereignis als Zeichen für die Überlegenheit des eigenen Systems, während der Raketenstart in der westlichen Welt Staunen und Entsetzen über die technologische Leistungsfähigkeit der Sowjetunion auslöste. Der Sputnikeuphorie im Osten entsprach ein Sputnikschock im Westen. Kaum ein anderes Ereignis schien nach dem Ende des Zweiten Weltkriegs den Aufstieg der Sowjetunion zu einer Weltmacht des 20. Jahrhunderts so nachdrücklich zu signalisieren.[25] Die Außenwirkung war gewaltig: Nicht nur Wissenschaftler und Politiker der westlichen Industrienationen waren beeindruckt und überrascht, sondern auch die westliche Öffentlichkeit. Für die USA ging eine Ära zu Ende: Nachdem die UdSSR die USA im atomaren Wettlauf eingeholt hatte, schien sie nunmehr sogar die technologische Führungsrolle in der Welt zu übernehmen. Ende 1957 scheiterte schließlich der amerikanische Versuch kläglich, einen eigenen Satelliten in die Erdumlaufbahn zu bringen. Für die US-Administration unter den Präsidenten Eisenhower und Kennedy lieferte diese Niederlage den Anstoß für ein umfangreiches Raumfahrtprogramm, das jedoch erst einige Jahre später Erfolge zeigte. Ungefähr Mitte der 60er Jahre war der sowjetische Vor-

25 Ciesla, Burghard: »All das bremst uns, kann uns aber nicht aufhalten«. Wohlstandsversprechen und Wirtschaftswachstum: Grundprobleme der SED-Wirtschaftspolitik in den fünfziger Jahren, in: Hoffmann, Dierk / Schwartz, Michael / Wentker, Hermann (Hrsg.): Vor dem Mauerbau. Politik und Gesellschaft in der DDR der fünfziger Jahre, München 2003, S. 149–164, hier S. 151.

sprung eingeholt, und am 20. Juli 1969 stand mit dem US-Astronauten Neil Armstrong der erste Mensch auf dem Mond.

Im östlichen Bündnissystem wurde auch die DDR vom ungebremsten Fortschrittsglauben erfasst. Der sowjetische Weltraumerfolg verführte die SED-Führung letztlich dazu, auf dem V. Parteitag 1958 utopische Wohlstandsversprechen abzugeben.[26] Die »ökonomische Hauptaufgabe« und die damit verbundene Zielvorgabe, die Bundesrepublik beim Pro-Kopf-Verbrauch an wichtigen Lebensmitteln und Konsumgütern bis 1961 zu übertreffen, lösten zunächst bei der ostdeutschen Bevölkerung positive Zukunftserwartungen aus, die sich aber schon vor dem Mauerbau als unrealistisch erwiesen. Die Bundesregierung war für kurze Zeit sichtlich irritiert. In einem Beitrag für die Hamburger Wochenzeitung *Die Zeit* wies Bundeswirtschaftsminister Ludwig Erhard einen Monat nach dem V. Parteitag zwar auf die gravierenden Schwächen des planwirtschaftlichen Systems hin; gleichzeitig räumte er aber ein, dass sich die »Zuwachsraten des Sozialprodukts [der DDR-Wirtschaft] auf der Höhe der größten Erfolge westlicher Volkswirtschaften« bewegen würden.[27] Dies sei ein Erfolg, den er nicht leugnen wolle. Erhard sah in der »ökonomischen Hauptaufgabe« eine Herausforderung für die Bundesrepublik und begrüßte »diese Art des Wettbewerbs auf friedlichem Felde«. Dabei war er sogar »zu unterliegen bereit«.[28] Die SED-Führung griff besonders die letzte Aussage begierig auf und ließ sie wortwörtlich im *ND* abdrucken.[29] Gleichzeitig wurde Erhards Zeitungsbeitrag sinnentstellend zusammengefasst, indem die Wirtschaftspolitik der Bundesregierung mit den Plänen zur atomaren Bewaffnung der Bundeswehr in Verbindung gebracht wurde. Der Leitartikel machte dies bereits in der Schlagzeile deutlich: »So will Bonn den Wettbewerb mit der DDR gewinnen. Erhard: Kanonen statt Butter. Strauß: Feuer frei auf Streikende«. Dieser direkte, auf höchster politischer Ebene und über die Medien geführte Schlagabtausch war ein erneuter Beweis für die gegenseitige Wahrnehmung auf einem zentralen Feld der deutsch-deutschen Systemauseinandersetzung, der Wirtschaftspolitik. Nach dem Mauerbau 1961 und der Ernüchterung mit den halbherzigen Wirtschaftsreformen (NÖSPL – Neues Ökonomisches System der Planung und Leitung) Mitte der 60er Jahre ging jedoch die SED-Führung einem offenen Vergleich mit der Bundesrepublik zunehmend aus dem Weg.

26 Protokoll der Verhandlungen des V. Parteitages der SED (10.–16.7.1958). Bd. 1, Berlin (Ost) 1959, S. 68–71.

27 Erhard, Ludwig: Über den »Lebensstandard«. Die Freiheit und der Totalitarismus – Die Herausforderung des Herrn Ulbricht, in: Die Zeit vom 15.8.1958, S. 11.

28 Ebenda, S. 12.

29 ND vom 16.8.1958, S. 1.

Der Sputnikstart beeindruckte nicht nur westdeutsche Politiker, sondern auch die im Umbruch befindliche Volkswirtschaftslehre in der Bundesrepublik. So betonte beispielsweise Eduard Werlé, Vorstandsmitglied des Münchener Ifo-Instituts und des CDU-Bundeswirtschaftsausschusses, 1960, dass sich der »Existenzkampf zwischen Osten und Westen immer sichtbarer auf den wirtschaftlichen Schauplatz« verlagere. Der wirtschaftspolitische Sprecher der CDU prognostizierte ebenfalls eine solche Entwicklung und beklagte zugleich die »Richtungslosigkeit unserer Wirtschaftspolitik«.[30] Schon in den 50er Jahren war die Bundesrepublik bemüht gewesen, einen validen Überblick über die ökonomische Entwicklung des anderen deutschen Staates zu erhalten. Dabei entwickelten sich zwei gegenläufige Wahrnehmungsmuster: Einerseits wurden zwar die Defizite der DDR-Planwirtschaft frühzeitig benannt und die offiziellen Statistiken kritisch analysiert. Andererseits gab es gerade nach den Erfolgen der sowjetischen Raumfahrt und dem selbstbewussten Auftreten Ulbrichts auf dem V. Parteitag zahlreiche Stimmen, die einen starken Wirtschaftsaufschwung der DDR erwarteten.[31] Des Weiteren standen Fragen nach den wirtschaftlichen und sozialen Aspekten einer zukünftigen Wiedervereinigung Deutschlands im Zentrum der wissenschaftlichen Beratungstätigkeit. Besonders hervorzuheben sind in diesem Kontext das in Berlin angesiedelte Deutsche Institut für Wirtschaftsforschung (DIW), der »Interministerielle Ausschuss für Fragen der Wiedervereinigung auf wirtschaftspolitischem Gebiet« sowie der »Forschungsbeirat für Fragen der Wiedervereinigung Deutschlands«.[32] Ab Mitte der 60er Jahre verlor jedoch die Aufgabe, wirtschaftspolitische Konzeptionen zur Wiedervereinigung vorzulegen, zunehmend an Bedeutung.

Unterschiedliche Wege der Krisenbewältigung ab 1973

Die Einbindung der Bundesrepublik und der DDR in das westliche bzw. östliche Wirtschaftssystem hatte nicht nur unmittelbare Auswirkungen auf die ökonomische Entwicklung der beiden deutschen Staaten, sondern auch langfristige Folgen, die Wahrnehmung und Bewältigung der Wirtschaftskrise von 1973 maßgeblich beeinflussten. Die Abschottung der DDR von internationalen Märkten sedierte letztlich die SED-Führung, denn diese glaubte, vor Krisen

30 Zit. nach: Nützenadel, Alexander: Stunde der Ökonomen. Wissenschaft, Politik und Expertenkultur in der Bundesrepublik 1949–1974, Göttingen 2005, S. 178f.
31 Ebenda, S. 359.
32 Ebenda, S. 179–182.

der Weltwirtschaft sicher zu sein. Der Rat für Gegenseitige Wirtschaftshilfe (RGW), dem die DDR seit 1950 angehörte, war »ursprünglich eine politische Institution mit geringer wirtschaftlicher Bedeutung«.[33] In der zweiten Hälfte der 50er Jahre begannen zwar Diskussionen, die auf eine effektivere Ausgestaltung der Wirtschaftsbeziehungen der RGW-Länder hinausliefen. Der Versuch, den RGW zu einer »supranationalen Planungsinstanz« (Ralf Ahrens) auszubauen, scheiterte allerdings 1963 am Veto Rumäniens. Zwar wurde die Zusammenarbeit zwischen den Mitgliedsländern bei der Planung und Produktion von Gütern stellenweise verbessert, es kam aber nicht zu einer Liberalisierung der Außenwirtschaftsbeziehungen. Damit konnten innerhalb des östlichen Wirtschaftssystems Arbeitsteilung und Innovationsfähigkeit nicht verbessert werden. Die steckengebliebene Integration des RGW war eine Ursache für die Handelsbilanzdefizite, die die DDR gegenüber den östlichen Partnern aufwies.[34] Außerdem verschlechterte sich der ostdeutsche Handlungsspielraum im Westhandel. Dagegen erfolgte in mehreren Schritten die Wiedereingliederung Westdeutschlands in die Weltwirtschaft (Christoph Buchheim): durch Auslandshilfe, Währungsreform und vor allem durch die Liberalisierung der westdeutschen Außenwirtschaft im Rahmen internationaler Abkommen und Institutionen (EZU, OEEC, GATT). Die Rückkehr der Bundesrepublik auf die internationale wirtschaftliche Bühne war sicherlich mitentscheidend für den Aufstieg zum »Exportweltmeister«, denn die Bonner Republik profitierte langfristig von der Öffnung der internationalen Handelsbeziehungen und vom Zugang zu neuen Märkten. Diese Hinwendung zum Westen hatte zweifellos auch mentale Folgen für die westdeutsche Gesellschaft. So gesehen überrascht es also nicht, dass sich die Bundesrepublik nach der Ölpreiskrise von 1973 eher mit den anderen westeuropäischen bzw. den nordamerikanischen Industrienationen verglich als mit der DDR oder den übrigen staatssozialistischen Ländern des Ostblocks.

Im Gegensatz dazu blieb die DDR sehr stark auf die Bundesrepublik fixiert, was unter anderem mit der wachsenden Bedeutung des deutsch-deutschen Handels zusammenhing. Da nämlich die Handelsbeziehungen zu den sozialistischen Bruderländern kompliziert und kaum ausbaufähig waren, musste die DDR die wirtschaftlichen Kontakte zum westdeutschen Klassenfeind intensivieren. Auf diese Weise konnte die DDR im Übrigen von den Vorzügen der Europäischen Wirtschaftsgemeinschaft (EWG) profitieren. Dem steigenden

33 Ahrens, Ralf: Gegenseitige Wirtschaftshilfe? Die DDR im RGW. Strukturen und handelspolitische Strategien 1963–1976, Köln u. a. 2000, S. 347.
34 Ebenda, S. 270.

Import von Waren stand aber kein adäquater Export von Produktionsgütern gegenüber, was wiederum zu einer Verschlechterung der Zahlungsbilanz und einer chronischen Verschuldung führte.[35] Diese Entwicklung sah die SED-Führung erstmals Mitte der 70er Jahre kommen. 1975 beschrieb Erich Honecker die DDR-Außenwirtschaft im Politbüro in düsteren Farben: »So ein Problem hat noch nie vor der DDR gestanden. An sich müssten wir Pleite anmelden.«[36] Im *Neuen Deutschland* wies der renommierte Wirtschaftshistoriker Jürgen Kuczynski auf die Folgen der Preisrevolution auf den internationalen Rohstoffmärkten für die DDR-Wirtschaft hin und forderte, dass der Export von industriellen Fertigwaren erhöht werden müsse.[37] Weil dies aber nicht ohne weiteres möglich war, wurden ausländische Kredite für die DDR immer lebensnotwendiger. Nur mit Hilfe der Milliardenkredite der Bundesregierung 1983 und 1984 konnte die Versorgung der Bevölkerung einigermaßen sichergestellt werden; die Abhängigkeit von westdeutschen Kreditgebern war unübersehbar geworden. Gleichzeitig gelang es der SED-Führung nicht mehr, neue politische Ziele zu formulieren, die mobilisierende und systemlegitimierende Wirkung bei der Bevölkerung entfalten konnten. Stattdessen hielt die SED an der konsumorientierten Sozialpolitik fest, deren Grundpfeiler sie Anfang der 70er Jahre mit der Zauberformel »Einheit von Wirtschafts- und Sozialpolitik« errichtet hatte. Der Konsumsozialismus[38] hatte kurzzeitig eine Aufbruchstimmung bewirkt, die jedoch nach wenigen Jahre in eine weitverbreitete Desillusionierung umschlug. Angesichts der Wirtschaftskrise in der DDR, die schon nach dem Parteitag 1976 unübersehbar geworden war, weigerte sich die Parteiführung aber, grundlegende Korrekturen vorzunehmen. Noch im Mai 1989 begegnete Egon Krenz entsprechenden Vorschlägen zur Senkung des Lebensstandards der Bevölkerung mit den Worten: »Es ist für mich gar keine Frage, ob die Einheit von Wirtschafts- und Sozialpolitik fortgeführt wird. Sie muss fortgeführt werden, denn sie ist ja der Sozialismus in der DDR.«[39]

35 Volze, Armin: Zur Devisenverschuldung der DDR – Entstehung, Bewältigung und Folgen, in: Kuhrt, Eberhard u.a. (Hrsg.): Die Endzeit der DDR-Wirtschaft – Analysen zur Wirtschafts-, Sozial- und Umweltpolitik, Opladen 1999, S. 151–183, hier S. 169.

36 Zit. nach: Skyba, Peter: Sozialpolitik als Herrschaftssicherung. Entscheidungsprozesse und Folgen in der DDR der siebziger Jahre, in: Vollnhals, Clemens/Weber, Jürgen (Hrsg.): Der Schein der Normalität. Alltag und Herrschaft in der SED-Diktatur, München 2002, S. 39–80, hier S. 57.

37 ND vom 27.6.1975, S. 5.

38 Staritz, Dietrich: Geschichte der DDR, Frankfurt a.M. 1996, S. 281.

39 Zit. nach: Hertle, Hans-Hermann: Die Diskussion der ökonomischen Krisen in der Führungsspitze der SED, in: Pirker, Theo u.a. (Hrsg.): Der Plan als Befehl und Fiktion. Wirtschaftsführung in der DDR. Gespräche und Analysen, Opladen 1995, S. 309–345, hier S. 344.

Die Ölpreiskrise von 1973 führte bei den westlichen Industrienationen langfristig gesehen zu einer Neujustierung der multilateralen Zusammenarbeit, die sich keineswegs reibungslos vollzog. Dabei stand zunächst die Währungspolitik im Vordergrund des Interesses. Das System stabiler Wechselkurse, das 1944 in Bretton Woods festgelegt worden war, wurde in den 60er Jahren durch Zahlungsbilanzdefizite der US-Wirtschaft zunehmend strapaziert und in Frage gestellt. Der unter Druck geratene Dollar und der Run auf andere Währungen (vor allem die D-Mark) machten Währungsanpassungen unausweichlich. Während sich etwa die Bundesregierung im Mai 1971 zur vorübergehenden Freigabe des DM-Wechselkurses gezwungen sah, um einer Anheizung der Inflation vorzubeugen, hob die Nixon-Administration im August 1971 einfach die Goldbindung des Dollars auf. Das sicher geglaubte Währungssystem brach zusammen, denn eine gemeinsame Lösung konnte nicht gefunden werden. Darüber hinaus setzten die USA ihre expansive Geldpolitik weiter fort, und einige europäische Regierungen gingen gemeinsam dazu über, die einzelnen Landeswährungen von der bisherigen amerikanischen Leitwährung zu lösen. Die Dollarkrise bedrohte nicht nur das internationale Währungssystem, sondern auch den Glauben an eine allgemeine Liberalisierung des weltweiten Handels.[40] Es drohte die Rückkehr zum nationalen, handelspolitischen Protektionismus. Letztlich konnte das System fester Wechselkurse nicht wiederhergestellt werden, stattdessen verzichteten die Notenbanken fortan auf Interventionen am Devisenmarkt. Auf der anderen Seite begann unter der Ägide des deutschen Bundeskanzlers Helmut Schmidt sowie des französischen Staatspräsidenten Valéry Giscard d'Estaing eine neue Phase des europäischen Einigungsprozesses: Mit der Schaffung des Europäischen Währungssystems (EWS) 1979 signalisierte schließlich der alte Kontinent partielle Unabhängigkeit von der neuen Welt.

Die wirtschaftspolitische Krisendiplomatie des Westens wurde in der Folgezeit sogar institutionalisiert. Am 15. November 1975 fand bei Paris der erste Weltwirtschaftsgipfel statt, dessen Initiatoren ebenfalls der französische und der deutsche Staats- bzw. Regierungschef waren. Dieses Treffen kann zu Recht als beginnende »Ökonomisierung der internationalen Politik« bezeichnet werden.[41] Doch auch hier blieben die DDR und Osteuropa außen vor. Die Teilnehmer waren vielmehr die USA, Frankreich, Großbritannien, die Bundesrepublik

40 James, Harold: Rambouillet, 15. November 1975. Die Globalisierung der Wirtschaft, München 1997, S. 141.
41 Zit. nach: Wolfrum: Die Bundesrepublik Deutschland, S. 438.

Deutschland, Japan und Italien. Die regelmäßig stattfindenden Gipfeltreffen, zu denen erstmals ab 1977 der Präsident der EU-Kommission stieß, unterstrichen aus Sicht der Bundesregierung unter anderem auch den hohen Stellenwert der Wirtschaftsbeziehungen zu den westlichen Industrienationen. Gemeinsames Ziel der Gipfelteilnehmer war die Stabilisierung des Weltwirtschaftssystems. Aus der Krise von 1973 hatten die westlichen Industriestaaten Konsequenzen gezogen und waren somit vorbereitet auf die zweite Ölpreiskrise 1979. Die auf den Währungsgipfeln aufgestellten Ziele konnten jedoch nur teilweise realisiert werden. So gelang es zwar, die Inflationsgefahr zu bannen und das internationale Währungssystem in ein ruhiges Fahrwasser zu lenken. Ein anderes gravierendes Problem blieb jedoch bestehen: die strukturelle Arbeitslosigkeit. So musste die Bundesregierung erkennen, dass mit den bisherigen wirtschafts- und vor allem beschäftigungspolitischen Programmen die Zahl der Erwerbslosen nicht nachhaltig gesenkt werden konnte. Gleichzeitig stiegen die Ausgaben für den zweiten Arbeitsmarkt.

Ende der 70er Jahre sah sich die DDR jedoch auf einmal mit den Problemen der globalen Wirtschaftskrise konfrontiert. Der dramatische Anstieg des Weltmarktpreises für Erdöl betraf nun auch Ostdeutschland. Die UdSSR, die bereits mit eigenen ökonomischen Schwierigkeiten zu kämpfen hatte, war nicht mehr bereit, der DDR Rohöl unter dem Weltmarktpreis zu liefern. Darüber hinaus lehnte sie das Ansinnen des SED-Politbüros ab, die Liefermenge zu erhöhen. Damit war die sicher geglaubte Energieversorgung in der DDR gefährdet. Schon bei einer Besprechung am 20. August 1973 zwischen dem ostdeutschen und dem sowjetischen Ministerratsvorsitzenden, Willi Stoph und Alexej N. Kossygin, waren die sowjetischen Zugeständnisse bei der Rohstoffversorgung weit unterhalb der SED-Forderungen geblieben.[42] Damit war für die ostdeutsche Seite klar, dass die Liefermenge an Erdöl bis 1980 deutlich geringer ausfallen würde als geplant. Die Staatliche Plankommission schlug daraufhin die Rückkehr zur Braunkohle als Substitutionsmöglichkeit vor. Die UdSSR setzte innerhalb des RGW Preiserhöhungen durch, die unter anderem Rohstoffe wie Erdgas und Erdöl betrafen, und gab somit die gestiegenen Weltmarktpreise an ihre Kunden, das heißt die sozialistischen Bruderländer, weiter. Diese Preiserhöhung entsprach zwar nicht der globalen Entwicklung, sie verschlechterte aber die Terms of Trade der DDR gegenüber der östlichen Schutz- und Hege-

42 Ahrens: Gegenseitige Wirtschaftshilfe?, S. 277.

monialmacht. Während die DDR bis 1976 rund 50 Prozent des Weltmarktpreises für das aus der Sowjetunion importierte Erdöl aufbringen musste, waren es 1978 bereits 80 Prozent.[43]

Beide deutsche Staaten schlugen in den 70er und 80er Jahren unterschiedliche Wege bei der Energieversorgung ein. Die gegenseitige Wahrnehmung nahm immer weiter ab. Um dringend benötigte Devisen zu erhalten und der galoppierenden Westverschuldung Einhalt zu bieten, ging die DDR verstärkt dazu über, sowjetisches Erdöl zu verarbeiten und in den Westen zu exportieren.[44] Da die Sowjetunion die vertraglich vereinbarte Liefermenge 1981 von 19 auf 17 Millionen Tonnen pro Jahr reduzierte, konnte die DDR den Eigenbedarf sowie die für den Export vorgesehene Menge nicht mehr abdecken. Nachverhandlungen ergaben zwar, dass Moskau die Differenz von zwei Millionen Tonnen weiterhin zu liefern bereit war, allerdings nur gegen konvertierbare Devisen.[45] Deshalb vergrößerte sich die ostdeutsche Devisenknappheit, und die Verschuldung nahm weiter zu, von zwei Milliarden Valutamark (Anfang der 70er Jahre) auf 23,6 (1980) und schließlich 25,1 (1982).[46] Dieser Teufelskreislauf zwang letztlich die DDR dazu, ihre Heizkraftwerke von Öl auf Braunkohle umzurüsten, was nicht nur enorme Kosten verursachte, sondern auch erhebliche Umweltschäden nach sich zog. Die Investitionskosten für die Braunkohleförderung erhöhten sich um 71,4 Prozent von 7,70 Mark (1980) auf 13,20 Mark (1988) je Tonne; dringend benötigte Investitionen konnten deshalb in anderen Wirtschaftszweigen nicht getätigt werden.[47]

Demgegenüber besaß die Bundesrepublik schon frühzeitig einen Mix an Energieträgern (Erdöl, Steinkohle, Atomkraft). Als weitere Energieträger kamen Erdgas und die erneuerbaren Energien (Sonnenenergie, Wind- und Wasserkraft) hinzu. Bei der Frage der friedlichen Nutzung der Kernenergie zeigte sich allerdings rasch das Ende des westdeutschen Energiekonsenses.[48] Angesichts des wachsenden Zukunftspessimismus geriet nämlich die Kernenergie rasch

43 Steiner: Von Plan zu Plan, S. 192.

44 Karlsch, Rainer/Stokes, Raymond G.: »Faktor Öl«. Die Mineralölwirtschaft in Deutschland 1859–1974. München 2003, S. 341.

45 Ahrens: Gegenseitige Wirtschaftshilfe?, S. 333.

46 Steiner: Von Plan zu Plan, S. 195.

47 Steiner, André: Zwischen Konsumversprechen und Innovationszwang. Zum wirtschaftlichen Niedergang der DDR, in: Jarausch, Konrad H./Sabrow, Martin (Hrsg.): Weg in den Untergang. Der innere Zerfall der DDR, Göttingen 1999, S. 153–192, hier S. 180.

48 Deutinger, Stephan: Eine »Lebensfrage für die bayerische Industrie«. Energiepolitik und regionale Energieversorgung 1945 bis 1980, in: Schlemmer, Thomas/Woller, Hans (Hrsg.): Die Erschließung des Landes 1949 bis 1973, München 2001, S. 33–118, hier S. 115.

ins »Fadenkreuz« einer allgemein verbreiteten »Zivilisationskritik«.[49] Darüber hinaus wurden Fragen der atomaren Entsorgung sowie der langfristigen Reaktorsicherheit in einer breiten Öffentlichkeit diskutiert, so dass die temporäre Zustimmung zur Kernenergie, die unmittelbar nach dem Ölpreisschock in der Bevölkerung noch zu verzeichnen war, schnell wieder zurückging. Die zweite Hälfte der 70er und vor allem die 80er Jahre zeichnen sich dadurch aus, dass nukleartechnologische Großprojekte (»Schneller Brüter«, »Wackersdorf«) keine breite gesellschaftliche Akzeptanz mehr fanden. Aufgelegte Energiesparprogramme der Bundesregierung, die nicht nur das produzierende Gewerbe, sondern auch den Privatverbraucher betrafen, gewannen auf der anderen Seite langsam an Bedeutung. Zuallererst waren die autofreien Sonntage Ende 1973 ein deutliches Signal in diese Richtung, auch wenn sich diese Maßnahme in einer arbeitsteiligen und hochmobilen Gesellschaft nicht dauerhaft etablieren ließ. Dagegen gehörten ambitionierte Pläne zum Ausbau des westdeutschen Autobahnnetzes (»Leber-Plan«) schon bald der Vergangenheit an. Auf jeden Fall war Energiesparen am Ende der Ära Schmidt ein neues Zauberwort geworden, und alternative Energien fanden immer mehr Fürsprecher. Insgesamt bedeutete die Ölpreiskrise langfristig betrachtet eine Zäsur in der westdeutschen Energieversorgung. Sie konfrontierte die Politiker und die Bevölkerung mit der Tatsache, dass die fossilen Rohstoffe der Erde nicht unbegrenzt zur Verfügung standen. In der westdeutschen Bevölkerung setzte aber nur ein kurzfristiger Bewusstseinswandel ein, denn der Benzin- und Dieselverbrauch stieg nach einiger Zeit wieder stetig an.[50] Dagegen konnte der Heizölverbrauch vor allem durch Wärmedämmung deutlich gesenkt werden.

Die Wirtschaftskrise hatte auch unterschiedliche Auswirkungen auf die Beschäftigtenstruktur der beiden deutschen Staaten. Aufgrund des Zusammenbruchs der Weltwährungsordnung von Bretton Woods und der Aufwertung der D-Mark verteuerten sich die westdeutschen Exporte, was wiederum »schwere Verwerfungen der Industriestruktur« auslöste.[51] Es zeigte sich nämlich, dass zentrale Bereiche im sekundären Wirtschaftssektor nicht mehr wettbewerbsfähig gehalten werden konnten. Der Beschäftigungskrise im Kohlenbergbau, die schon in den 60er Jahren zum Tragen gekommen war, folgten Krisen in der Textilindustrie, der Stahlindustrie und dem Schiffbau. Damit

49 Rödder: Die Bundesrepublik Deutschland 1969–1990, S. 51.

50 Hohensee, Jens: Der erste Ölpreisschock 1973/74. Die politischen und gesellschaftlichen Auswirkungen der arabischen Erdölpolitik auf die Bundesrepublik Deutschland, Stuttgart 1996, S. 239.

51 Abelshauser: Deutsche Wirtschaftsgeschichte seit 1945, S. 436.

ging ein Schrumpfungsprozess einher, bei dem Tausende Arbeitsplätze unwiederbringlich verloren gingen. Auffallend ist die fortschreitende Expansion des tertiären Sektors bei gleichzeitigem Rückgang der Beschäftigtenzahlen im primären und sekundären Sektor, ein auch in anderen westeuropäischen Ländern zu beobachtender säkularer Trend. Der Weg in die Dienstleistungsgesellschaft gestaltete sich jedoch ambivalent: Auf der einen Seite führte er zur Strukturanpassung an die globalwirtschaftlichen Herausforderungen, auf der anderen Seite konnte der Verlust an Arbeitsplätzen nur begrenzt kompensiert werden. Im Zuge dieser Entwicklung stieg in der Bundesrepublik die Sockelarbeitslosigkeit nochmals an. Dagegen verpasste die DDR den Übergang zur Dienstleistungsgesellschaft. Die planwirtschaftlichen Strukturen verhinderten vielmehr den Ausbau des tertiären Sektors, denn die frühzeitig durchgeführte Verstaatlichung von Banken und Versicherungen schloss eine Zunahme der Erwerbstätigenzahlen in diesem Wirtschaftsbereich aus. Dies trug wiederum dazu bei, dass fast zwangsläufig eine Arbeitswelt mit primär industriellen Erwerbsstrukturen alter Prägung bestehen blieb.

Beide deutsche Staaten gingen also getrennte Wege bei der Krisenbewältigung ab Mitte der 70er Jahre. Dies zeigte sich nicht nur bei der Währungs- und Finanz-, der Energie- und der Beschäftigungspolitik, sondern auch in gesellschaftspolitischer Hinsicht. In der Bundesrepublik führte die Kritik am Fortschrittsglauben zur Bildung der neuen sozialen Bewegungen. Der Aufstieg der Grünen spiegelte wiederum »die seit Ende der 60er Jahre zu beobachtenden Basisprozesse sozialer Individualisierung und Pluralisierung wider, welche die bundesdeutsche Gesellschaft in ihrer Tiefenstruktur verändert hatten«.[52] Die neugegründete Partei wies zahlreiche Schnittmengen mit den neuen sozialen Bewegungen auf, sie war aber mit diesen keineswegs deckungsgleich: Zentrale Bedeutung besaßen die mit dem NATO-Doppelbeschluss 1979 wieder erstarkte Friedensbewegung, die Anti-Atomkraft-Bewegung sowie die Frauenbewegung. Starken Einfluss hatten von Anfang an auch diverse kommunistische Gruppierungen, die zum Teil von der DDR finanziert wurden; für die Anfangszeit sind aber auch bürgerlich-konservative Strömungen (Herbert Gruhl) zu nennen, die jedoch bald bedeutungslos wurden. Der Einzug der Grünen in die Landtage und 1983 in den Deutschen Bundestag veränderte die politische Kultur und das westdeutsche Parteiensystem grundlegend:[53] Zum einen gelang es, diverse Gruppierungen und Bürgerinitiativen auf Bundesebene erfolgreich zu

52 So das zutreffende Urteil von Wirsching, Andreas: Abschied vom Provisorium. Geschichte der Bundesrepublik Deutschland 1982–1990, München 2006, S. 117.

53 Ebenda, S. 128.

einer Partei zu bündeln, und zwar als parlamentarische Konkurrenz zu den etablierten Parteien. Zum anderen übernahmen Letztere in den 80er Jahren selbst Themen, welche die Grünen zunächst besetzt hatten (Ökologie, Frieden und Abrüstung, Emanzipation der Frau). Dieser Übernahmeprozess beschränkte sich nicht nur auf die Programmatik der Parteien, sondern hatte auch Auswirkungen auf das konkrete politische Handeln. Retrospektiv betrachtet trug diese Parteineugründung dazu bei, dass die neuen sozialen Bewegungen in das politische System der Bundesrepublik integriert werden konnten, was wiederum systemstabilisierende Wirkung hatte. Die Geschichte von 1968, als ein Teil der Studentenbewegung in den Terrorismus abgedriftet war, wiederholte sich also nicht. Allerdings verlief dieser Prozess keineswegs reibungslos, im Gegenteil: Er war verbunden mit jahrelangen innerparteilichen Auseinandersetzungen, aber auch mit Konflikten mit den anderen politischen Parteien. Der Weg zur Regierungspartei, zunächst auf Länderebene, war voller Widersprüche und Ambivalenzen.

Dagegen hatte die DDR im selben Zeitraum vergleichbare politische und gesellschaftliche Veränderungen nicht vorzuweisen. Reform- und Protestbewegungen konnten sich in der SED-Diktatur nicht organisieren und öffentlich artikulieren. Sie wurden vielmehr unter die Bewachung der Staatssicherheit gestellt und im Keim erstickt. Eine Ausnahme stellte die protestantische Kirche dar, unter deren Dach sich Bürgerrechtler organisieren konnten. Diese Bürgerrechtsgruppen, die unter äußerst beschwerlichen Rahmenbedingungen agieren mussten, besaßen aber zu keinem Zeitpunkt die Ventilfunktion ihrer westdeutschen Pendants. Kritische Intellektuelle und Wissenschaftler versuchte die SED mundtot zu machen (Robert Havemann und Rudolf Bahro) oder bürgerte sie aus (Wolf Biermann). Diese repressiven Maßnahmen gegen ehemalige SED-Anhänger erinnerten an Maßnahmen des NS-Regimes und der Sowjetunion (Alexander Solschenizyn 1974). Die gewaltigen innenpolitischen Folgen unterschätzte die SED-Führung völlig, denn nach der Ausbürgerung Wolf Biermanns zerstoben 1976/77 endgültig die Hoffnungen auf eine partielle Liberalisierung der SED-Herrschaft, die mit dem Amtsantritt Honeckers 1971 in der DDR und im Ausland geweckt worden waren.

Die gegenseitige Wahrnehmung der wirtschaftlichen Entwicklung und des Umgangs mit Wirtschaftskrisen war in beiden deutschen Staaten von unterschiedlicher Intensität gekennzeichnet. Es handelte sich um eine partielle Perzeption, die zudem sehr viel stärker bei der DDR zu beobachten ist. Dabei stellte das Krisenjahr 1973 durchaus eine Zäsur dar: Während sich die Bundesrepublik ab diesem Zeitpunkt in erster Linie mit den anderen westlichen Industrienationen verglich, orientierte sich die DDR in zunehmendem Maße an dem anderen deutschen Staat. Bis Mitte der 60er Jahre waren beide deutsche Staaten in der gegenseitigen Wahrnehmung noch aufeinander fixiert gewesen, wobei auch hier einzelne Phasen und Abstufungen festzustellen sind. Das hing wiederum mit der unterschiedlichen Integrationstiefe in das jeweilige Wirtschaftssystem (EWG versus RGW), den davon abhängigen handelspolitischen Optionen sowie mit den ökonomischen Defiziten des planwirtschaftlichen Systems in der DDR zusammen. Die Abschottung der DDR vom Weltmarkt und die von der SED betriebene Wirtschaftspolitik trugen wesentlich dazu bei, dass in der DDR alte industrielle Strukturen konserviert wurden. Auf die Folgen der Globalisierung der Weltwirtschaft war die DDR letztlich nicht vorbereitet, und grundlegende strukturelle Defizite des planwirtschaftlichen Systems blieben bis 1989 erhalten. Der große Schock setzte nach dem Untergang der SED-Herrschaft ein: Mit dem Übergang von der Plan- zur Marktwirtschaft gingen die Beschäftigtenzahlen zurück, und die Erwerbslosenzahlen stiegen in den neuen Bundesländern dramatisch an. Den Systemwettstreit hat zwar die westdeutsche Wirtschaftsordnung gewinnen können. Daraus lässt sich allerdings nicht der automatische Schluss ziehen, dass sie auch gerüstet ist für die neuen Herausforderungen des 21. Jahrhunderts.

Hermann Wentker

1973 Doppelter UN-Beitritt

Deutsch-deutsche Konkurrenz auf der internationalen Bühne

»In der dicht besetzten Kuppelhalle der Vereinten Nationen herrscht die Stimmung, einem historischen Ereignis beizuwohnen, als Dienstag, 18. September, 17.43 Uhr New Yorker Zeit, der Hammer fällt und der Präsident der Generalversammlung verkündet: ›Es ist so beschlossen‹.«[1] Das historische Ereignis, von dem Botschafter Walter Gehlhoff nach Bonn berichtete, war die Aufnahme der DDR und der Bundesrepublik Deutschland in die Vereinten Nationen. Das Ringen der DDR um ihre Aufnahme in die UNO war damit beendet. Die ganzen 50er und 60er Jahre über hatte die Bundesrepublik mit Unterstützung der drei Sicherheitsratsmitglieder USA, Großbritannien und Frankreich die DDR in ihrem Begehren auf Einlass in die Weltgemeinschaft blockiert. Der westdeutsche Staat verzichtete in dieser Zeit bewusst auf eine Vollmitgliedschaft, da er dem ostdeutschen Konkurrenten keinen Vorwand liefern wollte, im Gegenzug ebenfalls Zutritt zu den Vereinten Nationen zu erhalten und damit völkerrechtlich anerkannt zu werden. Erst nach Aufgabe des Bonner Alleinvertretungsanspruchs und infolge des Grundlagenvertrags stellte sich die Bundesrepublik der DDR hier nicht mehr in den Weg, und beide Staaten konnten in die UNO aufgenommen werden.

Das Ereignis war daher für die DDR von anderer Bedeutung als für die Bundesrepublik. Wie es in der Direktive der ostdeutschen UN-Delegation hieß, ging es ihr »um die Aufnahme der DDR und der BRD als zweier souveräner, voneinander unabhängiger Staaten«.[2] Der Beitritt zur UNO sollte endgültig Souveränität und Eigenstaatlichkeit der DDR demonstrieren. In diesem Sinne

1 Aufzeichnung des Botschafters Gehlhoff, New York (UNO), 5.10.1973, in: Akten zur Auswärtigen Politik der Bundesrepublik Deutschland, hrsg. im Auftrag des Auswärtigen Amtes vom Institut für Zeitgeschichte (AAPD) 1973, Dok. 310, S. 1512.

2 Direktive für die Regierungsdelegation der DDR zur Teilnahme an der XXVIII. UN-Vollversammlung, Anlage Nr.1 zum Protokoll der Politbürositzung vom 4.9.1973, in: SAPMO-BArch, DY 30 J IV 2/2/1466, Bl. 5.

formulierte auch KPdSU-Generalsekretär Leonid Breschnew in seinem Glückwunschschreiben an Erich Honecker am 20. September 1973: »Der Beitritt der DDR zur UNO durchkreuzt ein für allemal die Pläne der imperialistischen Kreise, die Existenz des sozialistischen deutschen Staates zu ignorieren und seine Teilnahme am internationalen Geschehen zu verhindern.«[3] Der Bundesrepublik hingegen war, wie Gehlhoff schrieb, »der Schritt in die Vereinten Nationen nicht leicht gefallen. Sie hatte befürchtet, der Beitritt könnte den Eindruck erwecken, ›als hätten wir die Hoffnung auf Einheit aufgegeben‹.« Der bundesdeutsche UN-Botschafter war daher sehr beruhigt, dass auch viele UN-Mitglieder in ihren Begrüßungsreden von der Vorstellung ausgingen, »dass in den heutigen zwei deutschen Staaten ein Volk und eine Nation weiterleben«.[4] Während die DDR nicht nur bei ihrer Aufnahme in die Vereinten Nationen die »Thesen von den sogenannten Sonderbeziehungen zwischen den beiden Teilen Deutschlands, der angeblich fortexistierenden Einheit der Nation oder der Viermächteverantwortung als Grundlage irgendwelcher spezifischer Beziehungen zwischen diesen beiden Staaten«[5] zurückwies, versuchte sich die Bundesrepublik an dem Spagat zwischen staatlicher Anerkennung der DDR bei gleichzeitigem Festhalten an der Einheit der deutschen Nation.

Die Rolle des jeweils anderen für die Bundesrepublik und für die DDR

Beide Positionen verweisen auf das deutsch-deutsche Ringen auf der internationalen Bühne seit 1949. Der jeweils andere deutsche Staat spielte eine wesentliche, freilich unterschiedlich wichtige Rolle sowohl für die westdeutsche als auch für die ostdeutsche Außenpolitik. Die Bundesrepublik, bei ihrer Gründung alles andere als autonom, schaffte unter der Führung Konrad Adenauers im ersten Jahrzehnt ihres Bestehens den Sprung in die westliche Staatengemeinschaft. Nach dem Ausbruch des Korea-Kriegs waren insbesondere die USA darauf bedacht, die Bundesrepublik als militärischen Verbündeten zu gewinnen. Adenauer kam diesem Verlangen entgegen und vermochte es geschickt zu nutzen: Indem er einen deutschen Wehrbeitrag anbot, konnte er

3 Breschnew an Honecker, 20.9.1973, in: SAPMO-BArch, DY 30/2376, Bl. 5.
4 Aufzeichnung des Botschafters Gehlhoff, New York (UNO), 5.10.1973, in: AAPD 1973, Dok. 310, S. 1517, 1515.
5 Direktive für die Regierungsdelegation der DDR zur Teilnahme an der XXVIII. UN-Vollversammlung, Anlage Nr.1 zum Protokoll der Politbürositzung vom 4.9.1973, in: SAPMO-BArch, DY 30 J IV 2/2/1466, Bl. 23.

im Gegenzug die Bundesrepublik in der westlichen Wertegemeinschaft verankern, äußere Sicherheit gewinnen und weitgehende staatliche Souveränität erlangen. Dabei setzte die Bundesrepublik von Anfang an auf eine möglichst gleichberechtigte Beteiligung an den supranationalen, westeuropäisch-atlantischen Organisationen, allen voran – nach dem Scheitern der Europäischen Verteidigungsgemeinschaft – an der NATO und an der Europäischen Gemeinschaft für Kohle und Stahl, der Europäischen Wirtschaftsgemeinschaft sowie der Europäischen Atomgemeinschaft. Trotz ihrer nicht ganz vollständigen Souveränität kam der Bundesrepublik nicht zuletzt aufgrund ihrer wirtschaftlichen Potenz eine stetig wachsende Bedeutung innerhalb des westlichen Lagers zu.

In dieser Phase ihrer Entwicklung war die DDR in zweierlei Hinsicht für die Bundesrepublik von Bedeutung: Zum einen stellte sie durch den Aufbau der Kasernierten Volkspolizei seit 1948 eine Bedrohung dar, so dass Adenauer bereits vor 1950 gegenüber den Hohen Kommissaren für den Aufbau einer Bundespolizei plädierte. Aufgrund des aus dem Grundgesetz abgeleiteten Alleinvertretungsanspruchs ging es der Bundesrepublik zum anderen darum, eine Anerkennung der DDR zu verhindern und letztlich die deutsche Teilung zu überwinden. Angesichts der absoluten Priorität der Westbindung wurde die Wiedervereinigung jedoch zu einem nachgeordneten Ziel. Adenauer selbst brachte dies 1955 mit den Worten zum Ausdruck: »Wir haben der Welt mit immer größerer Lautstärke verkündet, die Wiedervereinigung ist das erste Problem der Welt. Das ist falsch. Das erste Problem ist, dass wir in Frieden und Freiheit bleiben, zunächst die 50 Millionen, und dann kommen die 18 Millionen.«[6]

Die DDR war bei ihrer Gründung genauso wenig autonom wie die Bundesrepublik. Sie unterlag jedoch der sowjetischen Kuratel in den 50er Jahren weitaus stärker als die Bundesrepublik im gleichen Zeitraum jener der Westalliierten. Die DDR war nicht nur abhängig von der Sowjetunion, sondern dieser geradezu ausgeliefert: Das Regime in Ost-Berlin musste bis 1953 befürchten, dass die Sowjetunion die DDR zugunsten eines neutralen Gesamtdeutschlands fallen ließ. Erst als sich im Aufstand vom 17. Juni 1953 die DDR als ein äußerst fragiles Gebilde erwiesen hatte und nachdem die nach Stalins Tod ungelöste Führungsfrage in der Sowjetunion geklärt war, vollzog Moskau eine Wende in seiner Politik gegenüber Ost-Berlin. Spätestens mit der

6 Zit. nach: Schwarz, Hans-Peter: Adenauer. Der Staatsmann: 1952–1967, Stuttgart 1991, S. 185.

Verkündung der sogenannten »Zwei-Staaten-Theorie« durch Nikita Chruschtschow im Jahr 1955 war die DDR-Führung ihrer Sorge, dass die Sowjetunion die DDR aufgeben könne, enthoben. Obwohl Moskau sowohl mit der Souveränitätserklärung von 1954 als auch mit dem ostdeutsch-sowjetischen Vertrag von 1955 der DDR formell die Qualität eines souveränen Staates bescheinigte, hatte sich an der ostdeutschen elementaren Abhängigkeit von der Sowjetunion nichts geändert. Ostabhängigkeit blieb das zentrale Strukturmerkmal ostdeutscher Außenpolitik.

Die Rolle, die die Bundesrepublik für die DDR dabei spielte, ähnelte auf den ersten Blick der der DDR für die Bundesrepublik: Die Existenz der Bundesrepublik bedrohte die DDR, und gleichzeitig setzte Letztere – im Einklang mit der Sowjetunion – auf eine Wiedervereinigung unter sozialistischen Vorzeichen. Zu Beginn der 50er Jahre war die DDR-Führung noch guter Hoffnung, dieses Ziel in absehbarer Frist erreichen zu können; da die erwartete Krise der westlichen Staaten jedoch nicht eintraf, rückte das Nahziel »deutsche Einheit« in immer weitere Ferne. Demgegenüber wurde die Bundesrepublik aufgrund ihrer Anziehungskraft auf die Ostdeutschen zu einer permanenten Herausforderung für die DDR. Unübersehbares Zeichen dafür war, dass bis 1961 gut 2,5 Millionen Menschen aus dem ostdeutschen in den westdeutschen Staat abwanderten. Unter diesen Bedingungen blieb der DDR nichts anderes übrig, als sich konsequent von der Bundesrepublik abzugrenzen – auch mit dem Bau einer Mauer durch Berlin. Neben der Ostabhängigkeit wurde folglich die Westabgrenzung zu einem zentralen Element der Staatsräson der DDR.

Nach Mauerbau und Kubakrise setzten die Supermächte mehr und mehr auf Entspannung. Die bisherige außenpolitische Linie der Bundesrepublik wurde damit in Frage gestellt: nicht nur mit Blick auf ihre Ost-, sondern auch mit Blick auf ihre Westpolitik. Weil die Westmächte, allen voran die USA, nicht mehr die deutsche Frage ins Zentrum ihrer Politik stellten, sondern die Erhaltung des Friedens, hatte die Bundesrepublik keine andere Wahl, als sich dem neuen Trend anzupassen. Im Verlauf dieses bis 1969 dauernden Prozesses rang sich die Bundesrepublik schließlich auch zur staatlichen Anerkennung der DDR durch. Es handelte sich dabei indes um »aktive Anpassung« (Werner Link) an die neuen Gegebenheiten. Die Bundesregierung, die seit 1962 vermehrt Fühler nach Osteuropa ausgestreckt hatte, befand sich zwar in grundsätzlichem Einvernehmen mit den USA, verfuhr jedoch nach einer eigenen Konzeption (»Wandel durch Annäherung«) und ergriff von sich aus die Initiative. In diesem Sinne berichtete auch Henry Kissinger von einem Treffen mit Egon Bahr im Oktober 1969 in Washington: »Bahr unterrichtete uns über den von Brandt beabsichtigten Kurs. Er betonte, diese Politik solle in Zusammenarbeit und

Freundschaft mit den Vereinigten Staaten verfolgt werden, ließ aber kaum einen Zweifel daran, dass diese Politik selbst kein Gegenstand von Diskussionen sein könne.«[7] Die Bundesrepublik blieb zwar fest im Westen verankert, war aber darauf bedacht, ihr Verhältnis zur Sowjetunion, zu den osteuropäischen Staaten und der DDR selbst zu gestalten. Dies gelang ihr weitgehend, da sie inzwischen im Westen über ein erhebliches Gewicht verfügte.

Auch die DDR war zur Anpassung an die weltpolitische Entspannung gezwungen. Ihre Bedeutung innerhalb des Ostblocks wuchs in den 60er Jahren: Sowohl gegenüber Rumänien 1967 als auch gegenüber der Tschechoslowakei 1968 bewährte sich die DDR als verlässlicher Klientenstaat[8] und Bündnispartner der Sowjetunion. Als sich die Sowjetunion 1969 aber dazu entschloss, auf das Verhandlungsangebot der Bundesrepublik einzugehen, wurde die DDR, da die Sowjetunion die Öffnung nach Westen unter strenger Kontrolle halten wollte, einem »micromanagement«[9] aus Moskau unterworfen und ihre Handlungsfreiheit erheblich eingeschränkt. Bis zum Abschluss des Grundlagenvertrags am 21. Dezember 1972 führte Moskau Ost-Berlin am straffen Zügel.

Je mehr sich die Bundesrepublik nach Osten öffnete, desto stärker fühlte sich die DDR von ihr bedroht. Die bereits von Kurt Georg Kiesinger gestellte Forderung nach menschlichen Erleichterungen ließ die ostdeutsche Führung befürchten, die Bundesrepublik wolle in die DDR »eindringen«, und veranlasste sie, ihre Abgrenzungsbemühungen zu verstärken. Die Bundesregierung, die die ostdeutsche Abhängigkeit von der östlichen Supermacht richtig einschätzte, ging daher den Weg über Moskau, um die DDR-Führung auf diesem Gebiet zu Konzessionen zu veranlassen. Nachdem sich Bonn einmal dazu durchgerungen hatte, die DDR staatlich – aber nicht völkerrechtlich – anzuerkennen, befand sie sich folglich in einer weitaus besseren Position als Ost-

7 Kissinger, Henry A.: Memoiren 1968–1973, München 1979, S. 444.

8 In Anlehnung an Richard Löwenthal werden die durch eine hohe innere Uniformität gekennzeichneten und einer engen Steuerung durch Moskau ausgesetzten Staaten im sowjetischen Machtbereich als Satelliten bezeichnet. Zu Klientenstaaten konnten sich diese erst entwickeln, als ihnen unter Chruschtschow und Breschnew mehr Autonomie (aber keine Souveränität) gewährt wurde, wenngleich die innerstaatliche Gleichschaltung unverändert blieb. Diese Autonomie war zweifach begrenzt: durch die Aufrechterhaltung der Einparteienherrschaft auf der einen und durch die Unkündbarkeit des sowjetischen Bündnissystems auf der anderen Seite. Vgl. Löwenthal, Richard: Vormachtkontrolle und Autonomie in der Entwicklung des Sowjetblocks, in: Löwenthal, Richard/Meissner, Boris (Hrsg.): Der Sowjetblock zwischen Vormachtkontrolle und Autonomie, Köln 1984, S. 31.

9 Der Begriff nach Sarotte, Mary Elise: Dealing with the Devil. East Germany, Détente, and Ostpolitik, 1969–1973, Chapel Hill/London 2001, S. 161.

Berlin und konnte – anders als die DDR – im Verhandlungsprozess ihre wichtigsten Ziele durchsetzen.

Auf die Herstellung des deutsch-deutschen Modus Vivendi folgte die Multilateralisierung der westdeutschen Ost- und Entspannungspolitik, etwa im Rahmen der UNO und der KSZE. Die Bundesrepublik entwickelte sich »zu einem – zwar bescheidenen, aber angesichts seiner wirtschaftlichen Weltmachtstellung potenten – ›global player‹«.[10] Letzteres war auch für die Weltwirtschaft von erheblicher Bedeutung, die seit dem Ölpreisschock von 1973 eine Schwächeperiode durchlief. Die Bundesrepublik nahm unter Bundeskanzler Helmut Schmidt auf diesem Gebiet eine erhebliche Mitverantwortung wahr, was etwa auf den vom französischen Präsidenten Valéry Giscard d'Estaing inaugurierten Weltwirtschaftsgipfeln deutlich wurde. Sie verfügte auch in der NATO über ein erhebliches Gewicht, doch war ihre Stellung dort ambivalent: Sie stellte zwar in Europa »die stärksten, dazu vollständig integrierten Streitkräfte, sie beherbergte den größten Teil der europäischen Streitmacht des Bündnisses, sie würde, wenn es denn zum Krieg kam, der Hauptkriegsschauplatz sein – und hatte doch auf die Entscheidungen der großen interkontinentalen Nuklearstrategie so gut wie keinen Einfluss«.[11] Als die Sowjetunion in den 70er Jahren durch die Stationierung von SS-20 Mittelstreckenraketen ihre Angriffsstärke erheblich steigerte, formulierte auf Initiative von Helmut Schmidt die NATO 1979 den Doppelbeschluss, um Westeuropa sicherheitspolitisch nicht von den USA abkoppeln zu lassen. Trotz Divergenzen im westdeutsch-amerikanischen Verhältnis – so setzten die USA stärker auf Nachrüstung, während die Bundesrepublik den Verhandlungen Vorrang einräumen wollte – erwiesen sich die Bundesregierungen unter Schmidt und seinem Nachfolger Helmut Kohl als verlässliche Partner der USA im westlichen Bündnis. Dennoch waren beide bestrebt, das deutsch-deutsche Verhältnis möglichst unbeschadet von der »neuen Eiszeit« zu erhalten, die Ende der 70er Jahre aufgrund der sowjetischen Politik im Ost-West-Verhältnis ausbrach. Beiden Kanzlern ging es um die Aufrechterhaltung der Einheit der Nation durch Beibehaltung der menschlichen Kontakte; gegenüber Erich Honecker hoben sie vor allem die besondere Verantwortung hervor, die die Bundesrepublik gemeinsam mit der DDR in der Mitte Europas für die Erhaltung des Friedens trug. Beide pflegten daher die

10 Peter, Matthias: Die Staatsräson der Bundesrepublik Deutschland 1949–1989, in: Heydemann, Günther/Klein, Eckart: Staatsräson in Deutschland, Berlin 2003, S. 133.

11 Kielmansegg, Peter Graf: Nach der Katastrophe. Eine Geschichte des geteilten Deutschland, Berlin 2000, S. 226.

»Ostverbindungen« der Bundesrepublik, ohne die Unabdingbarkeit der Westbindung in Frage zu stellen.[12]

Die DDR konnte in den 70er Jahren ihr außenpolitisches Gewicht ebenfalls erhöhen und avancierte etwa in Afrika zum Juniorpartner der Sowjetunion. Hinzu kam, dass auch sie nicht daran interessiert war, dass sich die vermehrten Spannungen in der Weltpolitik auf ihr Verhältnis zur Bundesrepublik niederschlugen: Sie setzte sich daher – aus westlicher Sicht – durchaus positiv von der Sowjetunion ab. Die Parallelität zwischen Bundesrepublik und DDR war indes nur äußerlich. Denn zum einen konnte der ostdeutsche Staat weitaus weniger Einfluss auf den Gang der Weltpolitik nehmen als der westdeutsche. Zum anderen beruhte dessen gestiegenes Gewicht innerhalb des eigenen Bündnisses nicht auf einem ähnlich festen Fundament wie das der Bundesrepublik, da es ihm an wirtschaftlicher Potenz und innerer Legitimität mangelte. Die DDR hielt daher die deutsch-deutsche Verbindung nicht um ihrer selbst willen aufrecht, sondern weil sie auch weiterhin von den Beziehungen zur Bundesrepublik wirtschaftlich profitieren wollte. In den 70er und vor allem in den 80er Jahren wurde dieses Motiv immer wichtiger, weil die Sowjetunion immer weniger in der Lage war, die DDR zu subventionieren, und diese daher in zunehmendem Maße auf Kredite und Transferleistungen aus der Bundesrepublik angewiesen war. Unter diesen Bedingungen ließ sich die Westabgrenzung – an der, wie die Geraer Forderungen Honeckers von 1980[13] zeigen, weiterhin prinzipiell festgehalten wurde – nur noch mit Mühe aufrechterhalten: In den Verhandlungen mit Bonn rückte Ost-Berlin gegen Ende des Jahrzehnts teilweise von lange aufrechterhaltenen Rechtspositionen ab. Zwar mussten sich sowohl die Bundesrepublik als auch die DDR als »nationalstaatliche Mängelwesen«[14] mehr als andere Staaten an die Haupttendenzen der internationalen Politik anpassen. Jedoch konnte die Bundesrepublik diese Anpassung aktiv und verantwortungsbewusst betreiben, während die DDR aufgrund ihrer inneren Schwäche diesen Tendenzen geradezu ausgeliefert war. Unübersehbar wurde

12 Das Begriffspaar Westbindung und Ostverbindungen nach Link, Werner: Die außenpolitische Staatsräson der Bundesrepublik Deutschland. Überlegungen zur innerstaatlichen Struktur und Perzeption des internationalen Bezugsfeldes, in: Funke, Manfred u. a. (Hrsg.): Demokratie und Diktatur. Geist und Gestalt politischer Herrschaft in Deutschland und Europa, Bonn 1987, S. 413 f.

13 Dabei ging es um die Umwandlung der Ständigen Vertretungen in Botschaften, die Anerkennung der DDR-Staatsbürgerschaft, die Auflösung der Zentralen Erfassungsstelle von DDR-Unrecht in Salzgitter und eine Regelung des Grenzverlaufs auf der Elbe »entsprechend dem internationalen Recht«.

14 So Peter: Die Staatsräson der Bundesrepublik, S. 140, mit Blick auf den westdeutschen Staat.

dies 1989, als sie im stürmischen Umschwung der internationalen Großwetterlage sang- und klanglos unterging.

Bei allen äußeren Parallelen war die Rolle, die der jeweils andere deutsche Staat für die Bundesrepublik und die DDR in der 40-jährigen Teilungsgeschichte spielte, doch grundverschieden. Für die DDR stellte die Bundesrepublik aufgrund ihrer Sogwirkung auf die ostdeutsche Bevölkerung stets einen Faktor dar, gegen den sie sich behaupten musste. Da sie nie den inneren Konsens erzeugen konnte, der ihr Stabilität auf lange Sicht beschert hätte, betrieb sie zum einen eine Politik der Abgrenzung nach Westen. Zum anderen versuchte sie, den Mangel an innerer Legitimität durch die Erlangung äußerer Legitimität zu kompensieren: Es ging ihr also, nach der kurzen Phase, in der sie auf eine rasche Wiedervereinigung gesetzt hatte, um völkerrechtliche Anerkennung durch die nichtsozialistischen Staaten, insbesondere durch die Bundesrepublik. Diese fühlte sich lediglich in den ersten Jahren ihres Bestehens durch die DDR regelrecht bedroht.

Mit der Festigung ihrer staatlichen und ökonomischen Existenz ab Mitte der 50er Jahre war die DDR nur noch mit Blick auf das Wiedervereinigungsgebot des Grundgesetzes von Bedeutung. Es handelte sich dabei zwar um eine wichtige, nicht aber um eine Lebensfrage der Bundesrepublik. Aus einer im Wesentlichen abgesicherten Position heraus war die Bonner Politik darauf ausgerichtet, die deutsche Frage offen und den Gedanken der Einheit der Nation lebendig zu halten. Die 50er Jahre über war man in der Bundesrepublik fast einhellig der Meinung, dass dies durch eine Politik der Nichtanerkennung der DDR – die nach Aufnahme diplomatischer Beziehungen mit Moskau in die Form der Hallstein-Doktrin gegossen wurde – am besten gewährleistet werden konnte. Im folgenden Jahrzehnt mehrten sich indes die Stimmen, die sich für eine Anerkennung der DDR aussprachen. Bei vielen stand dahinter die begründete Furcht, dass sich die Spaltung bei fortbestehender Kontaktsperre weiter vertiefen würde. Man müsse daher der DDR in ihrem Anerkennungsstreben entgegenkommen, um Kontakte zwischen Ost- und Westdeutschen zu ermöglichen. Dass der Wechsel von der Nichtanerkennung zu einem Modus Vivendi unter begrenzter Anerkennung möglich war, zeigt erneut, dass dies für die Bundesrepublik keine existentielle Frage darstellte.

Dennoch waren beide Staaten – wenn auch aus unterschiedlichen Motiven heraus – bis 1973 auf der internationalen Bühne aufeinander fixiert. Anerkennungsstreben und Nichtanerkennungspolitik schlossen sich nun einmal gegenseitig aus. Dieser Gegensatz wurde vor allem in den Staaten der Dritten Welt ausgetragen, da diese in ihrer großen Mehrheit weder dem östlichen noch dem westlichen Lager angehörten. Die DDR unternahm hier im Windschatten der Sowjetunion und im Zeichen antiimperialistischer Solidarität Versuche, Beziehungen anzuknüpfen, die zu einer Anerkennung führen sollten. Die Bundesrepublik sah sich dadurch zu einem Engagement in Ländern genötigt, zu dem sie sich unter anderen Umständen wohl nie bereit gefunden hätte. In den 60er Jahren wurde daher in zunehmendem Maße auch die Entwicklungspolitik von beiden Staaten in den Dienst ihrer Anerkennungs- bzw. Nichtanerkennungspolitik gestellt. Die DDR konnte in dieser Auseinandersetzung zwar einige punktuelle Erfolge erzielen und unterhalb der Schwelle der Anerkennung Boden gewinnen – ein Durchbruch gelang ihr jedoch nicht.[15]

Die Bundesrepublik im Ostblock: eine Herausforderung für die DDR

Die Fixierung der DDR auf die Bundesrepublik lässt sich auch im Ostblock nachweisen, zunächst bei der Frage der Ausreise der noch in der Tschechoslowakei und Polen verbliebenen deutschen Minderheiten. Nach Verhandlungen des Deutschen Roten Kreuzes (DRK) mit Prag und Warschau sowie mit Budapest und Bukarest konnten bereits 1950/51 im Rahmen der Operation »Link« zahlreiche Deutsche diese Staaten verlassen. Mit Warschau hatte Ost-Berlin bereits vor dieser Aktion, am 2. Januar 1950, eine Vereinbarung getroffen, die vor allem der Familienzusammenführung dienen sollte; erst im März folgte die Übereinkunft zwischen dem Polnischen und dem Deutschen Roten Kreuz, die die Ausreisen in die Bundesrepublik regelte. Das ostdeutsche Innenministerium registrierte freilich penibel, wie viele Deutsche sich in die Bundesrepublik und wie viele sich in die DDR begaben, und meldete Ende Januar 1951 besorgt, dass die Zahl derjenigen, die nach Westdeutschland gingen, immer mehr zunehme. Im Fall der Tschechoslowakei erfolgte die Vereinbarung mit dem DRK am 31. Januar 1950, während DDR-Außenminister Georg Dertinger erst am Tag danach mit dem tschechoslowakischen Botschafter über die – sehr viel geringer dimensionierten – Aussiedlungswünsche in die DDR verhandelte. Im Frühjahr 1951 beendeten Polen und die ČSR wegen akuten Arbeitskräftemangels die Ausreisen in beide deutsche Staaten. Mit Blick auf die DDR ließ Polen jedoch Familienzusammenführungen noch zu; auch Gruppentransporte waren bis 1953 noch möglich.

15 Zur deutsch-deutschen Auseinandersetzung in der Dritten Welt vgl. den Beitrag von Amit Das Gupta in diesem Band.

Erst 1956, im Zuge des »Tauwetters« nach dem XX. KPdSU-Parteitag, kam es zu weiteren Vereinbarungen zwischen dem DRK und der Tschechoslowakei, Polen, Ungarn und Rumänien. Dem ostdeutschen Außenministerium ging dabei das Entgegenkommen der ČSR zu weit. Die Bundesrepublik, so Außenminister Lothar Bolz, versuche dabei, »die Rolle der Interessenvertreterin der deutschen Minderheit zu spielen«; die DDR müsse daher die tschechoslowakischen »Freunde in ihrer Politik gegenüber Westdeutschland noch gründlicher [...] beraten«.[16] Außerdem begann sie, in der Tschechoslowakei wie auch in den anderen osteuropäischen Staaten ab Mitte der 50er Jahre die nicht eingebürgerten Teile der deutschen Minderheit als Staatsbürger der DDR zu registrieren, um damit dem westdeutschen Einfluss zu begegnen. Ihren polnischen Nachbarn hatte die DDR in dieser Frage durch die Verpflichtung zu zügeln versucht, sich vor entsprechenden Vereinbarungen mit der Bundesrepublik mit der DDR zu konsultieren. Die Polen ließen sich jedoch nicht hineinreden und schlossen 1956 eine Vereinbarung mit dem DRK, die es zwischen 1956 und 1958 etwa 270 000 Personen ermöglichte, Polen zu verlassen. Ende November 1956 forderte der ostdeutsche Botschafter in Warschau, Stefan Heymann, seine Regierung zu »grundlegende[n] und schnelle[n] Maßnahmen« auf; andernfalls würden »die hier noch ansässigen Deutschen ganz in das Lager des Westens überlaufen«.[17] Ost-Berlin verlangte daher, dass Deutsche nicht nur in die Bundesrepublik, sondern auch in die DDR ausreisen sollten. Obwohl dies geschah, blieb die SED weiterhin misstrauisch, da sie den Verdacht hegte, Polen bevorzuge die Bundesrepublik aus wirtschaftlichem Kalkül.

Trotz aller Bemühungen konnte die DDR nicht mit der Bundesrepublik mithalten: Polen und die Tschechoslowakei präferierten den westdeutschen Staat ebenso wie die ausreisewilligen Deutschen. Zum einen spielten wirtschaftliche Faktoren dabei eine Rolle: So zahlte die Bundesrepublik für die Transporte aus Polen, die DDR aber nicht. Zum anderen konnte und wollte sich die DDR nicht als Sachwalter für die deutsche Minderheit in Polen und der ČSR einsetzen. Sie konnte dies nicht, weil sie sich aufgrund ihrer prekären Position im Ostblock – die anderen Staaten hatten sie als Nachfolgestaat des »Dritten Reiches« noch keineswegs als Partner akzeptiert – weder in der Lage sah, die polnischen und tschechoslowakischen Maßnahmen zu kritisieren noch

16 Zit. nach: Ihme-Tuchel, Beate: Die tschechoslowakische Politik gegenüber der deutschen Minderheit und das Verhältnis zur DDR zwischen 1949 und 1955, in: Zeitschrift für Geschichtswissenschaft 44 (1996), S. 972.

17 Zit. nach: Ihme-Tuchel, Beate: Die DDR und die Deutschen in Polen. Handlungsspielräume und Grenzen ostdeutscher Außenpolitik 1948 bis 1961, Berlin 1997, S. 33.

entsprechende Forderungen zu stellen, und sie wollte dies auch nicht, denn sie hätte es lieber gesehen, wenn die deutsche Minorität in Polen die polnische Staatsbürgerschaft angenommen hätte. So war es kein Wunder, dass die Deutschen aus der Tschechoslowakei und Polen lieber in die Bundesrepublik als in die DDR zogen.

Mit der »Politik der Bewegung« von Bundesaußenminister Gerhard Schröder wurde die DDR im Ostblock stärker herausgefordert als zuvor. Unter Ausnutzung der dort seit 1956 erkennbar gewordenen polyzentrischen Tendenzen und dem Bedürfnis der sowjetischen Klientenstaaten nach erweitertem Handelsaustausch strebte Schröder intensivere Beziehungen zu den ostmittel- und südosteuropäischen Staaten an: Im Anschluss an Handelsverträge sollten dort Handelsvertretungen eröffnet werden, die bei ihren Gastregierungen Verständnis für die Politik der Bundesrepublik fördern und vermitteln sollten, dass eine Wiedervereinigung diesen nicht zum Nachteil gereichen würde. Mit der Errichtung solcher Missionen – eine auffallende Parallele zu den Methoden der DDR außerhalb des Ostblocks – wollte die Regierung in Bonn die Auseinandersetzung mit der Führung in Ost-Berlin in den sowjetischen Machtbereich hineintragen. Unter Ausnutzung des Tatbestandes, dass die osteuropäischen Staaten »der Bundesrepublik gegenüber positiver eingestellt seien als Pankow gegenüber«,[18] sollte die DDR isoliert und das dortige Regime dazu gedrängt werden, von seinen Herrschaftsmethoden abzurücken und seiner Bevölkerung mehr Freiheit zu gewähren. Beide deutsche Staaten traten somit ab 1962 in Ostmittel- und Südosteuropa in direkte Konkurrenz miteinander.

Die DDR, die für sich eine führende Rolle bei der Formulierung der Deutschlandpolitik ihrer Verbündeten in Anspruch nahm, versuchte auf die Verhandlungen Druck auszuüben. Als Hebel diente ihr dabei die von der Bundesrepublik als Conditio sine qua non geforderte Einbeziehung West-Berlins. Denn dies widersprach der sowjetischen »Drei-Staaten-Theorie«, der zufolge Bundesrepublik, DDR und West-Berlin selbständige politische Einheiten bildeten. Entsprechende Proteste der ostdeutschen Botschafter bei den »Bruderstaaten« blieben daher nicht aus. Dennoch konnte die Bundesrepublik eine indirekte Einbeziehung West-Berlins in allen abgeschlossenen Handelsverträgen durchsetzen: Die ökonomischen Interessen Polens, Rumäniens, Ungarns und Bulgariens wogen letztlich schwerer als die politischen Einwände der

18 So Schröder gegenüber dem britischen Außenminister Butler, 9.12.1963, zit. nach: Eibl, Franz: Politik der Bewegung. Gerhard Schröder als Außenminister 1961–1966, München 2001, S. 260.

DDR, so dass am 7. März, am 17. Oktober und am 10. November 1963 sowie am 6. März 1964 mit diesen Staaten Handelsverträge unterzeichnet und anschließend Handelsvertretungen eröffnet werden konnten. Lediglich die am 7. Dezember 1964 aufgenommenen Verhandlungen mit der Tschechoslowakei wurden im Frühjahr 1965 wegen der Berlin-Problematik unterbrochen und für unbestimmte Zeit ausgesetzt. Diese Verhandlungen waren zusätzlich dadurch belastet, dass die ČSSR von der Rechtsungültigkeit des Münchener Abkommens von Anfang an, die Bundesrepublik aber, um die deutsche Staatsbürgerschaft der Sudetendeutschen zu begründen, erst von dessen Ungültigkeit mit dem Vertragsbruch durch das Deutsche Reich im März 1939 ausging. Gleichwohl hatte die DDR versucht, den Beginn der westdeutsch-tschechoslowakischen Verhandlungen hinauszuzögern. Insgesamt befürchtete Ulbricht, wie aus einem Schreiben an Breschnew am 6. September 1965 hervorgeht, dass die Handelsmissionen sich im Lauf der Zeit zu diplomatischen Vertretungen entwickelten.[19] Das wollte er auf jeden Fall verhindert sehen, da dies die international nicht anerkannte DDR im Ostblock mit der Bundesrepublik auf eine Stufe gestellt hätte. Jedoch waren die Handlungsmöglichkeiten Ost-Berlins auch gegenüber seinen »Bruderstaaten« begrenzt: Prag jedenfalls nahm im Februar 1966 die Verhandlungen mit Bonn wieder auf. Obwohl diese zeitweise zu scheitern drohten, gelangten beide Regierungen am 3. August 1967 zu einem Vertragsabschluss, der West-Berlin in Form eines vertraulichen Briefwechsels einbezog.

Dies war für Ost-Berlin umso ärgerlicher, als kurz zuvor, im Februar 1967, die Außenminister der Warschauer-Pakt-Staaten mit der später so genannten »Ulbricht-Doktrin« eine gemeinsame Marschrichtung gegenüber der Bundesrepublik festgelegt hatten. Damit reagierten sie auf das Angebot der Regierung Kiesinger an alle Ostblockstaaten außer der DDR, mit Bonn diplomatische Beziehungen aufzunehmen, und dessen positiver Aufnahme durch Bukarest im Januar 1967. Die daraufhin nach Warschau einberufene Konferenz einigte sich, unter maßgeblicher Beteiligung des ostdeutschen, polnischen und sowjetischen Außenministers, auf eine Reihe von Bedingungen, die erfüllt sein mussten, wenn die Ostblockstaaten diplomatische Beziehungen zur Bundesrepublik aufnehmen wollten: Insbesondere musste diese zuvor die Grenzen in Europa einschließlich der innerdeutschen und der Oder-Neiße-Grenze sowie die Existenz von zwei deutschen Staaten anerkannt haben. Damit war zwar

19 Zu dem Schreiben vgl. Schwarz, Wolfgang: Brüderlich entzweit. Die Beziehungen zwischen der DDR und der ČSSR 1961–1968, München 2004, S. 245.

weiteren diplomatischen Vorstößen der Bundesregierung im sowjetischen Hegemonialbereich ein Riegel vorgeschoben; eine Intensivierung der Beziehungen der Bundesrepublik zu den Ostblockstaaten unterhalb dieser Ebene konnte damit, wie das westdeutsch-tschechoslowakische Handelsabkommen zeigte, freilich nicht verhindert werden.

Auch in Rumänien nahm die DDR gegenüber der Bundesrepublik ab 1963 vor allem in kulturpolitischer Hinsicht eine »relativ schwache Position« ein.[20] Dies wurde etwa daran deutlich, dass im *Neuen Weg*, der Zeitung der dortigen deutschsprachigen Minderheit, seit Eröffnung der bundesdeutschen Handelsvertretung der Bundesrepublik eine weitaus größere Aufmerksamkeit als der DDR zuteil und die Berichterstattung über Westdeutschland neutraler wurde. Obwohl sich Ost-Berlin für 1964 vornahm, dem mit intensivierter agitatorischer und aufklärerischer Arbeit zu begegnen, blieben die Aktivitäten zum 15. Jahrestag der DDR-Gründung weitgehend wirkungslos. Die DDR widmete letztlich Rumänien nicht mehr Aufmerksamkeit als bisher, und der südosteuropäische Staat konnte gerade auf dem relativ unverfänglichen Gebiet der Kulturpolitik seine Autonomie gegenüber der Sowjetunion demonstrieren. Die Bundesrepublik, die sich in dieser Zeit verstärkt in Osteuropa engagierte, schien ihr dazu den nötigen ökonomischen Rückhalt zu bieten, so dass die DDR in der deutsch-deutschen Kulturkonkurrenz in diesem Land den Kürzeren zog.

Die Auswirkungen des westdeutschen Ausgreifens nach Osteuropa vor Abschluss des Grundlagenvertrags waren folglich ambivalent: Auf der einen Seite vermochte es die DDR nicht, ihrem deutschlandpolitischen Kurs bei ihren »Bruderstaaten« uneingeschränkt Geltung zu verschaffen, und die Bundesrepublik konnte, insbesondere aufgrund ihres ökonomischen Gewichts, sehr viel intensivere Beziehungen zu diesen anknüpfen, als der Ost-Berliner Führung lieb waren. Auf der anderen Seite erfüllten sich weder die weitgesteckten Hoffnungen von Bundesaußenminister Schröder mit Blick auf eine Lockerung der Verhältnisse in der DDR noch die der Regierung Kiesinger hinsichtlich einer Auflockerung des Ostblocks – nicht so sehr, weil sich Ost-Berlin dagegen sträubte, sondern weil Moskau sein Veto einlegte. Obwohl die DDR im März 1967 Freundschafts- und Beistandsverträge mit Polen und der ČSSR

20 Weiß, Peter Ulrich: Nicht begnadet: Zur kulturellen Selbstdarstellung und Außenwirkung der DDR in Rumänien bis Mitte der 1960er Jahre, in: Paulmann, Johannes (Hrsg.): Auswärtige Repräsentationen. Deutsche Kulturdiplomatie nach 1945, Köln/Weimar/Wien 2005, S. 274.

abschloss, bedeutete dies lediglich prima facie eine Festigung der Solidarität der Ostblockstaaten. Hinter der Fassade hatten sich, verstärkt durch die Vorstöße Bonns, unübersehbare Risse im östlichen Bündnis aufgetan.

Die DDR im Westen als Störfaktor der bundesdeutschen Außenpolitik

Die DDR versuchte zwar bereits in den 50er Jahren, in Westeuropa Fuß zu fassen, doch gelang ihr dies bis 1973 sehr viel weniger als der Bundesrepublik in Osteuropa. Da die westeuropäischen Staaten ihren westdeutschen Verbündeten in seinem Alleinvertretungsanspruch unterstützten, hatte sie dort in ihrem Anerkennungsstreben sehr viel weniger Chancen auf Erfolg als anderswo. So konnte sie – anders als die Bundesrepublik in Osteuropa – im Westen des Kontinents keine staatlichen Handelsvertretungen eröffnen, sondern musste sich mit Vertretungen der »Kammer für Außenhandel« – formell eine »gesellschaftliche Organisation« in der DDR – zufriedengeben. Über solche Kammervertretungen verfügte die DDR freilich in allen westeuropäischen Staaten seit der zweiten Hälfte der 50er Jahre. Diese setzten zwar oft weitaus mehr Personal ein, als sie für ihre eigentliche Arbeit benötigten – was von den westdeutschen Botschaften durchaus registriert wurde –, aber politische Aktivitäten waren ihnen nicht gestattet. Aufgrund der NATO-Zugehörigkeit der westeuropäischen Staaten gelang es der DDR nicht, die Kammervertretungen durch Erlangung diplomatischer Privilegien oder durch Umwandlung in staatliche Handelsvertretungen »aufzuwerten«.

So blieb ihr nur der mühsame Weg, Anknüpfungspunkte im politischen Leben des Gastlandes zu suchen, Imagepflege über auswärtige Kulturpolitik zu betreiben, die Wirtschaftsbeziehungen auszubauen und mögliche Spannungen der westeuropäischen Staaten mit der Bundesrepublik auszunutzen. Was das politische Leben betraf, ging es ihr zum einen darum, möglichst bedeutende Personen zu gewinnen, die sich bei führenden Politikern für die DDR einsetzten. Dies gelang ihr vereinzelt: so etwa in Belgien, wo sie in Maurice Lambiliotte, dem Journalisten und persönlichen Berater von Außenminister Paul-Henri Spaak, einen Mittelsmann zu diesem fand, sowie in Italien, wo über den Leiter der Auslandsabteilung des Partito Socialista Italiano, Paolo Vitorelli, dem Außenminister 1965 ein Memorandum des Ost-Berliner Außenministeriums (MfAA) zugeleitet werden konnte. Darüber hinaus war der DDR-Führung daran gelegen, westeuropäische Parlamentarier für sich einzunehmen: Seit 1956 vermochte sie es, vor allem Politiker der linken Parteien aus

Großbritannien, Frankreich, Italien und Belgien zu Gruppenreisen in die DDR zu bewegen. Kontakte pflegte die SED insbesondere zu den westlichen kommunistischen und, ab 1963, sozialistischen Parteien; gleichzeitig versuchte sie, in deren gesellschaftlichem Umfeld durch die Gründung von Freundschaftsgesellschaften Fuß zu fassen, um auf diese Weise vor allem die Anerkennung der DDR zu propagieren. Dies war freilich nur in Italien und Frankreich erfolgversprechend, in denen relativ starke kommunistische Parteien aktiv waren.

Auch die ostdeutsche Kulturarbeit stand, indem sie ein möglichst positives DDR-Bild propagierte, indirekt im Dienst der Anerkennungspolitik. Nennenswerte Erfolge konnte die DDR damit freilich nur zwischen 1957 und 1962 mit dem kulturellen Angebot des von ihr finanzierten Thomas-Mann-Zentrums in Italien erzielen, vor allem, weil die Bundesrepublik damals kulturell dort kaum präsent war. Wo der ostdeutsche Staat jedoch versuchte, mit dem westdeutschen direkt zu konkurrieren, zog er den Kürzeren: Dies galt etwa für den Jugendaustausch mit Frankreich oder für die 1963 in Ost-Berlin gegründete Deutsch-Britische Gesellschaft, die mit ihren drei »Potsdamer Gesprächen« von 1965, 1966 und 1967 bei weitem nicht die Wirksamkeit entfaltete wie die »(West-)Deutsch-Englische Gesellschaft« mit den Königswinter-Konferenzen. Auch der Umfang des Wirtschaftsaustauschs mit der DDR blieb stets weit hinter dem mit der Bundesrepublik zurück. Jedoch gelang es der DDR in den 60er Jahren, das niedrige Niveau ihres Handels etwa mit Italien, Frankreich und Großbritannien beträchtlich zu steigern, so dass sie sich Hoffnung auf einen staatlichen Handelsvertrag – vor allem mit Großbritannien – machte. Jedoch kam es auch hier 1969 nur zu einem Handelsabkommen zwischen der Kammer für Außenhandel und der Confederation of British Industry.

In den 60er Jahren versuchte die DDR überdies, vor allem in Frankreich und Italien von Spannungen dieser Staaten mit der Bundesrepublik zu profitieren. In diesem Zusammenhang setzte Ost-Berlin zeitweise auf Präsident Charles de Gaulle, der etwa mit seiner Forderung, die Oder-Neiße-Grenze anzuerkennen, für Missstimmung in Bonn gesorgt hatte. Nachdem die ostdeutschen Hoffnungen auf ein westdeutsch-französisches Zerwürfnis mit der Unterzeichnung des deutsch-französischen Vertrags vom 22. Januar 1963 im Elysée-Palast einen Dämpfer bekommen hatten, nahm Ost-Berlin das Wiederaufleben der Rivalitäten zwischen Bonn und Paris 1964 zum Anlass, seine Aktivitäten gegenüber Frankreich erneut zu verstärken. Die DDR-Führung hoffte, ihr Staat könne von Frankreich als »Droh- und Druckmittel« gegenüber der Bundesrepublik benutzt werden, um dadurch ihre Chancen auf Anerkennung durch Paris zu steigern. Italien wiederum fühlte sich aufgrund des mit dem Elysée-Vertrag etablierten deutsch-französischen Sonderverhältnisses zurückgesetzt und war über die mögliche Mitverfügung der Bundesrepublik über Atomwaffen im Rahmen der 1963 geplanten »Multilateral Force« äußerst beunruhigt, so dass die DDR hier Anknüpfungspunkte zu erkennen glaubte. Als der Bundesrepublik von Italien aus Unterstützung für terroristische Anschläge Südtiroler Separatisten vorgeworfen wurde und die italienische Abgeordnetenkammer zu diesem Thema 1966 sogar eine Sondersitzung einberief, war das Ost-Berliner Außenministerium sofort mit einer Erklärung zur Stelle, in der die gleichgerichteten Interessen der DDR und Italiens im Hinblick auf Anerkennung und Respektierung der bestehenden Grenzen betont wurden. Weder mit Blick auf Italien noch mit Blick auf Frankreich erfüllten sich die ostdeutschen Hoffnungen: In beiden Fällen überwog das Interesse, die Beziehungen zur Bundesrepublik nicht auch noch mit Querelen über die DDR zu beeinträchtigen. Außerdem hatte insbesondere das westdeutsch-französische Verhältnis bereits eine solche Qualität erreicht, dass es einzelnen Belastungen durchaus standhielt. Während die Bundesrepublik für die DDR in Osteuropa daher zu einem nicht zu unterschätzenden Konkurrenten wurde, nahm die DDR in Westeuropa lediglich »die Rolle eines ›Störfaktors‹ der westdeutschen Außenpolitik ein«.[21]

Gleichwohl war die bundesdeutsche Außenpolitik besonders wachsam, wenn es um die Nichtanerkennungspolitik ihrer Verbündeten und deren Beziehungen zur DDR ging. So wurde etwa in einer Aufzeichnung des Auswärtigen Amtes zu Beginn des Jahres 1963 voll Sorge festgehalten, dass ein für wahrscheinlich erachteter Sieg der Labour Party bei Neuwahlen in Großbritannien sich aufgrund deren Eintretens »für eine De-facto-Anerkennung der Ostzone, die Anerkennung der Oder-Neiße-Linie und eine weichere Haltung in Berlin« deutschlandpolitisch höchst negativ auswirken würde.[22] Diese Befürchtung bewahrheitete sich nach dem tatsächlich erfolgten Wahlsieg von Harold Wilson 1964 zwar nicht, zeigt jedoch, wie sensibel Bonn in dieser Beziehung war. Der deutsche Botschafter in Paris, Manfred Klaiber, sah sich angesichts der Häufung von Parlamentarierreisen aus Frankreich in die DDR zu einer energischen Demarche im Quai d'Orsay veranlasst, da dadurch der »SBZ-Propaganda, die Anerkennung von Rotchina durch Frankreich sei nur ein erster Schritt, dem als zweiter die Anerkennung von Pankow folgen

21 So zutreffend Lill, Johannes: Völkerfreundschaft im Kalten Krieg? Die politischen, kulturellen und ökonomischen Beziehungen der DDR zu Italien 1949–1973, Frankfurt a. M. u.a. 2001, S. 475.

22 Aufzeichnung von VLR I Voigt, 18.1.1963, in: AAPD 1963, Dok. 31, S. 100 f.

werde, […] Vorschub geleistet werde«.[23] Die meisten Probleme ergaben sich jedoch aus dem ab 1965 verstärkten DDR-Handel der westeuropäischen Partner der Bundesrepublik. Sowohl das britische als auch das französische Außenministerium mussten sich deshalb 1965 Beschwerden bundesdeutscher Diplomaten und Minister anhören, die darauf drängten, den Handel vor allem aus zwei Gründen zurückzufahren: zum einen, weil dadurch indirekt das Anerkennungsstreben der DDR gefördert werde, und zum anderen, weil sich die DDR dadurch vom »Interzonenhandel« unabhängig machen könnte und ein »innerdeutsches Verbindungsglied«[24] geschwächt werde. Besonders irritiert war die Bundesrepublik angesichts der Gewährung von zum Teil langfristigen Krediten an die DDR, um die Exporte dorthin abzusichern. Während die Bundesrepublik mit ihrer Kritik zunächst nicht durchdrang, konnte sie am 25. Juli 1966 einen EWG-Ratsbeschluss durchsetzen, in dem die Begrenzung solcher Kreditabsicherungen auf fünf Jahre und die Verpflichtung der anderen fünf EWG-Regierungen zu Konsultationen über das Kreditvolumen festgelegt wurden. Auch der britische Außenminister wurde unter Verweis auf den britischen Beitrittswunsch gebeten, sich dieser Regel anzuschließen.[25] Die Bundesrepublik hätte sich aufgrund ihres im Vergleich zur DDR weitaus größeren Gewichts im westlichen Lager sehr viel gelassener angesichts der ostdeutschen Vorstöße geben können. Jedoch war sie durch die Nichtanerkennungspolitik in einem solchen Maße auf die DDR fixiert, dass sie auch kleinste »Geländegewinne« des östlichen Konkurrenten nicht zulassen wollte.

Deutsch-deutsche Konkurrenz in Nordeuropa

Von besonderer Bedeutung für die deutsch-deutsche Konkurrenz auf der internationalen Bühne sollte sich jedoch – neben den Staaten der Dritten Welt – das Ringen um die neutralen Staaten in Nordeuropa erweisen.[26] Trotz gewisser Parallelen unterschied sich die schwedische von der finnischen Neutralität in ihrer prowestlichen bzw. proöstlichen Tendenz. Schweden neigte

23 Bericht von Klaiber, 31.1.1964, in: AAPD 1964, Dok. 45, Anm. 17, S. 220. Frankreich hatte am 27. Januar 1964 diplomatische Beziehungen zur Volksrepublik China aufgenommen.
24 Gespräch von Schröder mit dem britischen Außenminister Brown, 4.11.1966, in: AAPD 1966, Dok. 360, S. 1471.
25 Ebenda, S. 1471 f. und Anm. 41.
26 Die Schweiz und Österreich, die beide eindeutig zum westlichen Lager tendierten, waren aus verschiedenen, hier nicht zu erörternden Gründen für die DDR weitaus weniger interessant, so dass hier von deutsch-deutscher Rivalität keine Rede sein kann.

seit der Teilnahme am Marshall-Plan dem Westen zu und hatte daher 1951 die Bundesrepublik diplomatisch anerkannt, die DDR jedoch nicht. Erst 1957 konnte Ost-Berlin in Stockholm eine Kammervertretung eröffnen. Finnland, der ehemalige deutsche Verbündete im Zweiten Weltkrieg, hatte nach seiner Niederlage 1948 einen Freundschafts- und Beistandsvertrag mit der Sowjetunion abschließen müssen. Darin war Helsinki nicht Neutralität, sondern lediglich das Streben nach Neutralität zugestanden worden. Der nordeuropäische Staat, der bei seiner Neutralitätspolitik folglich sowjetische Interessen in besonderem Maße berücksichtigen musste, unterhielt seit 1953 gleichrangige Beziehungen zu beiden deutschen Staaten auf der Ebene von staatlichen Handelsvertretungen, denen jedoch konsularische und diplomatische Rechte zugestanden wurden. Wenngleich also in beiden Staaten der Ausgang der deutsch-deutschen Auseinandersetzung nicht klar vorhergesehen werden konnte, war die wirtschaftliche Überlegenheit der Bundesrepublik eindeutig. Das galt in besonderer Weise für Schweden, das seinen Handel seit Ende der 40er Jahre ganz auf Westdeutschland ausrichtete und sich in den 60er Jahren um eine Assoziierung an die EWG bemühte. Das westdeutsch-finnische Handelsvolumen überstieg das ostdeutsch-finnische ebenfalls erheblich, jedoch konnte die DDR zwischen 1953 und 1957 ihren Warenaustausch mit Finnland um durchschnittlich 20 Prozent im Jahr steigern, so dass sich Ost-Berlin Hoffnungen machte, auf Dauer ein Drittel des gesamten finnischen Handelsaustauschs mit beiden deutschen Staaten zu bestreiten. Mit der Liberalisierung des finnischen Außenhandels 1957 zerschlug sich jedoch auch diese Hoffnung.

Gleichwohl setzte die DDR die ganzen 50er und 60er Jahre über auf eine Anerkennung durch Finnland, und auch in Schweden glaubte sie zeitweise den Status ihrer Vertretung erhöhen zu können. Aufgrund der Hallstein-Doktrin sowie der westdeutschen Wirtschaftskraft war dies zwar in beiden Fällen illusorisch. Dennoch war die Bundesrepublik besorgt, dass die beiden nordeuropäischen Staaten sowjetischem Druck erliegen und der DDR weit entgegenkommen könnten. So hielt es der Leiter der bundesdeutschen Handelsvertretung in Helsinki im September 1961 für möglich, »dass der finnische Staatspräsident sich einer sowjetischen Forderung, den Separatfriedensvertrag zu unterzeichnen und die SBZ anzuerkennen, auf die Dauer nicht widersetzen kann«.[27] Doch stimmten hier Wahrnehmung und Realität in keiner Weise überein. Denn sowjetische Vertreter hatten nachweislich die DDR sowohl 1958

27 Zit. nach: Putensen, Dörte: Im Konfliktfeld zwischen Ost und West. Finnland, der Kalte Krieg und die deutsche Frage (1947–1973), Berlin 2000, S. 149.

als auch 1961 davon abgehalten, das durch sowjetische Pressionen in Bedrängnis geratene Finnland Vorstößen in Richtung Anerkennung auszusetzen. Auch als das Außenministerium in Stockholm im Frühjahr 1964 andeutete, dass Schweden von der Sowjetunion bedrängt werde, eine ostdeutsche staatliche Handelsmission zuzulassen, wurde die bundesdeutsche Diplomatie nervös. Doch auch in diesem Fall erwiesen sich die westdeutschen Ängste als unbegründet, da Chruschtschow bei seinem Besuch in Stockholm im Juni 1964 auf jeglichen Druck in dieser Frage verzichtete.

Dass die Bonner Vertretungen in Helsinki und Stockholm derart überreagierten, hing wohl auch mit der dortigen deutsch-deutschen Konkurrenz auf dem Gebiet der Öffentlichkeitsarbeit und kulturellen Präsenz zusammen. Denn in dieser Hinsicht schien die DDR – vor allem aus westdeutscher Sicht – der Bundesrepublik überlegen zu sein. In der Tat hatte sich Ost-Berlin auf diesem Gebiet schon frühzeitig engagiert. Sichtbare Zeichen dafür waren die Gründung von Freundschaftsgesellschaften der DDR in Schweden und in Finnland im Jahr 1956 und die Eröffnung von Kultur- und Informationszentren der DDR in Helsinki und Stockholm 1960 bzw. 1967. Doch obwohl die westdeutschen Vertreter ab 1958 mit stetig wachsender Sorge über die Intensivierung der ostdeutschen kulturellen Aktivitäten und Propaganda berichteten, hatten ihre ostdeutschen Kollegen bis über das Jahr 1960 hinaus das Gefühl, der Bundesrepublik auch mit Blick auf die auswärtige Kulturpolitik unterlegen zu sein. Der bundesdeutschen Handelsvertretung in Helsinki wurden aufgrund von Meldungen, denen zufolge man »auf dem besten Wege [sei], das Spiel in Finnland zu verlieren«,[28] zwar nicht alle ihre Wünsche nach entsprechend aufwendigen Gegenmaßnahmen erfüllt. Sie erreichte aber, dass Finnland im Dezember 1959 im Auswärtigen Amt zum kulturellen Schwerpunkt erklärt wurde. Die Bundesrepublik bemühte sich nun – in Finnland mehr als in Schweden –, auf die Aktivitäten der DDR zu reagieren: So gab das Auswärtige Amt grünes Licht für die Errichtung einer Zweigstelle des Goethe-Instituts in Helsinki, die 1963 als »Deutsches Institut« eröffnet wurde; auf die Freundschaftsgesellschaft Finnland–DDR folgte 1960 die Gründung des »Finnisch-Deutschen Vereins«. Die Konkurrenz erstreckte sich auf zahlreiche Gebiete der auswärtigen Kulturpolitik – selbst auf die Besetzung der Lektoratsstellen an den germanistischen Instituten der finnischen Universitäten.

28 Bericht vom 30.11.1959, zit. nach: Griese, Olivia: Auswärtige Kulturpolitik und Kalter Krieg. Die Konkurrenz von Bundesrepublik und DDR in Finnland 1949–1973, Wiesbaden 2006, S. 91.

Der deutsch-deutsche Wettstreit um die Gunst der nordischen Staaten fand ihren Ausdruck darüber hinaus in der Konkurrenz der Rostocker Ostseewoche und der Kieler Woche. Die ostdeutsche Festwoche wurde erstmalig im Sommer 1958 vor dem Hintergrund des sowjetischen Interesses an einer »Neutralisierung« der Ostsee durchgeführt und sollte vor allem die NATO-Kritiker in Skandinavien mobilisieren; zusätzlich trat sie in den Dienst des ostdeutschen Anerkennungsstrebens. Da die DDR es bis 1960 vermochte, die Zahl der skandinavischen Teilnehmer an der Ostseewoche erheblich zu steigern, regten die westdeutschen Botschafter in Kopenhagen und Stockholm Gegenmaßnahmen an. Die Stadt Kiel griff diese Anregungen auf und schaffte es, die Bundespolitik an der Kieler Woche finanziell zu beteiligen: Diese wurde damit zu einer Konkurrenzveranstaltung zur Rostocker Ostseewoche. Die Vorschläge der westdeutschen Vertretungen angesichts der ab Mitte der 60er Jahre wieder steigenden Besucherzahlen aus Skandinavien in Rostock, dem Beispiel der DDR zu folgen und Mittel für die Einladung von Ehrengästen bereitzustellen, wurden befolgt. Nicht nur das Bundesministerium für gesamtdeutsche Fragen, sondern auch das Auswärtige Amt erachtete unter diesen Umständen die Kieler Woche weiterhin für förderungswürdig; erst mit der fortschreitenden Entspannungspolitik verlor die deutsch-deutsche Festwochenkonkurrenz an Bedeutung, und das Bundesministerium für innerdeutsche Beziehungen stellte 1971 die Zahlung seiner Zuschüsse ein.

Wenngleich die ostdeutschen Bemühungen in der auswärtigen Kulturpolitik der DDR letztlich nicht die ersehnte Anerkennung bescherten, erreichten sie doch, dass die bundesdeutschen Vertreter vor Ort die zunehmende ostdeutsche Präsenz als bedrohlich wahrnahmen und auf entsprechende Gegenmaßnahmen drängten. Da die Kulturabteilung im Auswärtigen Amt unter Dieter Sattler (1959–1966) sich jedoch weigerte, die eigene Kulturpolitik nur an den Aktivitäten der DDR auszurichten, wurden nicht alle Forderungen der bundesdeutschen Diplomaten erfüllt. Gleichwohl profitierten die westdeutschen Kultureinrichtungen in Schweden und Finnland überdurchschnittlich stark aufgrund der ostdeutschen Konkurrenz. In der Bundesrepublik war damals der völlig unzutreffende Eindruck weit verbreitet: »Die Zone arbeitet mit fast unbegrenzten Mitteln.«[29] In Finnland etwa investierte die Bundesrepublik

29 So Karl Korn am 25.3.1959 in einem Artikel in der FAZ, zit. nach: Michels, Eckard: Zwischen Zurückhaltung, Tradition und Reform: Anfänge westdeutscher auswärtiger Kulturpolitik in der 50er Jahren am Beispiel der Kulturinstitute, in: Paulmann: Auswärtige Repräsentationen, S. 254.

weitaus größere Summen in die auswärtige Kulturpolitik als die DDR; freilich flossen die Mittel weniger in spektakuläre Einzelaktivitäten als in die Förderung alteingesessener Institutionen wie die Deutsche Schule oder die Deutsche Bibliothek.

Nach 1968 ließ die Fixierung der westdeutschen auswärtigen Kulturpolitik auf die DDR deutlich nach. Dies wird nicht zuletzt daran erkennbar, dass sie auf einen für Ost-Berlin zentralen Erfolg äußerst gelassen reagierte. Denn die DDR errang in ihrem Streben nach einem völkerrechtlichen Vertrag mit Finnland einen Teilerfolg: Vertreter beider Staaten unterzeichneten am 25. November 1969 ein Kulturprotokoll – aus Sicht der DDR ein entscheidender Schritt hin zu einer Normalisierung der bilateralen Beziehungen. Erstmals plädierte die bundesdeutsche Vertretung dafür, die weitere Entwicklung abzuwarten und nicht sofort mit Gegenmaßnahmen zu reagieren. In Schweden hingegen funktionierten 1969 noch die alten Reflexe. Da dort das ostdeutsche Kulturzentrum dem westdeutsche Goethe-Institut zunehmend Konkurrenz machte, plädierten Vertreter des Auswärtigen Amtes in diesem Jahr für eine erhebliche Ausweitung der westdeutschen kulturellen Auslandsarbeit, unter anderem durch die Schaffung von drei neuen Filialen des Goethe-Instituts in der Provinz. Da die Mittel jedoch nur durch Umverteilungen innerhalb des Etats bereitzustellen gewesen wären, sprach sich die Zentrale des Goethe-Instituts in München dagegen aus. Der Regierungswechsel in Bonn hin zur sozial-liberalen Koalition bereitete solchen Überlegungen dann schnell ein Ende.

Eine Wende in der bundesdeutschen auswärtigen Kulturpolitik war bereits unter der Großen Koalition eingeleitet worden. 1968 war man im Rahmen einer »Skandinavienkonferenz« im Auswärtigen Amt übereingekommen, zukünftig die Gesamtheit der deutschen Kultur zu betonen und die DDR-Kultur als deren Teil zu begreifen, während die DDR weiterhin auch auf diesem Gebiet Eigenständigkeit reklamierte. Insgesamt ging indes die deutsch-deutsche Konkurrenz auf kulturellem Gebiet im Zuge der deutsch-deutschen Vertragspolitik zurück, so dass sowohl die Bundesrepublik als auch die DDR 1972/73 ihre entsprechenden Investitionen einschränkten. Dennoch blieb Finnland für beide Staaten ein Schwerpunkt der kulturellen Auslandsarbeit bis zum Ende der deutsch-deutschen Systemkonkurrenz im Jahr 1990.

1973, nach der staatlichen Anerkennung der DDR durch Bonn, legte das Auswärtige Amt endgültig eine neue Marschroute mit Blick auf das Verhalten gegenüber der Präsenz des ostdeutschen Staates im Ausland fest. Insgesamt sei von einer gleichberechtigten Repräsentanz der DDR auszugehen, deren Aktivitäten kein Widerstand mehr entgegenzusetzen sei. In Wettbewerbssituationen, die nicht auszuschließen seien, solle »die Bundesrepublik die Konkurrenz zwar nicht suchen, dem Wettbewerb aber auch nicht ausweichen«.[30] Insgesamt entwickelte sich, was die auswärtige Kulturpolitik beider Staaten betraf, ein unaufgeregtes Nebeneinander, bei dem die bundesdeutsche Seite weiterhin an der gemeinsamen deutschen Kulturnation festhielt. Der Präsident des Goethe-Instituts, Klaus von Bismarck, leitete daraus jedoch keine Notwendigkeit ab, sich gegen die DDR zu stellen, sondern betonte 1978: »Und wir können durchaus der Versuchung widerstehen, uns zu Instrumenten eines ideologischen Gefechts mit kulturpolitischen Mitteln missbrauchen zu lassen.«[31]

Nach dem Grundlagenvertrag: wechselseitige Fixierung oder unaufgeregtes Nebeneinander?

Die DDR war auch nach ihrer internationalen Anerkennung infolge des Grundlagenvertrags auf eine weitere Erhöhung ihres Prestiges bedacht. Es scheint, dass die Ost-Berliner Führung es auch in den Jahren nach 1973 für erforderlich hielt, die ostdeutsche Staatlichkeit unter Beweis zu stellen. Ihr ging es unter anderem darum, die prominenteren Staats- und Regierungschefs der westlichen und neutralen Welt in die DDR einzuladen. Hermann Schwiesau, ein ehemaliger Abteilungsleiter im MfAA, erinnert sich, dass ihm beim Antritt seines Botschafterpostens in Helsinki 1976 als »zentrale Aufgabe« gestellt wurde, Präsident Kekkonen in möglichst kurzer Zeit zu einem Besuch in der DDR zu bewegen. Nachdem dies 1977 gelungen war, habe sich der Blick des Außenministeriums nach Wien gerichtet: Nun sollte Bundeskanzler Bruno Kreisky dem Arbeiter- und Bauernstaat seine Aufwartung machen, was er 1978 auch tat.[32] Umgekehrt war Honecker sehr viel an Staatsbesuchen im westlichen Ausland gelegen. Dahinter stand nicht nur persönliche Eitelkeit, sondern auch das Bedürfnis, die DDR durch äußere Repräsentation aufzuwerten: Aufgrund seines chronischen Legitimitätsdefizits strebte der ostdeutsche Staat auch nach 1973 nach Gesten der Anerkennung. Der Abschluss bilateraler Verträge auf den unterschiedlichsten Gebieten diente der DDR-Führung ebenfalls nicht primär zur Regelung bestimmter Sachfragen, sondern zur Verfestigung ihres Status' als international anerkanntes Mitglied der Staatengemeinschaft.

30 Griese: Auswärtige Kulturpolitik, S. 199.

31 Zit. nach: Kathe, Steffen R.: Kulturpolitik um jeden Preis. Die Geschichte des Goethe-Instituts von 1951 bis 1990, München 2005, S. 314.

32 Bock, Siegfried/Muth, Ingrid/Schwiesau, Hermann (Hrsg.): DDR-Außenpolitik im Rückspiegel. Diplomaten im Gespräch, Münster 2004, S. 97 f.

Da die Bundesrepublik nun nicht mehr die Notwendigkeit sah, mit der DDR in Konkurrenz zu treten, ließ sie sich angesichts dieser Aktivitäten nur aus der Ruhe bringen, wenn damit an »essentials« gerüttelt wurde, die für das eigene Selbstverständnis konstitutiv waren. Dazu gehörte die einheitliche deutsche Staatsbürgerschaft, der die DDR seit 1967 eine eigene Staatsbürgerschaft entgegensetzte. Durch den Abschluss von Konsularabkommen, die unter anderem die Betreuung von Bürgern im Ausland durch Vertretungen ihres Heimatstaates regeln, war die zwischen beiden Staaten umstrittene Staatsbürgerschaftsfrage berührt. Die DDR drängte bei den westlichen Staaten auf den Abschluss solcher Abkommen: zum einen, um international anerkannt zu bekommen, was ihr die Bundesrepublik verweigerte, und zum anderen, um DDR-Bürgern im Ausland die Möglichkeit zu nehmen, sich von einer westdeutschen Vertretung einen Pass ausstellen zu lassen. Kein Wunder, dass das Auswärtige Amt die einschlägigen Verhandlungen der DDR mit Drittstaaten aufmerksam verfolgte. In dem am 10. Mai 1974 paraphierten Abkommen mit Österreich gelang es der DDR, sich im Hinblick auf die Staatsbürgerschaftsfrage weitgehend durchzusetzen. Als dies im Dezember bekannt wurde, kam es zu einem scharfen Protest der Bundesregierung; erst mit einer Erklärung Kreiskys vom Januar und einem offiziellen Schriftwechsel zwischen Bonn und Wien im Juli 1975, dem zufolge sich nichts an der bisherigen österreichischen Praxis ändere, dass eine Person sich »an eine beliebige konsularische Vertretung« wenden könne,[33] wurde der Streit beigelegt. Insgesamt setzte die Bundesrepublik durch, dass sich DDR-Bürger im nichtsozialistischen Ausland von bundesdeutschen Vertretungen betreuen lassen konnten.

Während die DDR bis zu ihrem Ende weiter nach symbolischer Anerkennung auf der internationalen Bühne strebte – ein wesentliches außenpolitisches Ziel Honeckers war bekanntlich ein Staatsbesuch in den USA –, nahm die Bundesrepublik, die sich sicher war, dass die westlichen Staaten sie in ihren deutschlandpolitischen Grundpositionen unterstützten, in den 80er Jahren eine bemerkenswerte Kehrtwendung im Vergleich zur Nichtanerkennungspolitik bis 1972 vor. So forderte Außenminister Genscher im Frühjahr 1985 die westlichen Verbündeten ausdrücklich auf, »ihre Beziehungen zur DDR aufzubessern«.[34] Intensivere Beziehungen der westlichen Staaten mit der DDR wurden demnach begrüßt, da Bonn das innerdeutsche Verhältnis nicht iso-

33 Aufzeichnung von van Well, 11.6.1975, in: AAPD 1975, Dok. 152, S. 716, Anm. 8.

34 Das Schreiben wird indirekt zitiert in: Probst, Peter: Frankreichs Premier in Ost-Berlin. Erster DDR-Besuch eines westalliierten Regierungschefs, in: Deutschland Archiv 18 (1985), S. 680.

liert betrachtete, sondern in die gesamteuropäischen Beziehungen eingebettet sehen wollte – sowohl um den Erhalt des Friedens als auch um der Menschen in der DDR willen. Während Ost-Berlin bis 1989 das deutsch-deutsche Verhältnis im internationalen Rahmen immer noch sehr stark unter dem Aspekt der Konkurrenz betrachtete, betonte Bonn auch hier den Gedanken der Kooperation. Die demokratisch legitimierte, wirtschaftliche potente westdeutsche Mittelmacht war eben, anders als die auf ökonomisch schwachem Fundament gebaute, stets um ihre innere Legitimation bangende ostdeutsche Diktatur, nicht auf die Abgrenzung von ihrem deutschen Nachbarstaat angewiesen.

Thomas Raithel

1974 Das Sparwasser-Tor

Entwicklung und Bedeutung des Sports in beiden deutschen Staaten

Am Abend des 22. Juni 1974 standen sich im Hamburger Volksparkstadion im letzten Spiel der Endrundengruppe 1 der X. Fußballweltmeisterschaft die Bundesrepublik Deutschland und die DDR gegenüber. Da beide Mannschaften bereits vor dem Anpfiff für die »zweite Finalrunde« qualifiziert waren, hatte die Partie nur noch beschränkte sportliche Bedeutung und besaß vorrangig den Charakter eines Prestigekampfes. Große Teile der bundesdeutschen und der DDR-Bevölkerung verfolgten das Ereignis live vor dem Fernsehgerät. Unter den 60 000 Zuschauern im Stadion befanden sich zahlreiche hochrangige politische Gäste – darunter Bundeskanzler Helmut Schmidt sowie mit Michael Kohl und Günter Gaus die Ständigen Vertreter beider deutschen Staaten gemäß dem deutsch-deutschen Grundlagenvertrag, die erst zwei Tage vor dem Spiel in Bonn und Ost-Berlin akkreditiert worden waren.

Auf dem Spielfeld präsentierte sich eine taktisch hervorragend eingestellte DDR-Elf. Die von internen Querelen geplagte Mannschaft der Bundesrepublik hingegen agierte im ersten und einzigen Aufeinandertreffen der Fußball-A-Teams beider deutscher Staaten zunehmend verunsichert. In der 78. Minute schloss Jürgen Sparwasser vom 1. FC Magdeburg einen Konter erfolgreich ab und erzielte aus kurzer Distanz über den bereits am Boden liegenden bundesdeutschen Torhüter Sepp Maier hinweg das 1:0 für die DDR.

Nach Ablauf der Spielzeit herrschte im Volksparkstadion verkehrte Welt: Die im internationalen Fußball bislang wenig erfolgreiche DDR hatte den großen Favoriten der X. Fußballweltmeisterschaft geschlagen. Während die Masse der Zuschauer betreten das Stadion verließ, feierte eine etwa 1500 Personen umfassende Delegation von DDR-»Touristen« die ostdeutschen Spieler mit dem Gesang »Hoch sollen sie leben«.[1] Das SED-Parteiorgan Neues Deutschland,

1 Vgl. »Das flutscht nicht«, in: Der Spiegel vom 1.7.1974, S. 55; Nach prächtigem Kampf ver-

das im Übrigen betont sachlich berichtete, lobte am nächsten Tag den Sieg als »Verdienst eines sich prächtig steigernden Kollektivs«.[2] »Wir fühlten uns wie im Paradies«, so erinnerte sich über 30 Jahre später Wolfram Löwe, einer der DDR-Spieler, in einem Interview an diesen Fußballabend. Und sein Mitspieler Joachim Fritsche ergänzte: »Weil die Welt bemerkte, dass auch im anderen Teil Deutschlands guter Fußball gespielt wurde«.[3]

Gut zwei Wochen nach dem Hamburger Spiel war aus bundesdeutscher Sicht die Fußballwelt wieder in Ordnung. Die Mannschaft der Bundesrepublik hatte sich seit der 0:1-Niederlage unter maßgeblichem Einfluss von Franz Beckenbauer, ihres dominierenden Spielers, deutlich gesteigert und nach Siegen gegen Jugoslawien, Schweden und Polen das Finale erreicht. Am 7. Juli konnte sie schließlich im Münchener Olympiastadion die Auswahl der Niederlande mit 2:1 bezwingen. 20 Jahre nach dem Überraschungserfolg von Bern bedeutete dies den zweiten deutschen Titelgewinn bei einer Fußballweltmeisterschaft. Die Auswahl der DDR hingegen blieb trotz beachtlicher Leistungen nach Niederlagen gegen Brasilien und die Niederlande sowie nach einem Unentschieden gegen Argentinien in der zweiten Finalrunde stecken.

Das Fußballereignis vom 22. Juni 1974 bildet hier den Ansatzpunkt für grundsätzliche Überlegungen zur deutsch-deutschen Sportgeschichte. Warum, so die Ausgangsfrage, blieb der 1:0-Fußballsieg der DDR gegen die Bundesrepublik eine singuläre Paradoxie, warum schaffte die DDR nie den dauerhaften Anschluss an die internationale Spitze des Fußballsports? In welchem Maße und warum gelang es dem kleineren deutschen Staat ab den 60er Jahren hingegen in zahlreichen anderen Sportarten, den westdeutschen Konkurrenten nicht nur einzuholen, sondern zu überholen? Wie erklärt sich das außergewöhnlich hohe sportliche Leistungsniveau beider deutscher Staaten in den 70er und 80er Jahren? Welchen Stellenwert, so lässt sich weiter fragen, besaß

dientes 1:0, in: Neues Deutschland vom 23.6.1974, S. 8. Zu dem Spiel und seinen unmittelbaren Kontexten vgl. die populärwissenschaftliche Darstellung von Blees, Thomas: 90 Minuten Klassenkampf. Das Fußball-Länderspiel BRD-DDR am 22. Juni 1974, Frankfurt a.M. 1999. Nach Abschluss des Manuskripts ist erschienen: Kleßmann, Christoph: Das Sparwasser-Tor 1974 – Sieg über den Klassenfeind, Ende der »Alleinvertretung«, Zufallstreffer oder was sonst?, in: Zeitgeschichte in Hamburg 2006, Hamburg 2007, S. 13–30.

2 DDR ist Gruppensieger nach dem 1:0 gegen BRD, in: Neues Deutschland, S. 1.

3 Wir fühlten uns wie im Paradies, in: Hamburger Abendblatt vom 12.06.2006, http://www.abendblatt.de/daten/2006/06/12/572359.html; (2.2.2007).

der Leistungs- und Breitensport im doppelten Deutschland, welche Bedeutung konnte er für die Integrationskraft des jeweiligen Staates gewinnen, und inwieweit waren die Entwicklungen von innerdeutschen Wechselbeziehungen geprägt?[4]

4 Für die Zeit bis 1972 liegt jetzt eine gelungene Geschichte der deutsch-deutschen Wechselbeziehungen vor: Balbier, Uta Andrea: Kalter Krieg auf der Aschenbahn. Der deutsch-deutsche Sport 1950–1972. Eine politische Geschichte, Paderborn u. a. 2007. Zu den politischen Sportbeziehungen vgl. auch Geyer, Martin H.: Der Kampf um nationale Repräsentation. Deutsch-deutsche Sportbeziehungen und die Hallstein-Doktrin, in: VfZ 44 (1996), S. 55–86; Buchstab, Günter: Sport und Politik im geteilten Deutschland, in: Historisch-politische Mitteilungen 8 (2001), S. 113–130; Blasius, Tobias: Olympische Bewegung, Kalter Krieg und Deutschlandpolitik, 1949–1972, Frankfurt a. M. u. a. 2001. Vergleichend zu den Strukturen v. a. Niese, Lars Holger: Sport im Wandel. Eine systemvergleichende Untersuchung des Sports in Ost- und Westdeutschland (vor und nach der Wiedervereinigung) unter besonderer Berücksichtigung der Dachverbände, Frankfurt a. M. u. a. 1997. Zur Rolle Berlins vgl. Braun, Jutta/Teichler, Hans Joachim (Hrsg.): Sportstadt Berlin im Kalten Krieg. Prestigekämpfe und Systemwettstreit, Berlin 2006.
Relativ gut ist die generelle Forschungslage zum DDR-Sport, wenngleich immer noch ein gewisser Mangel an Synthese und zeitgeschichtlicher Einbettung besteht. Vgl. aus der neueren Literatur v. a.: Holzweißig, Gunter: Sport und Politik in der DDR, Berlin 1988; Bernett, Hajo (Hrsg.): Körperkultur und Sport in der DDR. Dokumentation eines geschlossenen Systems, Schorndorf 1994; Spitzer, Giselher: Doping in der DDR. Ein historischer Überblick zu einer konspirativen Praxis. Genese – Verantwortung – Gefahren, Köln 1998; Hinsching, Jochen (Hrsg.): Alltagssport in der DDR, Aachen u. a. 1998; Buss, Wolfgang/Becker, Christian (Hrsg.): Der Sport in der SBZ und frühen DDR. Genese, Strukturen, Bedingungen, Schorndorf 2001; Teichler, Hans Joachim: Die Sportbeschlüsse des Politbüros. Eine Studie zum Verhältnis von SED und Sport mit einem Gesamtverzeichnis und einer Dokumentation ausgewählter Beschlüsse, Köln 2002; ders. (Hrsg.): Sport in der DDR. Eigensinn, Konflikte, Trends, Köln 2003. Einen hilfreichen Überblick gibt ders.: Sport in der DDR. Systemmerkmale, Folgen und offene Forschungsfragen, in: Deutschland Archiv 37 (2004), S. 414–421. Unkritische Gesamtdarstellung aus Sicht ehemaliger DDR-Sporthistoriker: Wonneberger, Günther u. a.: Geschichte des DDR-Sports, [Berlin] 2002. – Die Geschichte des DDR-Fußballs hat bislang wenig wissenschaftliches Interesse gefunden. Eine Ausnahme bildet Leske, Hanns: Erich Mielke, die Stasi und das runde Leder. Der Einfluß der SED und des Ministeriums für Staatssicherheit auf den Fußballsport in der DDR, Göttingen 2004.
Zum bundesdeutschen Sport, der deutlich schlechter erforscht ist als die DDR-Seite, liegen bislang kaum historische Studien vor. Einen Überblick in Aufsatzform bieten Freudenreich, Josef-Otto/Maurer, Michael: Sport, in: Benz, Wolfgang (Hrsg.): Die Geschichte der Bundesrepublik Deutschland, Bd. 3: Gesellschaft, Frankfurt a. M. 1989, S. 274–310. Zur Organisationsgeschichte und Sportförderung vgl. v. a. die politikwissenschaftliche Arbeit von Schröder, Heinz: Der Deutsche Sportbund im politischen System der Bundesrepublik Deutschland, Münster 1989, sowie die finanzwissenschaftliche Studie von Hockenjos, Christian: Öffentliche Sportförderung in der Bundesrepublik Deutschland. Darstellung und finanztheoretische Analyse, Frankfurt a. M. 1995.
Die folgenden Anmerkungen beschränken sich weitgehend auf den Nachweis von Zitaten und die Nennung einiger spezieller Literaturtitel.

Deutsch-deutsche Wege der Sportgeschichte

Die Entwicklung des Sports schlug nach dem Zweiten Weltkrieg im Westen und Osten Deutschlands abweichende und wesentlich von den unterschiedlichen politischen und gesellschaftlichen Systemen geprägte Wege ein.

Im Westen Deutschlands entfaltete sich der Sport unter den Rahmenbedingungen einer freiheitlichen Gesellschaftsordnung und unter weitgehender Autonomie der organisierten Sportbewegung. Nach einem vorübergehenden Verbot kam es bereits in den Anfangsphase der alliierten Besatzungsherrschaft zu einer Wiederherstellung der bisherigen Vereinsstrukturen. Jahrzehntealte lokale und regionale Sporttraditionen wurden so in die Zeit nach 1945 transponiert und konnten eine bis heute wirksame Prägekraft entfalten.

Die organisatorische Neuformierung des westdeutschen Sports führte über die Bildung von Landssportverbänden schließlich 1950 zur Gründung des Deutschen Sportbundes (DSB). In personeller Hinsicht kann nur bedingt von einem Neuanfang gesprochen werden. Einige prominente Sportfunktionäre aus der NS-Zeit wie Carl Diem, der bereits seit der Weimarer Zeit eine führende Rolle gespielt hatte und 1936 einer der wichtigsten Organisatoren der Olympischen Spiele von Berlin gewesen war, oder Karl Ritter von Halt, der im NS-Regime diverse sportpolitische Spitzenämter eingenommen hatte, befanden sich bald wieder in höchsten Positionen: Diem als Rektor der neugegründeten Sporthochschule Köln und als Berater der Bundesregierung, Ritter von Halt als Präsident des Nationalen Olympischen Komitees (NOK) für Deutschland.

Ähnlich wie schon beim Deutschen Reichsausschuss für Leibesübungen in der Weimarer Zeit handelte es sich beim DSB um einen gemeinsamen Dachverband der Sport- und der Turnbewegung. Anders als in der Weimarer Republik wurde nun auch die Trennung zwischen den bürgerlichen und den aus der Arbeiterklasse stammenden Sportlern und Turnern überwunden. Diese Weichenstellung bestätigte sich in den Folgejahren, als in der Bundesrepublik die soziokulturellen Milieus verschwammen und auch die alten sportlichen Klassengegensätze schwanden.

Die traditionellen Spannungen zwischen der Sportbewegung und der Tradition des deutschen Turnens, die sich nach dem NS-Regime zeitweise sogar wieder intensivierten, verdienen eine etwas genauere Betrachtung. Es handelte sich hierbei um einen Grundkonflikt, dessen kulturelle Bedeutung weit über die sportliche Sphäre hinausging. Die bis ins frühe 19. Jahrhundert zurückreichende Turnbewegung – erinnert sei nur an den »Turnvater« Friedrich Ludwig Jahn – verfügte über ein Wertesystem, das mit den Prinzipien des modernen Sports scharf kontrastierte. Die turnerische »Leibeserziehung« stand im höheren Dienst der Nation oder – im Falle des Arbeiterturnens – auch einer spezifischen politisch-gesellschaftlichen Bewegung. Entsprechende Geltung besaßen Werte der Persönlichkeitsbildung, Gemeinschaftspflege und Traditionswahrung. Leistungs- und Rekordstreben sowie die Spezialisierung auf einzelne Disziplinen waren verpönt.

Der moderne Sport hatte seit dem späten 19. Jahrhundert von England aus auch nach Deutschland übergegriffen. Sein Wettkampf- und Leistungscharakter, die Normierung seiner Verfahrensregeln und damit idealtypisch auch sein »Eigenweltcharakter« lassen sich als Ausdruck eines umfassenden, von den Grundprinzipien der Rationalität und der freiheitlichen Konkurrenz bestimmten Modernisierungsprozesses interpretieren. Bereits seit der Endphase des Kaiserreichs hatte die »Akkulturation« der »english sports« in Deutschland erhebliche Fortschritte gemacht.[5] Während des NS-Regimes war es dann – entgegen der ursprünglichen Sportfeindschaft der Nationalsozialisten – zu einer Privilegierung der bürgerlichen Sportbewegung gegenüber der Turntradition gekommen. Rasch hatte die NS-Führung erkannt, dass sich die Massenwirksamkeit und Prestigekraft des Sports in den Dienst des totalitären Staates stellen ließen.

Obgleich das deutsche Turnen nach dem Zweiten Weltkrieg von den Westalliierten sehr viel kritischer beäugt wurde als die Sportbewegung, kam es bis Anfang der 50er Jahre im Westen Deutschlands zu einer zeitweisen turnerischen Renaissance. Diese zeigte sich nicht nur im Erfolg der ersten großen Turnfeste und im Wachstum des 1950 gegründeten Deutschen Turner-Bundes, der 1954 knapp 1,1 Millionen Mitglieder besaß (und damit kaum weniger als der Deutsche Fußball-Bund mit gut 1,2 Millionen),[6] sondern auch in der selbstbewussten Art und Weise, wie in der Öffentlichkeit traditionelle turnerische Werte propagiert wurden. Hier offenbarte sich eine Suche nach kultureller Tradition jenseits des Nationalsozialismus, die auf ähnliche Weise auch in der bildungsbürgerlichen Klassikverehrung der Nachkriegsjahre oder im Boom des westdeutschen Heimatfilms zu finden ist.

Auf die Dauer freilich hatte in der Bundesrepublik die Turntradition der Attraktivität des Wettkampfsports wenig entgegenzusetzen. Das Turnen selbst wurde schließlich in seinem Spitzenbereich zu einer Spielart des modernen

5 Zur Entwicklung vom Kaiserreich bis 1936 vgl. Eisenberg, Christiane: »English sports« und deutsche Bürger. Eine Gesellschaftsgeschichte 1800–1939, Paderborn 1999.
6 Zahlen nach Deutscher Sportbund (Hrsg.): Jahrbuch des Sports 1955/56, Frankfurt a. M. 1955, S. 184 f.

Leistungssports. Wichtige Marksteine in der Verbreitung der sportlichen Grundlogik von Leistung und Konkurrenz waren die ersten großen Erfolge westdeutscher Sportler, so bei den Olympischen Spielen 1952 und bei der Fußballweltmeisterschaft 1954. Publikumswirksame Sportarten, an erster Stelle der Fußball, rückten ab Mitte der 50er Jahre immer mehr in das Zentrum des öffentlichen Interesses, was sich etwa an der zunehmenden Berichterstattung in der Presse und am wachsenden Umfang der Rundfunk- und Fernsehzeiten ablesen lässt. Gleichzeitig wurden die kulturpessimistischen Vorbehalte, die in erheblichen Teilen des Bildungsbürgertums gegenüber den Prinzipien und der Massenwirksamkeit des Sports herrschten, nach und nach abgebaut.

Wenngleich die gegen den vermeintlichen »Materialismus« des modernen Sports gerichteten Kräfte in der frühen Bundesrepublik noch relativ stark waren, wurden wichtige Bereiche des Spitzensports von Anfang an einem Prozess der mehr oder minder offenen Kommerzialisierung und Professionalisierung unterworfen. Hartnäckige Widerstände, den die Anhänger des Amateurgedankens leisteten, konnten diese Entwicklung allenfalls verzögern oder vorübergehend in Grauzonen verdeckter Begünstigungen abdrängen.

Sowohl innerhalb der bundespolitischen Elite als auch innerhalb der Sportbewegung war zunächst das Ideal des »unpolitischen Sports« weit verbreitet. Die Politik stand dem Sport anfangs sogar mit deutlichen Reserven gegenüber. Die Erinnerung an die politische Instrumentalisierung in der NS-Zeit spielte hierbei ebenso eine Rolle wie die erwähnten bildungsbürgerlichen Vorbehalte und wie teilweise auch eine gewisse Nähe führender Politiker zu den Werten der Turntradition. Von einer derartigen Haltung war etwa auch Bundespräsident Theodor Heuss geprägt, als er 1953 auf dem Hamburger Turnfest die vermeintliche »Rekordsucht« des Sports anprangerte.[7] Die politische Präsenz bei sportlichen Großveranstaltungen blieb zunächst sehr bescheiden. So war beispielsweise 1954 beim Weltmeisterschaftssieg in Bern kein Vertreter der Bundesregierung anwesend. Nach und nach schwanden jedoch die Berührungsängste, wurde die bundesdeutsche Sportförderung auch eine politische Aufgabe, entwickelten sich große Sportveranstaltungen zu einem Forum hochrangiger politischer Präsenz. Auch die Austragung sportlicher Großereignisse gewann immer mehr politische Bedeutung, wie sich vor allem bei der Planung und Durchführung der Olympischen Sommerspiele 1972 und der Fußballweltmeisterschaft 1974 zeigte.

7 Der Bundespräsident spricht zu den Turnern, in: Deutsches Turnen vom 15.8.1953, S. 27. Gleichwohl hatte sich Heuss 1951 die Schirmherrschaft über den DSB übertragen lassen. Vgl. Balbier: Kalter Krieg, S. 52.

Parallel zum Ausbau des Spitzensports, auf den später noch genauer eingegangen werden soll, setzte in der Bundesrepublik ab etwa 1960 ein neuartiger Bedeutungsgewinn des Breitensports ein, was zu einem enormen Mitgliederzuwachs in den Turn- und Sportvereinen führte. Maßgeblichen Anteil hieran hatten diverse Breitensportkampagnen des DSB; am bekanntesten dürfte die in den 70er Jahren initiierte »Trimm-dich-Bewegung« sein. Begünstigt wurde diese Entwicklung durch die wachsende Freizeit und den – dank Wirtschaftswachstum und intensiver Förderung vor allem auf der kommunalen Ebene – verbesserten Ausbau der sportlichen Infrastruktur. Obgleich es in der Breitensportbewegung gewisse Analogien zur Wettkampf- und Leistungsskepsis des deutschen Turnens gab, scheint sich hier eher ein individualistisches, teilweise auch durch US-amerikanische Trends gefördertes Gesundheits- und Fitnessbewusstsein zu spiegeln. Der Breitensport erlangte in Wechselwirkung zu Entwicklungen im Spitzensport – genannt sei nur der Tennisboom ab Mitte der 80er Jahre – auch erhebliche ökonomische Bedeutung.

In der Sowjetischen Besatzungszone und in der DDR verlief die Entwicklung des Sports weitgehend in Bahnen, die von der Besatzungsmacht, dem 1949 gegründeten ostdeutschen Staat und der dominierenden Einheitspartei SED vorgegeben wurden. Der Sport wurde so zu einem wichtigen Bestandteil im Herrschaftssystem einer staatssozialistischen Diktatur, die dem allgegenwärtigen Vorbild der Sowjetunion folgte. Dieser hohe Stellenwert spiegelt sich nicht zuletzt in den zahlreichen Sportbeschlüssen höchster Parteigremien wider.

Auf das Verbot der bisherigen Sportvereine nach Ende des NS-Regimes folgte im Osten Deutschlands eine längere Phase, in der mit verschiedenen sportlichen Organisationsformen experimentiert wurde. Zunächst wurden kommunale Sportorganisationen geschaffen. Daneben gründeten der Jugendverband der SED, die Freie Deutsche Jugend (FDJ), und der gleichgeschaltete Freie Deutsche Gewerkschaftsbund (FDGB) eigene Sportgemeinschaften. Das sportpolitische Bemühen galt anfangs vor allem der Zurückdrängung der bürgerlichen und sozialdemokratischen Sportbewegung und ihrer bisherigen Vereinsstrukturen, die oftmals unter dem Deckmantel kommunaler Sportvereinigungen wieder auflebten.

Ähnlich wie in der Bundesrepublik, freilich unter völlig anderen Vorzeichen, war auch in der DDR anfangs eine Distanz zumindest von Teilen der politischen Führung gegenüber dem Sport zu erkennen. So urteilte das Politbüromitglied Edith Baumann im Mai 1951 selbstkritisch über die bisherige Sportpolitik: »Unsere Genossen haben bisher vielfach noch immer die Sportler als eine reaktionäre Masse betrachtet und die Entwicklung des Sports unter dem Gesichtspunkt der Gewinnung und Überzeugung der ehemals bürgerlichen Sportler gesehen.«[8]

Zu diesem Zeitpunkt waren die Weichen freilich schon längst auf eine Instrumentalisierung des Sports für Staat und Partei gestellt. Der Sport wurde in der SED als Medium im Kampf um internationale Anerkennung und als Feld der Systemkonkurrenz gegenüber dem »kapitalistischen« Westen im Allgemeinen und der Bundesrepublik im Besonderen entdeckt. Bereits im Oktober 1948 war mit dem Deutschen Sportausschuss (DSA) ein zentrales Lenkungsorgan geschaffen worden. Erich Honecker, zum damaligen Zeitpunkt Vorsitzender der FDJ und einer der treibenden Kräfte bei der Schaffung des DSA, bekannte bei der Gründungsversammlung freimütig: »Der Sport ist nicht Selbstzweck, sondern Mittel zum Zweck.«[9]

Um dieses Mittel besser in den Griff zu bekommen, wurden die kommunalen Organisationsformen bereits 1950/51 wieder aufgelöst und nach sowjetischem Vorbild Betriebssportgemeinschaften aufgebaut. Diese wurden in 18 »Sportvereinigungen auf Produktionsbasis« zusammengefasst, die sich an den Strukturen des FDGB orientierten. Darunter waren zum Beispiel die Sportvereinigungen Aktivist (Übertagebergbau und Grundstoffindustrie), Wismut (Untertagebergbau), Stahl (Hütten- und Schwermaschinenindustrie) und Lokomotive (Reichsbahn). Zudem entstanden für einzelne Sportarten zuständige Sektionen, die in etwa den westlichen Fachverbänden entsprachen. Da zwischen diesen heterogenen Strukturen immer wieder Reibungen auftraten, die Entwicklung des »Massensports« unbefriedigend blieb, die angestrebte sportliche Leistungsentwicklung bei weitem nicht den hohen Erwartungen entsprach und die internationale Anerkennung des DDR-Sports kaum Fortschritte machte, wurde der DSA schließlich im Sommer 1952 weitgehend entmachtet. Als neues Führungsgremium entstand das Staatliche Komitee für Körperkultur und Sport. In der nun einsetzenden »Phase des staatlich geleiteten Sports« kam es zu einer weiteren Verstärkung des »Kompetenzwirrwarrs«.[10]

Zukunftweisend war freilich, dass Anfang der 50er Jahre die entscheidenden Grundlagen für den DDR-Leistungssport gelegt wurden: Ab 1951/52 entstanden die sogenannten Sportclubs (SC), in denen Spitzensportler per Delegation zusammengeführt wurden, und ab 1952 wurde nach und nach das effektive

8 Auf einer Konferenz des ZK der SED am 5.5.1951; zit. nach: Teichler: Sportbeschlüsse, S. 47.

9 Zit. nach: Holzweißig: Sport und Politik, S. 30. Zur Frühphase des DDR-Sports vgl. auch Teichler, Hans Joachim: Sport unter Führung der Partei – Die frühen sportpolitischen Weichenstellungen der SED, in: Braun/Teichler (Hrsg.): Sportstadt Berlin, S. 20–65.

10 Zitate aus Teichler: Sport in der DDR, S. 418 und ders.: Sport unter Führung der Partei, S. 53.

System der Kinder- und Jugendsportschulen aufgebaut. Bereits 1950 war unter maßgeblicher Initiative von Walter Ulbricht, der die Führung von Partei und Staat immer mehr unter seine Kontrolle brachte, die Deutsche Hochschule für Körperkultur in Leipzig gegründet worden.

Seine endgültige organisatorische Spitze fand der DDR-Sport im Jahr 1957, als mit dem Deutschen Turn- und Sportbund (DTSB) eine neue »sozialistische Massenorganisation« entstand. Dieser Vorgang war nicht nur eine Reaktion auf das bisherige »Organisationschaos«[11] und eine noch immer unbefriedigende Entwicklung des Leistungssports. Sie bedeutete auch eine Abwendung von der im Westen vielfach kritisierten unmittelbaren sportlichen Führung durch den Staat. Zudem war sie Konsequenz einer neuen Deutschlandpolitik, die nun nicht mehr gesamtdeutsch orientiert war, sondern die Eigenständigkeit der DDR zum Ziel erhob und daher einen Dachverband gut gebrauchen konnte, der scheinbar an die nationale Turn- und Sporttradition anknüpfte. Der DTSB wurde von 1961 bis 1989 von Manfred Ewald geführt, der zuvor schon das Staatliche Komitee für Körperkultur und Sport geleitet hatte und über Jahrzehnte hinweg die zentrale sportpolitische Gestalt der DDR war.

Wichtigster organisatorischer Neuansatz nach Gründung des DTSB war die weitgehende Auflösung der großen, nach ökonomischen Sparten gegliederten Sportvereinigungen. Bestehen blieben lediglich die Sportvereinigungen Lokomotive und Wismut (beide bis 1978), die Armeesportvereinigung Vorwärts sowie die 1953 gegründete Sportvereinigung Dynamo (Polizei, Ministerium des Innern, Staatssicherheit, später auch Zoll), die formal Bezirksorganisationen des DTSB wurden, de facto aber selbständig waren.[12] Die Sportvereinigung Dynamo stand bis 1989 unter dem Vorsitz Erich Mielkes, des Ministers für Staatssicherheit, der insbesondere »seinen« SC Dynamo Berlin sowie den 1966 ausgegliederten Berliner Fußballclub (BFC) Dynamo massiv förderte.

Unter Führung des DTSB und gestützt auf die Organisationsform der Sportclubs konnte die Entwicklung des Leistungsports erhebliche Fortschritte machen. Dies brachte der DDR ab den 60er Jahren in zahlreichen Sportarten eine internationale Spitzenstellung ein. Der hohe Einsatz spiegelt sich nicht zuletzt auch in der Zahl an hauptamtlichen Mitarbeitern wider. Waren es 1957 noch rund 1600, so lag der Personalbestand des DTSB 1989 bei knapp 10 000.[13] Hinzu

11 Ebenda, S. 58.

12 Vgl. hierzu und zum Folgenden auch Art. »Sportvereinigung ›Dynamo‹«, in: Herbst, Andreas u. a.: So funktionierte die DDR, Bd. 2: Lexikon der Organisationen und Institutionen. Mach-mit!-Bewegung – Zollverwaltung der DDR, Reinbek bei Hamburg 1994, S. 937–939.

13 Zahlen nach ebenda, S. 64.

kamen noch über 11000 in den Sportvereinigungen Dynamo und Vorwärts sowie im Staatssekretariat für Körperkultur und Sport, ab 1970 die Nachfolgeinstitution des Staatlichen Komitees für Körperkultur und Sport. Etwa 75 Prozent der im Bereich des Sports Beschäftigten waren für den Leistungssport tätig.

Nominell kam dem Breitensport in der DDR aus gesundheitspolitischen Gründen und als Beitrag zur Erziehung einer »sozialistischen Persönlichkeit« ebenfalls hohe Bedeutung zu. »Für jedermann an jedem Ort, in der Woche einmal Sport«, so hatte Walter Ulbricht, in der Weimarer Zeit Mitglied im Leipziger Arbeiterturnverein Eiche, 1959 verkündet.[14] Später wurde der Slogan dahingehend modifiziert, dass aus dem »einmal« ein »mehrmals« wurde.[15] Doch der vor allem in Betriebsportgemeinschaften organisierte »Massen-« bzw. später »Freizeit- und Erholungsport« stand weitgehend im Schatten des Leistungsports. Die sportliche Infrastruktur blieb in der Breite völlig unzureichend, bestehende Sportstätten waren oftmals für den Spitzensport reserviert. Aufgeblähte Mitgliederstatistiken können über diese Situation nicht hinwegtäuschen. Eine privilegierte Stellung besaß allerdings der ab den frühen 50er Jahren im Rahmen der Gesellschaft für Sport und Technik betriebene Wehrsport, dem insbesondere die Aufgabe zukam, männliche Jugendliche auf die Nationale Volksarmee vorzubereiten. Neben dem Sportschießen wurden hier beispielsweise auch Motor- und Flugsport, Fallschirmspringen oder Tauchsport betrieben.[16]

Obwohl der Sport in der DDR weithin ein von Staat und Partei beherrschtes System bildete, gab es immer wieder auch Nischen sportlichen Eigensinns, die den politisch-ideologischen Vorgaben weitgehend entzogen waren oder gar eine gegenweltliche Systemresistenz demonstrierten und in denen sich ein hohes Maß an Eigeninitiative entfaltete. So fand die politisch misstrauisch beäugte Trendsportart Surfen in den 80er Jahren in der DDR als »Brettsegeln« eine kleine, aber aktive Szene, die sich der restriktiven Integration in den DTSB teilweise widersetzte.[17] Ähnliches gilt für die Entwicklung des Karatesports.[18] Auch das Verhalten zahlreicher Fußballfans, die den Stasi-nahen BFC Dynamo

14 Zit. nach: Braun, Jutta: Einleitung, in: Braun/Teichler (Hrsg.): Sportstadt Berlin, S. 7–19, hier S. 8.

15 Holzweißig: Sport und Politik, S. 12 f.

16 Vgl. v. a. Heider, Paul: Die Gesellschaft für Sport und Technik. Vom Wehrsport zur »Schule des Soldaten von morgen«, Berlin 2002.

17 Wiese, René/Huster, Ronald: Brettsegeln in der DDR, in: Teichler (Hrsg.): Sport in der DDR, S. 425–500.

18 Vgl. Repmann, Kurt: Die konfliktreiche Entwicklung des Karatesports in der DDR, in: ebenda, S. 501–531.

oftmals gnadenlos auspfiffen, verdeutlicht, dass es sich beim DDR-Sport keineswegs um ein homogenes System handelte.

Die ideologische Funktionalisierung des Sports – ein Kennzeichen fast aller totalitären Staaten des 20. Jahrhunderts – konnte in der DDR nicht zuletzt auch an die gemeinschaftsbezogene deutsche Turntradition anschließen. Gleichzeitig wurde das Prinzip freier sportlicher Konkurrenz im Inneren immer wieder einem Primat der Planung geopfert. Sportliches Rekord- und Leistungsstreben waren jedoch extrem ausgeprägt und dienten vor allem dem politisch motivierten Wettkampf nach außen. Gespalten war auch die Haltung gegenüber dem in der Logik des westlichen Sports liegenden Professionalismus: Offiziell wurde er strikt abgelehnt und als Auswuchs kapitalistischer Gesellschaften kritisiert, de facto besaß ein Teil der hochprivilegierten und oft in Scheinarbeitsverhältnissen stehenden »Staatsamateure« des DDR-Spitzensports durchaus einen professionellen Status.

Trotz abweichender Wege blieben die sportlichen Entwicklungen in beiden deutschen Staaten stets in einer engen Wechselbeziehung. Dies gilt in der Anfangsphase bis 1961 vor allem für den, gerade auch auf der unteren Ebene lokaler Kontakte, durchaus vielfältigen innerdeutschen Sportverkehr, der trotz aller politischer Bevormundung eine gewisse Eigendynamik entfaltete.[19] Nachdem Mauerbau und Grenzschließung die innerdeutschen Sportbeziehungen fast völlig zum Erliegen gebracht hatten, erfolgte ab 1966 eine langsame Neubelebung in zunächst sehr bescheidenen Größenordnungen. Infolge des 1973 in Kraft getretenen deutsch-deutschen Grundlagenvertrags kam es 1974 zu einer Protokollvereinbarung zwischen DSB und DTSB, die fortan als Grundlage für streng geregelte Sportbeziehungen diente.[20] Einen Sonderfall deutsch-deutscher Sportkooperation bildeten die 1956, 1960 und 1964 – also über die Zäsur des Mauerbaus hinweg – gemeinsam angetretenen Olympiamannschaften.

Internationale Erfolge im Leistungssport

Bedeutsamer als die bilateralen Sportkontakte war eine andere Form von Wechselbeziehungen: die lebhafte sportliche Konkurrenz beider deutscher Staaten, die wesentlich zur überaus erfolgreichen Entwicklung des Leistungssports im

19 Vgl. Balbier, Uta Andrea: Instrument oder Freiraum? Innerdeutscher Sportverkehr 1952–1965, in: ebenda, S. 21–60.
20 Vgl. Braun, Jutta: Klassenkampf im Flutlicht – Innerdeutscher Sportverkehr 1974–1989, in: ebenda, S. 61–132.

doppelten Deutschland beitrug. Dies gilt insbesondere für die in den 60er Jahren einsetzende und in den 70er Jahren zum Durchbruch kommende Leistungsexplosion des DDR-Sports, der zu einem Vorzeigefeld für die vermeintliche Überlegenheit des eigenen Gesellschaftssystems wurde. Allerdings sollte dieser spektakuläre Vorgang nicht den Blick darauf verstellen, dass ab den 70er Jahren auch die Bundesrepublik auf einen internationalen sportlichen Spitzenplatz vorstieß. Beide Staaten nahmen schließlich innerhalb »ihres« Lagers hinter den jeweils auch sportlichen Supermächten USA und UdSSR die führende Position ein.

Dem westdeutschen Sport gelang nach Konstituierung der Bundesrepublik eine relativ rasche Rückkehr auf die internationale Bühne und in die internationalen Sportgremien. So wurde das bundesdeutsche NOK bereits 1950 provisorisch und dann ein Jahr später vollberechtigt in das Internationale Olympische Komitee (IOC) aufgenommen, was die Teilnahme an den Olympischen Spielen 1952 in Oslo und Helsinki ermöglichte. Dem Nationalen Olympischen Komitee der DDR hingegen wurde 1951 die Aufnahme in das IOC verweigert. Die auf der Ebene der Sportfunktionäre bereits abgeschlossenen Verhandlungen zu einer gemeinsamen deutschen Olympiamannschaft für die Spiele von 1952 unter Führung des bundesdeutschen NOK scheiterten am Veto der SED-Parteiführung.

Drei Jahre später wurde das NOK der DDR provisorisch in das IOC aufgenommen, das für die kommenden Spiele allerdings eine gesamtdeutsche Mannschaft forderte. 1956 traten in Cortina d'Ampezzo und Melbourne gemeinsame Olympiateams an, ebenso 1960 in Squaw Valley und Rom sowie 1964 in Innsbruck und Tokio. Im Vorfeld der Spiele fanden innerdeutsche Ausscheidungswettkämpfe statt. Hierbei ging es auch darum, welcher deutsche Staat die Mehrheit der Teilnehmer und damit den olympischen Chef de Mission stellen konnte – was der DDR schließlich bei den Sommerspielen 1964 gelang.

Auch wenn es in der Periode von 1956 bis 1964 gesamtdeutsche Olympiamannschaften gab, waren die Weichen in der DDR ab den späten 50er Jahren bereits klar auf sportpolitische Eigenständigkeit gestellt. So verkündete der spätere Präsident des DTSB Manfred Ewald 1959: »Wir kennen kein Deutschland mehr! Unsere Realität sind zwei deutsche Staaten und Siege für die DDR.«[21] Die wachsende Zahl von internationalen sportlichen Erfolgen war für die DDR das wirksamste Instrument gegen den von der Bundesrepublik im Sinne der Hallstein-Doktrin aufrechterhaltenen sportpolitischen Allein-

21 Zit. nach: Buchstab: Sport und Politik, S. 118.

vertretungsanspruch. Der Leistungssport wurde so zum Medium im »Kampf um nationale Repräsentation«,[22] und die DDR-Sportler fungierten – wie es im offiziellen Jargon hieß – als »Diplomaten im Trainingsanzug«. Anfang der 60er Jahre war die DDR gegen bundesdeutsche Widerstände in fast allen internationalen Sportverbänden vertreten; 1965 wurde das NOK der DDR vollberechtigtes Mitglied des IOC. Logische Folge war die bei den Olympischen Spielen von Grenoble und Mexiko 1968 erfolgte Trennung der Olympiamannschaften. 1972 in München durfte das DDR-Team dann auch erstmals mit eigener Flagge und Hymne antreten.

Eine hohe Medaillenausbeute bei internationalen Meisterschaften und bei Olympischen Spielen war für die Verantwortlichen des DDR-, aber auch des bundesdeutschen Sports eine zentrale Zielsetzung. Ein Blick auf die Goldmedaillengewinne bei Olympischen Sommerspielen belegt die rasante Leistungsentwicklung des Spitzensports in beiden deutschen Staaten (vgl. auch die nachfolgende Tabelle). 1952 bei den Spielen in Helsinki erreichte das nur aus westdeutschen Sportlern bestehende Aufgebot immerhin 24 Silber- und Bronzemedaillen, allerdings keine Goldmedaille. In der Phase der gemeinsamen Olympiamannschaften 1956 bis 1964 schwankte die Zahl der errungenen Goldmedaillen zwischen fünf und zwölf, was in der inoffiziellen Staatenwertung die Plätze sieben und vier bedeutete.

Seit dem Auftreten getrennter Olympiamannschaften konnte die DDR – die weniger als ein Drittel der bundesdeutschen Bevölkerungszahl aufwies – bei den Sommerspielen stets das bessere Ergebnis vorweisen. 1968 in Mexiko betrug das Verhältnis an Goldmedaillen 9:5, 1972 in München 20:13 und 1976 in Montreal 40:10. Die DDR erlangte Spitzenplätze in den Medaillenspiegeln: 1968 war das ostdeutsche Aufgebot noch Fünfter der Staatenwertung, 1972 bereits Dritter hinter der UdSSR und den USA und 1976 Zweiter hinter der UdSSR. Aber auch die bundesdeutschen Platzierungen erreichten vordere Positionen: 1968 war es noch der achte Rang, 1972 und 1976 bereits der vierte.

Für die Sommerspiele 1980 in Moskau, denen die USA und zahlreiche westliche Staaten wegen des Einmarsches sowjetischer Truppen in Afghanistan fernblieben, und 1984 in Los Angeles, als die Sowjetunion und ihre Satelliten eine Art von Revanche-Boykott durchführten, ist kein Vergleich der beiden deutschen Staaten möglich. Ein Blick auf die Medaillenspiegel zeigt allerdings, dass sowohl die DDR als auch die Bundesrepublik die Spitzenstellung innerhalb ihres politischen Großraums halten konnten.

22 Geyer: Kampf um nationale Repräsentation.

Deutsches Abschneiden bei Olympischen Sommerspielen seit 1945[23]

Jahr, Austragungsort	Goldmedaillen – Gesamtzahl aller Medaillen / Rang nach Goldmedaillen		
	Gesamtdeutsche Mannschaft	Bundesrepublik	DDR
1948, London	--	--	--
1952, Helsinki	--	0 – 24 / 26.	--
1956, Melbourne[24]	6 – 26 / 7.	[5 – 20]	[1 – 7]
1960, Rom[25]	12 – 42 / 4.	[10 – 26]	[3 – 19]
1964, Tokio[26]	10 – 50 / 4.	[7 – 36]	[3 – 19]
1968, Mexiko	--	5 – 26 / 8.	9 – 25 / 5.
1972, München	--	13 – 40 / 4.	20 – 66 / 3.
1976, Montreal	--	10 – 39 / 4.	40 – 90 / 2.
1980, Moskau	--	--	47 – 126 / 2.
1984, Los Angeles	--	17 – 59 / 3.	--
1988, Seoul	--	11 – 40 / 5.	37 – 102 / 2.
1992, Barcelona	33 – 82 / 3.	--	--
1996, Atlanta	20 – 65 / 3.	--	--
2000, Sydney	13 – 56 / 5.	--	--
2004, Athen	14 – 48 / 6.	--	--

1988 in Seoul, bei der letzten Sommerolympiade vor dem Zusammenbruch der DDR, bestätigte sich in etwa das deutsch-deutsche Stärkeverhältnis von 1976. Während Sportler der DDR 37 Goldmedaillen gewannen, konnten bundesdeutsche Athleten elfmal das oberste Siegertreppchen besteigen. Die DDR wurde erneut Zweiter der inoffiziellen Medaillenwertung und ließ die ebenfalls erfolgreichen Ostblockstaaten Ungarn, Bulgarien und Rumänien weit hinter sich. Die Bundesrepublik erreichte, deutlich vor anderen westlichen Staaten ähnlicher Größenordnung wie Frankreich, Italien und Großbritannien, den fünften Rang.

23 Zahlen nach: Kaiser, Rupert: Olympia-Almanach. Geschichten, Zahlen, Bilder, Kassel 2004.
24 Einschließlich der Olympischen Reiterspiele in Stockholm. Eine Bronzemedaille wurde von einer gemischten Mannschaft errungen.
25 Eine Gold- und zwei Bronzemedaillen wurden von gemischten Mannschaften errungen.
26 Drei Silber- und zwei Bronzemedaillen wurden von gemischten Mannschaften errungen.

Nur kurz angemerkt sei, dass DDR-Sportler ab 1968 auch bei den Olympischen Winterspielen erstaunliche Erfolge feiern konnten. Insbesondere im Bob- und Rodelsport, Eiskunstlauf, Eisschnelllauf, Nordischen Skisport und Biathlon kamen sie zu zahlreichen Medaillen. Obwohl im Osten Deutschlands kein international erfolgversprechender alpiner Skisport betrieben werden kann, gestaltete sich das deutsch-deutsche Stärkeverhältnis ab 1972 ähnlich wie bei den Sommerspielen. Und trotz der starken Konkurrenz klassischer Wintersportländer (Österreich, Schweiz und skandinavische Länder) konnte die DDR in der Staatenwertung seit 1972 den zweiten Platz hinter der UdSSR belegen – 1984 in Sarajevo stellte die DDR sogar das erfolgreichste Olympiateam.

Die Ursachen für die spektakuläre Entwicklung des DDR-Leistungssports waren komplex und sollten nicht auf den – gleichwohl bedeutsamen – Faktor »Doping« reduziert werden. Von grundlegender Bedeutung war der hohe personelle, materielle und logistische Einsatz, der zu Erfolgen führte, wie sie die DDR auf keinem anderen Feld erreichen konnte. Als ebenso fundamental müssen aber die politischen und soziokulturellen Rahmenbedingungen gelten, die durch autoritäre Strukturen und beschränkte individuelle Entfaltungsmöglichkeiten innerhalb der SED-Diktatur gekennzeichnet waren. Bei genauerer Betrachtung lassen sich vier Ursachenbündel erkennen, die in ihrer Kombination wesentlich zur sportlichen Weltmachtstellung der DDR beitrugen:

1. Existenz einer effektiven Infrastruktur für Talentsuche und Training: Wie bereits erwähnt, wurde ab Anfang der 50er Jahre die Organisationsform der Sportclubs entwickelt, in denen ausgesuchte Spitzensportler beste Bedingungen vorfanden. Zumeist konzentrierten sich die Clubs nur auf wenige Sportarten; so holte zum Beispiel der ab 1962 bestehende SC Neubrandenburg in der Leichtathletik und im Kanusport zahlreiche olympische Goldmedaillen. Eine Ausnahmestellung besaß der SC Dynamo Berlin, der zeitweise bis zu 17 Sektionen umfasste. In enger Kooperation zwischen den Sportclubs und den Schulen wurden systematische Talentsichtungen vorgenommen. Auch die auf verschiedenen Ebenen stattfindenden Kinder- und Jugendspartakiaden dienten als Bühnen der Talentrekrutierung. Die systematische Förderung erfolgte ab Ende der 60er Jahre zunächst in den sogenannten Trainingszentren, die in den Städten und Kreisen angesiedelt waren. Entsprechend ihren sportlichen und schulischen Leistungen konnten hochtalentierte Jugendliche dann ab dem Alter von 14 Jahren auf sogenannte Kinder- und Jugendsportschulen wechseln. In den Sportinternaten war eine intensive Betreuung gewährleistet, es galten aber auch unerbittliche Leistungsanforderungen.

2. Bündelung der Kräfte: Dieses Grundprinzip griff auf mehreren Ebenen. Neben der Spezialisierung der Sportclubs ist hier vor allem eine ZK-Entscheidung aus dem Jahr 1969 zu nennen, die zwischen solchen Sportarten unterschied, die eine hohe Medaillenausbeute versprachen und daher intensiv zu fördern waren, und solchen, in denen die Aussichten beschränkt oder gering waren.[27] Zu Ersteren gehörten beispielsweise die Leichtathletik, der Radsport, das Schwimmen sowie der Ruder- und Kanusport, in denen es jeweils zahlreiche Einzeldisziplinen gab. Vor allem kostenintensive Mannschaftssportarten wie Hockey, Basketball und Wasserball, in denen jeweils nur eine Medaille zu gewinnen war, mussten fortan ein nicht förderungswürdiges Schattendasein fristen. »Durch eine solche Konzentration können«, so heißt es in dem Beschluss, »die Kräfte und Mittel wirkungsvoller eingesetzt werden, um in entscheidenden Sportarten die Überlegenheit gegenüber Westdeutschland zu sichern und das Weltniveau mitzubestimmen«.[28]
3. Intensiver wissenschaftlicher Einsatz, einschließlich systematischer Verwendung von Dopingmitteln: Die wissenschaftlichen Grundlagen des DDR-Leistungssports wurden in der Deutschen Hochschule für Körperkultur in Leipzig gelegt, die sich vor allem der Trainerausbildung widmete. Aus einer Abteilung dieser Hochschule ging 1962 das Berliner Institut für Forschung und Entwicklung von Sportgeräten hervor. Das Leipziger Forschungsinstitut für Körperkultur und Sport und der Sportmedizinische Dienst der DDR nahmen Schlüsselpositionen in der expandierenden Doping-Praxis ein. Ab Anfang der 70er Jahre kam es zum planmäßigen Einsatz von Anabolika, den zu verschleiern gleichzeitig alle Anstrengungen unternommen wurden. Selbst Kinder und Jugendliche wurden vielfach in dieses System einbezogen und hatten regelmäßig vermeintliche »Vitaminpräparate« einzunehmen – was nicht selten zu langfristigen gesundheitlichen Schäden führte. Die juristische Aufarbeitung dieser kriminellen Machenschaften ist bis heute nicht abgeschlossen.
4. Hohe Anreize für erfolgreiche Sportler: Hier lag ein wesentlicher Faktor der Leistungsmotivation, der seine Kraft vor allem aus dem Kontrast zu den in der DDR sonst üblichen Lebensbedingungen bezog. Erfolgreiche Sportler genossen nicht nur hohes gesellschaftliches Ansehen, sondern auch

27 Protokoll Nr. 22/69 der Sitzung des Sekretariats des ZK vom 19.3.1969 mit »Grundlinie der Entwicklung des Leistungssports in der DDR bis 1980«, in: Teichler: Sportbeschlüsse, Nr. 54, S. 561–567.
28 Ebenda, S. 567.

vielfältige Privilegien, etwa die bevorzugte Zulassung zum Studium, die Beschaffung eines geeigneten Arbeitsplatzes bzw. dann auch die Freistellungen vom Arbeitsplatz, finanzielle Prämien, bevorzugte Behandlung beim Autokauf und beim Erwerb anderer Konsumgüter, westliche Sportbekleidung und vor allem die Möglichkeit zu Westreisen anlässlich von Wettkämpfen. Allerdings war dieser Status, »als Sportler schon etwas Besonderes« zu sein,[29] auch mit einer intensiven Überwachung durch die Staatssicherheit verbunden.

In der Bundesrepublik entwickelte sich der Leistungssport in den tradierten Vereinsstrukturen und unter Wahrung einer weit größeren individuellen Entscheidungsfreiheit der Athleten. In einer Kombination von staatlicher Förderung, wirtschaftlichem Sponsoring und privatem Engagement entstand auf dieser Grundlage auch im Westen Deutschlands ein effektives System des Spitzensports.

Auffallend ist, dass die staatliche Förderung wesentlich langsamer in Gang kam als in der DDR und – unter dem stärker werdenden Druck der innerdeutschen Konkurrenz – erst Anfang der 60er Jahre größere Dimensionen erreichte. Neben dem Bau und Unterhalt von Sportstätten, die zunächst vor allem im Rahmen des sogenannten Goldenen Planes erfolgten, und den Investitionen für die Austragung großer Sportveranstaltungen sind hier in erster Linie erhebliche finanzielle Hilfen für den DSB und die Bundessportfachverbände zu nennen. Eine wichtige Bedeutung gewann ab den 70er Jahren die staatliche Unterstützung für Bundes- und Landesleistungszentren, in denen Spitzensportler beste Trainingsbedingungen vorfinden. Ab Mitte der 80er Jahre wurden zudem sogenannte Olympiastützpunkte aufgebaut. Wichtigster Akteur der staatlichen Sportförderung war und ist das Bundesministerium des Innern. Zunehmende Bedeutung gewann aber auch das Verteidigungsministerium: Motiviert durch das vielfach als unbefriedigend empfundene bundesdeutsche Abschneiden bei den Olympischen Spielen 1968 in Mexiko und durch die bevorstehenden Sommerspiele in München wurden ab Ende der 60er Jahre zahlreiche Sportfördergruppen der Bundeswehr eingerichtet, die erhebliche Bedeutung für den Spitzensport gewannen. Für hochtalentierte Jugendliche wurden ab den späten 60er Jahren auch in der Bundesrepublik Sportinternate

29 So Guido Behling, ein ehemaliger Weltklasse-Kanut, am 11.12.2006 in einem Interview über die motivationssteigernde Privilegierung, http://www.mdr.de/damals-in-der-ddr/lexikon/1589819.html (2.2.2007).

errichtet. Nicht nur in dieser Hinsicht war somit das in der DDR praktizierte Sportsystem »vom Feindbild zum Vorbild avanciert«.[30]

Auf Vereinsebene förderten neben dem Staat auch einige große Wirtschaftsunternehmen den Spitzensport. So gehörten Bayer Leverkusen, Salamander Kornwestheim oder später auch der LAC Quelle Fürth zu den führenden Leichtathletikvereinen der »alten« Bundesrepublik. Weiterhin ist die Rolle der 1967 gegründeten Stiftung Deutsche Sporthilfe hervorzuheben. Unter dem langjährigen Vorsitz (1967–1988) des Unternehmers und erfolgreichen Dressurreiters Gustav Neckermann sorgte die im Wesentlichen über Spenden, Briefmarkenzuschläge, Lotterieeinnahmen und eigene wirtschaftliche Aktivitäten finanzierte Sporthilfe für eine breitgestreute Unterstützung von Talenten und Spitzensportlern.

Auch im bundesdeutschen Leistungssport spielte der Einsatz von Dopingmitteln zumindest partiell eine bedeutsame Rolle.[31] Allerdings blieb er nach heutigem Wissensstand deutlich unter dem in der DDR erreichten Maß und resultierte eher aus der Eigeninitiative von Sportlern und Trainern als aus einem systematischen, von oben gesteuerten Vorgehen.

Dass die Leistungen des DDR-Sports auch über den sportpolitischen Aspekt hinaus einen Beitrag zur Überwindung des westdeutschen Alleinvertretungsanspruchs und zur Anerkennung des ostdeutschen Staates geleistet haben, erscheint evident. Welche Bedeutung zuvor schon die ersten bundesdeutschen Sporterfolge für die Außenwahrnehmung der Bundesrepublik und letztlich auch für ihre gelungene Integration in das westliche Staatensystem gewonnen haben, bedarf noch der genaueren Klärung.

Dies gilt ebenso für die Frage nach den Wirkungen der sportlichen Erfolge im Hinblick auf die nationale oder auch teilstaatliche Identifikation der Bevölkerung im doppelten Deutschland. Manches spricht dafür, dass die Leistungen bundesdeutscher Sportler nach dem Kontinuitätsbruch der NS-Zeit zu einem Medium neuer nationaler oder auch spezifisch bundesrepublikanischer Identifikation wurden – ähnlich wie beliebte Sportarten in Deutschland schon lange wichtige Felder für die Pflege lokaler oder regionaler Identitäten waren. Erstmals zeigte sich dieser Effekt beim begeisterten Empfang, den die Bob-

30 Balbier: Kalter Krieg, S. 14.
31 Vgl. Singler, Andreas/Treutlein, Gerhard: Doping im Spitzensport. Sportwissenschaftliche Analysen zur nationalen und internationalen Leistungsentwicklung (Teil 1), Aachen 2000, S. 177–322; vgl. v. a. den Systemvergleich, S. 315–322.

Olympiasieger um Anderl Ostler 1952 nach ihrer Rückkehr aus Norwegen auf den Straßen Münchens erhalten haben.[32]

Für die DDR lässt sich nach einer neueren Studie für die 70er und frühen 80er Jahre, als ostdeutsche Sportler bei internationalen Wettkämpfen immer erfolgreicher wurden und gleichzeitig relativ positive ökonomische Bedingungen herrschten, eine breite Sportbegeisterung nachweisen. Hierin spiegelte sich aber – entgegen den Intentionen der Sportverantwortlichen – wohl kein spezifischer DDR-Stolz, da gleichzeitig immer wieder auch Freude über westdeutsche Sporterfolge zum Ausdruck kam. Seit Mitte der 80er Jahre wurde dann in der Bevölkerung, parallel zur fortschreitenden Krise der DDR, zunehmend Kritik am privilegierten System des Leistungssports und an der Diskrepanz zu den Bedingungen des Breitensports geübt.[33]

Die Anomalie des Fußballsports

Die Sportart mit der stärksten Identifikationskraft in beiden deutschen Staaten war zweifellos der Fußball. Ähnlich wie in fast allen europäischen Ländern hatte der in den 1860er Jahren in England entstandene »Association football« (»soccer«) auch in Deutschland bereits vor dem Zweiten Weltkrieg eine stürmische Entwicklung genommen. Dies gilt nicht nur für die Zahl der Aktiven, sondern auch für das Zuschauer- und Medieninteresse. Größter internationaler Erfolg war der dritte Rang der Nationalmannschaft bei der Weltmeisterschaft 1934 in Italien. Nach 1945 setzte sich dieser Prozess im Westen wie im Osten Deutschlands fort, allerdings unter völlig unterschiedlichen Rahmenbedingungen und entgegen dem üblichen Verlauf der deutsch-deutschen Leistungsentwicklung im Spitzensport.

Die Bundesrepublik wurde zu einer der weltweit führenden Fußball-Nationen. Bis zur Wiedervereinigung im Oktober 1990 konnten die Auswahlmannschaften des Deutschen Fußball-Bundes (DFB) bei den großen, alle vier Jahre ausgespielten internationalen Turnieren immer wieder Spitzenplätze belegen: Die »alte« Bundesrepublik wurde dreimal Weltmeister (1954, 1974 und 1990) und dreimal Vize-Weltmeister (1966, 1982 und 1986). Zweimal wurde die ab 1960 ausgetragene Europameisterschaft gewonnen (1972 und 1980),

32 Vgl. Bob Deutschland auch in München erfolgreich, in: Süddeutsche Zeitung, 26.02.1952, S. 8.

33 Vgl. Fetzer, Thomas: Die gesellschaftliche Akzeptanz des Leistungssportsystems, in: Teichler (Hrsg.): Sport in der DDR, S. 273–357.

und einmal wurde das DFB-Team Vizeeuropameister (1976). Hinzu kommen internationale Erfolge bundesdeutscher Vereinsmannschaften, darunter vier Siege in dem ab 1955/56 ausgetragenen Europapokal der Landesmeister, dem Vorläufer der heutigen Champions League (1974 bis 1976 FC Bayern München, 1983 Hamburger SV), sowie drei Erfolge in dem 1960/61 erstmals ausgespielten Europapokal der Pokalsieger (1966 Borussia Dortmund, 1967 Bayern München, 1977 Hamburger SV).

Bei genauerer Betrachtung der Leistungsentwicklung zeigt sich, dass der dauerhafte Durchbruch des bundesdeutschen Fußballs zur europäischen und zur Weltspitze – trotz des Überraschungserfolgs der »Helden von Bern« 1954 und des anschließenden vierten Rangs bei der Weltmeisterschaft 1958 in Schweden – erst ab Mitte der 60er Jahre erfolgte. Ein wesentlicher Faktor hierfür war, dass erst mit der Einführung der Bundesliga in der Saison 1963/64 der offene Übergang zum Professionalismus vollzogen wurde, der in den meisten anderen westlichen Fußballverbänden schon längst verbreitet war. Mit der neuen Struktur für den Spitzenfußball endete ein jahrzehntelanger »Sonderweg« des DFB, der ungewöhnlich zäh an einem der Wirklichkeit schon lange nicht mehr angemessenen Amateurideal festgehalten hatte. Erst im Rahmen der Bundesliga konnte der Anschluss an die Entwicklung des professionellen Vereinsfußballs gefunden werden, was in der Folge zum Garanten für den sportlichen Erfolg und für die massive Steigerung der öffentlichen Aufmerksamkeit wurde.

Die Fußballerfolge im Westen Deutschlands haben zweifellos zur Neuformierung einer nationalen, aber auch zur Begründung einer bundesdeutschen Identität beigetragen.[34] Vor übertriebenen Vorstellungen, wie sie vor allem im Hinblick auf den Erfolg von 1954 in der populären Publizistik bestehen, sei aber gewarnt.[35] So lässt sich die beliebte These, dass der Sieg von Bern als »innere Staatsgründung« der Bundesrepublik zu deuten sei, in keiner Weise belegen und verkennt die weitaus höhere Bedeutung der positiv verlaufenden wirtschaftlichen und politischen Entwicklung des westdeutschen Staates.

In der DDR blieb der Fußballsport sowohl auf Ebene der Vereinsmannschaften als auch auf jener der Auswahlmannschaft nicht nur hinter der Leistungsentwicklung im Westen Deutschlands zurück, sondern auch hinter der

34 Vgl. Pyta, Wolfram: Der Beitrag des Fußballsports zur kulturellen Identitätsstiftung in Deutschland, in: ders. (Hrsg.): Der lange Weg zur Bundesliga. Zum Siegeszug des Fußballs in Deutschland, Münster 2004, S. 1–30.

35 Kritisch zu diesem Klischee: Brüggemeier, Franz-Josef: Zurück auf dem Platz. Deutschland und die Fußball-Weltmeisterschaft 1954, München 2004, S. 341 f.; Raithel, Thomas: Fußballweltmeisterschaft 1954. Sport – Geschichte – Mythos, München 2004, v. a. S. 115–119.

eigenen Erfolgsgeschichte in anderen Sportarten. In eine Endrunde der Europameisterschaften gelangte die ostdeutsche Mannschaft nie, und nur einmal schaffte die DDR die Qualifikation in die Endrunde einer Weltmeisterschaft: Das Erreichen des Turniers 1974 in der Bundesrepublik wäre auch ohne den Sieg gegen den Gastgeber der Höhepunkt der DDR-Fußballgeschichte gewesen. Auch die Clubmannschaften schieden in den europäischen Pokalwettbewerben meist frühzeitig aus. Der Gewinn des Europapokals der Pokalsieger durch den 2:0-Sieg des 1. FC Magdeburg gegen den AC Mailand, der ebenfalls ins Jahr 1974 fiel und an dem erneut, wenngleich ohne eigenes Tor, Jürgen Sparwasser mitwirkte, war die bedeutendste Ausnahme. Schon bald nach diesen Achtungserfolgen fiel der DDR-Fußball wieder »in eine Stagnation«, wie es 1982 selbstkritisch in einer Bestandsaufnahme durch den DTSB hieß.[36] Die Goldmedaille beim Olympischen Turnier 1976 in Montreal und die Silbermedaille 1980 in Moskau waren allenfalls Trostpflaster, denn dort fehlten jeweils die besten professionellen Nationalteams, die als entscheidender Maßstab galten.

Warum erreichte der DDR-Fußball über Jahrzehnte hinweg lediglich Mittelmaß? Die relativ geringe Bevölkerungszahl der DDR, welche die Zahl außergewöhnlicher Fußballtalente gleichsam statistisch beschränkte, spielte sicher eine Rolle, wenngleich zu berücksichtigen ist, dass dieser Nachteil in anderen Sportarten überwindbar war. Dasselbe gilt für die Abwanderung bzw. Republikflucht von Leistungsträgern. Ein Grundproblem war darüber hinaus die hermetische Situation des DDR-Fußballs, der – sieht man einmal von der Orientierung an der Sowjetunion ab – kaum ausländische Impulse erfuhr, so dass es immer wieder schwerfiel, mit den internationalen Entwicklungen des Fußballsports Schritt zu halten.

Ein weiteres Problemfeld stellten – trotz mehrfacher Reformen – die starren Strukturen des DDR-Ligafußballs dar. So fanden sportlich sinnvolle Spielertransfers zu aktuellen Spitzenmannschaften nur selten statt. Einerseits blieb ein offener Übergang zum Professionalismus aus, der auch entsprechende Steuerungseffekte hätte zeitigen können, andererseits suchten »Macht und Egoismus« von SED-»Bezirksfürsten«[37] lokale und regional beliebte Fußball-

36 »Beschluß zur weiteren Leistungsentwicklung im Fußballsport der DDR« (überarbeitete Fassung), S. 1; SAPMO-BArch, DY 30/IV2/2-036, 25, Bl. 139. – Generell zur Entwicklung des Fußballsports in der DDR vgl. Braun, Jutta/Wiese, René: DDR-Fußball und gesamtdeutsche Identität im Kalten Krieg, in: Historical Social Research 30 (2005), S. 191-210.

37 Leske: Erich Mielke, die Stasi und das runde Leder, S. 553.

clubs zu stärken, nicht selten mit versteckten Zahlungen und Begünstigungen für die Spieler. Generell dürften auch die im Vergleich zum Westen beschränkten materiellen und sportlichen Anreize sowie die dreisten Bevorzugungen des BFC Dynamo – 1979 bis 1988 DDR-Serienmeister – bei »Delegierungen« von Spielern und wohl auch bei Schiedsrichterentscheidungen einen motivationshemmenden Effekt besessen haben.

Hinzu kamen unangemessene Trainings- und Taktikkonzepte. Bernd Stange, der letzte Auswahltrainer der DDR, monierte dies 1987 freimütig in einem Interview mit einer westdeutschen Zeitschrift: »Ich glaube, dass wir trotz sehr guter Einzelspieler [...] immer zu stark aufs Kollektiv konzentriert waren, Fußball lebt aber von Individualisten.«[38] Bei der Gestaltung des Trainings hat wohl vor allem die Orientierung an den »wissenschaftlichen« Methoden in anderen Sportarten kontraproduktiv gewirkt. Die Verantwortlichen in der Sportabteilung des ZK der SED scheinen dies schließlich klar erkannt zu haben. Einer 1982 im DTSB ausgearbeiteten Analyse des DDR-Fußballs, in der die unzureichende Nutzung der »grundlegende[n] Erkenntnisse und Erfahrungen der erfolgreichsten Sportarten des DDR-Leistungssports« beklagt wurde, hielt Rudolf Hellmann, seit 1959 Leiter dieser ZK-Abteilung, in einem internen Schreiben entgegen: »Ganz im Gegensatz dazu schätzen wir ein, dass eine wesentliche Ursache der ungenügenden Leistungsentwicklung im Fußballsport gerade darin besteht, dass versucht wurde, grundlegende Erkenntnisse und Erfahrungen unserer erfolgreichsten Sportarten, wie z. B. Rudern, Kanu, Radsport, wo hohe Trainingsumfänge notwendig sind, formal und gegen die Überzeugung des Verbandes und vieler Trainer auf den Fußball zu übertragen.«[39] Zumindest erwähnt sei, dass die Anwendung von Doping, mit der in der DDR auch im Fußball experimentiert wurde, bei dieser Sportart in der Regel wohl wenig zur Leistungssteigerung beiträgt.

Des Weiteren genoss die Auswahlmannschaft – im Gegensatz zur bundesdeutschen Nationalmannschaft und zu westlichen Spitzenvereinen, die in der DDR-Bevölkerung überaus beliebt waren – relativ wenig öffentliche Sympathien. Georg Buschner, Trainer der DDR-Auswahl von 1974, wies nach der Wiedervereinigung auf diesen Faktor hin: »In der Öffentlichkeit mussten wir stets die Rolle als Repräsentanten der DDR betonen. Dabei wussten wir ganz

38 Stern vom 14.5.1987; zit. nach: Holzweißig: Sport und Politik, S. 19.
39 »Stellungnahme zum Entwurf des Beschlusses zur weiteren Leistungsentwicklung im Fußballsport der DDR«, 1.2.1982, S. 2; SAPMO-BArch, DY 30/IV2/2.036/25, Bl. 129.

genau, dass dadurch unser Ansehen beim Publikum sank. Wir waren eine ungeliebte Nationalmannschaft.«[40]

Die aus eigener Sicht unzureichende Leistungsentwicklung im Fußball, die Suche nach Ursachen und das Bemühen um Abhilfe waren über Jahrzehnte hinweg Dauerthemen der internen sportpolitischen Diskussion bis hin zu höchsten Parteigremien. Gerade weil die DDR in anderen Sportarten so erfolgreich war, saß dieser Stachel tief – zumal die Verantwortlichen die »Massenwirksamkeit« des Fußballs sehr hoch einschätzten. In dem bereits zitierten Zustandsbericht aus dem Jahr 1982 wurde im Hinblick auf die Systemkonkurrenz eine bittere Bilanz gezogen: »Da es in der DDR gelang, in vielen wichtigen Sportarten die kapitalistischen Länder zu besiegen, sind diese bemüht, unser Zurückbleiben im massenwirksamen Fußballsport und ihre Überlegenheit auf diesem Gebiet besonders hervorzuheben und orientieren [sich] in der ideologischen Arbeit im sportpolitischen Bereich darauf, dies in der Klassenauseinandersetzung für sich auszunutzen. Unter Teilen der Bevölkerung hat der Gegner damit Erfolg.«[41]

Im letztlichen Scheitern auf dem Feld des Fußballs, das den Methoden des DDR-Spitzensports weitgehend unzugänglich blieb, liegt eine gewisse Tragik der ansonsten beim Kampf um das »Weltniveau« so erfolgreichen DDR-Sportpolitik. Nicht einmal die Erinnerung an den 1:0-Sieg gegen die Bundesrepublik blieb bis zum Ende der DDR ungetrübt. Jürgen Sparwasser, der herausragende Held dieser ruhmreichen Episode, beging 1988 während eines Altherrenturniers in Saarbrücken »Republikflucht«.[42]

Ausblick

Nach dem dritten bundesdeutschen Gewinn der Fußballweltmeisterschaft im Juli 1990, der im Westen wie im Osten Deutschlands überschäumende schwarz-rot-goldene Siegesfeiern ausgelöst hatte, verkündete der erfolgreiche Teamchef Franz Beckenbauer, dass die Nationalmannschaft angesichts der nun auch im Fußball zu vollziehenden Wiedervereinigung auf Jahre hinaus »nicht mehr zu besiegen« sein werde und dass es ihm »für den Rest der Welt« leidtue.[43]

40 Zit. nach: Querengässer, Klaus: Fußball in der DDR 1945–1989, Teil 2: Nationalmannschaft, Kassel 1995, S. 8.

41 »Beschluß zur weiteren Leistungsentwicklung im Fußballsport der DDR« (überarbeitete Fassung), S. 2; SAPMO-BArch, DY 30/IV2/2.036/25, Bl. 139/2.

42 Vgl. die Berichte in SAPMO-BArch, DY 30, Büro Erich Honecker, 2521, Bl. 2–4.

43 Zit. nach: http://www.zeit.de/2004/45/zeitleiste/bilderrahmen2 (2.2.2007).

Glücklicherweise kam es anders: Weder im Fußball noch in der Gesamtentwicklung des Spitzensports wurde die »neue« Bundesrepublik zu einer Supermacht. Im Gegenteil, die internationale Position des deutschen Sports scheint sich, zumindest im Hinblick auf die Medaillenausbeute bei Olympischen Sommerspielen (vgl. die Tabelle auf S. 272),[44] allmählich wieder einem Normalmaß anzunähern. Während es im Leistungssport zumeist eine gewisse Annäherung zwischen Ost und West gab, leidet der ostdeutsche Spitzenfußball – in veränderten Formen – nach wie vor unter massiven Strukturproblemen. Von 18 Vereinen der ersten Bundesliga stammen zurzeit nur zwei aus den neuen Bundesländern. Problematisch verlief auch die Entwicklung im ostdeutschen Breitensport, der ohnehin auf einem bescheidenen Niveau gewesen war. Der Zusammenbruch der überwiegend betriebssportlichen Strukturen bedingte hier eine weitere Verschlechterung der Situation, so dass Breitensport heute in der Bundesrepublik vor allem eine westdeutsche Domäne ist.[45]

44 Anders ist die Situation bei den bedeutend kleineren Winterspielen, in denen Deutschland seit 1992 dreimal die führende Position im Medaillenspiegel belegte.
45 Vgl. hierzu v. a. Teichler: Sport in der DDR, S. 414 f.

Johannes Hürter

1976 Die Ausbürgerung Wolf Biermanns

Künstler und Intellektuelle zwischen den Stühlen

Ein Dichter, der das Paradoxon und die dialektische Zuspitzung als literarische Stilmittel seit jeher und bis heute liebt, wurde selbst zum Mittelpunkt einer geradezu paradox anmutenden Geschichte. Dissident und Verfemter, der er war, hatte er niemals auch nur ein Buch oder eine Schallplatte im eigenen Land veröffentlichen können. Und doch wurde er unter tatkräftiger Mithilfe der Staatsführung, die ihn jeglicher Wirkung berauben wollte, zum vielleicht bekanntesten und wirksamsten Schriftsteller dieses Landes. Ein erstauntes Publikum, das er bis dahin nicht erreicht hatte, las plötzlich seinen Namen hundertfach in der gleichgeschalteten Presse, vernahm den Widerhall einer grundsätzlichen Auseinandersetzung zwischen Politik und Kultur um das Menschenrecht der Meinungsfreiheit und ahnte so etwas wie eine kritische Öffentlichkeit, die es in diesem totalitären Staat nicht geben durfte. Der Dichter war Wolf Biermann, die Staatsführung das SED-Regime mit Erich Honecker an der Spitze, das Publikum die Bevölkerung der DDR, das Ereignis die Ausbürgerung des DDR-Bürgers Biermann nach seinem Konzert in der ausverkauften Sporthalle in Köln am 13. November 1976.

Die »Biermann-Geschichte« ist als ein gesamtdeutsches Medienereignis im kollektiven Gedächtnis haften geblieben. Bild und Ton vom Auftritt des »kommunistischen Barden«, die der Westdeutsche Rundfunk in Millionen Haushalte brachte, haben sich ebenso eingeprägt wie die umfängliche Berichterstattung über die unmittelbaren Folgen. Das Publikum in beiden Teilen Deutschlands war erstaunt. Da wandte sich einer mit Wort und Gesang, Witz und Charme, Wut und Hoffnung sowohl gegen den tristen Realsozialismus der SED als auch gegen die bürgerlich-kapitalistische Konsumgesellschaft im Westen. Bereits im ersten Lied dieses denkwürdigen Konzerts (»So oder so, die Erde wird rot«) thematisierte er in einem Rundumschlag mancherlei Probleme in beiden deutschen Staaten – Spitzelwesen, Repressionen und eine allmächtige Bürokratie hier, »Berufsverbote«, Arbeitslosigkeit und eine zersplitterte

Linke dort.[1] Dagegen setzte Biermann als Alternative sein kommunistisches Ideal von »Rosas roter Demokratie«, forderte für die Bundesrepublik eine KP nach italienischem Vorbild anstelle der SED-hörigen DKP und propagierte die deutsche Wiedervereinigung unter linken Vorzeichen. So ging es viereinhalb Stunden weiter, und am Ende war klar, dass dieser wortgewaltige politische Dichter zwischen den Stühlen saß, schon in diesem Moment ein Heimatloser war, fremd in beiden Teilen des doppelten Deutschland. Der Beschluss des Politbüros, ihm die DDR-Staatsbürgerschaft zu entziehen und ihm die kalte Schulter der Mauer zu zeigen, vollzog drei Tage später nur das, was in Köln offensichtlich geworden war. Um ein Wort von Heinrich Böll abzuwandeln: Biermann war ein aus der Heimat in die Heimat Vertriebener und konnte diesen Widerspruch nicht auflösen, weil er quer zu den politischen und gesellschaftlichen Realitäten in beiden deutschen Staaten stand. Damit teilte er das Schicksal vieler deutscher Linksintellektueller, die genau wie er mit Hölderlin sagen konnten: »Wir sind Fremdlinge im eigenen Lande.«

So sind Biermanns großer Auftritt in Köln und die harte Reaktion des SED-Regimes, mehr noch die Vor- und Wirkungsgeschichte des Skandals paradigmatisch für das Verhältnis kritischer Künstler zum Staat – in erster Linie natürlich zur SED-Diktatur, darüber hinaus aber auch zur bundesdeutschen Demokratie. Dieses übergreifende Problem macht den Reiz des »Falls Biermann« aus, weniger das Ereignis der Ausbürgerung selbst, das inzwischen so gut dokumentiert und so häufig diskutiert ist wie kaum ein zweiter Vorgang der jüngsten deutschen Geschichte. Dass die Ausbürgerung der »Anfang vom Ende der DDR« gewesen sei, wie behauptet wurde,[2] ist eine monokausale Vereinfachung. Doch ohne Zweifel offenbarte dieser Fall, welch große Bedeutung die Kunst für die innere Entwicklung der DDR besaß.

Die Vorgeschichte der Ausbürgerung Wolf Biermanns beginnt mit seinem ersten literarischen Hervortreten etwa zur Zeit des Mauerbaus. In seiner Künstlerbiografie spiegeln sich der Literaturbetrieb und die Kulturpolitik der DDR seit Anfang der 60er Jahre. Außerdem wurde er durch die große Verbreitung seiner Werke im Westen ab 1965 zum wichtigen Mittler und Scharnier zwischen jungen Intellektuellen auf beiden Seiten des Eisernen Vorhangs. Beide Aspekte, die Entwicklung einer kritischen Kunst in der DDR sowie ihre Beziehung zur erstarkenden linken Kulturszene in der Bundesrepublik, sind

1 Vgl. die Dokumentation des Konzerts in: Biermann und kein Ende. Eine Dokumentation zur DDR-Kulturpolitik, Berlin 1991, S. 95–126.

2 Vgl. Pleitgen, Fritz (Hrsg.): Die Ausbürgerung. Anfang vom Ende der DDR, München 2001.

hier in den Blick zu nehmen, wobei der Schwerpunkt auf den ostdeutschen Verhältnissen und auf dem Intellektuellentypus des Schriftstellers liegen wird. Diese gleichermaßen kulturellen und politischen Prozesse bildeten den Hintergrund des kulturpolitischen Eklats von 1976 und bedingten auch seine innenpolitische Wirkung. Sie sollen hier am Beispiel des wichtigsten politischen Dichters der DDR nachgezeichnet werden.[3]

»Wir durchleben magere Jahre« – deutsche Kultur im Kalten Krieg

Wolf Biermann, der 1936 geborene Sohn eines Hamburger Arbeiters, Kommunisten und in Auschwitz ermordeten Juden, siedelte im Frühjahr 1953 in die DDR über, weil er »von zu Hause weg nach Haus« wollte.[4] In dieser Zeit war vom Spannungsfeld von »Geist und Macht«, dem sich die literarische Intelligenz während der Wandlungsprozesse der 60er und 70er Jahre in solch starkem Maße ausgesetzt sah und das im November 1976 sein ganzes Konfliktpotential zeigte, in beiden deutschen Staaten noch wenig zu spüren.

Die ästhetische Kultur der Bundesrepublik konnte sich in ihrem ersten Jahrzehnt zwar frei entfalten und war kaum staatlichen Reglementierungen unterworfen, befand sich aber in allen Bereichen in bemerkenswerter Kongruenz zur politischen Kultur der Ära Adenauer. Der Primat des wirtschaftlichen Aufschwungs und die klare Positionierung im Ost-West-Konflikt förderten den Rückgriff auf bürgerlich-konservative Traditionen der Kunst und Unterhaltungsindustrie. Das zeitbezogene politisch-gesellschaftliche Engagement einer künstlerischen Avantgarde war dagegen nicht gefragt. In der Literatur beherrschten die Autoren der »inneren Emigration« die Szene. Aus den Krei-

3 Die folgenden Ausführungen stützen sich vor allem auf: Agde, Günter (Hrsg.): Kahlschlag. Das 11. Plenum des ZK der SED 1965. Studien und Dokumente, Berlin 2000; Berbig, Roland (Hrsg.): Stille Post. Inoffizielle Schriftstellerkontakte zwischen West und Ost. Von Christa Wolf über Günter Grass bis Wolf Biermann, Berlin 2005; Borgwardt, Angela: Im Umgang mit der Macht. Herrschaft und Selbstbehauptung in einem autoritären politischen System, Wiesbaden 2002; Glaser, Hermann: Deutsche Kultur. Ein historischer Überblick von 1945 bis zur Gegenwart, München/Wien 1997; Jäger, Manfred: Kultur und Politik in der DDR. 1945–1990, Köln 1994; Mittenzwei, Werner: Die Intellektuellen. Literatur und Politik in Ostdeutschland von 1945 bis 2000, Leipzig 2001; In Sachen Biermann. Protokolle, Berichte und Briefe zu den Folgen einer Ausbürgerung, Berlin 1994; Walther, Joachim: Sicherungsbereich Literatur. Schriftsteller und Staatssicherheit in der Deutschen Demokratischen Republik, Berlin 1996.

4 Biermann, Wolf: Wie man Verse macht und Lieder. Eine Poetik in acht Gängen, Köln 1997, S. 16.

sen der »äußeren Emigration« erzielte allein Thomas Mann große Breitenwirkung und höchste Anerkennung, während die übrigen Vertreter der Exilliteratur weitgehend ignoriert wurden. Auch die jungen Schriftsteller der »Gruppe 47«, die sich mit der Realität der jüngsten Vergangenheit und der Gegenwart auseinandersetzen wollten, wurden zunächst lediglich als Randerscheinung wahrgenommen. Immerhin wurde die zeitgenössische amerikanische Literatur eifrig vom Bildungsbürgertum rezipiert, doch deren Gesellschaftskritik bezog sich nicht auf die deutschen Verhältnisse. Eine Ausnahme war Bertolt Brecht, der auch im Westen als moderner Klassiker anerkannt, gelesen und aufgeführt wurde. Vielen konservativen Politikern und Publizisten war dies freilich ein Dorn im Auge, etwa Bundesaußenminister Heinrich von Brentano, der sich 1957 zu einem Vergleich Brechts mit Horst Wessel verstieg.

Während die Kulturlandschaft der Bundesrepublik in den 50er Jahren zunehmend verflachte, indem sie sich dem apolitischen Zeitgeist anpasste, waren Kunst und Kultur der DDR in erster Linie ein wichtiges und gezielt eingesetztes Instrument der stalinistischen Politik – mit nicht weniger negativen Auswirkungen auf die Qualität. Die kulturelle Entwicklung hatte den ideologischen und ästhetischen Vorgaben der Partei zu folgen. Andrej Schdanows Theorie vom sozialistischen Realismus (1934) wurde zum Dogma erhoben. Die Kunst sollte volksverbunden, verständlich, positiv sein und die »Arbeiter- und Bauernmacht« stärken. Das klassisch-humanistische Erbe wurde sozialistisch adaptiert, die Moderne hingegen als formalistisch, skeptizistisch und spätbürgerlich-dekadent abgelehnt und nicht geduldet. Der Austausch mit dem Kulturschaffen des »Klassenfeinds« wurde weitgehend unterbunden. Diese Intoleranz führte zu einem Jahrzehnt kultureller Verödung, auch in der Literatur, die in ihrer qualitativen Substanz nahezu ausschließlich von den großen Remigranten wie Bertolt Brecht, Arnold Zweig und Anna Seghers lebte. Begabte jüngere Schriftsteller besaßen dagegen kaum freie Entfaltungsmöglichkeiten. Manche von ihnen verließen das Land, etwa Uwe Johnson und Heinar Kipphardt. Dass andere wie Peter Hacks in den 50er Jahren den umgekehrten Weg gingen, unterstreicht die mangelnde Attraktivität beider deutscher Staaten für alternative Kulturszenen – freilich mit dem gravierenden Unterschied, dass sich im Westen eine pluralistische Gesellschaft bildete, während sich im Osten die dirigistische Kulturpolitik eines totalitären Staates austobte.

Zweimal, nach dem Volksaufstand des 17. Juni 1953, von dem sich die künstlerische Intelligenz teils ängstlich, teils unentschlossen, teils überzeugt eher abseits hielt, und nach dem XX. Parteitag der KPdSU im Februar 1956, gab es in der DDR schwache Ansätze einer begrenzten Liberalisierung der Kulturpolitik. Dass sich diese Tendenzen nicht entfalten konnten, sondern schließlich scharf unterdrückt wurden, lag an der Politik Walter Ulbrichts. Der Stalinist Ulbricht hielt auch nach dem Tod seines Idols Stalin unbeirrt an dessen Prinzipien fest und rang sich erst 1960 widerwillig dazu durch, Chruschtschow auf seinem Kurs der Entstalinisierung zu folgen. Zur selben Zeit, als sich beim Großen Bruder die milde Luft des »Tauwetters« ausbreitete und ein avantgardistischer Dichter wie Jewgeni Jewtuschenko auf dem Majakowskiplatz in Moskau seine Gedichte rezitieren konnte, sahen sich in der DDR reformfreudige Kulturfunktionäre und Intellektuelle harten Repressalien ausgesetzt – bekannte Beispiele sind die Prozesse gegen Wolfgang Harich und Walter Janka im Jahr 1957. Der künstlerischen Entfaltung blieben weiterhin enge Grenzen gesetzt. Ulbricht wies den Schriftstellern im Mai 1959 den so genannten »Bitterfelder Weg«, in die Betriebe zu gehen, ihre Erfahrungen literarisch zu verarbeiten und die Werktätigen unter dem Motto »Greif zur Feder, Kumpel« zum Schreiben anzuleiten. Auch dahinter stand das Dogma der Einheit von Kunst und Arbeiterklasse in Abgrenzung von Formalismus und Individualismus. Immerhin bot dieser Weg manchem Schriftsteller die Chance, sich mit den Realien des Arbeitslebens zu befassen und damit der DDR-Literatur neue Impulse zu geben – nicht in die von Ulbricht gewünschte Richtung einer die sozialistische Realität verklärenden Arbeiterliteratur, sondern in Richtung eines kritischen Realismus im Sinne von Georg Lukács.

Neue Impulse waren am Ende der 50er Jahre in den Literaturen und Kulturen beider Teile Deutschlands dringend nötig. Im Dezember 1956 hatte der Literaturwissenschaftler Hans Mayer, der 1948 in den Osten gegangen war und schließlich 1963 wieder nach Westen zurückkehrte, hier wie dort eine literarisch »dürftige Zeit« ohne jede »Opulenz« beklagt:[5] »Der Tisch unserer Literatur ist kärglich gedeckt. Wir durchleben magere Jahre.« Sowohl der Stalinismus als auch die Wirtschaftswundereuphorie verlangten nach einer Darstellung des Positiven – ein schlechtes Stimulans für gute Literatur.

Als der Student der Philosophie und Mathematik an der Humboldt-Universität zu Berlin Wolf Biermann im Jahr 1959 die Feder als Lyriker ansetzte, ging im doppelten Deutschland das künstlerisch magere Jahrzehnt im Schatten des Kalten Krieges zu Ende. Ein Generationswechsel zeichnete sich ab. Im selben Jahr erschienen in der Bundesrepublik drei Romane, die der jungen Gegenwartsliteratur zum Durchbruch verhalfen: *Billard um halb Zehn* von Heinrich Böll, *Die Blechtrommel* von Günter Grass und *Mutmaßungen über Jakob* von Uwe Johnson. Und in der ostdeutschen Literatur trat an

5 Zit. nach: Mittenzwei: Die Intellektuellen, S. 184f.

der Schwelle zum neuen Jahrzehnt eine Generation auf den Plan, die in der Nachkriegsgesellschaft aufgewachsen war und die bisher so dominierende Emigrantengeneration ablöste. Neben Wolf Biermann waren ihre bekanntesten Repräsentanten Manfred Bieler, Volker Braun, Werner Bräuning, Günter de Bruyn, Adolf Endler, Peter Hacks, Bernd Jentzsch, Hermann Kant, Sarah und Rainer Kirsch, Günter Kunert, Reiner Kunze, Karl Mickel, Heiner Müller, Erwin Strittmatter und Christa Wolf. Alle diese Autoren bejahten das sozialistische Experiment, doch wollten sie sich wie ihre linksintellektuellen Altersgenossen im Westen mit den gesellschaftlichen Widersprüchen sowie mit dem »Ich« in der Gesellschaft befassen und auch ästhetisch neue Wege gehen. Von einigen aufgeschlossenen Künstlern der älteren Generation, vor allem von Stephan Hermlin, Stefan Heym und Peter Huchel, wurden sie gefördert, von der Kulturpolitik der SED hingegen gebremst.

Damit begann der 30-jährige Konflikt zwischen jungem Geist und totalitärer Macht in der Literaturgeschichte der DDR. Es ging um die Freiheit der Kunst und zugleich um eine kritische Ersatzöffentlichkeit in der realsozialistischen Diktatur. Zunächst erhielten die jungen Autoren durch das Einschwenken Ulbrichts auf den Entstalinisierungskurs den nötigen Mindestfreiraum, um sich beim Lesepublikum mit ihrer realitätsnahen Sicht und modernen Schreibweise neben den Exilautoren durchzusetzen. Das gelang in der kulturellen Tauwetterphase bis Ende 1965, allerdings nicht ohne harte Reibungen mit der Partei. Da alle Konflikte den Bedingungen eines totalitären Systems unterworfen blieben und die SED ihren umfassenden Lenkungsanspruch gegenüber der Kunst zu keiner Zeit aufgab, waren alle Ansätze einer Liberalisierung systemimmanent und mussten letztlich scheitern. Die spektakulärste Kulmination dieser Konfliktgeschichte war die Ausbürgerung Wolf Biermanns. Doch schon zuvor war der Dichter zweimal in kulturpolitische Eklats verwickelt, die für den dynamischen, aber ausweglosen Dialog zwischen fortschrittlichen Künstlern und linientreuen Partei- und Kulturfunktionären signifikant waren.

Der erste Eklat – ein Lyrikabend in der Ost-Berliner Akademie der Künste (Dezember 1962)

In gewisser Weise kann man erst seit dem Auftreten der neuen Generation Anfang der 60er Jahre von einer originären DDR-Literatur reden. Wolf Biermann gehörte von Anfang an dazu. Und er war derjenige unter den jungen Schriftstellern, der sich schon sehr bald das höchste Maß an Freiheit und Kritik herausnahm. Das lag in seiner besonderen Persönlichkeit und Begabung begründet. »Ich hatte nun mal das schwarze Glück, dass mein Vater in Auschwitz starb und nicht in Stalingrad. Meine Kindheitsmuster sind anders, ich hatte nicht wiedergutzumachen. Und ich musste den Machthabern gar nichts beweisen. Ich sprach im anmaßenden Ton des rechtmäßigen politischen Erben. Und das war auch der Grund, warum ich in meinen Liedern nicht in der Sklavensprache sprach.«[6] Zu diesem Selbstbewusstsein passte der höchst originelle und eigenständige Stil, den Biermann als Dichter entwickelte. Angeregt durch Villon, Heine und Brecht, doch eigentlich ohne Vorbild, fand er schnell seinen eigenen Ton, mal grob, vulgär, voller Aggressivität, mal zart, feinsinnig, voller Poesie, zugleich eingängig und artistisch, einfach und raffiniert, plebejisch und elitär, immer Ausdruck subjektiven Empfindens mit all seinen Widersprüchen und Extremen. Die vertrackte Volkstümlichkeit seiner Verse, die auf ein gleichermaßen breites und anspruchsvolles Publikum zielten, wurde noch dadurch unterstrichen, dass er einen großen Teil seiner Lyrik vertonte und mit der Gitarre selbst effektvoll vortrug. In Anlehnung an Brechts »Stückeschreiber« erfand er für sich den Begriff »Liedermacher«, der ihn vom traditionellen Literaturbetrieb als etwas Neues, damals noch Einmaliges abgrenzte.

Dieses kraftvolle künstlerische Talent sorgte überall dort, wo es das erste Mal auftrat, für Staunen. Auch mancher Kulturfunktionär erkannte, welche Wirkung die sehr spezielle Mischung aus Text, Musik und persönlichem Charisma auf die Zuhörer hatte, und wünschte sich Biermann als linientreuen Volkssänger im Dienste des SED-Sozialismus. Dessen politische Überzeugungen bewegten sich aber in eine andere Richtung. Biermann hoffte auf eine schnelle Entwicklung der permanenten proletarischen Revolution zu einem undogmatischen, freien und humanen Kommunismus, in dem sich der Mensch von restriktiven gesellschaftlichen Normen emanzipieren könne. Das Festhalten an dieser Utopie war freilich zugleich eine Fundamentalkritik am starren Festhalten der Machthaber an einer monopolbürokratischen, intoleranten und spießigen roten Diktatur.

Der Konflikt war programmiert – und kam bald nach dem Mauerbau im August 1961, der von vielen Künstlern und auch von Wolf Biermann als Chance gesehen wurde. Man glaubte, in einer vom »Klassenfeind« abgeschotteten Gesellschaft endlich offen über Probleme diskutieren zu können, und hoffte generell auf größere Freiheiten. Manche nahmen sie sich, ohne zu warten. Biermann wurde nun im Hauptberuf zum politischen, zum gesellschafts-

6 Wolf Biermann, in: Die Zeit, Nr. 35, 1990.

kritischen Lyriker. Drei Beispiele: In der »Ballade von dem Drainage-Leger Fredi Rohsmeisl aus Buckow«[7] führt ein kleiner Verstoß gegen die sozialistische Reglementierwut – »Er hat auseinander getanzt / Mit seiner Verlobten – das war verboten« – zu einem staatlichen Willkürakt gegen den »Konterrevolutionär«, der dadurch jeden Glauben an Gerechtigkeit verliert: »Er ist für den Sozialismus / Und für den neuen Staat / Aber den Staat in Buckow / Den hat er gründlich satt.« Das »Freitanzen« wird zum Sinnbild des Strebens nach einer freieren Gesellschaft. Als Haupthindernis der nötigen Veränderung sah Biermann die herrschende Emigrantengeneration an, die im Gedicht »An die alten Genossen«[8] unmissverständlich zum Abtreten aufgefordert wird: »Setzt eurem Werk ein gutes Ende / Indem ihr uns / Den neuen Anfang laßt!« In einem anderen Gedicht, »Rücksichtslose Schimpferei«,[9] pocht Biermann in bisher unbekannter Radikalität auf das Recht der freien Persönlichkeit gegenüber dem totalitären Anspruch des sozialistischen Kollektivs: »Ich bin der Einzelne / das Kollektiv hat sich von mir / *isoliert* / Stiert mich so verständnisvoll nicht an! / Ach, ich weiß ja schon / Ihr wartet mit ernster Sicherheit / dass ich euch / in das Netz der Selbstkritik schwimme / Aber ich bin der Hecht! / Ihr müßt mich zerfleischen / zerhacken, durchn Wolf drehn / wenn ihr mich aufs Brot wollt!«

Alle diese Gedichte entstanden 1962, in einer Zeit also, als auch Biermann noch an eine positive Entwicklung der DDR glaubte. In dieser Situation wagte ein anderer, älterer Dichter ein Experiment, um der Lyrik zu neuer künstlerischer und gesellschaftlicher Geltung zu verhelfen: Stephan Hermlin, selbst als Lyriker verstummt, nachdem er seine Elogen auf Stalin als bitteren Irrtum erkannt hatte, und nun als Sekretär der Sektion Dichtkunst und Sprachpflege an der Akademie für Künste einer der maßgeblichen Kulturfunktionäre. Seinem öffentlichen Aufruf, ungedruckte Gedichte einzureichen, folgten 144 junge Lyriker mit 1250 Werken. Hermlin wählte 50 Gedichte aus und trug sie am Abend des 12. Dezember 1962 im überfüllten Plenarsaal der Akademie vor.[10] Die Lesung wurde zur Sensation, denn es offenbarte sich ein ungeahntes poetisches Potential, das mit der öden Verheißungs- und Bekenntnisliteratur der 50er Jahre brach. Unter den Autoren, die dadurch mit einem Schlag bekannt wurden, waren Volker Braun, Sarah und Rainer Kirsch, Bernd Jentzsch und

7 Biermann, Wolf: Alle Lieder, Köln 1991, S. 62–65.
8 Biermann, Wolf: Alle Gedichte, Köln 1995, S. 17–19.
9 Ebenda, S. 14–16.
10 Vgl. Geißler, Gudrun: Stephan Hermlin und die junge Lyrik, in: Agde: Kahlschlag, S. 395–412.

eben Wolf Biermann, der einige Lieder selbst mit der Gitarre vortragen durfte. Das Publikum war so begeistert, dass es nach dem Ende der eigentlichen Lesung die anwesenden Talente zu weiteren Kostproben aufforderte.

Jetzt entwickelte sich die Veranstaltung zum Eklat. Wolf Biermann trug sein erwähntes Gedicht »An die alten Genossen« vor und forderte damit öffentlich einen Generationswechsel in Staat und Partei. Darauf brach eine heftige Diskussion über das Verhältnis von Politik, Dichtung und Wirklichkeit los, in deren Verlauf Biermann die offizielle Kulturpolitik am Beispiel des Zentralorgans scharf kritisierte: »Es ist natürlich schwer, Maßstäbe für Lyrik zu finden, wenn man ständig das ›Neue Deutschland‹ liest. Was dort an Lyrik veröffentlicht wird, das kann einen nur zum Erbrechen bringen.« Der »starke, lang anhaltende Beifall« des Publikums und die weitere heftige Debatte provozierten den anwesenden Feuilletonchef des *Neuen Deutschland*, Willi Köhler, zur Unterstellung einer »gelenkten Atmosphäre« und zum Ausruf: »Hier entsteht eine Plattform!« Das war freilich nicht weniger als der Vorwurf einer intellektuellen Konterrevolution. Der Machtapparat um Ulbricht war vom Argwohn besessen, die literarische Intelligenz könne einen Führungsanspruch erheben und sich wie 1956 in Ungarn zu einer Reformkraft formieren. Diese Verschwörungspsychose und ihre möglichen Folgen – Ausbau der staatlichen Kontrolle und Repression im kulturellen Bereich – gefährdeten jeden literarischen Frühling.

Stephan Hermlin erkannte die Gefahr und schleuderte gegen Köhler das – nach dem dramatischen Bericht Biermanns – »einzige unvergängliche Dichterwort seines Lebens«:[11] »Er baute sich in der Mitte der Bühne auf. Totenbleich hob er wie in einer griechischen Tragödie mit erhabener Gebärde den rechten Arm und zeigte mit zwei Fingern – als ob er schwört, als ob er aus den Fingerkuppen schießt – in Richtung Köhler. Und dann rief er mit einem markerschütternden Pathos dieses Wort: *Ich warne Sie!* [...] Meine Sprache [wird] immer viel zu schwach bleiben, um jemals dieses Beben in Worte zu fassen: eine Mischung aus Angst und Hass, aus Schmerz und Zorn und Wut und Stolz. All das grollte in der Stimme unseres großartigen Mentors. Und dazu das Echo aus tausend aufgerissnen Augen.«[12] Hermlin wollte unbedingt verhindern, dass einige engstirnige Parteisoldaten den offenen Dialog um den Fortschritt der Kunst und mittelbar der gesamten Gesellschaft, kaum dass er begonnen hatte, schon wieder zerstörten.

11 Biermann: Verse, S. 30.
12 Ebenda, S. 36f.

Doch seine Warnung nützte wenig. Nach dem üblichen Vorgrollen in der parteitreuen Presse rechneten die beiden Chefideologen der Kulturpolitik, Kurt Hager und Alfred Kurella, auf dem VI. Parteitag der SED im Januar 1963 mit dem »Genossen Hermlin« ab. Der Lyrikabend sei »zu Ausfällen gegen das Zentralorgan der Partei missbraucht [worden] und zur Verbreitung von Gedichten, die vom Geist des Pessimismus, der unwissenden Krittelei und der Feindschaft gegenüber der Partei durchdrungen waren« (Hager). In der Akademie der Künste habe sich »eine Leugnung der Parteilichkeit der Kunst« breitgemacht, »die zu einer Gegenüberstellung von Kunst und Politik führt« (Kurella). Die personellen Konsequenzen ließen nicht lange auf sich warten. Im März verlor Stephan Hermlin seinen Posten als Akademiesekretär ausgerechnet an Parteifunktionär Kurella und wurde in das »Netz der Selbstkritik« getrieben. Auch Biermann wurde »bestraft« und aus der Liste der Kandidaten für die SED-Mitgliedschaft gestrichen.

Dennoch hatte Stephan Hermlin mit seiner Initiative Erfolg. Die jungen Dichter, die er aus der Anonymität gerissen hatte, ließen sich jetzt nicht mehr zum Schweigen bringen. Das Publikum verlangte nach ihnen. Der denkwürdige Abend in der Akademie löste eine »Lyrikwelle« aus und verschaffte dem literarischen Nachwuchs genau das, was die Partei beargwöhnte: Öffentlichkeit für eine Kunst, die einen gesellschaftlichen Dialog über die realsozialistische Wirklichkeit anstoßen wollte. Die entmündigte Bevölkerung der DDR nutzte die Sublimierung des »Hier und Jetzt« in der Literatur als Ersatz für den fehlenden pluralistischen Diskurs über Politik und Gesellschaft. Lesungen und Publikationen der Neuen fanden massenhaften Zuspruch. Es entstand das, was später mit dem Begriff »Leseland DDR« verklärt wurde. Ein Teil der Hochkultur wurde tatsächlich so populär, wie es die ideologischen Prediger der »Volksnähe« unter ganz anderen Vorzeichen immer gefordert hatten. Die Begeisterung für die neue Literatur, die an Hermlins Lyrikabend so impulsiv zum Ausbruch gekommen war, war vom Staat zunächst kaum einzudämmen – zumal beim sowjetischen Vormund immer noch »Tauwetter« herrschte. Und den erblühenden Talenten gab diese Begeisterung das nötige Selbstbewusstsein. Mit den Worten Biermanns: »Alle, die was taugten, fingen nun an – jeder in seiner Tonart, jeder nach seinen Kräften – den Streit zu wagen.«[13]

Auch in der Bundesrepublik wurde der Aufbruch der jungen DDR-Literatur aufmerksam verfolgt. Besonders die neue Lyrik sorgte für Aufsehen in der westdeutschen literarischen Szene, die an produktiver Kraft und kollektiver

13 Ebenda, S. 37.

Geschlossenheit nichts Vergleichbares aufweisen konnte. Nicht ohne Neid blickte man hinter die Mauer, wo in der Tristesse der SED-Diktatur eine reformsozialistische »Dichterschule« von gleichaltrigen und miteinander befreundeten Lyrikern entstand, die das aktive, sich seiner selbst bewusste Individuum als Teil des revolutionären Gesellschaftsprozesses entdeckte und thematisierte. Die starke Betonung der Subjektivität gegenüber den »realen« gesellschaftlichen Verhältnissen beeindruckte in der Bundesrepublik nicht nur viele Schriftsteller, sondern die Neue Linke insgesamt. Die Verbindung von Sozialismus und Individualismus, künstlerischer Moderne und Verständlichkeit, Systemkritik und linker Utopie verhalf der DDR-Lyrik zu beachtlicher Reputation im Vorfeld von 1968. Die Verse der ostdeutschen Dichter trafen die Zeitstimmung eines großen Konflikts der nachrückenden Generation mit der »verwalteten Welt« der alten Bonzen und Bürokraten. Im Osten wurden die gravierenden Unterschiede der beiden Gesellschaftsordnungen allerdings realistischer eingeschätzt, so dass umgekehrt der Einfluss der bundesdeutschen Linken auf die DDR-Literatur begrenzt blieb. »1968«, das war dann für die literarische Intelligenz der DDR vor allem der »Prager Frühling« und nicht die Revolte linker Studenten in der kapitalistischen Welt.

Der zweite Eklat – das »Kahlschlag«-Plenum (Dezember 1965)

Der »junge Wilde«, der am Abend des 12. Dezember 1962 am meisten zur explosiven Stimmung beigetragen und dadurch als Erster den Zorn der Funktionäre auf sich gezogen hatte, stand in den kommenden Jahren unter besonderer Beobachtung sowohl des SED-Regimes als auch der Linksintellektuellen in beiden Teilen Deutschlands. Die weitere Entwicklung Wolf Biermanns wurde zum Gradmesser dafür, was künstlerisch und politisch in der DDR möglich war. Von 1963 bis 1965 bewegte sich das Pendel unstetig hin und her, blieb aber überwiegend in einem Bereich, der Hoffnung auf eine wirkliche Liberalisierung machte. Beide Seiten bemühten sich zunächst, die offene Konfrontation zu vermeiden. Für Biermann waren diese Jahre eine Übergangsphase: »Ich suchte immer noch Verständigung, ich liebäugelte immer wieder mit der Chance, den Drachen mit der sanften Gewalt der Vernunft zu überzeugen […]. Aber mit jedem neuen Lied, mit jedem neuen Gedicht verbaute ich mir die Fluchtwege in den falschen Frieden.«[14] Auch die Kulturfunktionäre

14 Ebenda.

hofften noch auf eine »Zähmung« des großen Talents und wurden darin von Stephan Hermlin bestärkt, der sich im Auftrag der Partei um Biermanns Integration bemühte. Selbst der linientreue Schriftsteller Hermann Kant bagatellisierte in seinen Berichten an die Staatssicherheit den Nonkonformismus des jungen Dichters: »Der GI [Geheime Informant] schätzt den Biermann als einen höchstbegabten jungen Menschen ein, [...] jedoch ist Biermann auf der andern Seite ein ulkiger Vogel, der neben der großen Begabung auch irgendwie bekloppt ist.«[15] Beunruhigend war hingegen Biermanns enge Freundschaft mit dem Regimekritiker Robert Havemann, der 1964 aus der SED ausgeschlossen und mit Berufsverbot belegt wurde.

Dennoch ließ man dem Liedermacher noch einige Freiräume. Er durfte zwar nicht häufig, aber einige Male öffentlich auftreten und verbreitete seine Kunst außerdem informell, als »Partysänger« und in Privatkopien. Zeitweilig wurde sogar über eine Publikation mit dem Titel »Biermanns Balladenbuch« im Aufbau-Verlag verhandelt. Im Dezember 1964 und April 1965 erlaubte ihm die DDR-Administration zwei Konzertreisen in die Bundesrepublik, die seinen Ruhm im Westen begründeten und ihn bei der linken Protestbewegung populär machten. Jeder Auftritt wurde von den ostdeutschen Behörden aufmerksam registriert und analysiert. Das dabei gewonnene Bild war zwiespältig. Einerseits bekundete Biermann stets seine Loyalität zur DDR und grenzte sich deutlich vom »Klassenfeind« ab, andererseits trug er immer wieder politische Lieder vor, in denen das SED-Regime offen kritisiert wurde. Die zahlreichen offiziellen Papiere über Biermann nahmen zunehmend einen gereizten und unduldsamen Ton an. Gleichzeitig häuften sich die Auftrittsverbote. Als der West-Berliner Verlag Klaus Wagenbach im Herbst 1965 den ersten Lyrikband Biermanns, *Die Drahtharfe*, veröffentlichte, war das Tischtuch zerschnitten. Ein Gutachten für das Politbüro stellte fest, dass der Band von Gedichten dominiert werde, »mit denen im Namen eines kleinbürgerlich-anarchischen Sozialismus scharfe Angriffe gegen unsere Gesellschaftsordnung vorgetragen werden«.[16] Biermann galt nun als hoffnungsloser Fall und wegen seines unbestrittenen Talents als Gefahr, der man jetzt mit Härte statt mit Geduld begegnen wollte.

Die Kampagne gegen Wolf Biermann und andere kritische Intellektuelle begann am 5. Dezember 1965 mit einer öffentlichen Diffamierung im *Neuen*

15 Corino, Karl (Hrsg.): Die Akte Kant. IM »Martin«, die Stasi und die Literatur in Ost und West, Reinbek bei Hamburg 1995, S. 158 (8.4.1963).

16 »Kurze Einschätzung von Wolf Biermanns Gedichtband Die Drahtharfe«, 25.11.1965, zit. nach: Borgwardt: Umgang, S. 425.

Deutschland. Kulturredakteur Klaus Höpcke warf dem Dichter in schärfsten Worten Staatsfeindlichkeit, Pornografie, Anarchismus, bürgerlichen Individualismus und Verrat an seinem von den Nazis ermordeten Vater vor. Viele Künstler, selbst parteinahe, reagierten empört – »Sehr geehrter Herr Höpcke, Sie sind ein Arsch. Gruß – Manfred Krug«[17] – oder zumindest höchst beunruhigt auf den Hetzartikel. Hier schien sich ein neuer, alter Stil im Umgang mit den »Kulturschaffenden« anzukündigen, zumal Höpcke den Staat grundsätzlich zum Angriff auf »sozialismusfeindliche« Positionen aufforderte. Stand nach dem Sturz Chruschtschows im Oktober 1964 und dem Ende des »Tauwetters« in der Sowjetunion nun auch in der Kulturpolitik der DDR ein erneuter Gezeitenwechsel bevor? Die Befürchtungen wurden kurz darauf bitter bestätigt. Die Presseattacke gegen Wolf Biermann war nur der Auftakt für das berüchtigte 11. Plenum des ZK der SED vom 15. bis 18. Dezember, auf dem die Staats- und Parteiführung die ohnehin nur halbherzige Liberalisierung im kulturellen Bereich mit einem Schlag, einem »Kahlschlag«, beendete.

Natürlich ging es dabei letztlich nicht so sehr um Biermann und nicht allein um die Kulturpolitik. Die Ursachen wurzelten tiefer im politischen Arkanbereich. Ulbricht hatte 1963 mit dem Neuen Ökonomischen System (NÖSPL) eine wirtschaftspolitische Reform eingeleitet, die den Betrieben größere Unabhängigkeit von der zentralen Planung zubilligte. Dieser Versuch einer ökonomischen Modernisierung geriet bereits im Herbst 1965 in eine schwere Krise. Zugleich verstärkten sich die Skepsis der neuen sowjetischen Machthaber und die kritischen Stimmen in der SED-Spitze. Der Selbstmord Erich Apels, des verantwortlichen Reformers im Politbüro, am 3. Dezember wirkte wie ein Fanal und führte dazu, dass auf dem folgenden Plenum anders als geplant nicht allein Wirtschafts-, sondern auch Kultur- und Jugendfragen in den Mittelpunkt gerückt wurden. Kopf der Reformgegner war Erich Honecker, der auch im Bereich der inneren Sicherheit zu den Hardlinern gehörte. Ulbricht überließ ihm auf dem Plenum das Feld, um von den Problemen seiner Wirtschaftsreform abzulenken und den Kritikern in den eigenen Reihen eine Kompensation zu bieten. So kamen Kunst und Kultur unter die Räder.

Das 11. Plenum brachte eine Generalabrechnung mit »Skeptizismus«, »Nihilismus« und »Sex-Propaganda«, als welche die neuen Tendenzen in Literatur, Film und Jugendkultur diffamiert wurden. Man fürchtete grundsätzlich eine Verwestlichung der realsozialistischen Kultur. Namentlich Wolf Biermann wurden »Perversität« und »Verrat« vorgeworfen. Den Hauptangriff führte

17 Krug, Manfred: Abgehauen. Ein Mitschnitt und ein Tagebuch, Düsseldorf 1996, S. 194.

Erich Honecker: »Mit seinen von gegnerischen Positionen geschriebenen zynischen Versen verrät Biermann nicht nur den Staat, der ihm eine hochqualifizierte Ausbildung ermöglichte, sondern auch Leben und Tod seines von den Faschisten ermordeten Vaters.«[18] Kein zweites Mal in der Geschichte der DDR wurde ein kritischer Künstler von der Staats- und Parteiführung öffentlich dermaßen verdammt. Letztlich zielten die Attacken auf die Vernichtung seiner Existenz als Schriftsteller. In seinem Schlusswort resümierte Walter Ulbricht, dass es höchste Zeit sei, gegen den Verfall der »sozialistischen Moral« im Kulturleben einzuschreiten.[19] »In diese Schmutzlinie haben sich Biermann und einige andere hineingeschoben und haben Politik gemacht. Wessen Politik? Es handelt sich um den Kreis Havemann, Heym, Biermann […]. Es handelt sich also nicht um den Dichter Biermann als solchen oder um eine Frage der Dichtkunst, sondern es handelt sich um eine Gruppe, die einen politischen Kampf gegen die Arbeiter-und-Bauern-Macht zielbewusst geführt hat und führt.« In der DDR gebe es »keine Freiheit für Verrückte, sonst haben wir absolute Freiheiten überall. (*Zwischenruf Kurt Hagers:* Und keine für solche Konterrevolutionäre!) Für Konterrevolutionäre haben wir auch keine Freiheiten, das nicht.« Mit diesem Vorwurf der konterrevolutionären Gruppenbildung wurden die drei genannten Personen offiziell zu Staatsfeinden erklärt.

Auf dem Plenum restaurierten Staat und Partei ihre zuvor etwas gelockerte kulturpolitische Macht, um die »Kulturschaffenden« wieder straff an sich zu binden. Anschließend wurden zwölf DEFA-Spielfilme verboten, die auf der Vorlage junger Autoren beruhten, unter anderem »Das Kaninchen bin ich« nach Manfred Bieler und »Spur der Steine« nach Erik Neutsch. Außerdem wurden Fernsehsendungen zensiert, Theaterinszenierungen abgesetzt und »Beatgruppen« aufgelöst. »Kahlschlag« und Dogmatismus trafen auch die Literatur. Der Schriftstellerverband akzeptierte die Gleichschaltung, die Zensur wurde erheblich verschärft, mehrere Bücher verboten. Die härtesten Sanktionen richteten sich erwartungsgemäß gegen Wolf Biermann, dem durch ein totales Auftritts- und Publikationsverbot jede Wirkung genommen werden sollte. Das 11. Plenum markierte nicht nur in seiner Biografie, sondern generell in der Geschichte der DDR einen tiefen Einschnitt. Die große kulturpolitische »Säuberung« beendete die Jahre relativer Toleranz, die auf die gesamte ostdeutsche Gesellschaft hoffnungsvoll ausgestrahlt hatte. Die SED-Nomenklatura verbaute sich dadurch freilich die Chance einer Verständigung mit einer

18 Zit. nach: Agde: Kahlschlag, S. 244.
19 Zit. nach: ebenda, S. 271 f.

jungen Generation von Künstlern und Intellektuellen, die mit ihrer Kritik die sozialistische Ordnung nicht beseitigen, sondern positiv verändern wollten. Indem der Staat repressiv auf sie reagierte, förderte er das Entstehen einer »Parallelkultur«, die sich überhaupt nicht mehr in das realsozialistische System einfügen ließ.

Dialog mit dem Westen

Selbst auf dem »Kahlschlag«-Plenum gab es nachdenkliche Stimmen. Christa Wolf warnte in einer bemerkenswerten Rede eindringlich davor, die kulturellen Errungenschaften der letzten Jahre zurückzunehmen und »die Schriftsteller in eine Defensive zu drängen, so dass sie immer nur beteuern können: Genossen, wir sind nicht parteifeindlich. Das ist nicht richtig, sondern wir müssen eine Offensive erreichen, sowohl innerhalb der Partei als auch in unserer Kunst und auch nach Westdeutschland.«[20] In ihrer Verteidigung künstlerischer Freiheit verwies sie auf die »große Ausstrahlungskraft« der neuen DDR-Literatur »in die Kreise westdeutscher linker Intellektueller«. Es bahne sich ein »echter Dialog zwischen ost- und westdeutschen Schriftstellern« an, wobei Wolf die gesellschaftskritischen Autoren Max von der Grün, Rolf Hochhuth, Martin Walser und Peter Weiss nannte. Hinter diesem Plädoyer verbarg sich die Sorge, dass eine reaktionäre Wende der Kulturpolitik die Glaubwürdigkeit, die sich die junge Schriftstellergeneration durch ihren offenen Umgang mit kritischen Stoffen gerade auch im Westen erworben hatte, jäh wieder zerstöre. Nicht nur die Kultur, sondern überhaupt das Gesellschaftssystem der DDR drohten erneut vollständig diskreditiert zu werden. Einen Monat zuvor hatte Stephan Hermlin einen SED-Funktionär darauf aufmerksam gemacht, dass »ein Verhältnis des Vertrauens zur DDR weitgehend abhängig ist von der Behandlung, die in der DDR lebenden Künstlern zuteil wird«.[21]

Dass diese Sorgen nur allzu berechtigt waren, zeigte schon die Reaktion auf den Höpcke-Artikel gegen Biermann. Zahlreiche linke Schriftsteller aus dem Westen solidarisierten sich mit dem Liedermacher. Bezeichnend war der Offene Brief des deutsch-schwedischen Schriftstellers Peter Weiss, der bis dahin der DDR mit großem Wohlwollen begegnet war, jetzt aber sein »Entsetzen«

20 Abdruck der Rede in: ebenda, S. 255–266.
21 Stephan Hermlin an Siegfried Wagner, 13.11.1965, in: ebenda, S. 288 f.

ausdrückte: »Ich bin kein Freund des Bonner Staats, doch ich habe, trotz der Angriffe, die auch über mich ergingen, bisher jede meiner Arbeiten dort veröffentlichen und meine Stücke aufführen können. Wenn ich für den Sozialismus eintrete, so tue ich dies, weil zu meiner Vorstellung des Sozialismus die freie Meinungsäußerung gehört.«[22] Die politisch-moralische Überlegenheit der DDR gegenüber der Bundesrepublik, an die manche westliche Linksintellektuelle trotz aller offenkundigen Mängel grundsätzlich noch glaubten, wurde durch die Kampagne gegen Wolf Biermann und durch das 11. Plenum nachhaltig in Frage gestellt. Auch in der DDR sah man diese Gefahr. Ausgerechnet ein so parteitreuer Schriftsteller wie Hermann Kant fühlte sich an die Methoden des politischen Feindes im Westen erinnert. Er telegrafierte an Höpcke sofort nach Erscheinen des Artikels den bissigen Satz: »Vermisse erstaunt das Wort Pinscher.«[23]

Damit wurde der realsozialistische Kulturdemagoge des *Neuen Deutschland* mit einem Protagonisten des westdeutschen Gegenmodells auf eine Stufe gestellt. Bundeskanzler Ludwig Erhard hatte sich wenige Monate zuvor, im Juli 1965, äußerst abfällig über den Schriftsteller Rolf Hochhuth geäußert, der sich für einen Regierungswechsel engagierte: »Da hört bei mir der Dichter auf, und es fängt der ganz kleine Pinscher an, der in dümmster Weise kläfft.«[24] Zugleich diffamierte er Gegenwartskritik in der Kultur als »Pessimismus« und »Skeptizismus« einer »substanz- und gesinnungslosen Geistigkeit«. Es ist interessant, dass Erhard mit demselben Vokabular gegen das kritische Bewusstsein einer neuen Schriftstellergeneration polemisierte wie seine ideologischen Antipoden in Ost-Berlin. Zeitgleich zum künstlerischen Aufbruch in der DDR war es auch in der Bundesrepublik zu einer Politisierung der Kulturszene gekommen. Wie im Osten gegen die bürokratische Erstarrung des SED-Sozialismus richtete sich das gesellschaftlich-politische Engagement westdeutscher Künstler und Intellektueller gegen die Anzeichen von Lethargie und Obrigkeitsstaat in der »formierten« Wohlstandsgesellschaft der »Kanzlerdemokratie«. Die *Spiegel*-Affäre im Oktober 1962 alarmierte zahlreiche Intellektuelle, die vehement für die Meinungsfreiheit eintraten, unter ihnen Carl Amery, Heinrich Böll, Erich Fried, Günter Grass, Jürgen Habermas, Rolf Hochhuth, Martin Walser und Peter Weiss.

Es begann eine »goldene Ära« gesellschaftskritischer und engagierter Kunst

22 Peter Weiss an die Redaktion des Neuen Deutschland, 12.12.1965, in: Biermann und kein Ende, S. 35 f.
23 Corino: Die Akte Kant, S. 218.
24 Zit. nach: Glaser: Deutsche Kultur, S. 204.

in der Bundesrepublik, nicht nur in der Literatur, sondern auch in der bildenden Kunst, der Musik und im Film. Die junge künstlerische Intelligenz stand gegen das politische Establishment und erreichte gerade deshalb im Jahrzehnt der politischen Protestbewegung ein Massenpublikum. Jedes Indiz für »reaktionäre« oder »autoritäre« Tendenzen wurde voller Misstrauen registriert und angeprangert. Die Bildung der Großen Koalition, die Notstandsgesetzgebung, der Tod Benno Ohnesorgs, den Günter Grass den »ersten politischen Mord in der Bundesrepublik« nannte, die Vorgänge von 1968, später dann die »Sympathisantenjagd«, der »Radikalenerlass« sowie der große Streit um die Ökologie und die NATO-Rüstung bewegten zahlreiche Künstler und Intellektuelle zu einer oppositionellen Haltung jenseits der Bundestagsparteien. Selbst bei vielen »bürgerlichen« Schriftstellern machte sich ab der ersten Hälfte der 60er Jahre eine Wiederentdeckung marxistischer Positionen bemerkbar.

In dieser Situation, die beiderseits der Mauer von einem Generationenkonflikt geprägt war, kam es zur von Christa Wolf ins Feld geführten Annäherung linker Schriftsteller in Ost und West. Die neuen Größen der DDR-Literatur wurden für eine begrenzte Zeit zu Hoffnungs- und Werbeträgern einer undogmatischen ideal-sozialistischen Alternative, die Freiheit und Kritik nicht ausschloss. Die Führung in Ost-Berlin setzte jedoch seit 1965 wieder verstärkt auf den Systemgegensatz. Durch die Wende des 11. Plenums wurden Attraktivität, Glaubwürdigkeit und Qualität der ostdeutschen Kultur für einige Jahre erheblich beschädigt. Nach diesem Einschnitt durften die Verlage und Literaturzeitschriften der DDR kaum mehr Texte westlicher Autoren drucken. Das bedeutete einen herben Rückschlag für den deutsch-deutschen Kulturtransfer. Die meisten deutschen Linksintellektuellen vereinte der Wunsch nach einem menschlichen Sozialismus, der sich sowohl vom kapitalistischen Gesellschaftssystem der Bundesrepublik als auch vom bürokratischen Herrschaftssystem der DDR abgrenzte. Die Maulkörbe und Repressionen durch die SED-Kulturpolitik verhinderten aber einen offenen geistigen Austausch über eine »bessere Gesellschaft«.

So wurde ausgerechnet derjenige Schriftsteller zum wichtigen Mittler zwischen Ost und West, der im Zentrum staatlicher Kritik stand und um jegliche Wirkung gebracht werden sollte. Wolf Biermanns Kunst, seit 1965 im undogmatisch-linken Wagenbach-Verlag publiziert und seit 1968 auch auf Schallplatten verbreitet, erlebte in der Bundesrepublik während der Hochzeit der linken Protestbewegung einen wahren Boom. Gleich sein erster Gedichtband *Die Drahtharfe* (1965) avancierte im westdeutschen Buchhandel zum bis dahin meistverkauften Lyrikbuch der Nachkriegsliteratur. Biermanns Wohnung in der Chausseestraße 131 in Ost-Berlin wurde zum Anziehungspunkt zahlreicher Besucher aus dem Westen. Die unüberhörbare Stimme dieses Dissidenten diskreditierte einerseits das SED-Regime, stärkte aber andererseits die falsche Hoffnung auf einen »wahren« Sozialismus in der DDR.

Der dritte Eklat – die Ausbürgerung (November 1976)

Für Wolf Biermann begannen im Dezember 1965 die elf Jahre der konspirativ-kritischen Tätigkeit als »staatlich anerkannter Oppositioneller«. Anders als von der Staatsführung erhofft, führten die Sanktionen nicht zum Versiegen, sondern zur Intensivierung seines künstlerischen Schaffens. »In Wahrheit schützte das totale Verbot mich davor, meine schwachen Kräfte in immer neuen Kompromissen zu verschleißen. [...] Alles in allem war ich nach dem Verbot freier und effektiver als vorher.«[25] Auch führte das Berufsverbot weder zur sozialen Isolation noch zu wirtschaftlicher Not. Biermann wurde durch seine Unbeugsamkeit zum Mittelpunkt eines großen Kreises von Gleichgesinnten. Dieses Netzwerk unterstützte ihn ideell und auch materiell, bevor er von den Tantiemen aus dem Westen leben konnte. So war eine »paradoxe Wirkung des Verbots«, dass er vermutlich »einer der am wenigsten isolierten Menschen« in der DDR war.[26] Seine Gedichte und Liedaufnahmen wurden illegal über die Mauer gebracht und kursierten ebenso illegal in der ostdeutschen Kulturszene. Dazu kamen informelle Auftritte in seiner Wohnung und bei Freunden. Auch wenn er über seine Veröffentlichungen nur in der Bundesrepublik ein Massenpublikum finden konnte, war er doch auch in der DDR nicht gänzlich zum Schweigen gebracht worden.

Das musste die Machthaber umso mehr stören, je aggressiver sich Biermanns Talent gegen sie wandte. Bereits unmittelbar nach dem 11. Plenum hatte der Dichter einen neuen Ton angeschlagen: »Ihr löscht das Feuer mit Benzin / Ihr löscht den Brand nicht mehr / Ihr macht, was ihr verhindern wollt: / Ihr macht mich populär // Im ›Neuen Deutschland‹ finde ich / tagtäglich eure Fressen / Und trotzdem seid ihr morgen schon / Verdorben und vergessen / Heute sitzt ihr noch im fetten Speck / Als dicke deutsche Maden / Ich konservier euch als Insekt / Im Bernstein der Balladen.«[27] Solche direkten Angriffe auf die SED-Herrschaft, deren Legitimation Biermann nicht anerkannte, wurden jetzt zu einem Markenzeichen seiner Lyrik. Dass er dennoch bis zu

25 Biermann: Verse, S. 236.
26 Ebenda.
27 »Das macht mich populär« (1965), in: Biermann: Alle Lieder, S. 164–169.

seiner Ausbürgerung an der Hoffnung auf eine Reformierbarkeit seiner »Heimat« DDR festhielt und auch die Verhältnisse in der Bundesrepublik scharf kritisierte, steigerte seine Glaubwürdigkeit und machte ihn dadurch noch gefährlicher. Die Staatssicherheit überwachte den Dichter rund um die Uhr und wurde dafür von ihm in Liedern (»Die Stasi-Ballade«) und kleinen Nachrichten in seinen zensierten Privatbriefen verspottet: »Ihr Stasi-Trottel! – macht euch nicht unbeliebt: befördert den Brief schnell weiter! Bedenkt: ihr lebt von uns! Geht in euch! Werdet Kommunisten! Kämpft für eure Abschaffung! Es gibt größere Genüsse!«[28]

Der Maßnahmenkatalog der Stasi gegen einen solchen »Hauptfeind im Innern« sah subversive Aktionen von der Störung seiner Kontakte bis zur Zerstörung seiner Persönlichkeit vor. Bis zu Inhaftierung oder Mord wollte die Staatsführung aber nicht gehen. Der Fall Biermann war inzwischen so bekannt, dass der politische Preis für eine Radikallösung zu hoch schien. So kam es zur Schieflage, dass die Verbreitung der politischen Lyrik Biermanns mit langjährigen Gefängnisstraffen geahndet wurde, der Autor selbst aber verschont blieb und für diese Lyrik offiziell Geld überwiesen bekam – und davon einen Teil an die DDR-Behörden abtreten musste, was er dann wieder genüsslich als »Doppelmoral des Regimes« brandmarken konnte. Der Ärger und gleichzeitig das Dilemma der Parteifunktionäre wurden mit jeder Publikation im Westen größer. Man wollte diesen Provokateur loswerden und bot ihm die Übersiedlung in die Bundesrepublik an. Biermann lehnte kategorisch ab. Eine Alternative war die Ausbürgerung während einer Westreise. Diese Lösung hatten Honecker und Erich Mielke schon seit 1971 ins Auge gefasst. Als dann am 11. September 1976 die schwere »operative Panne« erfolgte, dass es dem Liedermacher gelang, im Rahmen eines Gottesdienstes in Prenzlau erstmals seit seinem Verbot wieder öffentlich aufzutreten, wollte man nicht länger warten. Anders als in den Jahren zuvor wurde Biermann eine Konzertreise in die Bundesrepublik auf Einladung der IG Metall genehmigt. Bereits das erste Konzert in Köln verlief so »feindselig«, wie es die Staatssicherheit erwartet hatte. Am 16. November 1976 beschloss das Politbüro auf Antrag Honeckers, dem Dichter »wegen grober Verletzung staatsbürgerlicher Pflichten die Staatsbürgerschaft der DDR« abzuerkennen und das Aufenthaltsrecht in der DDR zu entziehen.

Der Schritt der SED-Spitze, das Problem Biermann auf kaltem Wege administrativ zu entsorgen, war einerseits eine Einzelmaßnahme gegen einen

28 Im Innenkuvert eines Briefes an Eva-Maria Hagen, 7.6.1970, zit. nach: Borgwardt, Umgang, S. 447.

Dissidenten, andererseits aber auch ein grundsätzliches politisches Signal. Die Hebung des Lebensstandards, die kulturelle Liberalisierung und die internationale Öffnung seit dem Machtwechsel von Ulbricht zu Honecker im Mai 1971 drohten das realsozialistische System zu überfordern. Besonders die von der DDR unterzeichnete Anerkennung der Menschenrechte in der KSZE-Schlussakte von Helsinki am 1. August 1975 sowie der unzensierte Abdruck der Reden eurokommunistischer Führer auf dem KP-Gipfel in Ost-Berlin Ende Juni 1976 weckten Hoffnungen, die das SED-Regime nicht erfüllen konnte und wollte. Eine Welle von Ausreiseanträgen auf Grundlage des Rechts auf Freizügigkeit in der KSZE-Schlussakte erhöhte noch den Druck auf die DDR-Führung. Auch die Sowjetunion erwartete jetzt eine unmissverständliche Abgrenzung von Tendenzen, die auf eine andere Spielart des Sozialismus hinausliefen als die im Warschauer Pakt geduldete. Wolf Biermann galt in ganz Europa als Propagandist eines anderen Weges zum Kommunismus. Der exemplarische Schlag gegen den politischen Dichter musste daher eine große Symbolkraft haben.

Dass sich nahezu die gesamte westeuropäische Linke von den Sozialdemokraten bis zu den Eurokommunisten – natürlich mit Ausnahme der DKP – sofort mit Biermann solidarisierte und die SED-Führung mit Protesten überschüttete, konnte ebenso wenig überraschen wie die Kommentare konservativer Politiker und Publizisten, die DDR habe wieder einmal ihr wahres Gesicht gezeigt. In der internationalen Solidaritätsbewegung für den Dissidenten spielten die westdeutschen Schriftsteller naturgemäß eine besondere Rolle. Vor allem Heinrich Böll und Günter Wallraff unterstützten Biermann in den schwierigen ersten Tagen nach der Ausbürgerung, traten gemeinsam mit ihm vor die Presse und klagten lautstark die Herrschenden in der DDR an. Wallraff initiierte ein Telegramm an das Politbüro, in dem 50 Linksintellektuelle, unter ihnen Martin Walser, ihre »tiefe Enttäuschung« zum Ausdruck brachten. Auch der Verband Deutscher Schriftsteller protestierte und verwies dabei auf den gesamtdeutschen Aspekt der wichtigen Mittlerrolle Biermanns: »Ganz abgesehen von seinem persönlichen Schicksal ist es ein Verlust für alle, diese mögliche Brücke des Verständnisses, eine von nicht allzu vielen, abgebrochen zu sehen. […] Diejenigen aber, denen dieses Ereignis nur allzu glatt in die Strategie der Nichtverständigung passen wird, dürfen wir jetzt schon bitten, in Zukunft aufmerksamer als bisher den Inhalten und Absichten von Wolf Biermanns Lyrik zuzuhören.«[29] Damit waren freilich politische Erwartungen

29 Zit. nach: Roos, Peter (Hrsg.): Exil. Die Ausbürgerung Wolf Biermanns aus der DDR. Eine Dokumentation, Köln 1977, S. 126.

an den Liedermacher formuliert, die er unter den veränderten Bedingungen seines westdeutschen Exils nur enttäuschen konnte.

Völlig überraschend, auch für den Parteiapparat, kam am 17. November 1976 der offene Protest von 13 international anerkannten Schriftstellern und Künstlern der DDR gegen die Ausbürgerung: »Wolf Biermann war und ist ein unbequemer Dichter – das hat er mit vielen Dichtern der Vergangenheit gemein. Unser sozialistischer Staat, eingedenk des Wortes aus Marxens ›18. Brumaire‹, demzufolge die proletarische Revolution sich unablässig selbst kritisiert, müsste im Gegensatz zu anachronistischen Gesellschaftsformen eine solche Unbequemlichkeit gelassen nachdenkend ertragen können.«[30] Die Unterzeichner waren Stephan Hermlin, zugleich der Initiator der Erklärung, Sarah Kirsch, Christa Wolf, Volker Braun, Franz Fühmann, Stefan Heym, Günter Kunert, Heiner Müller, Rolf Schneider, Gerhard Wolf, Jurek Becker, Erich Arendt und der Bildhauer Fritz Cremer, der seine Unterschrift jedoch schnell wieder zurückzog. In den nächsten Tagen schlossen sich über 100 weitere prominente »Kulturschaffende« dem Protest an.

Was waren ihre Motive? Ausgerechnet Erich Honecker, der Protagonist des 11. Plenums, hatte seit seinem Machtantritt im Frühjahr 1971 ein neues kulturelles »Tauwetter« geduldet und der Kunst größere Freiräume zugestanden. Besonders in der Literatur und im Film konnte man sich wieder stärker mit individuellen und gesellschaftlichen Problemen beschäftigen. Einige bisher unterdrückte Werke wurden nun publiziert oder aufgeführt. In dieser relativ toleranten Phase der Kulturpolitik gelangte die DDR-Literatur zu neuer internationaler Anerkennung. Der Ausschluss Rainer Kunzes aus dem Schriftstellerverband im Oktober 1976 war dann ein erstes Zeichen der stärkeren ideologischen Abgrenzung. Doch erst der Coup gegen Biermann, der an Praktiken der Nationalsozialisten erinnerte, drohte den kulturellen Aufbruch der vergangenen fünf Jahre zu beenden und die DDR-Kunst erneut mit dem Stigma offizieller Staatskunst zu versehen.

Noch etwas trug dazu bei, dass kritische Künstler und Intellektuelle den Mut fanden, gegen die Ausbürgerung Biermanns zu protestieren. Der Liedermacher hatte eine wichtige Funktion als Indikator freien Geistes in der DDR. Seine ungebrochene Stimme aus der Chausseestraße 131 gab in Ost und West einen Anhaltspunkt für die Hoffnung auf einen besseren Sozialismus. Auf diese Avantgarde künstlerischer Unabhängigkeit und linksintellektueller Zuversicht wollten gerade die weniger konfliktfreudigen Künstler nicht verzich-

30 Zit. nach: In Sachen Biermann, S. 70.

ten. Mit den Worten des Schauspielers Manfred Krug: »Er war die Vorhut. Wenn er Richtung Front losging und es blieb ruhig, konnte man bequem hinterherrobben. Nein, den Biermann wollte keiner loswerden. Der war unverzichtbar für die Orientierung. Als sie uns den weggenommen haben, wurden wir alle zum ersten Mal richtig böse. [...] Er war vor allem für die Künstler wichtig. Wie das Nebelhorn für die Seefahrer. Sein Rausschmiss war die entscheidende Beeinträchtigung der gesamten künstlerischen Arbeit in der DDR, soweit sie diesen Namen verdiente.«[31]

Die Protestaktion bedeutete den ersten öffentlichen Widerspruch einer größeren Gruppe gegen die SED-Führung seit dem Juniaufstand von 1953. Das Ulbricht'sche Gespenst einer gefährlichen oppositionellen »Gruppenbildung« kritischer Intellektueller schien Wirklichkeit zu werden. Dass die Erstunterzeichner ohne Umwege sofort den Zugang zur öffentlichen Meinung gesucht und durch die Westmedien sowie den kritischen Widerhall in der DDR-Presse auch erhalten hatten, war noch beunruhigender. Drohte ein konterrevolutionäres Bündnis zwischen reformkommunistischen Künstlern und ihrem Massenpublikum in der latent unzufriedenen DDR-Bevölkerung? Entsprechend entschlossen reagierte das Regime auf die Herausforderung. Zahlreiche andere namhafte Künstler wurden mobilisiert, um das Vorgehen gegen Biermann öffentlich zu unterstützen. Die »Einheitsfront« der ostdeutschen »Kulturschaffenden« war damit vor aller Augen als Fiktion entlarvt. Gegen die Oppositionsgruppe arbeitete man mit Erpressungen, Parteiausschlüssen, Schikanen, Verhaftungen. Kurzfristig gelang es den Funktionären, eine Ausweitung der Protestbewegung oder gar ein gefährliches Ausgreifen über den Kulturbereich hinaus zu verhindern – auch wenn die Sicherheitskräfte mehrere hundert »Vorkommnisse« des Protests »ganz normaler« DDR-Bürger registrierten.

Auf längere Sicht war der Schaden jedoch groß. Als der von vornherein aussichtslose Kampf verloren war, verließen nach und nach zahlreiche der bekanntesten Künstler das Land, entweder als Übersiedler oder mit einem Dauervisum. Dieser Aderlass führte nicht nur zu einer Schwächung der DDR-Kulturszene, von der sie sich nicht mehr erholte, sondern auch zu einem erheblichen Prestigeverlust des SED-Regimes – gerade in der eigenen Bevölkerung, für die das positiv-kritische Schaffen vieler Künstler immer ein wichtiges Korrektiv der Parteipropaganda und ein Hoffnungsstrahl auf eine bessere Zukunft war. Die Diktatur antwortete mit einem Ausbau des Überwachungsapparats, aber auch mit einer gewissen Resignation gegenüber dem kulturellen Sektor,

31 Krug: Abgehauen, S. 10.

der im letzten Jahrzehnt der DDR weniger gegängelt wurde als zuvor. Auch das war eine Folge des völligen Scheiterns einer wirklichen Verbindung von »Geist und Macht«, das in der Krise um die Ausbürgerung Biermanns evident geworden war.

»Nur wer sich ändert, bleibt sich treu«[32]

In den drei kulturpolitischen Eklats, die hier exemplarisch beschrieben wurden, führte nur im ersten, weniger schwerwiegenden Fall die grundsätzliche Kritik der SED an kritischer Kunst nicht zu einem tiefen Einbruch der kulturellen Entwicklung. Anders als befürchtet, markierte die Lyriklesung im Dezember 1962 sogar einen hoffnungsvollen Beginn. Dagegen beendeten das 11. Plenum im Dezember 1965 und die Biermann-Ausbürgerung im November 1976 die beiden kurzen Perioden eines gewissen kulturpolitischen »Tauwetters« im Poststalinismus der DDR. Zugleich wurden fast alle Hoffnungen auf größere künstlerische Freiräume innerhalb der sozialistischen Gesellschaftsordnung und damit auf ein kritisches Gegengewicht zum Meinungsmonopol der SED zerstört – nicht nur bei der literarisch-künstlerischen Intelligenz, sondern auch in großen Teilen der Bevölkerung, die im Entstehen einer gegenwartsbezogenen Kunst eine Alternative zur staatlich gelenkten Öffentlichkeit und ein Indiz für einen positiven Wandel des ostdeutschen Sozialismus gesehen hatten. Auch im Westen beendeten diese Machtdemonstrationen manche Illusionen, besonders unter den Linksintellektuellen. Die kulturpolitischen Repressionen von 1965 und 1976 hatten damit auch eine große allgemeinpolitische Wirkung. Beide Zäsuren gingen auf fatale Eingriffe Erich Honeckers zurück. Er betätigte sich auch hier als ein großer Verderber des DDR-Sozialismus.

Und Wolf Biermann? Er verlor in der Bundesrepublik zunächst den Glauben an einen positiven Wandel in der DDR, dann überhaupt an den Kommunismus und schließlich nahezu an jede politisch-gesellschaftlich Utopie. Dadurch büßte er seine Attraktivität für diejenigen ein, die auf einen undogmatischen »Dritten Weg« zwischen dem realsozialistischen und dem kapitalistischen Gesellschaftssystem hofften. Wie er vorher der Idealtyp eines gesellschaftskritischen Schriftstellers war, der zwischen den Stühlen beider deutscher Realitäten saß, wurde er nach 1976 zu einem Beispiel des Desillu-

32 Biermann: Alle Lieder, S. 439 f. (1991).

sionierungsprozesses, den auch viele andere Linksintellektuelle in Ost und West durchliefen.

Biermann blieb sich treu, weil er sich änderte. Andere Künstler blieben sich treu, indem sie sich nicht änderten. Dass sich zahlreiche Unterzeichner der Protestnote von 1976 und auch viele, die damals im Westen ihre Solidarität mit dem Liedermacher erklärt hatten, nach 1989 nicht mit der vollständigen Kapitulation des Sozialismus vor der Wohlstandsgesellschaft abfinden wollten, mag irritieren, war aber aus ihrer Sicht nur konsequent. Das Verhältnis von Kultur und Politik, »Geist und Macht«, steht und fällt mit der Freiheit künstlerischer Kritik an den gesellschaftlichen Zuständen. Das war, trotz aller Einschränkungen, im doppelten Deutschland ein klarer Systemvorteil der liberaldemokratischen Bundesrepublik gegenüber der DDR, die nicht zuletzt an der mangelnden Integration kritischer Künstler und Intellektueller gescheitert ist. Und gerade auch im geeinten Deutschland sollte das selbstverständlich bleiben, was die Opposition gegen die Ausbürgerung des Systemkritikers Wolf Biermann im November 1976 vergeblich von der DDR gefordert hatte: »solche Unbequemlichkeit gelassen nachdenkend ertragen [zu] können«.

Manfred Kittel

1983 Strauß' Milliardenkredit für die DDR

Leistung und Gegenleistung in den innerdeutschen Beziehungen

»Wenn Helmut Schmidt [...] diese Erfolgsbilanz hätte heimbringen können, ein Jubeljahr wäre in der Bundesrepublik ausgebrochen, die Kirchen hätten geläutet, Fackelzüge, Fahnen wären geweiht worden, eine endlose Welle von Feiern wäre veranstaltet worden, und Helmut Schmidt wäre zur Ehre der irdischen Altäre, vielleicht sogar der himmlischen Altäre erhoben worden als der größte Staatsmann, der Wunder bewirkt hat!«[1] Mit für ihn charakteristischer Sprachkraft beklagte sich so der bayerische Ministerpräsident und CSU-Vorsitzende Franz Josef Strauß in einer letzten CSU-Parteitagsrede vor seinem Tod noch einmal über die mangelnde Anerkennung, die ihm für das »Einfädeln«[2] des spektakulären Milliardenkredits an die DDR im Sommer 1983 entgegengebracht worden sei. Aber hatte Strauß auch recht? War das Verhältnis von ökonomischer Vorleistung seitens der Bundesrepublik und humanitärer Gegenleistung der SED-Diktatur im Falle des Milliardenkredits wirklich besser als in den vielen anderen innerdeutschen Geschäften ähnlicher Art? Und wie sind diese damals stets höchst umstrittenen Fragen aus dem Abstand des Historikers heute zu bewerten?

Auf der Suche nach Antworten ist zunächst ein Blick auf die Umstände des Milliardenkredits selbst zu werfen – und das heißt konkret: auf den drohenden Staatsbankrott der DDR. Diesen hatte Erich Honeckers »Jeans- und Golfsozialismus«,[3] die deutsche Variante der »sozialistischen Konsumgesellschaft«, ab Anfang der 70er Jahre mit einiger Zwangsläufigkeit heraufbeschworen. Die in anderen Ostblocksatelliten ebenfalls enorm angewachsene

1 Bayernkurier vom 28.11.1987.
2 Zur »Einfädelung« bekannte sich Strauß in einer Presseerklärung vom 11. Juli 1983 explizit. Vgl. Deutschland Archiv 16 (1983), S. 889–891, hier S. 890.
3 Ash, Garton Timothy: Im Namen Europas. Deutschland und der geteilte Kontinent, München 1993, S. 233.

Nettoverschuldung gegenüber den westlichen Ländern hatte aufgrund eines sprunghaften Zinsanstiegs bereits im März 1981 dazu geführt, dass Polen sich als zahlungsunfähig erklärte. Die DDR musste zum letzten Mittel kurzfristiger Warentransaktionen greifen, um ihren Zahlungsverpflichtungen nachkommen zu können; weitere Kredite aber, so die Überzeugung des DDR-Devisenbeschaffers Alexander Schalck-Golodkowski, Leiter des Bereichs Kommerzielle Koordinierung im Ministerium für Außenhandel, waren nur noch mit bundesdeutscher Hilfe zu erlangen.

Noch im letzten Jahr der sozial-liberalen Koalition begannen Vertraute von Bundeskanzler Schmidt, mit Unterhändlern der DDR geheim über deren Kreditwünsche zu sprechen. Seinen *Erinnerungen* zufolge hat Franz Josef Strauß im Spätsommer 1982, vermutlich über seinen Freund Josef März, einen schon lange in der DDR geschäftlich engagierten Fleischgroßhändler, von den Kreditwünschen Ost-Berlins erfahren und bald darauf mit Sondierungen in Bankenkreisen begonnen.[4] Im Spätherbst 1982 zog Strauß bei einer langen Wanderung am Tegernsee auch seinen »Männerfreund« Helmut Kohl ins Vertrauen. Der erst wenige Wochen zuvor durch ein konstruktives Misstrauensvotum ins Amt gelangte Bundeskanzler zögerte allerdings.[5] Ihn plagten Bedenken, sich »von unseren eigenen Wählern den Vorwurf ein[zu]handeln [...], wir würden Geschäfte mit den Kommunisten machen«.[6]

Erich Honecker auf der anderen Seite wollte sich keinesfalls auf ein vertraglich fixiertes Junktim zwischen finanziellen Leistungen der Bundesrepublik und humanitären Gegenleistungen der DDR einlassen. Erst nach der vorgezogenen Bundestagswahl und der Bestätigung der christlich-liberalen Koalition im März 1983 gab der SED-Generalsekretär das Plazet zu einem persönlichen Treffen Schalcks mit Strauß. Zwar hatte der mysteriöse Tod des westdeutschen Transitreisenden Rudolf Burkert im April die innerdeutschen Beziehungen belastet, doch der kurzfristige Kreditbedarf der DDR war immer unabweislicher geworden. Am 5. Mai 1983 ließ Strauß auf einem Parkplatz der Transitstrecke bei Schleitz den »große[n] Alex«[7] von einem 750er BMW der bayerischen Staatsregierung abholen. Von dort wurde er ohne Kontrollen auf östlicher und

4 Strauß, Franz Josef: Die Erinnerungen, Berlin 1989, S. 470; vgl. auch Seiffert, Wolfgang/Treutwein, Norbert: Die Schalck-Papiere. DDR-Mafia zwischen Ost und West, München 1991, S. 308, 310.

5 Korte, Karl-Rudolf: Deutschlandpolitik in Helmut Kohls Kanzlerschaft. Regierungsstil und Entscheidungen 1982–1989, Stuttgart 1998, S. 168, 560.

6 Kohl, Helmut: Erinnerungen 1982–1990, München 2005, S. 176.

7 So nannten den Hünen Freunde und Mitarbeiter. Behrend, Manfred: Franz Josef Strauß. Eine politische Biographie, Köln 1995, S. 279.

westlicher Seite Richtung Oberbayern chauffiert. Ziel der Reise war das auf einer sanften Anhöhe gelegene Gut Spöck, ein Gästehaus der Familie März am Chiemsee. Ein bayerischer Hof, so erinnert sich Schalck, »wie aus dem Bilderbuch, umgeben von sattgrünen Wiesen und überwölbt von einem strahlenden weißblauen Himmel. Würde sich ausgerechnet hier eine Lösung für die Kreditprobleme der DDR finden lassen?«[8] Jedenfalls fanden Schalck und Strauß, der mit einem Hubschrauber des Bundesgrenzschutzes einflog, bei Schweins- und Kalbshaxe mit Kartoffelsalat und einem guten fränkischen Weißwein auf Anhieb einen Draht zueinander.[9]

Strauß versprach, sich bei Kohl für einen Kredit »ohne Herstellung eines Junktims« einzusetzen, betonte aber gleichzeitig, dass ein weiteres Gespräch zu diesem Zweck nur stattfinden könne, wenn der »Kasernenhofton« an der innerdeutschen Grenze sich vorher spürbar ändere.[10] Zehn Tage später kamen tatsächlich schon die ersten Meldungen vom Bundesgrenzschutz, dass es an den Grenzübergängen von Hof bis Lübeck entspannter zuging als all die Jahre zuvor.[11] So wurde am 19. Mai 1983 ein zweites konspiratives Treffen am Chiemsee möglich. Dabei las Schalck Strauß ein Schreiben Honeckers vor, in dem der mächtigste Mann der DDR eine ganze Reihe von humanitären Zusagen machte – sofern diese nicht öffentlich als »Gegenleistungen« für den Kredit genannt würden: Beseitigung der mörderischen Selbstschussanlagen, Erleichterungen bei der Familienzusammenführung, Befreiung von Kindern bis zu 14 Jahren vom »Mindestumtausch« bei Reisen in die DDR. Das waren beachtliche Zugeständnisse. Bundeskanzler Kohl zeigte sich dennoch sehr irritiert, dass der Brief des SED-Generalsekretärs »nicht als Sicherheitsgarantie übergeben« worden war. Letztlich aber hat er das Verfahren doch akzeptiert, weil die Devise des Geschäfts nun einmal »Vertrauen gegen Vertrauen«[12] lautete.

In welchem komplizierten Mischungsverhältnis die unterschiedlichsten Motive standen, die den CSU-Vorsitzenden zum Abenteuer des Milliardenkredits veranlassten, wird letztlich nur er selbst gewusst haben.[13] Da er aber parallel zur

8 Schalck-Golodkowski, Alexander: Deutsch-deutsche Erinnerungen, Reinbek bei Hamburg 2000, S. 291.
9 Die »unverkrampfte Art von Strauß« wirkte auf Schalck »ansteckend«; vgl. Schalck, Deutsch-deutsche Erinnerungen, S. 292.
10 Siebenmorgen, Peter: Das große Spiel hinter der Kulisse. Wie Franz Josef Strauß nach der Bonner Wende die Fäden der Deutschlandpolitik zog, in: Die Zeit vom 12.4.1991; Strauß: Erinnerungen, S. 472.
11 Kohl: Erinnerungen, S. 178 f.
12 Ebenda, S. 178.
13 Vgl. auch die Einschätzung von Krieger, Wolfgang: Franz Josef Strauß. Der barocke Demokrat aus Bayern, Göttingen 1995, S, 83–90. Danach sei das Bestreben des CSU-Vorsitzen-

heimlichen Einfädelung des Kredits sowohl in den Koalitionsverhandlungen mit CDU und FDP wie im Fall Burkert seinen Ruf als deutschlandpolitischer Hardliner in der öffentlichen Wahrnehmung noch einmal gefestigt hatte, war seine Volte der eigenen Partei nur mit Biegen und Brechen vermittelbar. Wenig beeindruckt zeigten sich die Heerscharen seiner Kritiker auch davon, dass Strauß auf zentrale Unterschiede zwischen dem von ihm eingefädelten Kredit und früheren Aktionen ähnlicher Art verweisen konnte.

So hatte der CSU-Chef im Wesentlichen »nur« einem Geschäft von Bank zu Bank den Weg geebnet: Der von einem westdeutschen Bankenkonsortium an die Außenhandelsbank der DDR gegebene Kredit wurde bei marktüblicher Verzinsung über den Luxemburger Geldmarkt abgewickelt und belastete den Steuerzahler der Bundesrepublik mit keinem einzigen Pfennig staatlicher Zuschüsse. Die Bundesregierung »bürgte« in einem praktisch ausgeschlossenen Notfall: Falls die DDR ihren Tilgungs- und Zinsverpflichtungen nicht nachkommen sollte, konnte Bonn die Überweisungen der Transitpauschale an Ost-Berlin stoppen und an die westlichen Banken auszahlen. Aus diesen Gründen war das Milliardengeschäft mit Krediten, die von der sozial-liberalen Vorgängerkoalition Polen oder Jugoslawien gewährt wurden und die Strauß für allzu großzügig und leichtfertig hielt,[14] tatsächlich nicht zu vergleichen. Wo aber genau ist der Deal in der langen Geschichte der deutsch-deutschen Beziehungen ab 1949 zu verorten, die »stets auch ein Feld des Interessenausgleichs von wirtschaftlichem und politischem Geben und Nehmen«[15] gewesen sind?

Das Berliner Abkommen und die innerdeutschen Tauschgeschäfte im Kalten Krieg

In der Hochphase des Kalten Krieges während der 50er Jahre bot die hartnäckige Weigerung der Bundesregierung, der ebenso hartnäckigen Forderung Ost-Berlins nach Anerkennung der DDR als Staat nachzukommen, generell wenig Raum für innerdeutsche Tauschgeschäfte. Dennoch ließ bereits 1949

den, sich als »Reserve-Außenminister« zu profilieren, so weit gegangen, dass sich die DDR »seiner … bedienen« habe können; vgl. ebenda, S. 83, 85. Fast diametral entgegengesetzt argumentiert dagegen Finger, Stefan: Franz Josef Strauß. Ein politisches Leben, München 2005, S. 496. Der Kredit, so Finger, stehe »ganz in der bis heute weitestgehend verkannten Kontinuität seines entspannungsorientierten ost- und deutschlandpolitischen Denkens.«

14 Strauß: Erinnerungen, S. 479 f.

15 Lamprecht, Horst: Der innerdeutsche Handel – ein Güteraustausch im Spannungsfeld von Politik und Wirtschaft, in: APuZ 40/1982, S. 3–17, hier S. 16.

das Interesse der SED an westdeutschen Eisen- und Stahllieferungen, ohne die der Reparationsplan gegenüber der UdSSR nicht zu erfüllen war, das Frankfurter »Abkommen über den Interzonenhandel« möglich werden. Es regelte die finanztechnische Frage des Warenaustausches zwischen Gebieten mit nicht konvertibler Währung, den Umfang und die Zusammensetzung der auszutauschenden Waren sowie die Einbeziehung West-Berlins in den innerdeutschen Handel. Das am 8. Oktober 1949, einen Tag nach Gründung der DDR, abgeschlossene Abkommen stellte das erste Vertragswerk zwischen beiden deutschen »Staaten« dar. Adenauer stimmte ihm indes nur zu, weil weder im Text noch in der Signatarformel die Termini »Bundesrepublik Deutschland« bzw. »Deutsche Demokratische Republik« auftauchten. Unterzeichnet hatten das Abkommen keine Bevollmächtigten der beiden deutschen Staaten, sondern Vertreter der in Abwicklung begriffenen westzonalen Verwaltung für Wirtschaft sowie der ostzonalen Hauptverwaltung Interzonen- und Außenhandel in der Deutschen Wirtschaftskommission.[16]

Das handelspolitische Agreement, im »Berliner Abkommen« vom September 1951 fortgeschrieben, erwies sich während der bald folgenden Krise der DDR 1952/53 als erstaunlich stabil. Auf die Versorgungsengpässe des sozialistischen Regimes reagierte das Bundeswirtschaftsministerium keineswegs mit handelspolitischem Druck im Sinne einer Instrumentalisierung eigener ökonomischer Überlegenheit, sondern mit humanitär begründetem, den militärpolitischen Realitäten Rechnung tragendem Entgegenkommen: Wenige Tage nach dem Volksaufstand vom 17. Juni 1953, am 24. Juni, wurde der zinslose Überziehungskredit (Swing), den Bonn der DDR zugesichert hatte, von 30 auf 50 Millionen sogenannte Verrechnungseinheiten (VE) erhöht.[17] Dass Ost-Berlin dennoch wenig Veranlassung zur Dankbarkeit gegenüber dem innerdeutschen »Klassenfeind« sah, zeigte sich drastisch, als das DDR-Verkehrsministerium zwei Jahre später (zum 1. April 1955) die Straßenbenutzungsgebühren für den Verkehr zwischen dem Bundesgebiet und Westberlin für Personenwagen um 800, für Lastwagen um bis zu 1100 Prozent erhöhte. Die offiziell genannte Begründung des Schrittes – gestiegene Straßeninstandhaltungskosten – war vorgeschoben, auch wenn die erwarteten Mehreinnahmen an West-Devisen eine gewisse Rolle spielten. Bedeutsamer aber waren deutschlandpolitische Motive.

16 Fäßler, Peter E.: Durch den »Eisernen Vorhang«. Die deutsch-deutschen Wirtschaftsbeziehungen 1949–1969, Köln 2006, S. 95 f.; das Folgende ebenda, S. 296, 185–187.

17 Heyl, Friedrich von: Der innerdeutsche Handel mit Eisen und Stahl 1945–1972. Deutsch-deutsche Beziehungen im Kalten Krieg, Köln 1997, S. 83 f.

Zum einen gehörte die Preiserhöhung zur Quittung Ost-Berlins für die Ratifizierung der Pariser Verträge und die damit untermauerte Westintegration der Bundesrepublik; zum anderen sah die SED-Führung im zu erwartenden Bonner Protest eine willkommene Chance, endlich den direkten staatlichen Kontakt zwischen beiden deutschen Verkehrsministerien herbeizuführen. Sie weigerte sich folglich, das Thema wie gewohnt zwischen der Treuhandstelle für den Interzonenhandel (TSI), einer privatwirtschaftlichen Einrichtung des bundesdeutschen Industrie- und Handelstages, und dem DDR-Ministerium für Außenhandel und Innerdeutschen Handel (MAI) klären zu lassen. Die folgende Kürzung des Swing verhängte Bonn indes ausdrücklich *nicht* als Reaktion auf die höheren Straßengebühren, sondern begründete die Maßnahme zum Schein mit einem Debetsaldo der DDR im innerdeutschen Handel. Man wusste damals sehr wohl, dass die eigenen »Waffen im Interzonenhandel« [...] »nicht sehr scharf« waren.[18] Denn die DDR konnte ihre Abhängigkeit von bundesdeutschen Warenlieferungen rasch senken; und ein Handelsboykott hatte sich aus Bonner Sicht schon beim Stahlembargo im Frühjahr 1950 als untaugliches Mittel erwiesen, weil die westdeutsche Industrie Marktanteile in der DDR an die westeuropäische Konkurrenz verlor. Vor allem aber wäre ein Abbruch der Handelsbeziehungen im Hinblick auf die prekäre Lage West-Berlins 1955 »politisch riskant und ökonomisch sehr kostspielig« gewesen.[19]

Schließlich lenkte die DDR ein und halbierte den seit dem 1. April geltenden Gebührensatz: Denn zum einen war die bundesdeutsche Taktik handelspolitischer Nadelstiche – die Verzögerung von Eisen- und Stahllieferungen und das Aussetzen weiterer Handelsgespräche – nicht ganz wirkungslos geblieben;[20] zudem fand sich das Bundesverkehrsministerium zu direkten Verhandlungen mit seinem Ost-Berliner Pendant auf hoher Beamtenebene bereit. Und auch Moskau und Washington signalisierten im Juni 1955 Kompromissbereitschaft in dieser Frage. Obendrein entwickelte sich die deutsch-deutsche Handelsbilanz für die DDR so günstig, dass das Bundeswirtschaftsministerium erneut Warenbegleitscheine für Eisen und Stahl ausstellte, um das westliche Debetsaldo auszugleichen, was die DDR schließlich mit dem Verzicht auf Behinderungen im Berlin-Verkehr honorierte. Im Verlauf des lehrreichen Konflikts wuchs bei Bundeswirtschaftsminister Ludwig Erhard die Überzeugung, »dass über den ökonomischen Druckhebel von der DDR künftig keine politischen

18 Zit. nach: Fässler: Durch den »Eisernen Vorhang«, S. 188.
19 Ebenda.
20 So Kruse, Michael: Politik und deutsch-deutsche Wirtschaftsbeziehungen von 1945 bis 1989, Berlin 2005, S. 66.

Zugeständnisse mehr zu erwarten seien«.[21] Diese Auffassung führte einige Jahre später während der zweiten Berlin-Krise zu schweren Zerwürfnissen Erhards mit Kanzler Adenauer.

Am 8. September 1960 hatte die DDR im Zuge der Berlin-Krise die Visumpflicht für Bundesbürger bei der Einreise nach Ost-Berlin eingeführt und die bundesdeutschen Pässe der West-Berliner beim Transit und bei DDR-Reisen für ungültig erklärt; Moskau hatte am 26. September die Zuständigkeit der DDR für den Transitverkehr noch einmal in provokativer Form betont. Anders als Vizekanzler Erhard, der über handelspolitische Nadelstiche als Reaktion auf die Politik des Ostblocks nicht hinausgehen wollte, beharrte Adenauer auf der Kündigung des Berliner Abkommens zum 1. Januar 1961. Unbeeindruckt von der – hohlen – Drohung Erhards, in diesem Fall zurückzutreten, setzte der Regierungschef den Beschluss im Kabinett auch durch, wobei es ihm vor allem darum ging, gegenüber den Westalliierten ein außenpolitisches Signal zu setzen und Standfestigkeit zu demonstrieren.

Zu den Gegnern des Kabinettsbeschlusses, in den die SPD-Spitze und Berlins Regierender Bürgermeister Willy Brandt voll eingebunden worden waren, zählten der Minister für Gesamtdeutsche Fragen, Ernst Lemmer, der Leiter der Treuhandstelle für den Interzonenhandel sowie die CSU-Minister Richard Stücklen und – Strauß. Für Letzteren widersprach »eine Kündigung allem [...], was vorher vernünftig war«.[22] Tatsächlich hätte ein Abbruch des Interzonenhandels die Versorgung West-Berlins in Frage gestellt, weil die Stadt ihren gesamten Bedarf an Braunkohle oder einigen Nahrungsmitteln wie Schweinefleisch aus Lieferungen der DDR deckte. Zudem hätte die im Berliner Abkommen geregelte Verpflichtung der DDR, Warenlieferungen aus der Bundesrepublik nach West-Berlin mit korrektem Warenbegleitschein passieren zu lassen, ab dem 1. Januar 1961 nicht mehr gegolten, Ost-Berlin hätte demnach – ohne irgendwelche Vereinbarungen zu verletzen – den Berlin-Verkehr kurzerhand lahmlegen können.[23] So stark die juristische und politische Position der DDR damals aber wirkte, so groß war gleichzeitig auch ihre wirtschaftliche Schwäche, die durch den Massenexodus vieler ihrer besten Arbeitskräfte nach dem Westen forciert wurde. Folglich sahen sich beide Seiten schon Mitte November 1960 wieder zu Gesprächen gezwungen, die ein Ministerialdirektor des Bundeswirtschaftsministeriums und ein Hauptabteilungsleiter des Ministeriums

21 Fässler: Durch den »Eisernen Vorhang«, S. 191; vgl. auch S. 189f.; zum Folgenden S. 223–232.
22 Kruse: Politik, S. 59.
23 Ebenda, S. 61.

für Außen- und Innerdeutschen Handel in einem West-Berliner Restaurant eröffneten. In letzter Minute, am 29. Dezember, wurde Konsens über die wechselseitig zu erbringenden, in diesem Fall ziemlich ausgewogenen »Leistungen« erzielt. Das von den »Delegationsleitern West und den Delegationsleitern Ost« unterschriebene Ergebnis stellte den Status quo ante wieder her,[24] wobei mündlich vereinbart wurde, die Maßnahmen der DDR vom 8. September, den unmittelbaren Anlass der Kündigung, stillschweigend außer Kraft zu setzen.

Die Bundesregierung mochte sich mit der Kündigungsepisode zwar »einen gewissen Respekt der anderen Seite verschafft« haben,[25] doch die frische Erinnerung an den Konflikt trug das Ihre dazu bei, dass sich nach dem Bau der Berliner Mauer am 13. August 1961 kaum mehr Stimmen von Gewicht für einen Abbruch der Handelsbeziehungen erhoben. Selbst dem massivsten Eingriff in den Status quo (West-)Berlins seit der Blockade von 1948 folgten keine westlichen Boykottmaßnahmen. Adenauer verabschiedete sich von dem Gedanken umso leichter, als die Alliierten nunmehr für eine moderate Linie plädierten. Selbst die bescheidene, auf einer EWG-Sitzung in Paris im September von bundesdeutscher Seite vorgebrachte Forderung nach Einschränkung bzw. Streichung von Krediten, die westliche Staaten der DDR gewährt hatten, war nicht durchsetzbar. Nicht einmal ein von Erhard unterstützter Appell, die Leipziger Frühjahrsmesse 1962 zu boykottieren, fand ungeteilte Gefolgschaft.[26] Die im Januar 1961 von Bonn eingeführte Widerrufsklausel, die das Scheitern der Bemühungen kompensieren sollte, ein Junktim zwischen Interzonenhandel und reibungslosem Berlin-Verkehr im Berliner Abkommen ausdrücklich festzuschreiben, wurde ebenfalls nicht genutzt, das heißt die Lieferung von »harten Waren« nicht gesperrt.[27] Stattdessen antwortete die SED auf die Widerrufsklausel mit der sogenannten Aktion Störfreimachung. Groß propagierte sie jetzt einen Kurs, der tatsächlich schon viel länger die Handelspolitik der SED bestimmt hatte: Die Abhängigkeit von westdeutschen Schlüsselprodukten so weit zu reduzieren, dass ihr boykottbedingter Wegfall gegebenenfalls keinen großen Schaden in der Volkswirtschaft der DDR bewirken konnte.[28]

Überblickt man das Jahrzehnt vor dem Mauerbau, so gab es aufgrund der ungelösten Frage einer Anerkennung der DDR und der bloß rudimentären »staatlichen« Beziehungen zu ihr nur wenige Problemkomplexe, bei denen

24 Ebenda, S. 65.
25 Fässler: Durch den »Eisernen Vorhang«, S. 245.
26 Ebenda, S. 253–256; Kruse: Politik, S. 82 f.
27 Kruse, Politik, S. 101.
28 Fäßler, Durch den »Eisernen Vorhang«, S. 245.

sich das Verhältnis von Leistung und Gegenleistung überhaupt ermitteln ließ. Klar war nur prinzipiell schon damals, dass beide Seiten aufgrund ihrer engen Nachbarschaft nicht ganz ohne den anderen auskommen konnten. Ob es aber ein echtes »Interessenparallelogramm« gab, weil für die DDR das ökonomische, für die Bundesrepublik das politische Interesse am innerdeutschen Handel überwog, sollte – gegen den älteren wirtschafts- und politikwissenschaftlichen Forschungsstand[29] – doch mit einem Fragezeichen versehen werden. Die ungleich größere wirtschaftliche Stärke der Bundesrepublik wurde jedenfalls durch die wachsende Verflechtung der DDR in den COMECON und vor allem durch die Achillesferse West-Berlin zumindest zu einem gewissen Teil aufgewogen. Bonn war dadurch in eine stets prekäre Verhandlungsposition verwiesen.

Schon in den 50er Jahren war umstritten, ob die aus den innerdeutschen Wirtschaftsbeziehungen resultierenden Leistungen der Bundesrepublik zu einer Stabilisierung der DDR führten und so einer Überwindung der nationalen Teilung entgegenwirkten. Im Forschungsbeirat für Fragen der Wiedervereinigung trugen Karl C. Thalheim, der Leiter der wirtschaftswissenschaftlichen Abteilung des Osteuropa-Instituts der Freien Universität Berlin, und Bruno Gleitze, Leiter des wirtschaftswissenschaftlichen Instituts des DGB in Köln, eine Kontroverse darüber aus. Während Gleitze, ähnlich wie die französische und britische Außenpolitik, auf die subversive Wirkung des innerdeutschen Handels und der daraus resultierenden Westkontakte für die DDR verwies, war Thalheim von der systemstabilisierenden Funktion der deutsch-deutschen Wirtschaftsbeziehungen für die DDR überzeugt und forderte ihre massive Reglementierung und Beschränkung.[30] Von diesen Überlegungen war bis Anfang der 60er Jahre auch die Wirtschaftspolitik der USA und der Bundesrepublik zumindest teilweise beeinflusst, die als einzige NATO-Staaten weitgehend an einem Ausfuhrverbot von Waren auf Kredit in den Ostblock festhielten.

Zu resümieren bleibt, dass Bonn in der Ära Adenauer nur wenig gab, aber auch wenig bekam. Im Gegenteil: Die DDR tat, was sie konnte, um das Band der deutsch-deutschen Gemeinsamkeiten mehr und mehr zu lösen und aus der Teilung des Landes eine Trennung zu machen. Den »kleinen Grenzverkehr«

29 Berg, Michael von: Zwanzig Jahre Interzonenhandel. Wirtschaftliche und politische Entwicklung einer gesamtdeutschen Institution, Berlin/Bonn 1967, S. 20f.; Pentzlin, Heinz: Interzonenhandel – Osthandel – EWG, in: Boetcher, Erik (Hrsg.): Wirtschaftsbeziehungen mit dem Osten, Stuttgart u.a. 1971, S. 15–42, hier S. 26f.; Groß, Karl-Heinz: Der innerdeutsche Handel aus internationaler Sicht, in: Deutschland Archiv 19 (1986), S. 1075–1084, hier S. 1081.

30 Fässler: Durch den »Eisernen Vorhang«, S. 10.

unterband sie völlig, den Reiseverkehr in beide Richtungen schnürte sie ein, die Telefonkabel zwischen Ost- und West-Berlin kappte sie, und selbst den Postverkehr mit Paketen und Päckchen behinderte sie nach Kräften.[31] Die nach dem Mauerbau fast schlagartig einsetzende Erkenntnis, mit der Teilung wohl auf lange, vielleicht sogar sehr lange Zeit leben zu müssen, führte im Westen zu einer grundlegend neuen Taktik im – von ihm nach wie vor so benannten – »Interzonenhandel«. Vom Versuch, die DDR durch wirtschaftliche Pressionen zu politischen Konzessionen zu veranlassen, nahm man Abstand und versuchte stattdessen, der SED Zugeständnisse zu entlocken, indem man ihr »bei politischem Wohlverhalten [...] einige oder mehrere ihrer vielen Wünsche im innerdeutschen Handel erfüllte«.[32]

Der gescheiterte Milliardenkredit von 1962 und die innerdeutschen Beziehungen bis 1969

Bereits ein halbes Jahr nach dem Mauerbau war überraschenderweise die erste Probe aufs Exempel fällig. Angesichts von Versorgungsengpässen insbesondere bei Lebensmitteln und eines als enorm erkannten Investitions- und Modernisierungsbedarfs der DDR-Volkswirtschaft unterbreitete der Chefunterhändler des DDR-Ministeriums für Außenhandel und Innerdeutschen Handel der TSI von Mitte Februar bis Mitte April 1962 mehrere Vorschläge. Dazu gehörte zunächst der Wunsch nach drei Millionen Tonnen bundesdeutscher Steinkohle jährlich, die Ost-Berlin allerdings erst ab 1967 durch Warengegenlieferungen zu finanzieren gedachte. Für die Jahre 1963 und 1964 schlug das MAI Maschinenlieferungen und die Errichtung kompletter Industrieanlagen in der DDR vor, die ab 1965 ebenfalls in Waren bezahlt werden sollten. Hinzu kam das Bemühen um Kredite für den Bezug von Textilien, Chemieprodukten und vor allem landwirtschaftlichen Erzeugnissen. Insgesamt stand ein Warenkreditgeschäft in Höhe von über zweieinhalb Milliarden Mark in Rede – beachtlich, wenn man berücksichtigt, dass der Gesamtumfang des innerdeutschen Handels damals gerade 1,8 Milliarden DM betrug.[33]

Angesichts des dahinsiechenden Ruhrbergbaus, um den die SED natürlich wusste, waren die Vorschläge zumindest für das Bundeswirtschaftsministe-

31 Vgl. Bender, Peter: Neue Ostpolitik. Vom Mauerbau bis zum Moskauer Vertrag, München 1986, S. 49.
32 Kruse: Politik, S. 108.
33 Ebenda, S. 109 f.; Fässler: Durch den »Eisernen Vorhang«, S. 277 f.

rium »hochinteressant«.[34] Auswärtiges Amt und Gesamtdeutsches Ministerium hielten dagegen, nicht zuletzt mit dem Argument, die Bevölkerung der DDR müsste über eine Kreditgewährung an die SED-Diktatur tief enttäuscht sein. Die Bundesregierung beschloss zunächst, ein Paket mit »Gegenbedingungen« zu schnüren, wobei zwischen »reinen Propagandavorschlägen« – Abriss der Berliner Mauer, Freiheit des Interzonenverkehrs in beide Richtungen, Entlassung der etwa 8000 politischen Häftlinge – und »unverzichtbaren Bedingungen« – Verbot von Behinderungen und Verhaftungen auf Transitstrecken, Besuchsverkehr von West- nach Ost-Berlin, Zulassung eines »Zwangskontingents« an Interzonenreisenden (100 000 Personen jährlich) etc. – unterschieden wurde.[35] Noch ehe aber über eine vom Bonner »Staatssekretärskränzchen« wieder abgespeckte Variante dieses Pakets verhandelt werden konnte, zog das MAI seine Kreditanfrage zurück, nachdem die bundesdeutsche Presse aufgrund gezielter Indiskretionen von dem Projekt erfahren und darüber berichtet hatte. Von Anfang an hatte das Politbüro aber unbedingte Vertraulichkeit gefordert, um zu vermeiden, dass das Kreditersuchen als Eingeständnis der eigenen wirtschaftlichen Notsituation verstanden werden würde.

Trotz der Empörung auslösenden Erschießung Peter Fechters an der Berliner Mauer im August 1962 hielt man in Bonn daran fest, dass es keine Alternative zu einer Taktik der »schrittweisen Zugeständnisse bei schrittweisem Entgegenkommen« gebe. Adenauer selbst unterstrich im Gespräch mit Kennedy im November 1962 die Haltung der Bundesregierung: »Kredit versus humanitäre Konzessionen«.[36] Die TSI wurde in einer Direktive am 12. Dezember angewiesen, der östlichen Seite eine Verdoppelung des Swing von 200 auf 400 Millionen »Verrechnungseinheiten« anzubieten. Als Gegenleistung sei vor allem ein reibungsloser Personenverkehr zwischen West- und Ost-Berlin zu gewährleisten. Da die anerkennungshungrige DDR den West-Berliner Besuchsverkehr jetzt jedoch auf hoher Staatssekretärsebene statt über die Treuhandstelle klären wollte, gab es zu Weihnachten weder Passierscheine für die West-Berliner noch einen Kredit für die DDR.[37] Erst in der Weihnachtszeit des folgenden Jahres, 1963, kam eine Abmachung zustande, die es über 700 000 (!) West-Berlinern endlich wieder zumindest für einige Tage ermöglichte, Freunde und Verwandte im östlichen Teil der Stadt zu besuchen. Die riesigen Zahlen zeigten schlaglichtartig, welche Bedeutung den menschlichen Bindungen für

34 Fäßler, Durch den »Eisernen Vorhang«, S. 279.
35 Ebenda, S. 279 f.
36 Ebenda, S. 281.
37 Kruse: Politik, S. 110 f.

die »deutsche Frage« zukam. Aber in welchem Verhältnis standen Leistung und Gegenleistung bei diesem frühen Passierscheinabkommen, das der Bonner Regierungssprecher als »eine erste Bresche in der Mauer« würdigte?[38]

Der Preis erwies sich bei näherem Hinsehen als nicht unbeträchtlich. Dem Ziel, West-Berlin von der Bundesrepublik abzukoppeln und zu einem »dritten« deutschen Staat zu machen, Ost-Berlin dagegen als »Hauptstadt der DDR« zu etablieren und damit die Anerkennung des Staates DDR selbst zu befördern, kam die SED durch das Passierscheinabkommen zumindest ein Stück näher. Allerdings musste sie zu ihrem Glück gleichsam erst von Moskau gezwungen werden; dort wurde das Passierscheinabkommen im Interesse des internationalen Entspannungsprozesses wahrscheinlich »geboren«.[39] Nach außen hin ging die Initiative vom stellvertretenden DDR-Ministerpräsidenten Alexander Abusch aus, der sich am 5. Dezember 1963 in einem Brief an den Regierenden Bürgermeister von West-Berlin wandte. Willy Brandt ging sofort auf das Gesprächsangebot ein – nicht ohne sich zumindest der prinzipiellen Zustimmung des neuen Bundeskanzlers Erhard und der Schutzmächte zu versichern.

Die DDR wünschte, den Vereinbarungen den Charakter eines völkerrechtlichen Abkommens zwischen zwei Staaten zu geben, der West-Berliner Senat dagegen wollte sie als Verwaltungsvereinbarung zwischen zwei städtischen Gemeinwesen verstanden wissen. Das Maximalziel, möglichst mit Brandt selbst zu verhandeln, erreichte die DDR nicht. Doch setzte sie sich in einem anderen wichtigen Punkt durch: Das »Berliner Protokoll über die Ausgabe von Passierscheinen für Westberliner« vom 17. Dezember 1963 wurde »auf Weisung des Chefs der Senatskanzlei« vom Leiter dessen politischer Abteilung unterschrieben – die nach SED-Auffassung für West-Berlin unzuständige Bundesregierung also tatsächlich ausgeschaltet –, für die östliche Seite dagegen zeichnete nicht etwa ein Vertreter der Stadt, sondern der Staatssekretär

38 So Staatssekretär von Hase, zit. nach: Dokumente zur Deutschlandpolitik, IV. Reihe, Bd. 9/1963, Zweiter Halbband, S. 1031.

39 So hat es der außenpolitische Berater Ulbrichts und Vertrauensmann der Sowjets, Gerhard Kegel, im Gespräch mit dem damaligen LDPD-Generalsekretär Manfred Gerlach ausgedrückt. Vgl. Kunze, Gerhard: Grenzerfahrungen. Kontakte und Verhandlungen zwischen dem Land Berlin und der DDR 1949–1989, Berlin 1999, S. 132. Schon nach den für die »SED Westberlin« so ernüchternden Wahlen zum Abgeordnetenhaus vom 17. Februar 1963 hatte der sowjetische Botschafter Pjotr Abrassimow bemängelt, dass die Ungleichbehandlung von West-Berlinern und Westdeutschen bei der Einreise in den Ostteil Berlins, die von den »einfachen Menschen in Westberlin« nicht verstanden würde, sich »negativ für uns auswirkt«; in dieser Frage müsse »unbedingt« etwas getan werden. Alisch, Steffen: »Die Insel sollte sich das Meer nicht zum Feind machen!« Die Berlin-Politik der SED zwischen Bau und Fall der Mauer, München 2004, S. 94.

im DDR-Kulturministerium »auf Weisung des Stellvertretenden Vorsitzenden des Ministerrats der DDR«.[40] Zwar stellte das Protokoll fest, dass eine Einigung über gemeinsame Orts-, Behörden- und Amtsbezeichnungen nicht habe erzielt werden können, doch war in dem Papier schwarz auf weiß von »Berlin (Ost)/Hauptstadt der DDR« die Rede. Obendrein enthielt es die Zumutung, dass 236 DDR-Postbeamte in Passierscheinstellen auf West-Berliner Boden die Reiseanträge entgegennehmen sollten. Im Klartext bedeutete dies – auch wenn über die Genehmigung der Anträge selbst während der Nacht in Ost-Berlin entschieden wurde –, dass Vertreter einer Diktatur konsularische Befugnisse im freien Teil Berlins ausübten. Zudem war ein wichtiger Schritt weg von der Behandlung Gesamtberlins als selbständiger politischer Einheit getan.

Wie problematisch dies alles war, zeigten die Passierscheinverhandlungen in den folgenden Jahren nur zu deutlich. Von Mal zu Mal war die DDR weniger bereit, sich mit dem gefundenen Kompromiss zufriedenzugeben, sondern suchte den Preis höher zu schrauben. Zu Weihnachten 1966 schließlich scheiterte eine Besuchsregelung, weil die DDR von West-Berlin »ordnungsgemäße Vereinbarungen« auf der Grundlage »normaler staatlicher Beziehungen« forderte.[41] Hätte die Bundesrepublik also schon 1963 härter verhandeln müssen – und können? Immerhin hatte auch die DDR, deren internationaler Ruf durch die Mauer erheblich Schaden nahm, ein Interesse an zumindest etwas humaneren Verhältnissen in Berlin. Dies mag man so sehen; nur war auf der anderen Seite evident, dass die SED in der Berlin-Frage einfach am längeren Hebel saß. Als die Proteste und Schikanen des Ostblocks gegen die Wahl des Bundespräsidenten in West-Berlin 1968/69 eine Debatte um den künftigen Ort der Bundesversammlung auslösten, erklärte auch Kanzler Kiesinger am 2. März 1969 resignierend: »Was ist besser für Berlin und die Berliner, dass wir als ein Symbol der politischen Zusammengehörigkeit die Bundesversammlung dort abhalten, oder dass wir etwas für sie herausholen, was für die Dauer ihre Position verbessert?«[42]

Die Große Koalition hatte wenige Monate zuvor eine der lange umstrittensten Fragen deutsch-deutscher Wirtschaftsbeziehungen, den Mineralölstreit, im Sinne der DDR entschieden und damit eine weitere, in diesem Fall nicht rechtliche, sondern ökonomische Vorleistung erbracht. Hintergrund des Kon-

40 Buchheim, Hans: Deutschlandpolitik 1949–1972. Der politisch-diplomatische Prozeß, Stuttgart 1984, S. 118.
41 Mahncke, Dieter: Berlin im geteilten Deutschland, München 1973, S. 222.
42 Gehle, Heinz: Ringen um Deutschland. Eine Analyse der Deutschlandpolitik, Düsseldorf 1979, S. 90.

flikts war ein neues Mineralölsteuergesetz, das die Bundesrepublik zum 1. Januar 1964 im Zuge der Harmonisierung des EWG-Außenzolls erließ. Wegen des Verlusts der Zollfreiheit brachte das Gesetz für die DDR, die bis dahin gutes Geld mit dem Export veredelter russischer Rohöle in die Bundesrepublik verdient hatte, Verluste von über 100 Millionen Mark. Im Herbst 1963 drohte die SED, das Berliner Abkommen zu kündigen und das damals verhandelte Passierscheinabkommen sowie andere praktische Erleichterungen (Autobahnbrücke Saale/Hirschberg etc.) scheitern zu lassen. Die Bundesregierung lenkte daraufhin ein und kam der DDR bei der geforderten Ausgleichszahlung weit entgegen. Dennoch blieb das Mineralöl weiterhin ein Streitpunkt und diente der SED als Beleg für eine westdeutsche »Politik der ökonomischen Schädigung und politischen Erpressung im Handel mit der DDR«.[43]

Nach Beginn der Großen Koalition 1966 gedachte der neue SPD-Wirtschaftsminister Karl Schiller, der DDR im Sinne der entspannungspolitischen Konzepte Egon Bahrs auch in der Mineralölfrage möglichst weit entgegenzukommen. Schiller schlug vor, die Ausgleichszahlungen deutlich zu erhöhen. Sein Kabinettskollege Franz Josef Strauß wandte sich jedoch als Finanzminister – vergeblich – gegen derartige Zugeständnisse. Strauß begründete seine Haltung angesichts der »drastischen Ausgabekürzungen« zum einen fiskalpolitisch. Zum anderen argumentierte er deutschlandpolitisch gegen einseitige Vorleistungen der Bundesrepublik: Diese würden nur zu weiteren Forderungen der DDR führen; eine Regelung der Ölfrage könne ausschließlich im Rahmen einer »politischen Gesamtlösung« gefunden werden.[44] Der Hinweis, Strauß habe mit dieser Position eben »ganz in der Tradition Adenauerscher ›Politik der Stärke‹ gestanden«,[45] ist nur dann richtig, wenn er sich auf die Taktik, nicht aber wenn er sich auf die Strategie seiner Deutschlandpolitik bezieht. Denn schon seit Jahren zeigte sich der CSU-Vorsitzende auf diesem Feld höchst beweglich. Beim Erscheinen der deutschen Ausgabe seines Buches *The Grand Design*[46] hatte er der Wochenzeitung *Die Zeit* im Frühjahr 1966 ein Interview gegeben und betont, er sei kein »Utopist«. Unter den gegebenen und vorausschaubaren Umständen sei die Wiederherstellung eines deutschen Nationalstaates »leider« nicht möglich. Zunächst müsse es vielmehr darum gehen, »das bestehende Kräfteverhältnis so zu verschieben, dass die deutsche Frage

43 Fässler: Durch den »Eisernen Vorhang«, S. 285.
44 Ebenda, S. 286 f.
45 Ebenda, S. 286.
46 Strauß, Franz Josef: The Grand Design: A European Solution to German Reunification, London 1965 (Dt. unter dem Titel: Entwurf für Europa, Stuttgart 1966).

keine Quelle der Unruhe für die Nachbarn mehr ist, weder im Westen noch im Osten«; die einzige Möglichkeit führe langfristig »über Europa«.[47]

Strauß war angesichts dieser Überzeugungen auch kein prinzipieller Feind von Ostverträgen – bei aller schneidenden Kritik an deren konkreter Aushandlung durch die neue sozial-liberale Regierung ab 1969 und an dem seines Erachtens unausgewogenen Verhältnis von Leistung und Gegenleistung. Nach Abschluss der bereits höchst umstrittenen Verträge mit der UdSSR und Polen, die zu einer Patt-Situation im Deutschen Bundestag geführt hatten, handelte die Regierung vom 16. August bis zum 8. November 1972 abermals im Eiltempo einen Grundlagenvertrag mit der DDR aus, um ihn zwei Wochen vor den vorgezogenen Bundestagswahlen paraphieren und damit im Wahlkampf punkten zu können. Die Kernbestimmungen des Vertrages – Unverletzlichkeit der Grenze zwischen der Bundesrepublik und der DDR »jetzt und in Zukunft«, Beschränkungen der Hoheitsgewalt jedes der beiden Staaten auf sein Staatsgebiet sowie die Versicherung, dass keiner der beiden Staaten im Namen des anderen handeln könne[48]– kamen der SED weit entgegen, auch wenn sie lediglich eine staatsrechtliche, nicht aber eine völkerrechtliche Anerkennung der DDR bedeuteten. Dagegen wurden menschliche Erleichterungen nicht im Vertragstext selbst garantiert, sondern nur in Form einseitiger Absichtserklärungen. So erklärte sich die Regierung der DDR bereit, zur Förderung der Familienzusammenführung beizutragen, Verbesserungen im grenzüberschreitenden Reise- und Besuchsverkehr sowie im nichtkommerziellen Warenverkehr zu ermöglichen.

Der Grundlagenvertrag und die Folgen: Politische Anerkennung und harte D-Mark gegen »menschliche Erleichterungen«

Strauß und mit ihm weite Teile der CDU/CSU-Fraktion machten geltend, diese Erleichterungen könnten, anders als die vertraglich fixierte Anerkennung der DDR, jederzeit widerrufen werden. Einen solchen Vertrag hätte die Bundesrepublik schon vor 20 Jahren abschließen können, doch seien die CDU/CSU-geführten Kabinette nicht bereit gewesen, »diesen Preis zu zahlen«.[49] Zudem seien die Tötungsmaschinen an der Grenze mit dem vertraglich angestrebten

47 Die Zeit vom 8.4.1966.
48 Buchheim: Deutschlandpolitik, S. 164.
49 Grau, Andreas: Gegen den Strom. Die Reaktion der CDU/CSU-Opposition auf die Ost- und Deutschlandpolitik der sozialliberalen Koalition 1969–1973, Düsseldorf 2005, S. 401.

gutnachbarschaftlichen Verhältnis nicht zu vereinbaren. Der von Strauß schließlich im Mai 1973 über die bayerische Staatsregierung durchgesetzte Beschluss, gegen den von der SPD/FDP-Mehrheit im Bundestag angenommenen Grundlagenvertrag Klage vor dem Bundesverfassungsgericht zu erheben, konnte sich freilich nicht auf ein – schwerlich justiziables – mangelhaftes Verhältnis von Leistung und Gegenleistung gründen; Ausgangspunkt waren vielmehr Zweifel, ob der Vertrag mit dem Wiedervereinigungsgebot des Grundgesetzes vereinbar sei. Das im Juli 1973 folgende Urteil erklärte das Vertragswerk zwar für verfassungskonform, dokumentierte aber in der Begründung eindeutig, dass die Zweifel nicht ganz abwegig gewesen waren. Als die SED bald darauf – die Tinte unter dem Grundlagenvertrag war kaum trocken – den Mindestumtausch für bundesdeutsche DDR-Besucher im November 1973 verdoppelte, konnte man dies als weitere Bestätigung der CDU/CSU-Kritik werten, Bonn hätte sich die menschlichen Erleichterungen auch vertraglich zusichern lassen müssen, statt schönen Absichtserklärungen zu vertrauen.

Hinter dem unfreundlichen, offiziell mit Devisenproblemen begründeten Akt der DDR steckte das Bestreben, die gerade erst kräftig gestiegene Zahl der West-Besucher wieder zu reduzieren und die menschliche Kommunikation zwischen beiden Teilen Deutschlands zu erschweren. Strafe musste außerdem sein für die neuen Bonner Pläne, ein Umweltbundesamt in Berlin einzurichten, sowie den anhaltenden Missbrauch der Transitwege durch bundesdeutsche Fluchthelfer, deren Aktivitäten aber ohnehin drakonisch verfolgt wurden.[50] Erst über ein Instrument der alten Deutschlandpolitik, den im Berliner Abkommen vereinbarten Swing, der ohne eine anstehende Neuvereinbarung von den erreichten 620 Millionen auf den Sockelbetrag von 200 Millionen Mark zurückgefallen wäre, gelang es, die DDR Ende 1974 wieder zur Herabsetzung des Mindestumtausches zu bewegen.[51] In der internationalen Krisensituation von 1980 ist der Betrag dann abermals kräftig angehoben worden – wenige Tage nach der Bundestagswahl im Oktober, bei der Strauß als Kanzlerkandidat gegen Helmut Schmidt angetreten war.

So prekär die vom SED-Regime gewährten menschlichen Erleichterungen blieben und so sehr sie ständiger finanzieller Abstützung durch immer neue Bonner Subsidien bedurften, so schwer wogen auf der anderen Seite doch die Verbesserungen, die sich im engeren und weiteren Zusammenhang mit dem Grundlagenvertrag (Transit- und Verkehrsvertrag, Postvereinbarung, Vier-

50 Potthoff, Heinrich: Im Schatten der Mauer. Deutschlandpolitik 1961 bis 1990, Berlin 1999, S. 124f.

51 Kruse: Politik, S. 136; das Folgende ebenda, S. 140, 142f.

mächteabkommen über Berlin sowie die am 3. Juni 1972 in Kraft getretene Vereinbarung von Berliner Senat und DDR etc.) einstellten. Am wichtigsten waren die Fortschritte bei den Reisen von West nach Ost, vor allem auch für die bis dahin fast völlig vom anderen Teil ihrer Stadt abgeschnürten West-Berliner. Sie konnten künftig – ebenso wie die Bundesbürger – bis zu 30 Tage im Jahr in den anderen Teil Deutschlands reisen.

Viele weitere »kleine Schritte« kamen hinzu. So gab es vor dem Abschluss der Postvereinbarung im April 1970 gerade einmal 34 Telefonleitungen zwischen der Bundesrepublik und der DDR, zwischen den beiden Teilen Berlins gar keine. 1979 waren es schon über 1000 Leitungen, die Hälfte davon in Berlin; die Zahl der Gespräche war im selben Zeitraum von 0,5 Millionen auf 16,7 Millionen (oder 45 000 pro Tag) angewachsen. Was das für die Aufrechterhaltung des Zusammengehörigkeitsgefühls zwischen den Menschen in beiden Teilen Deutschlands bedeutete, ist schwer zu überschätzen. Ebenfalls groß war der politische Gewinn aus dem Transitabkommen vom Dezember 1971. Bis dahin waren die Gebühren für die Benutzung der Transitwege auf Straße, Schiene und Wasser individuell gezahlt worden, so dass die SED über die Höhe der Gelder den Berlin-Verkehr nach Belieben beeinflussen konnte. Nunmehr entrichtete die Bundesrepublik hierfür eine jährliche Transitpauschale, die zwischen 1972 und 1975 zunächst auf 234,9 Millionen DM jährlich festgesetzt und zur höchsten ständigen Transferzahlung in die DDR wurde. Der zivile Personen- und Güterverkehr von und nach Berlin konnte sich allerdings im Gegenzug deutlich ungestörter entwickeln. Er nahm denn auch sprunghaft zu. Außerdem sollte sich die Transitpauschale wegen ihrer Höhe auch immer wieder als geeignetes Instrument der Bundesregierung erweisen, um der DDR politische Konzessionen abzukaufen.

Der Einsatz finanzieller Mittel zu deutschlandpolitischen Zwecken war zwischen den Bundestagsparteien nicht vom Grundsatz her umstritten. Doch auch in der zweiten Phase der Ostpolitik unter Kanzler Schmidt ab 1974 monierte die CDU/CSU-Opposition im Anschluss an Rainer Barzels vielzitiertes Wort »Kasse gegen Hoffnung«, dass die Regierung »der Bevölkerung der Bundesrepublik immer neue Lasten aufbürde, um auf diese Weise wenigstens gewisse Erfolge vorweisen zu können«.[52] Neben dem Vorwurf »grotesker Überbezahlung« (Hans Graf Huyn, CSU) einzelner Maßnahmen wie des Baus der Autobahn Hamburg–Berlin war gelegentlich Fundamentalkritik zu vernehmen, weil etwa die Bundesregierung den Swing nicht hätte verlängern dürfen, bevor

52 So Fraktionsvorsitzender Carstens laut: Die Welt vom 20./21.12.1975.

alle politischen Häftlinge in der DDR freigelassen worden wären (Richard Jaeger, CSU).[53]

Die deutschlandpolitischen Schwachpunkte der Regierung Schmidt/Genscher hatten freilich vor allem mit dem Hauptmangel des Grundlagenvertrages selbst zu tun, die Gegenleistungen der DDR für die staatsrechtliche Anerkennung nicht sorgfältiger fixiert zu haben. So musste nun bei den humanitären Erleichterungen im Takt der Echternacher Springprozession mühsam – und oft genug kostspielig – vorangeschritten werden. Dabei ließ Kanzler Schmidt gleich zu Beginn seiner Amtszeit im Herbst 1974 erkennen, dass er durchaus hart mit der DDR zu verhandeln gedachte. Im Rahmen der gegebenen Möglichkeiten konnte die von nüchternem Pragmatismus geleitete Politik Schmidts neben der Herabsetzung des Mindestumtauschs eine Reihe kleinerer Erfolge erzielen, so etwa die Öffnung weiterer Grenzübergänge oder die Benutzung von privaten Pkw für West-Berliner in der gesamten DDR. Der Kanzler bediente sich »möglichst unter Umgehung des Apparates und auf verschwiegenen Kanälen«[54] zunächst vor allem einer Verbindung über Herbert Wehner und den DDR-Rechtsanwalt Wolfgang Vogel zu Honecker, die bereits in der Ära Brandt zustande gekommen war. Später wurden dann viele konkrete Fragen – über die Ständigen Vertreter der Bundesregierung in der DDR Günter Gaus und Klaus Bölling – bereits mit Schalck-Golodkowski verhandelt.

In den letzten Jahren der Kanzlerschaft Schmidts waren aber kaum mehr größere innerdeutsche Geschäfte zu machen. Stattdessen standen nach dem sowjetischen Einmarsch in Afghanistan, der Entstehung einer Oppositionsbewegung in Polen und der östlichen Aufrüstung mit SS-20 Raketen bzw. den entsprechenden Reaktionen der NATO die Bemühungen im Vordergrund, aus dem »zweiten Kalten Krieg« resultierende Kollateralschäden von den innerdeutschen Beziehungen abzuwenden. Selbst ein Gipfeltreffen Schmidts mit Honecker am Werbellinsee im Dezember 1981, überschattet von der Verhängung des Kriegsrechts in Polen, brachte so kaum nennenswerte Fortschritte. Den kärglichen Ertrag der Begegnung symbolisierte am besten der Bonbon, den Honecker Schmidt in den abfahrenden Zug hinein reichte: Die folgenden Reiseerleichterungen waren minimal. Immerhin hatte der Kanzler unter ausdrücklichem Verweis auf das Grundgesetz auch das Ansinnen des Staatsratsvorsitzenden standhaft zurückgewiesen, Vorleistungen bei den sogenannten Geraer Forderungen Honeckers (Auflösung der Erfassungsstelle für

53 Kruse: Politik, S. 147, 159.
54 Potthoff: Im Schatten, S. 134; zum Folgenden vgl. ebenda, S. 191 ff.

DDR-Menschenrechtsverletzungen in Salzgitter, Regelung der Elbegrenze, Aufwertung der Ständigen Vertretungen und Anerkennung der DDR-Staatsbürgerschaft) zu erbringen.

Noch im Sommer 1982 gingen die maßgeblichen Politiker und Beamten in Bonn davon aus, »dass größere ›Bewegung‹ nicht drin sei«.[55] Zwar waren im Zusammenhang mit einer neuen Swing-Regelung am 18. Juni Verbesserungen beim nichtkommerziellen Zahlungsverkehr und den Tagesbesuchen von West-Berlinern im Osten erzielt worden, doch Fortschritte in der zentralen Frage des Mindestumtausches schienen den Experten nur möglich, wenn die Bundesrepublik im Gegenzug bei der Elbegrenze Konzessionen machte oder die Staatsbürgerschaft der DDR zumindest »respektierte«. Die erste Regierung Kohl/Genscher profitierte dann davon, dass die sozial-liberale Koalition bereits erste Schritte auf dem schweren Weg der Nachrüstung unternommen hatte, doch blieb das internationale Umfeld der innerdeutschen Beziehungen erst einmal schwierig. Im November 1983 hatte die neue Regierung im Bundestag den Stationierungsbeginn der neuen Mittelstreckenraketen zu beschließen. Und die kommunistischen Herrscher im Kreml missbilligten Kredite der Bundesrepublik an die DDR immer schärfer, weil sie, wie Konstantin Tschernenko den SED-Oberen im August 1984 bei einem Rapport in Moskau unmissverständlich klarmachte, Abhängigkeiten schüfen und das SED-Regime unterminierten.

Die noch von Kanzler Schmidt ausgesprochene und von seinem Nachfolger aufrechterhaltene Einladung Honeckers zum Staatsbesuch nach Bonn musste daraufhin im September 1984 auf sowjetischen Druck hin »verschoben« werden.[56] Doch fanden am Rande der Trauerfeierlichkeiten für die roten Zaren Juri Andropow und Konstantin Tschernenko im Februar 1984 bzw. im März 1985 ohnehin zwei Gipfeltreffen Kohl–Honecker statt, die einer befürchteten Eiszeit zwischen den beiden deutschen Staaten erfolgreich entgegenwirkten. Vor allem die gemeinsame »Moskauer Erklärung« Kohls und Honeckers vom März 1985 kam dem Streben der DDR nach Anerkennung ihrer staatlichen Souveränität weit entgegen, wobei schwer zu bestimmen ist, ob man das Papier nun als bundesdeutsche Gegenleistung für die seit 1983 erbrachten Leistungen der DDR oder schon als Vorauszahlung für die nach 1985 folgenden humanitären Erleichterungen interpretieren soll.

55 Ebenda, S. 198; zum Folgenden, S. 239 f.
56 Also nicht etwa deshalb, weil der CDU/CSU-Fraktionsvorsitzende Alfred Dregger spitz bemerkt hatte, die Zukunft der Bundesrepublik hänge nicht davon ab, »dass Herr Honecker uns die Ehre seines Besuchs erweist«; zit. nach: Ash: Im Namen Europas, S. 250.

Jedenfalls erwies sich die gemeinsame Überzeugung Kohls und Honeckers von einer deutsch-deutschen »Verantwortungsgemeinschaft« bzw. »Sicherheitspartnerschaft« für den Frieden in Europa – gerade angesichts der politischen Verhärtung zwischen den Blockvormächten – als bemerkenswert tragfähige Basis innerdeutscher Tauschgeschäfte. Schon ein Jahr nach dem ersten Milliardenkredit 1983 war im Sommer 1984, abermals – wenn auch weniger öffentlichkeitswirksam – unter Mitwirkung von Strauß, ein weiterer Kredit über 950 Millionen Mark zustande gekommen. Bereits bei der Bekanntgabe des Kredits am 25. Juli 1984 konnte Kohls Kanzleramtsminister Jenninger gleichzeitig die Maßnahmen vorstellen, die die DDR »aus eigener Souveränität« beschlossen habe;[57] der Charakter von finanzieller Leistung und humanitärer Gegenleistung war damit faktisch klar offengelegt.

Die wichtigste Konzession bestand in der Senkung des Mindestumtausches für alle (West-)Rentner von 25 DM auf 15 DM pro Tag sowie in der Erweiterung der Ausreisemöglichkeiten für Rentner aus der DDR in die Bundesrepublik.[58] Infolge der Kredite und einer im September 1983 erlassenen Verordnung der DDR zur Familienzusammenführung stieg zudem die Zahl der Übersiedler sprunghaft an (von 11000 Menschen im Jahr 1983 auf 41000 im Jahr 1984), und auch der Reiseverkehr von West nach Ost verstärkte sich spürbar – um nach dem Ende des Zweiten Kalten Krieges ab 1985 dann geradezu zu explodieren: Von 60000 Besuchern im Jahr 1985 auf 6,7 Millionen 1988. Wichtiger noch war, dass auch die Zahl der bewilligten Westreisen jüngerer Deutscher aus der DDR (»wegen dringender Familienangelegenheiten«) nachgerade dramatisch wuchs: Gab es 1982 erst gut 45000 solcher Reisen, so betrug die Zahl 1987 bereits 1,2 Millionen. Schätzungsweise jeder sechste Bürger der DDR unterhalb des Rentenalters kannte demnach den »Kapitalismus« und seine materiellen Segnungen, aber auch die Vorzüge einer freiheitlich-demokratischen Grundordnung aus eigener Anschauung. Im Zuge der »neue[n] Berechenbarkeit« der DDR hinsichtlich humanitärer Zugeständnisse stieg im Übrigen auch die Zahl der freigekauften politischen Häftlinge – zum Preis einer »Kopfpauschale« von 95847 DM – »auf einen nie gekannten Höchststand«.[59]

57 Zimmer, Matthias: Nationales Interesse und Staatsräson. Zur Deutschlandpolitik der Regierung Kohl 1982–1989, Paderborn u. a. 1992, S. 176.
58 Ebenda.
59 Diese Summe war 1977 festgelegt worden. Wirsching, Andreas: Abschied vom Provisorium 1982–1990, München 2006, S. 607; vgl. auch Kohl, Erinnerungen, S. 187.

Franz Josef Strauß und die Dialektik der Bonner Deutschlandpolitik

Erst im Kontext dieser Gesamtentwicklung wird der historische Stellenwert des von Strauß eingefädelten Kredits ganz erkennbar. Musste eine linke Bundesregierung stets mit Kritik von rechts rechnen, wenn bei ihrer Deutschlandpolitik Leistung und Gegenleistung in einem auch nur tendenziell unausgewogenen Verhältnis standen, so konnte eine »bürgerliche« Koalition auf diesem Feld viel freier agieren – vorausgesetzt sie hatte den Willen dazu und war sich untereinander einig. Dieses aber war aufgrund der Strauß'schen Kreditaktivitäten – trotz parteipolitischer Scharmützel in der Öffentlichkeit – im Prinzip vom Anfang der Kanzlerschaft Kohls an klar. Eine »qualitative Veränderung in der Deutschlandpolitik« markierte der »ungebundene Milliardenkredit« gerade nicht. Die These, bis dahin seien Leistungen an die DDR »über konkrete Absprachen und Non-paper ganz unzweideutig mit humanitären Gegenleistungen der DDR« verkoppelt worden[60] und 1983 sei dies erstmals nicht mehr geschehen, vermag aus mehreren Gründen nicht zu überzeugen. Erstens war die Koppelung auch vorher keineswegs immer ganz klar gewesen, nachdem schon im Grundlagenvertrag der Leistung (staatsrechtliche Anerkennung der DDR) keineswegs eine konkrete vertragliche Fixierung der humanitären Gegenleistungen gegenübergestanden hatte. Zweitens hatte der Brief Honeckers, den Schalck bei seinem Treffen mit Strauß vorlegte und ihm später in Kopie zukommen ließ, durchaus eine ähnliche Qualität wie die früheren Non-paper. Drittens hatte die DDR mit dem neuen Ton an der innerdeutschen Grenze zwischen den ersten beiden Gesprächen Strauß/Schalck bereits eine gewisse Vorleistung erbracht. Und viertens war auch die Leistung der Bundesrepublik beim Milliardenkredit, rein ökonomisch gesehen, nicht sehr hoch, da faktisch nicht sie, sondern die DDR mit der Transitpauschale dafür bürgte.[61]

So gilt für Strauß' Kredit, was Andreas Wirsching in seiner großen Darstellung der frühen Ära Kohl über die Deutschlandpolitik der Bundesregierung gesagt hat: Sie ähnelte dem aus sozial-liberaler Zeit bekannten Prinzip »Kasse gegen Hoffnung« »zum Verwechseln [...]; mit dem Unterschied

60 Potthoff: Im Schatten, S. 221,

61 Schwer nachzuvollziehen ist es, die Kritik am Milliardenkredit – wie Potthoff dies tut – mit einer breiten Würdigung ausgerechnet des deutsch-deutschen Gipfeltreffens Schmidt-Honecker vom Dezember 1980 zu verbinden. War doch Letzteres ein »Meilenstein der wachsenden politischen Anerkennung« (Ash: Im Namen Europas, S. 243) für die DDR gewesen, während es »in der Sache«, das heißt in Bezug auf die Gegenleistungen »weitgehend ergebnislos« verlief (Wirsching: Abschied, S. 601).

allerdings, dass sich die Hoffnungen in weitaus größerem Umfang erfüllten als in der Regierungszeit Helmut Schmidts«.[62] Die aus der gouvernementalen Verantwortung resultierende Umorientierung der CSU-Deutschlandpolitik hatte einer ihrer führenden Köpfe, Theo Waigel, bereits zeitgenössisch trefflich beschrieben: »Wir dürfen das Prinzip Hoffnung nicht allein den Marxisten überlassen.«[63] Die liberal-konservativen Deutschlandpolitiker hatten dabei mehr Fortune, weil die Sterne für sie günstiger standen – zunächst wegen des möglichen Bankrotts der DDR, dann wegen Gorbatschows Perestroika. Andererseits hatte die von ihnen schließlich erreichte Form der »Wieder-Vereinigung« auch viel damit zu tun, dass neben dem pragmatischen Bekenntnis zur »Stabilisierung« der DDR im Interesse der Menschen eine »neue normative Distanz«[64] zum SED-Regime geschaffen worden war. Zwar ließ sich Strauß beim Honecker-Besuch in München 1987, den man noch zur persönlichen Dividende des CSU-Vorsitzenden für seinen Milliardenkredit wird rechnen dürfen, wohl auch aus seinem Bedürfnis nach großer außenpolitischer Gestaltung heraus dazu hinreißen, den Staatsratsvorsitzenden der DDR von der Höchstzahl »weißer Mäuse« eskortieren zu lassen; doch Kanzler Kohl agierte auch in dieser protokollarischen Frage vorsichtiger und nutzte zudem die in Ost und West live im Fernsehen übertragene Tischrede im Angesicht Honeckers zu dem Bekenntnis, die deutsche Teilung weiterhin auf friedlichem Weg überwinden zu wollen.

Dass sich der Generalsekretär des ZK der SED dieser Zumutung aussetzte, lässt sich als eine Art Gegenleistung deuten, nachdem Bonn ihn faktisch mit einem Staatsbesuch empfangen und die politische Anerkennung der DDR weiter denn je vorangetrieben hatte. Wenige Jahre vor dem Ende der DDR hatten die Preise, die von der SED für innerdeutsche Konzessionen seit den frühen 60er Jahren in ständig steigender Weise gefordert wurden – sei es in der Währung besserer »Anerkennung« oder »nur« in schnöder »D-Mark« – damit »ihren Höchstsatz« erreicht.[65] Erst als Schalck in der finalen Krise der DDR Anfang November 1989 sondierte, zu welchen Bedingungen sich die Bundesregierung am Schuldendienst der DDR beteiligen würde, saß der Kanzler in Bonn am längeren Hebel und forderte eine denkbar hohe politische Gegenleistung: Die Zulassung oppositioneller Gruppen in der DDR, den Verzicht der

62 Ebenda, S. 604.
63 Münchner Merkur vom 5.7.1983.
64 Vgl. die Überschrift zu Wirschings deutschlandpolitischem Kapitel: »Zwischen Pragmatismus und neuer normativer Distanz 1983–1988«. Wirsching: Abschied, S. 591.
65 Ash: Im Namen Europas, S. 225.

SED auf ihren absoluten Führungsanspruch und die Zusage zu freien Wahlen.[66] Für die Jahrzehnte davor gilt aber wohl das Urteil Klaus Böllings, zu dem der Ständige Vertreter der Bundesregierung in Ost-Berlin 1983 gekommen war. Das »Prinzip von der Ausgewogenheit von Leistung und Gegenleistung« gebe »für die praktische Deutschlandpolitik nicht viel« her: »Wir werden, wenn wir es mit der nationalen Zusammengehörigkeit ernst meinen, immer etwas mehr zu leisten haben, als die andere Seite zu geben bereit ist. Man kann das unsere Erpressbarkeit nennen. Sie ist nicht unehrenhaft.«[67]

Neben den Vorteilen, die der SED-Staat aus dem innerdeutschen Handel zog – den Swing eingeschlossen –, sind in einer Bilanz der finanziellen Leistungen der Bundesrepublik für die 70er und 80er Jahre einige weitere große Posten zu berücksichtigen:[68] Zum einen die Devisentransfers zu privaten Empfängern in der DDR (z. B. Geld- oder Warengeschenke von West nach Ost) in Höhe von schätzungsweise 30 bis 40 Milliarden DM (inklusive Bonner Pauschalzahlungen zur Deckung der Kosten für den Westpaketdienst) sowie weitere noch einmal gut zwei Milliarden DM für die Kirchen im östlichen Teil Deutschlands. Doch von diesem Posten profitierte nicht nur der Staat DDR, er kam zu einem guten Teil auch den Menschen zugute. Anders sah es bei den Visa- und Mindestumtauschgebühren aus, die auf fünf Milliarden DM geschätzt werden; sie nutzten ebenso direkt dem Regime wie die Transfers von Staat zu Staat: für Transitreisende in Höhe von über acht Milliarden DM, für Häftlinge in Höhe von 3,2 Milliarden DM und für Investitionen in Verkehrsverbindungen in Höhe von knapp zweieinhalb Milliarden DM. Hinzu kommen schließlich die beiden Bankkredite von 1983 und 1984.

Alle diese Leistungen haben geholfen, die DDR mehr oder weniger stark zu stabilisieren; und für Strauß' Kredit gilt dies nicht minder. Umso mehr, als seine eigentliche Bedeutung über die eine Milliarde DM noch weit hinaus ging und er den internationalen Finanzmärkten das entscheidende Signal gab, die DDR weiterhin als verlässlichen Schuldner zu betrachten. Solange Moskau an der Breschnew-Doktrin festhielt und im Falle von Unruhen in der DDR ein neuer 17. Juni drohte, war diese partielle Stabilisierung freilich ohne Alternative, mochte die Kritik mancher Wiedervereinigungsidealisten, für die Gewährung selbstverständlicher Menschenrechte dürfe es nicht auch noch Lösegeld geben, moralisch durchaus nachvollziehbar sein. Letztlich aber gab die Bundesrepublik ihre Art der brüderlichen Hilfe, um ganz sicherzugehen, dass

66 Wirsching: Abschied, S. 641.
67 Ash: Im Namen Europas, S. 230.
68 Vgl. ebenda., S. 226–230.

die Sowjetunion »nicht um ihre Art der brüderlichen Hilfe gebeten werden würde«.[69]

Obendrein wirkte der Milliardenkredit nicht nur ökonomisch stabilisierend – zu einem Zeitpunkt, als ein Kollaps der DDR angesichts der politischen Linie des Kreml dramatische Risiken heraufbeschworen hätte; er wirkte gleichzeitig auf eine vertrackte Weise auch politisch destabilisierend. Oft genug konnte man bei DDR-Reisen drüben damals sinngemäß die Reaktion hören: Wie nah muss der SED-Staat am Abgrund stehen, wenn er sich jetzt sogar schon von einem jahrzehntelang so verteufelten Reaktionär wie Strauß helfen lassen muss.[70] Insofern hat der Kredit, als Teil umfassender, von der neuen Ostpolitik in Gang gesetzter innerdeutscher Entspannungsmechanismen, seinen Anteil daran, dass es so kam, wie es gekommen ist, sprich: dass die DDR sich dem immer hilfsbereiteren Westen mehr und mehr öffnete, statt innere Reformen anzugehen und sich dem Wind des Wandels aus dem Osten zu beugen; und dass statt des Experiments einer »DDR light« mit Planwirtschaft plus Menschenrechten 1989/90 eine Revolution das alte Regime hinwegfegte und den »Beitritt« der »neuen Länder« zur Bundesrepublik ermöglichte. Nur: Das sind alles Weisheiten post festum. Keiner, von Egon Bahr, dem Architekten des Konzepts vom »Wandel durch Annäherung«, bis zum neuen Ostpolitiker Franz Josef Strauß, konnte fest damit rechnen, dass gerade das Versprechen, die DDR nicht destabilisieren zu wollen, deren Führung soweit einlullen half, dass sie in den 80er Jahren bereit war, für die Leistungen der Bundesrepublik den enorm hohen Preis massiv verstärkter Kontakte zwischen den Menschen in beiden deutschen Staaten zu zahlen und so letztlich den »Wandel durch Auflehnung«[71] mit herbeizuführen. Immerhin aber war Strauß bereits im Juli 1983 der Kritik am Milliardenkredit mit der Prognose begegnet, die von ihm betriebene Politik werde in der DDR eine »Veränderung durch evolutionäre Prozesse« bewirken; davon sei er »als historisch gebildeter Politiker« überzeugt.[72] Im vertraulichen Gespräch mit Gerold Tandler spitzte Strauß sein

69 Ebenda, S. 239. Der SED-Wirtschaftspolitiker Günter Mittag, der in den frühen 80er Jahren mehrmals Gespräche mit Strauß führte, meinte im Übrigen: »Strauß hatte ohne Zweifel erkannt, dass ein Zusammenbruch der DDR damals, bei dem politisch zugespitzten Klima zwischen der Sowjetunion und den USA … wohl mit hoher Wahrscheinlichkeit zu einem verheerenden militärischen Konflikt geführt hätte.« Mittag, Günter: Um jeden Preis. Im Spannungsfeld zweier Systeme, Berlin/Weimar 1991, S. 86 f.

70 Diese persönlichen Erfahrungen des Verfassers bei Reisen in die DDR spiegeln sich auch in der Erinnerung Mittags (Um jeden Preis, S. 84 f.).

71 So Robert Leicht, in: Die Zeit vom 6.10.1989.

72 Behrend: Strauß, S. 283.

strategisches Konzept sogar in dem Satz zu: »Die DDR muss von der D-Mark so abhängig werden, wie ein Rauschgiftsüchtiger vom Heroin.«[73]

Am Ende haben wohl beide deutschlandpolitische Lager im Westen in einer selten glücklichen Dialektik der Geschichte irgendwie recht behalten: Jene, die pragmatisch auf »Wandel durch Annäherung« setzten, sich bei ihren Annäherungsversuchen manchmal auch unziemlich weit mit den Zwingherren der DDR einließen, aber gerade dadurch nolens volens kräftig zum Einlullen der SED-Genossen beitrugen, und daneben die anderen, schnell als »rechts« verschrienen, die unverzagt an eine »Wiedervereinigung« glaubten und auf den gesamtdeutschen Rechtstiteln sowie auf scharfer normativer Distanz zur sozialistischen Diktatur DDR beharrten. Ihnen auch ist das Urteil des Bundesverfassungsgerichts vom Juli 1973 zu verdanken, ohne das es die deutsche Staatsangehörigkeit der DDR-Bürger und die Botschaftsflüchtlinge des Jahres 1989 vielleicht nicht mehr gegeben hätte. Gleich an beiden dieser deutschlandpolitischen Richtungen ganz maßgeblich selbst beteiligt gewesen zu sein, war indes ein politisches Kunststück, das kaum einem so sichtbar gelang wie Franz Josef Strauß.

73 Finger: Strauß, S. 498.

Dierk Hoffmann

1987 Honecker in Bonn

Deutsch-deutsche Spitzentreffen 1947–1990

»Honeckers Triumph in Bonn«. Mit dieser Schlagzeile überraschte Karl Feldmeyer in der *Frankfurter Allgemeinen Zeitung* (*FAZ*) am 8. September 1987 seine Leser. Was war geschehen? Hatte sich der streitbare konservative Journalist, der seit 1976 als *FAZ*-Korrespondent aus Bonn berichtete, vom Saulus zum Paulus gewandelt? Und überhaupt: Hatte der westdeutsche Konservatismus sein politisches Feindbild – den verhassten kommunistischen Parteiführer und »Architekten« des Mauerbaus von 1961 – aus den Augen verloren? Beim genauen Lesen des Artikels von Feldmeyer beruhigten sich jedoch rasch wieder die erregten Gemüter, denn der *FAZ*-Korrespondent berichtete ausführlich und differenziert über den ersten Besuchstag des SED-Generalsekretärs und Staatsratsvorsitzenden in Bonn. So betonte Feldmeyer zwar, dass Erich Honecker gekommen sei, um »den Ertrag seiner Abgrenzungspolitik zu ernten«.[1] Der offizielle Empfang sei »Höhepunkt seines politischen Lebens, Ergebnis jahrzehntelanger Unbeirrbarkeit«. In Bonn hole sich Honecker »all das an Souveränität, was die DDR hier erlangen kann, solange die vier Siegermächte sich ihre Rechte an Deutschland als Ganzem vorbehalten«. Gleichzeitig unterstrich Feldmeyer, dass die deutsche Frage nicht auf der Tagesordnung der Politik stehe. Der Wille zur Einheit der Nation, den er den Deutschen unterstellte, werde »wie schon so vieles auch diesen Besuch und seine Folgen überdauern«. Die offene deutsche Frage thematisierte Feldmeyer deutlicher in einem *FAZ*-Leitartikel, der drei Wochen später erschien. Der Forderung nach Anerkennung der Zweistaatlichkeit entgegnete er mit dem Argument, dass sich »auf der Grundlage eines geteilten Deutschland und darin eines geteilten Berlin […] keine stabile Ordnung errichten« ließe.[2] Der Wunsch nach

1 FAZ vom 8.9.1987, S. 3.
2 FAZ vom 29.9.1987, S. 1.

»dauerhafter politischer Stabilität in Europa erfordert es, am Ziel der staatlichen Einheit der Deutschen festzuhalten.« Deshalb sei die »Bekundung, ein für allemal auf die Einheit zu verzichten, [...] ein Akt der Selbstverleugnung, nicht aber der Friedenssicherung«.

Die SED feierte im *Neuen Deutschland* (*ND*) die fünftägige Besuchsreise ihres obersten Repräsentanten durch den westdeutschen, kapitalistischen Bruderstaat als Erfolg der eigenen Politik.[3] Honecker schien auf dem Zenit seiner Macht angekommen, der DDR der lang ersehnte internationale Durchbruch in Bonn endlich gelungen zu sein. Dagegen zeigten sich auf bundesdeutscher Seite die Ambivalenzen, mit denen der Staatsbesuch, der offiziell eigentlich nur ein Arbeitsbesuch sein sollte, aufgenommen wurde. Der Bericht und der Kommentar Feldmeyers machen den Widerspruch deutlich, in dem sich die Bundesrepublik befand. Sie musste einen Spagat aushalten: auf der einen Seite den anderen deutschen Staat anerkennen und auf der anderen Seite am Ziel der Wiedervereinigung Deutschlands festhalten. An den offiziellen Beziehungen zwischen den beiden deutschen Staaten wird dieses Paradoxon besonders deutlich. Vorbereitung und Durchführung von Besuchen deutscher Spitzenpolitiker im jeweils anderen Staat hatten in hohem Maße Symbolcharakter. Beide deutsche Staaten waren fest in jeweils sich gegenüberstehende Systeme eingebettet: politisch, wirtschaftlich und gesellschaftlich. Bundesrepublik und DDR befanden sich an der Nahtstelle zwischen West und Ost. Angesichts der Vorbehaltsrechte der vier Siegermächte des Zweiten Weltkriegs, die Deutschland als Ganzes betrafen, mussten deren Interessen von den beiden deutschen Regierungen in Rechnung gestellt werden.

Staatsbesuche hatten in der Historie immer schon eine spezifische Bedeutung jenseits des konkreten politischen Anlasses, denn es ging dabei auch um die »Inszenierung von Politik« bzw. die »Verflechtung von Politik und Theatralität«.[4] Dies gilt etwa für die Umritte mittelalterlicher Könige, das frühneuzeitliche Hofzeremoniell, aber auch für die Monarchenbegegnungen im 19. Jahrhundert. Formen und Inhalte dieser hochrangigen Besuchsreisen haben sich zwar im Laufe der Zeit gewandelt, ihre darstellende Funktion als Handlungen symbolischer Politik blieb jedoch weitgehend erhalten. Angesichts des Wandels der Öffentlichkeit in den 60er Jahren des 20. Jahrhunderts

3 ND vom 8.9.1987, S. 1 mit einem Foto, das Honecker und Helmut Kohl beim Abschreiten der Ehrenformation der Bundeswehr vor dem Kanzleramt zeigte. Während des Besuchs in der Bundesrepublik berichtete das *ND* täglich auf den ersten vier bis sechs Seiten über die einzelnen Treffen der DDR-Delegation mit westdeutschen Politikern und Wirtschaftsvertretern.

4 Daum, Andreas W.: Kennedy in Berlin. Politik, Kultur und Emotionen im Kalten Krieg, Paderborn u. a. 2003, S. 10f.

zu einer sich entwickelnden Mediengesellschaft stellten sich jedoch neue Herausforderungen bei der Vorbereitung von Staatsbesuchen. So zeigte etwa der Berlin-Besuch von US-Präsident John F. Kennedy 1963, mit welchen Mitteln, das heißt Gesten, Reden oder sogar einzelnen Sätzen (»Ich bin ein Berliner.«), ein Millionenpublikum vor Ort, vor allem aber an den Fernsehbildschirmen erreicht und elektrisiert werden konnte. Wie gestalteten sich nun die deutsch-deutschen Spitzenkontakte vor diesem Hintergrund? Gab es aufgrund der Besonderheit der deutsch-deutschen Beziehungen auch besondere, einzigartige Besuchsreisen in den jeweils anderen Teil Deutschlands? Die deutsch-deutschen Spitzentreffen waren von Anfang an besonderer Natur, was vor allem mit der Tatsache zusammenhing, dass es sich nicht um gewöhnliche bilaterale Beziehungen zwischen zwei Staaten handelte.

Obwohl die Mehrzahl dieser Spitzentreffen in die frühen 70er und vor allem 80er Jahre fällt, muss auch an die ersten Anfänge der deutsch-deutschen Besuchsreisen erinnert werden, die ganz im Schatten des Kalten Krieges standen. Die ersten innerdeutschen Kontakte fanden vor dem Hintergrund der Konfrontation zwischen dem von den USA geführten westlichen und dem unter sowjetischer Hegemonie stehenden östlichen Bündnissystem statt. Dieser grundlegende, die Nachkriegszeit beherrschende Systemkonflikt war Anfang der 70er Jahre deutlich entschärft worden: Die drei Berlin-Krisen (1948, 1958/59 und 1961) lagen einige Jahre zurück, die Kennedy-Administration hatte das militärische Konzept der »massive retaliation« durch jenes der »flexible response« ersetzt, und beide Seiten verfolgten das Ziel der »friedlichen Koexistenz«. Diese internationale Konstellation sah kurz nach dem Zweiten Weltkrieg noch völlig anders aus: Das sich nach dem Ersten Weltkrieg herausgebildete europäische Staatensystem war zerstört; durch die beiden neuen Supermächte USA und UdSSR verloren die traditionellen Führungsmächte Europas, Großbritannien und Frankreich, an Macht und Einfluss. Die ersten Nachkriegsjahre zwischen 1945 und 1947 gelten als »Inkubationszeit des Kalten Krieges«,[5] in deren Folge sich die europäische und deutsche Teilung herauskristallisierte. Auf den Außenministerkonferenzen versuchten die vier Siegermächte, die deutsche Frage zu klären, was Ende 1947 in London endgültig scheiterte. Damit schien die bipolare Welt zementiert, und der Weg zur Gründung zweier deutscher Staaten stand offen.

5 Kessel, Martina: Westeuropa und die deutsche Teilung. Englische und französische Deutschlandpolitik auf den Außenministerkonferenzen von 1945 bis 1947, München 1989, S. 3.

Die Münchener Ministerpräsidentenkonferenz von 1947

Am 7. Mai 1947 lud der bayerische Ministerpräsident Hans Ehard (CSU) alle Ministerpräsidenten der vier Besatzungszonen zu einer Besprechung nach München am 6./7. Juni ein. Die Konferenz sollte den alliierten Militärregierungen Maßnahmen vorschlagen, »um ein weiteres Abgleiten des deutschen Volkes in ein rettungsloses wirtschaftliches und politisches Chaos zu verhindern.« Und weiter heißt es in dem von Presseagenturen verbreiteten Einladungsschreiben: » Das deutsche Volk ist physisch und seelisch nicht mehr fähig, einen neuen Winter mit Hunger und Frieren im Wohnungselend zerstörter Großstädte, in wirtschaftlicher Auszehrung und in politischer Hoffnungslosigkeit abzuwarten.«[6] Anlass boten die gescheiterte Moskauer Außenministerkonferenz im Frühjahr 1947 und die nach wie vor ungelöste Versorgungslage der deutschen Bevölkerung. Mit einer gesamtdeutschen Initiative sollten die festgefahrenen Gespräche der Alliierten aus der Sackgasse geführt werden. Darüber hinaus wollte Bayern mit diesem Treffen einen »nachdrücklichen föderalistischen Akzent«[7] setzen, zumal die Ministerpräsidenten zu diesem Zeitpunkt auf deutscher Seite die einzigen demokratisch legitimierten Akteure waren, nachdem im Herbst 1946 und Frühjahr 1947 in allen Ländern bzw. Provinzen Landtage gewählt worden waren. Kurz nach Bekanntmachung der Einladung zeigten sich jedoch rasch die unterschiedlichen Zielvorstellungen der politischen Akteure: Eine Einigung über die Tagesordnung für die geplante Tagung konnte bis zum Schluss nicht erzielt werden. Während die westdeutschen Ministerpräsidenten nur über Wirtschafts- und Ernährungsfragen beraten wollten, verlangten die ostdeutschen Vertreter in enger Abstimmung mit der SMAD und der SED-Führung eine Diskussion über die politische Zukunft Gesamtdeutschlands.

Zahlreiche Hindernisse galt es daher aus dem Weg zu räumen, um das Zustandekommen der Konferenz sicherzustellen. Lange Zeit sträubten sich etwa die sozialdemokratischen Ministerpräsidenten, sich ein Jahr nach der Zwangsvereinigung von KPD und SPD mit SED-Vertretern an einen Tisch zu setzen. Die Vertreter aus der französischen Besatzungszone erhielten von ihrer Besatzungsverwaltung das Plazet zur Reise nur unter der Vorbedingung, dass der

6 Abgedruckt in: Grünewald, Wilhard: Die Münchener Ministerpräsidentenkonferenz 1947. Anlass und Scheitern eines gesamtdeutschen Unternehmens, Meisenheim am Glan 1971, S. 499.

7 Kielmansegg, Peter Graf: Nach der Katastrophe. Eine Geschichte des geteilten Deutschland, Berlin 2000, S. 60.

Aufbau gesamtdeutscher Verwaltungen nicht Thema der Münchener Konferenz sein würde. Schließlich erwiesen sich die Ministerpräsidenten aus der SBZ als unsichere Kantonisten. Diese zögerten nämlich ihre Zusage lange Zeit hinaus und schlugen unter anderem eine Verlegung des Tagungsortes nach Berlin vor, was wiederum der bayerische Ministerpräsident unter Hinweis auf die weit fortgeschrittene Konferenzvorbereitung ablehnte.[8] Zwei Tage vor Beginn der Konferenz war die Teilnahme der ostdeutschen Spitzenpolitiker immer noch unklar.[9] Als diese dann doch kurz vor Tagungsbeginn erschienen, verlangten sie, dass vordringlich über die »Bildung einer deutschen Zentralverwaltung durch Verständigung der demokratischen Parteien und Gewerkschaften zur Schaffung eines deutschen Einheitsstaats« gesprochen werden müsse.[10] Auf der dramatisch verlaufenden Vorbesprechung der Ministerpräsidenten am 5. Juni lehnten die westdeutschen Vertreter die ostdeutsche Forderung ab, woraufhin der ostdeutsche Verhandlungsführer Karl Steinhoff (SED) erklärte, dass man die weitere Teilnahme an der Konferenz ablehnen müsse.[11] Im Konferenzzimmer des Münchener Hotels »Schottenhammel« verfassten die fünf Ministerpräsidenten der SBZ in der Nacht »bei einigen Flaschen Dünnbier« noch ein Kommuniqué,[12] um ihre Position gegenüber der mitgereisten Presse nochmals deutlich zu machen, und reisten unverrichteter Dinge wieder ab.

Noch während der Konferenz – die westdeutschen Vertreter tagten weiter – entbrannte der öffentlich ausgetragene Streit, wer denn nun für das Scheitern verantwortlich sei. Dabei zeigte sich ein geteiltes Presseecho. Westdeutsche Presseorgane schoben den ostdeutschen Ministerpräsidenten und vor allem der Hegemonialpartei SED, die im Hintergrund die Strippen zu ziehen schien, die Hauptschuld zu. So meldete das Nachrichtenmagazin *Der Spiegel* unter Verweis auf eine Pressekonferenz der vier SED-Ministerpräsidenten in Berlin, dass diese bereits bei ihrer Ankunft in München einen Entwurf des »Absagekommuniqués« in der Tasche gehabt hätten. Der Auftritt der ostdeutschen Vertreter bei der nächtlichen Vorbesprechung erscheint in diesem Lichte als ein von Anfang an inszenierter Abgang. Die Würfel über den Ausgang der Münchener Ministerpräsidentenkonferenz seien deshalb »schon lange vor[her]« gefallen.[13] Ähnlich kommentierte auch die *Süddeutsche Zeitung* (*SZ*) den

8 SZ vom 31.5.1947, S. 1.
9 SZ vom 3.6.1947, S. 1.
10 Steininger, Rolf: Zur Geschichte der Münchener Ministerpräsidenten-Konferenz 1947, in: VfZ 23 (1975), S. 375–453, hier S. 425.
11 Ebenda, S. 437.
12 Der Spiegel vom 14.6.1947, S. 1.
13 Ebenda.

überraschenden Konferenzverlauf: »Sie kamen, um auftragsgemäß eine politische Diskussion einzuleiten und jene politische ›Aktion‹ zu führen, die der Konzeption der Besatzungsmacht ihrer Zone entspricht.«[14] Auch die Hamburger Wochenzeitung *Die Zeit* kritisierte die ostdeutschen Ministerpräsidenten: Diese seien »als eine kollektive Einheit« aufgetreten und hätten sich für ihre Forderungen die »Fernprogrammpunkte zu eigen gemacht, die auf der Moskauer Konferenz von der Sowjetunion und in Deutschland von der SED vertreten werden«.[15]

Ganz anders waren die Reaktionen in der Sowjetischen Besatzungszone. Hier versuchte die SED mit Hilfe der eigenen Zeitungen den Spieß umzudrehen und dem Westen die Schuld in die Schuhe zu schieben. Bereits am 12. Juni veröffentlichte die SED-Führung eine Erklärung zusammen mit Führungskadern der westdeutschen KPD, um den eigenen gesamtdeutschen Anspruch propagandistisch zu untermauern.[16] Darin verlangten sie auch in den Westzonen eine Bodenreform sowie eine Verstaatlichung der Schlüsselindustrie. Nur so könne der Kampf gegen die Wintersnot gewonnen werden. Im *ND* warf Steinhoff Ehard vor, er sei bei den Verhandlungen in München »nicht als Mittler zwischen den Ost- und Westzonen aufgetreten« und habe »die gesamtdeutschen Interessen gegenüber denen Bayerns und der Westzonen in den Hintergrund gerückt«.[17] Während westdeutsche Kommentatoren die intransigente Rolle der SED hervorhoben, verwies der *ND*-Chefredakteur Lex Ende süffisant auf die sieben SPD-Ministerpräsidenten, die in München »vom heiligen Geist Dr. Schumachers erleuchtet« gewesen seien.[18]

Die Hoffnung, mit dem innerdeutschen Treffen die Uneinigkeit der Alliierten auf den Außenministerkonferenzen zu kompensieren, hatte sich endgültig zerschlagen. Angesichts der gegebenen internationalen Rahmenbedingungen war ein deutscher Sonderweg unrealistisch. Tagungsort und Tagungsprogramm blieben bei diesem ersten Zusammentreffen höchst umstritten. Die Münchener Ministerpräsidentenkonferenz, die eine zukunftsweisende Perspektive für die Einheit Deutschlands eröffnen sollte, mutierte stattdessen zu einem Symbol der Teilung des Landes. Im Vorfeld der Londoner Außenministerkonferenz unternahm Ehard im November 1947 nochmals einen Anlauf für eine Minis-

14 Streiflicht, in: SZ vom 7.6.1947, S. 1.
15 Die Zeit vom 5.6.1947, S. 2.
16 Erklärung der Arbeitsgemeinschaft SED-KPD zur Ministerpräsidenten-Konferenz in München vom 12.6.1947, in: Dokumente der SED. Beschlüsse und Erklärungen des Zentralsekretariats und des Parteivorstandes. Bd. 1, Berlin (Ost) 1952, S. 200–203.
17 ND vom 26.6.1947, S. 2.
18 ND vom 29.6.1947, S. 1.

terpräsidentenkonferenz, die aber von der SPD kategorisch abgelehnt wurde und somit über das erste Planungsstadium nicht hinauskam. Fast zeitgleich scheiterte der Versuch des Berliner Bürgermeisters Ferdinand Friedensburg und des ehemaligen Reichstagspräsidenten Paul Löbe, ein gesamtdeutsches repräsentatives Forum zu schaffen. Das Zusammentreffen der Ministerpräsidenten in München am 5. Juni 1947 blieb bis zu den Treffen von Willy Brandt und Willi Stoph 1970 der einzige offizielle Dialog auf höchster politischer Ebene. Gleichwohl hat es in den 50er und 60er Jahren zahlreiche, zum Teil informelle, Kontakte gegeben. Zu nennen wären hier zum Beispiel die geheimen Unterredungen zwischen Bundesfinanzminister Fritz Schäffer, NVA-General Vincenz Müller und dem sowjetischen Botschafter in der DDR, Georgi M. Puschkin, 1955/56 oder die stellenweise offiziellen Beziehungen zwischen FDP und LDPD zwischen 1956 und 1966.

Die Treffen von Willy Brandt und Willi Stoph in Erfurt und Kassel 1970

Die bundesdeutsche Politik der Nichtanerkennung der DDR schloss in den 50er und 60er Jahren offizielle Spitzenkontakte zwischen beiden deutschen Staaten aus. Obwohl die zuständigen Ressorts in Bonn schon vorher ostpolitische Initiativen und Konzeptionen entwickelt hatten, brachte doch erst der Regierungswechsel 1969 einen qualitativen Neuanfang in der westdeutschen Deutschlandpolitik. Bereits in seiner Regierungserklärung vom 28. Oktober rückte Bundeskanzler Willy Brandt von der bisherigen Praxis ab, indem er die DDR de facto anerkannte. Das bedeutete eine Vorleistung der Bundesrepublik, denn die Verhandlungen über Gewaltverzicht sollten erst noch folgen. Vor dem Deutschen Bundestag bot Brandt dem DDR-Ministerrat in seiner Rede entsprechende Verhandlungen an, die »zu vertraglich vereinbarter Zusammenarbeit führen sollen«. Er unterstrich aber, dass eine völkerrechtliche Anerkennung der DDR nicht in Betracht komme. Zugleich betonte Brandt den besonderen Charakter der deutsch-deutschen Beziehungen: »Auch wenn zwei Staaten in Deutschland existieren, sind sie doch füreinander nicht Ausland; ihre Beziehungen zueinander können nur von besonderer Art sein.«[19]

19 Zit. nach: Außenpolitik der Bundesrepublik Deutschland. Dokumente von 1949 bis 1994, hrsg. aus Anlass des 125. Jubiläums des Auswärtigen Amts, Köln 1995, S. 329–333, hier S. 330.

Die SED-Führung tat sich schwer mit dem neuen Gesprächspartner in Bonn, denn mit dem Regierungswechsel war das gewohnte und fast schon lieb gewordene Feindbild des westdeutschen »Revanchismus« zunächst einmal verloren gegangen. Deshalb verwies Walter Ulbricht (SED) in internen Beratungen auf die nach wie vor bestehenden wirtschafts- und gesellschaftspolitischen Rahmenbedingungen in der Bundesrepublik: »Es gibt prinzipielle Übereinstimmung darüber, dass Westdeutschland ein monopolkapitalistischer Staat ist, der jetzt eine SPD-Regierung hat.«[20] Noch deutlichere Worte enthielt eine Politbürovorlage vom 29. Oktober 1969, einen Tag nach der Regierungserklärung Brandts: »Die in Bonn gebildete SPD/FDP-Regierungskoalition ist ein Ergebnis der sich verschärfenden Widersprüche des staatsmonopolistischen Systems in Westdeutschland.«[21] Die Diskussion im Politbüro offenbarte allerdings auch Meinungsverschiedenheiten innerhalb der SED-Führung bei der Beurteilung der zurückliegenden Bundestagswahl, vor allem aber bei der Beantwortung der Frage, wie auf die neue Ostpolitik der Regierung Brandt/Scheel zu reagieren sei. Während etwa Ulbricht das Gesprächsangebot insgesamt positiv aufnahm, verhielt sich beispielsweise Honecker sehr viel reservierter. Wie konnte es nun vor diesem Hintergrund zum ersten Spitzentreffen in Erfurt 1970 kommen? Welche Erwartungen knüpften beide Seiten an dieses Ereignis?

Eine wichtige Vorentscheidung fiel in Moskau. Die Ende Januar 1970 begonnenen Gespräche zwischen dem Kanzleramts-Staatssekretär Egon Bahr (SPD) und dem sowjetischen Außenminister Andrej A. Gromyko in Moskau, die schließlich zur Unterzeichnung des Moskauer Vertrages am 12. August führten, brachten die SED-Führung in Zugzwang. Sie musste sich entscheiden, ob sie ihre Position dem erreichten westdeutsch-sowjetischen Verhandlungsstand anpassen oder aber die Bonner Gespräche in Moskau blockieren wollte. Noch Ende des Jahres 1969 hatte Ulbricht Bundespräsident Gustav Heinemann einen Vertragsentwurf über die Aufnahme gleichberechtigter Beziehungen zugeschickt, der – im *Neuen Deutschland* am 21. Dezember auf der Titelseite veröffentlicht – auf eine völkerrechtliche Anerkennung der DDR

20 Notizen des Politbüromitglieds Honecker über die außerordentliche Sitzung des Politbüros des ZK der SED in Dölln am 30.10.1969, in: Dokumente zur Deutschlandpolitik [DzD], hrsg. vom Bundesministerium des Innern unter Mitwirkung des Bundesarchivs. VI. Reihe/Bd. 1 (21. Oktober 1969 bis 31. Dezember 1970), bearb. von Daniel Hofmann, München 2002, S. 23–26, hier S. 23.

21 Ebenda, S. 9–16, hier S. 9.

hinauslief. Ohne auf diese Initiative einzugehen, richtete Brandt knapp fünf Wochen später ein Offenes Schreiben an den Vorsitzenden des DDR-Ministerrates, Willi Stoph, in dem er Verhandlungen anbot. Am 11. Februar 1970 schlug wiederum Stoph in einem Antwortbrief, der mit der Führung der KPdSU abgestimmt war, ein Treffen für den 19. oder 26. Februar in Ost-Berlin vor. Mit dem Ortsvorschlag verband die ostdeutsche Seite erneut die Hoffnung, der völkerrechtlichen Anerkennung der DDR einen großen Schritt näher zu kommen und eine Vorentscheidung in der nach wie vor ungelösten Berlin-Frage zu treffen.

Mit dem Briefwechsel zwischen Brandt und Stoph konnten Anfang März 1970 die konkreten Vorbereitungen für das erste deutsch-deutsche Spitzentreffen beginnen. Dabei verfolgten beide Seiten unterschiedliche Ziele: Während es der SED-Führung um die Existenzsicherung der DDR ging, legte die Bundesregierung großen Wert auf den Abschluss von innerdeutschen Vereinbarungen. Die politische Führung der DDR verlangte von Bonn die Aufgabe der Hallstein-Doktrin und des Alleinvertretungsanspruches sowie die Respektierung der Grenzen; Brandt und Bahr hingegen schwebte ein Modus Vivendi zwischen beiden deutschen Staaten für die Dauer der Teilung vor, der die alliierten Rechte sowie das Ziel der nationalen Einheit nicht verletzte. Eine schwierige Ausgangslage! Bereits die ersten Vorgespräche auf Beamtenebene zeigten, dass Fragen des Zeremoniells von zentraler Bedeutung waren. Ohne gemeinsame Verständigung über Tagungsort und Tagungsablauf war ein Treffen fast undenkbar. Entscheidend waren die außenpolitischen Rahmenbedingungen, denn Moskau drängte Ost-Berlin zu Konzessionen gegenüber Bonn. Die sowjetische Führung war an einem erfolgreichen und zügigen Abschluss der eigenen Gespräche mit der Bundesrepublik interessiert. Daher waren Störmanöver von Seiten der SED unerwünscht. Diese wurde von der KPdSU-Spitze sogar dazu bewogen, den ursprünglichen, kompromisslosen Kurs aufzugeben und konziliantere Töne gegenüber der westdeutschen Seite anzuschlagen.

Innerhalb des Bonner Regierungslagers wurde die Gesprächsbereitschaft Ulbrichts skeptisch eingeschätzt. So wusste *Der Spiegel* am 16. Februar 1970 zu berichten, dass zu den Skeptikern vor allem Verkehrsminister Georg Leber (SPD), Verteidigungsminister Helmut Schmidt (SPD), Finanzminister Alex Möller (SPD) und Landwirtschaftsminister Josef Ertl (FDP) gehörten, die den Kanzler vor überstürzten Reaktionen auf die Einladung Stophs warnten. Selbst Bahr schien Zweifel am Ertrag der bevorstehenden Gespräche zu haben: »Das theoretische Ziel der Verhandlungen im Interesse Ost-Berlins könnte es sein, die Verhandlungen über ein halbes Jahr hinzuziehen und dann scheitern zu lassen, um in der Zwischenzeit den internationalen Durchbruch zu erzielen und schließlich die BRD dennoch nach Osteuropa abzublocken.«[22] Deshalb seien die innerdeutschen Verhandlungen auf möglichst hoher Ebene durch »Sachklärungen in Moskau« vorzubereiten. Dort sah Bahr den Schlüssel zum Erfolg. Darüber hinaus sprach er sich für zügige und gezielte Vorbereitungen aus, denn bereits bei der ersten Begegnung sollten Stoph – so der Brandt-Vertraute – die bundesdeutschen Vorstellungen präsentiert werden.

Als äußerst problematisch erwies sich der Vorstoß der SED-Führung, das Spitzengespräch in Ost-Berlin stattfinden zu lassen. Der Viermächtestatus der geteilten Stadt erwies sich als protokollarisches Minenfeld. Das hatte im Übrigen auch der Berlin-Besuch Kennedys im Juni 1963 deutlich gemacht, der sich nur auf die drei Westsektoren erstreckte: Dabei mussten die zum Teil gegenläufigen Interessen auf deutscher und alliierter Seite in Übereinstimmung gebracht werden.[23] Die Bundesregierung reagierte und wollte 1970 West-Berlin in den Tagungsverlauf mit einbeziehen, was wiederum bei den DDR-Verantwortlichen auf Ablehnung stieß. Der Leiter der DDR-Delegation, Gerhard Schüßler (stellvertretender Leiter des Büros des DDR-Ministerrats), der zusammen mit Ministerialdirektor Ulrich Sahm vom Bundeskanzleramt das Treffen Brandt–Stoph vorbereitete, sah in dem bundesdeutschen Ansinnen einen »unfreundliche[n] Akt«.[24] Die Reise über West-Berlin sei eine Belastung der Vorgespräche und sogar der Viermächtegespräche über die geteilte Stadt. Diese unnachgiebige Haltung war jedoch für Brandt nicht akzeptabel, denn er konnte sich als Bundeskanzler nicht von der DDR vorschreiben lassen, ob er West-Berlin in das Besuchsprogramm mit einbezog oder nicht. Da Ost-Berlin in dieser Frage eine völlig unnachgiebige Position vertrat, ging es nunmehr für die Bundesregierung darum, den eigenen Rechtsstandpunkt deutlich zu machen. Andernfalls hätte die SED-Führung einen ersten und lang ersehnten diplomatischen Erfolg verbuchen können und wäre ihrem Ziel näher gekommen, die Selbständigkeit West-Berlins von der Bundesrepublik zu demonstrieren. So gerieten die vorbereitenden Gespräche rasch in eine Sackgasse. Erst die sowjetische Einflussnahme brachte Bewegung in die festgefahrene Situation und führte zum Einlenken der SED. Diese ließ am 12. März über ihren Delegationsleiter den Vorschlag unterbreiten, das Treffen in Erfurt durchzuführen.

22 Aufzeichnung des Staatssekretärs im Bundeskanzleramt Bahr vom 19.2.1970, in: DzD VI. Reihe/Bd. 1, S. 272–274, hier S. 273.
23 Daum: Kennedy in Berlin, S. 68–111.
24 Zusammenfassender Vermerk des Bundeskanzleramtes über die Besprechungen mit Vertretern der DDR (o. D.), in: DzD VI. Reihe/Bd. 1, S. 364–367, hier S. 365.

Gleichzeitig konnten wichtige technische Fragen, die den Reiseablauf betrafen, geklärt werden.

Das Erfurter Treffen am 19. März 1970 zeigte die nahezu konträren Erwartungshaltungen auf beiden Seiten. Nach der vereinbarten formlosen, aber fast steif wirkenden Begrüßung auf dem Bahnsteig kam es zum ersten Meinungsaustausch im Tagungshotel »Erfurter Hof«. Hierbei trug Ministerpräsident Stoph Altbekanntes vor: Er forderte gleich zu Beginn die völkerrechtliche Anerkennung der DDR und brachte den Vertragsentwurf vom Dezember 1969 wieder ins Spiel. Enervierend wirkten seine historischen Belehrungen gegenüber Bundeskanzler Brandt, die DDR habe seit ihrer Gründung das Ziel verfolgt, dass von deutschem Boden kein Krieg mehr ausgehen dürfe.[25] Mit der von Brandt betriebenen Politik der kleinen Schritte, die eine völkerrechtliche Anerkennung ausschloss, wollte er sich nicht abfinden: »Wir meinen, jeder Versuch, diese Grundentscheidung[ ] hinauszuschieben oder die Dinge irgendwie in der Schwebe zu halten, führ[t] uns nicht voran.«[26] Anschließend skizzierte Brandt die Grundsätze seiner Deutschlandpolitik und unterstrich das besondere deutsch-deutsche Verhältnis. Er sprach sich für die Überwindung der Teilung bei gleichzeitiger Anerkennung des Status quo aus und meinte damit insbesondere auch die Verbesserung der zwischenmenschlichen Beziehungen (Besuchsreisen, Familienzusammenführung etc.). Insgesamt tauschten beide Politiker die bereits bekannten rechtlichen und politischen Standpunkte aus und beharrten auf ihren Positionen. Das Spitzentreffen schien also wenig an Überraschungen zu bieten. Das Ergebnis fiel eher mager aus, denn im abschließenden Kommuniqué einigte man sich nur auf ein weiteres Treffen in Kassel am 21. Mai.

Für die SED-Führung waren von Anfang an protokollarische Fragen von zentralem Interesse, symbolisierten sie doch nach außen den völkerrechtlichen Umgang mit der DDR. In den Vorgesprächen hatte man sich noch auf einen Arbeitsbesuch ohne militärisches Zeremoniell geeinigt, was vor allem den westdeutschen Wünschen entsprach. Beim Erfurter Treffen riskierte die DDR-Delegation einen Eklat: Beim Besuch des Bundeskanzlers in der Mahn- und Gedenkstätte Buchenwald sah sich Brandt mit einem aufwendigen Zeremoniell konfrontiert, das nicht abgesprochen war. So mussten beide Delegationen neben einer präsentierenden Ehrenformation und vor einer DDR-Flagge

25 Stenographische Niederschrift des Gesprächs Stoph–Brandt am 19.3.1970 in Erfurt, in: Potthoff, Heinrich: Bonn und Ost-Berlin 1969–1982. Dialog auf höchster Ebene und vertrauliche Kanäle. Darstellung und Dokumente, Bonn 1997, S. 135–159, hier S. 136.

26 Ebenda, S. 137.

verharren, während ein Musikzug der Nationalen Volksarmee die Nationalhymnen beider Länder spielte. Erst anschließend konnten die Kränze niedergelegt werden. Der eher privat geplante Besuch war auf Vorschlag Brandts in das Programm mit aufgenommen, aber nie im Detail abgesprochen worden. Die Anregung zu diesem Besuch gab im Übrigen der neue Referent im Bundeskanzleramt, Günter Guillaume. Die DDR ergriff die Chance, der Weltöffentlichkeit die völkerrechtliche Anerkennung zu dokumentieren. Während das *ND* am folgenden Tag ausführlichst darüber berichtete, ging die westdeutsche Presse nur am Rande auf dieses Ereignis ein. Die deutsche Wirklichkeit sei voller Überrumpelungen, so *Der Spiegel* in einem ausführlichen Bericht über das Treffen von Erfurt. Dem Bundeskanzler war während des Besuchs nichts anzumerken. Erst auf dem Rückweg kommentierte er das Zeremoniell in Buchenwald mit den Worten: »Aber ich habe keine Lust, daraus eine Affäre zu machen.« Und weiter: »Ich hoffe, dass aus Buchenwald nicht allzu falsche Schlüsse gezogen werden.«[27]

Nicht zu übersehen war die angespannte Atmosphäre zwischen beiden Politikern, die nicht nur mit der Tatsache zusammenhing, dass dies das erste Treffen war. Von nicht zu unterschätzender Bedeutung waren vielmehr die ersten Reaktionen der Erfurter Bevölkerung, die sowohl auf Brandt als auch auf Stoph tiefen Eindruck machten. Im Vorfeld hatte die SED versucht, Vorkehrungen zu treffen, um lautstarke Zustimmungs- oder Unmutsbekundungen zu verhindern. Da der Zugang der Bevölkerung zum westdeutschen Gast unter Kontrolle bleiben musste, wurden Straßenabsperrungen in der Erfurter Innenstadt errichtet. Die Hegemonialpartei wollte stets Herr des Geschehens sein, was jedoch nicht gelang. So berichtete *Der Spiegel*, dass kurz nach Brandts Ankunft ungefähr tausend Menschen die Absperrung überwunden und den Platz vor dem Tagungshotel gestürmt hatten. So kam es, dass beide Regierungschefs auf ihrem Weg ins Hotel ein von der SED nicht geplantes Bad in der Menge nahmen: »Kein Lächeln überläuft Brandt, als ihm aus der Menge schließlich sein voller Name nachgerufen und so jeder Zweifel daran beseitigt wird, welchem Willy dieser Durchbruch gilt. Weder er noch Willi Stoph zu seiner Rechten finden eine Chance, Ordnung in ihre Gefühle zu bringen.«[28]

Wenn es denn ein Bild gibt, das die Bedeutung des Erfurter Treffens auf den Punkt bringt, so ist es die von Fotografen abgelichtete Szene, in der Brandt an das Fenster seines Hotelzimmers tritt, um mit einer beschwichtigenden Geste

27 Der Spiegel vom 23.3.1970, S. 34.
28 Ebenda, S. 33.

die ihm zujubelnden Erfurter zu beruhigen. Er wollte keine Hoffnungen wecken, die er möglicherweise in den Verhandlungen nicht erfüllen konnte. In dieser Szene schien sich aber auf eine gewisse Weise die Einheit der Nation zu manifestieren. Der Besuch des westdeutschen Regierungschefs rief bei der Erfurter Bevölkerung spontane Emotionen hervor, mit denen die beiden Spitzenpolitiker und die Delegationen offenbar nicht gerechnet hatten. Noch Jahre später hat Brandt in seinen Erinnerungen beschrieben, wie sehr ihn diese Begegnung mit der ostdeutschen Bevölkerung innerlich aufgewühlt hat. Ähnlich wie beim Mauerbau, als er aufgebrachte West-Berliner Bürger besänftigte, versuchte er auch jetzt, beruhigend auf die Massen einzuwirken. Dieses Bild ging via Fernsehen um die Welt und wurde Teil der kollektiven Erinnerung, welche die SED-Führung zu gern wieder getilgt hätte. Erst um die Mittagszeit des 19. März wandelte sich die Stimmungslage, denn mittlerweile war es der SED gelungen, die eigene Parteibasis bzw. linientreue Betriebsgruppen zu mobilisieren und eine Gegendemonstration zu organisieren. Diese skandierten den Namen des DDR-Ministerpräsidenten und verlangten lautstark die Anerkennung der DDR durch die Bundesrepublik. Nur diese Bilder druckte das *ND* am folgenden Tag ab,[29] während die westdeutsche Presse ausführlich über die spontanen Hochrufe auf Brandt berichtete. Die SED-Führung nutzte in den Tagen nach dem Erfurter Treffen Großveranstaltungen propagandistisch aus, um die Zustimmung der DDR-Bevölkerung zur politischen Führung des Landes zu demonstrieren. Außerdem sollte dem symbolträchtigen Auftritt Brandts am Hotelfenster ein massenwirksames Signal entgegengesetzt werden, das die Eigenständigkeit der DDR zu verdeutlichen hatte.

Für die SED-Führung stellte das Spitzentreffen eine mittlere Katastrophe dar. Darüber konnten auch die anschließenden Großkundgebungen in zahlreichen DDR-Städten nicht hinwegtäuschen. Im eigenen Land war es der Hegemonialpartei nicht gelungen, den Jubel für Brandt von vornherein zu unterbinden. Noch während des Erfurter Treffens kam das Sekretariat des ZK der SED zu einer Sondersitzung in Berlin zusammen. Da Ulbricht und Honecker nicht anwesend waren, informierte Albert Norden über die »besonderen Vorkommnisse«.[30] Das Gremium beschloss, die Leiter der ZK-Abteilungen für Parteiorgane und Sicherheitsfragen untersuchen zu lassen, »wie es zu den Demonstrationen für Brandt [...] kommen konnte und welche Schlussfolgerungen

29 ND vom 20.3.1970, S. 1, 2 und 4.
30 Zit. nach: Nakath, Detlef: Deutsch-deutsche Grundlagen. Zur Geschichte der politischen und wirtschaftlichen Beziehungen zwischen der DDR und der Bundesrepublik in den Jahren von 1969 bis 1982, Schkeuditz 2002, S. 71.

daraus zu ziehen sind«. Der Abschlussbericht der Bezirksbehörde Erfurt der Deutschen Volkspolizei vom 23. März zeigt, dass die Sicherheitskräfte mit der Lage überfordert waren. Die SED-Führung griff diese Informationen auf und machte zusammen mit dem Ministerium für Staatssicherheit die Polizei vor Ort für die »besonderen Vorkommnisse« verantwortlich. Innerhalb der SED fand jedoch in den folgenden Monaten keine weitere Fehlerdiskussion statt. Dennoch stellte das Erfurter Ereignis eine traumatische Erfahrung für die politische Führung der DDR dar und beeinflusste zukünftige Besuchsvorbereitungen erheblich. Spontane Zustimmungsbekundungen für einen westdeutschen Politiker sollten sich in der DDR nicht mehr wiederholen.

Das Presseecho über das Erfurter Treffen fiel in der Bundesrepublik insgesamt positiv aus. Das lag nicht nur daran, dass die wichtigen überregionalen Zeitungen das Treffen von Anfang an als historisches Ereignis einstuften, sondern auch an der Zurückhaltung, mit der die Bundesregierung im Vorfeld agiert hatte, um keine allzu großen Erwartungen aufkommen zu lassen. So lautete etwa die Überschrift auf der Titelseite bei der *Süddeutschen Zeitung*: »Bonn gegen zu große Hoffnungen auf das Erfurter Gipfeltreffen«.[31] Stattdessen stand vielmehr im Mittelpunkt des Interesses, dass sich die beiden Regierungschefs erstmals »nach 25-jährigem Auseinanderleben« trafen. In der *FAZ* betonte Dettmar Cramer die positiven langfristigen Folgen des Besuchs und wies in einem Kommentar darauf hin, dass »der 19. März 1970 [...] im Begriff ist, zu einer Zäsur in der Bewusstseinsbildung der DDR-Bevölkerung zu werden«.[32] Mit Erfurt sei beim »politisch engagierten Teil der Bevölkerung drüben ein Wandel zu registrieren«. Auf diese Weise könne, so Cramer weiter, Einfluss genommen werden auf die politische Zielsetzung der SED. Rolf Zundel zog in der *Zeit* eine positive Gesamtbilanz der Reise Brandts: »Seit Erfurt ist alles anders«.[33] In der *Süddeutschen Zeitung* bezeichnete Hans Schuster die erste Begegnung zwischen Brandt und Stoph als Wendepunkt, der »in einer veränderten weltpolitischen Landschaft eine neue Richtung weist«.[34] Rudolf Augstein, der sich im *Spiegel* ebenfalls zustimmend äußerte, wies aber zugleich auf die innere Widersprüchlichkeit der Position Brandts hin.[35] Der Unterschied zwischen staatsrechtlichen Beziehungen, welche die Bundesregierung mit der DDR eingehen wolle, und völkerrechtlichen, die Bonn ablehne, werde nicht

31 SZ vom 19.3.1970, S. 1.
32 FAZ vom 2.5.1970, S. 1.
33 Die Zeit vom 27.3.1970, S. 2.
34 SZ vom 20.3.1970, S. 4.
35 Der Spiegel vom 23.3.1970, S. 26.

lange aufrechtzuerhalten sein. Darauf hatte bereits Oppositionsführer Rainer Barzel (CDU) im Deutschen Bundestag hingewiesen, wobei die Unionsparteien in dieser Frage innerlich zerstritten waren und über kein überzeugendes Alternativkonzept verfügten.

Die SED-Führung zog ihre Lehren aus dem Erfurter Treffen und bereitete sich intensiv auf das Folgetreffen in Kassel vor. Anfang April legte die Außenpolitische Kommission beim Politbüro eine Arbeitsvorlage vor, welche die weitere Strategie gegenüber der Bonner Regierung festlegen sollte. Dieses interne Papier war ein Dokument der Abgrenzung. Scharf kritisiert wurde vor allem Brandts Anliegen, in den deutsch-deutschen Beziehungen »besondere innerdeutsche Beziehungen« zu sehen. Dem setzte die Ost-Berliner Führung die bekannte Forderung nach völkerrechtlicher Anerkennung entgegen. Neu war allerdings, dass es sich hierbei für die SED nicht mehr nur um unterschiedliche Rechtspositionen drehte. Wichtiger erschien der Außenpolitischen Kommission nun die Gefahr der Infiltration und der damit zusammenhängenden innenpolitischen Veränderung in der DDR. So gesehen unterschied sich die Regierung Brandt/Scheel in dieser Analyse nur in taktischer Hinsicht von den Regierungen unter Erhard und Kiesinger. Es handele sich stets um eine Politik, »die neue Ausgangspositionen für das auf lange Sicht berechnete Eindringen in die DDR schaffen will, die mit solchen Losungen [wie] ›besondere innerdeutsche Beziehungen‹, ›Wahrung der Einheit der Nation‹, ›Wege offen lassen für die Selbstbestimmung‹ getarnt wird.«[36] Aus dem politischen Frühling, der sich mit dem Treffen in Erfurt angekündigt hatte, schien nicht viel zu werden. Stattdessen machte sich Frost in den deutsch-deutschen Kontakten wieder bemerkbar. Der interne Stimmungsumschwung ging einher mit öffentlichen Verbalattacken gegenüber Bonn im unmittelbaren Vorfeld des geplanten Kassel-Besuchs. Unter der Überschrift »Das Störfeuer der Störenfriede« verlangte das *ND* die gleichberechtigte Mitgliedschaft der DDR in der Weltgesundheitsorganisation (WHO) der UNO und kritisierte unmissverständlich die Bundesregierung, die dieses »mit allen erdenklichen Winkelzügen und Kniffen« zu verhindern suche.[37] Das Organ des ZK der SED wurde im Tonfall noch schärfer, denn es warf Bonn vor, keine Gelegenheit ungenutzt zu lassen, »die DDR zu schädigen, zu benachteiligen und zu diffamieren«. Das Blatt glaubte darin sogar »eine Kampagne zur internationalen Diskriminierung« der DDR

36 Einschätzung und Vorschläge der Außenpolitischen Kommission beim Politbüro des ZK der SED vom 7.4.1970, in: DzD VI. Reihe/Bd. 1, S. 464–473, hier S. 469.
37 ND vom 28.4.1970, S. 2.

erkennen zu können. Diese Sticheleien wurden in der bundesdeutschen Presse aufmerksam registriert: »Massive Polemik aus Ostberlin«.[38]

Beim Treffen in Kassel am 21. Mai 1970 vereinbarten beide Seiten eine »Denkpause«[39] in den deutsch-deutschen Beziehungen. Anfang Mai meldete zwar die *FAZ*, Brandt wolle Stoph ein drittes Gespräch vorschlagen, bei dem die Ergebnisse der nach dem Kasseler Treffen eingesetzten gemeinsamen Kommissionen behandelt werden könnten.[40] Doch dieses Szenario fußte auf zu optimistischen Erwartungen, denn vor weiteren Verhandlungen erwartete die SED-Spitze Bonner Vorleistungen, insbesondere die völkerrechtliche Anerkennung der DDR. Beim Treffen kam es zum Eklat, als einige junge Rechtsradikale auf das Gelände des Schlosshotels gelangen und die DDR-Flagge herunterreißen konnten. Darüber hinaus gab es in der Stadt Demonstrationen von DKP- und NPD-Anhängern für bzw. gegen den Besuch Stophs. All dies trug nicht zu einer entspannten Gesprächsatmosphäre bei. In seiner Eingangserklärung erinnerte Stoph Brandt an dessen Zusage, »dass die Gäste der Bundesregierung entsprechend den gültigen internationalen Normen behandelt werden«.[41] Der DDR-Ministerpräsident nutzte unter anderem auch die Stimmungsmache in der rechtsradikalen *Nationalzeitung* dazu aus, um erst einmal auf Distanz zu seinem westdeutschen Gastgeber zu gehen. Während die ostdeutsche Delegation mit leeren Händen nach Kassel gekommen war, übergab Brandt, für den die völkerrechtliche Anerkennung der DDR nach wie vor nicht in Betracht kam, einen 20-Punkte-Katalog für eine vertragliche Regelung »gleichberechtigter Beziehungen« zwischen beiden deutschen Staaten. Aber erst Ende 1972 kam es zum Abschluss des Grundlagenvertrages; damit dauerten die Vertragsverhandlungen sehr viel länger als bei den anderen Ostverträgen.

In Kassel trat die ostdeutsche Delegation alles andere als gelassen und souverän auf. Die offizielle Begegnung mit dem westdeutschen Gesellschaftssystem, in dem öffentliche Demonstrationen für oder wider einen Staatsgast legitim waren, überforderte die DDR-Vertreter. Mehr noch: Die unkontrollierte »Selbstdarstellung der Menschen«[42] in Form von öffentlichen Demonstrationen verunsicherte die ostdeutsche Delegation und erinnerte sie womöglich an

38 SZ vom 5.5.1970, S. 2.
39 Der Begriff wurde in den Gesprächen von Stoph verwendet. Notiz über eine Mitteilung und zwei weitere kurze persönliche Gespräche Stoph–Brandt am 21.5.1970 in Kassel, in: Potthoff: Bonn und Ost-Berlin, S. 186–188, hier S. 187.
40 FAZ vom 4.5.1970, S. 1.
41 Delegationsgespräche von Bundeskanzler Brandt mit Ministerpräsident Stoph am 21.5.1970 in Kassel, in: DzD VI. Reihe/Bd. 1, S. 529–547, hier S. 531.
42 Der Spiegel vom 25.5.1970, S. 32.

die Vorkommnisse in Erfurt. Etwas verbissen wirkte auch die demonstrativ gewählte Begegnung mit dem DKP-Vorsitzenden Kurt Bachmann – ein vergleichbares Treffen Brandts mit Oppositionellen in der DDR wäre undenkbar gewesen! Das *ND* berichtete nur über die von der DKP organisierte Demonstration, bei der unter anderem die Forderung nach völkerrechtlicher Anerkennung der DDR artikuliert wurde.[43]

Mit dem Treffen von Kassel endeten erst einmal die deutsch-deutschen Spitzenbegegnungen auf höchster Ebene. Ein ursprünglich vorgesehenes drittes Treffen kam nicht mehr zustande; die Verhandlungen waren ins Stocken geraten. Bonn und Ost-Berlin schauten derweil nach Moskau, denn hier entschied sich die weitere Entwicklung für den Grundlagenvertrag. Dafür waren der Moskauer und der Warschauer Vertrag in der zweiten Jahreshälfte 1970 sowie das Viermächteabkommen über Berlin vom September 1971 wichtige Voraussetzungen. Dazwischen lag zeitlich gesehen der Machtwechsel in der DDR vom ungeliebten Ulbricht zum vermeintlichen Hoffnungsträger Honecker. Auf den ersten Blick war dies auch ein politischer Generationenwechsel, wie ihn die Bundesrepublik 1969 erlebt hatte. Neben diesen Faktoren war es vor allem sowjetischer Druck, der dazu führte, dass sich die Gesprächs- und Verständigungsbereitschaft auf Seiten der neuen SED-Führung deutlich erhöhte. So wurde in Ost-Berlin die Forderung nach völkerrechtlicher Anerkennung als Conditio sine qua non für weitere Verhandlungen nicht mehr erhoben.

Das Treffen zwischen Helmut Schmidt und Erich Honecker am Werbellinsee im Dezember 1981

Das nächste Spitzentreffen fand erst Ende 1981 in der Brandenburger Schorfheide zwischen Honecker und Helmut Schmidt statt, der Willy Brandt nach der Guillaume-Affäre 1974 als Bundeskanzler abgelöst hatte. Dieses Treffen – beide hatten sich schon 1975 beim Abschluss der Konferenz für Sicherheit und Zusammenarbeit in Europa in Helsinki sowie 1980 bei Titos Beerdigung in Belgrad kennengelernt – war mehrmals verschoben worden, vor allem weil die DDR Rücksicht zu nehmen hatte auf die außenpolitischen Interessen der sowjetischen Hegemonialmacht. Im Vergleich zu 1970 fallen zunächst einmal die veränderten weltpolitischen Rahmenbedingungen ins Auge: Ende der 70er Jahre war eine neue Eiszeit in den Beziehungen zwischen den beiden

43 ND vom 22.5.1970, S. 1 und 5 sowie ND vom 24.5.1970, S. 4.

Machtblöcken angebrochen. Die Sowjetunion war 1979 in Afghanistan einmarschiert und hatte durch die Stationierung von Mittelstreckenraketen (SS 20) in Europa ein neues Wettrüsten ausgelöst. Die westliche Verteidigungsgemeinschaft hatte daraufhin mit dem NATO-Doppelbeschluss reagiert, der maßgeblich auf die Initiative des deutschen Bundeskanzlers zurückzuführen war. Mit dem Regierungsantritt Ronald Reagans verstärkten die USA ihre Bemühungen, der atomaren Aufrüstung der Sowjetunion Paroli zu bieten. Das Jahrzehnt der Entspannung schien definitiv zu Ende zu gehen. In dieser Situation verfolgte die SED-Führung mehrere Ziele, die ein Junktim zwischen Deutschland- und Sicherheitspolitik bedeuteten:[44] Zum Ersten sollte die bisherige Entspannungspolitik fortgeführt werden, wobei »Friedenssicherung« gleichbedeutend war mit einer angestrebten Revision des Nachrüstungsbeschlusses. Zum Zweiten: Angesichts der angespannten Wirtschaftslage, in der sich die DDR ungefähr seit Mitte der 70er Jahre befand, und der sich verschlechternden Außenhandelsbilanz war man in Ost-Berlin in zunehmendem Maße auf westdeutsche Kredite angewiesen. Drittens betrieb die DDR eine Politik der Abgrenzung gegenüber der Bundesrepublik. Am 9. Oktober 1980 – vier Tage nach der Bundestagswahl – hatte der Ministerrat den Mindestumtauschsatz für Besucher aus der Bundesrepublik drastisch erhöht und damit das Verhältnis zu Bonn erheblich belastet. Wenige Tage später hielt Honecker eine Rede in Gera, in der er die Anerkennung der DDR-Staatsbürgerschaft, die Umwandlung der Ständigen Vertretungen in Botschaften, eine Regelung des umstrittenen Elbe-Grenzverlaufs sowie die Auflösung der Zentralen Erfassungsstelle für DDR-Menschenrechtsverletzungen in Salzgitter verlangte. Vor allem die ersten beiden Punkte waren für die Bundesregierung politisch und verfassungsrechtlich unannehmbar, zielten sie doch erneut auf eine völkerrechtliche Anerkennung der DDR. In Bonn wurden die Erhöhung des Zwangsumtauschs sowie die Geraer Forderungen als Affront gewertet. Die innerdeutschen Beziehungen befanden sich auf den ersten Blick wieder einmal in einer Sackgasse.

Bei beiden deutschen Regierungen überwog freilich das Interesse, die innerdeutschen Beziehungen nicht abbrechen zu lassen. Nachdem der sowjetische Staats- und Parteichef Leonid I. Breschnew Ende November 1981 die Bundesrepublik besucht hatte und die Abrüstungsverhandlungen der Supermächte in Genf wieder aufgenommen worden waren, war der Weg frei für das lange geplante innerdeutsche Gipfeltreffen. Gegenüber den beiden Treffen von

44 Siebs, Benno-Eide: Die Außenpolitik der DDR 1976–1989. Strategien und Grenzen, Paderborn u.a. 1999, S. 261.

1970 hatten sich aber nicht nur die außen-, sondern auch die innenpolitischen Rahmenbedingungen verändert. In Bonn befand sich die sozial-liberale Koalition in einer Phase der Agonie, denn die Gegensätze in der Wirtschafts- und Finanzpolitik zwischen den Regierungsparteien waren kaum noch zu überbrücken. Die Außen- und Deutschlandpolitik schien das einzige Arbeitsfeld zu sein, bei dem zwischen SPD und FDP noch weitgehend Konsens bestand. Hinzu kam, dass in beiden deutschen Staaten im Zuge des Ölpreisschocks ein allgemeiner Utopieverlust zu verzeichnen war. Der Glaube an die Regelungsfähigkeit der Wirtschaft durch staatliches Handeln war grundsätzlich in Frage gestellt worden. Die Erfolgsaussichten für bahnbrechende Ergebnisse bei den deutsch-deutschen Gesprächen wurden deshalb nicht sehr hoch eingeschätzt. Bereits im Vorfeld des Besuchs von Schmidt in der DDR waren die Erwartungen in der westdeutschen Presse eher gering. So meldete die *Süddeutsche Zeitung* am 1. Dezember 1981 auf der Titelseite: »Von der Begegnung [...] werden keine konkreten Ergebnisse erwartet.« Auch die *FAZ* erwartete keine »Wunderdinge« vom Treffen am Werbellinsee.[45]

Der genaue Besuchstermin war kurzfristig bekanntgegeben worden. So hatte die *Süddeutsche Zeitung* noch Mitte November gemeldet, dass das Treffen zwischen Schmidt und Honecker erst im Frühjahr 1982 stattfinden werde.[46] Die Vorbereitungen für das Spitzentreffen, das erstmals mehrere Tage dauerte, sollte vermutlich nicht durch wochenlange öffentliche Diskussionen belastet werden. Stattdessen sollten die Gespräche ohne Vorbedingungen stattfinden, wie die *FAZ* am 2. Dezember 1981 auf der Titelseite berichtete. Den Tagungsort hatte Honecker vorgeschlagen; dagegen erhob die Bundesregierung keinerlei Einspruch. Das Besuchsprotokoll sah vor, Berlin großräumig zu umfahren. Nach der Ankunft auf dem Flughafen Schönefeld am 11. Dezember machte sich die Wagenkolonne über den Berliner Ring auf zum Werbellinsee. Auf diese Weise konnten die leidigen Berliner Statusfragen von vornherein ausgeklammert werden. Ein militärisches Zeremoniell gab es nicht. Beide Delegationen einigten sich im Vorfeld auf das Hissen der Flaggen bei der Ankunft sowie während des Treffens vor dem Jagdschloss Hubertusstock, das König Friedrich Wilhelm IV. um 1849 im Stil eines bayerischen Landhauses erbaut hatte. Welch hohe Bedeutung die DDR dem Besuch beimaß, wurde unter anderem daran deutlich, dass das DDR-Fernsehen die Ankunft der beiden Spitzenpolitiker am Tagungsort direkt übertrug. Sonst waren Direktübertragungen nur

45 FAZ vom 5.12.1981, S. 2.
46 SZ vom 17./18.11.1981.

bei Besuchen von Staatsoberhäuptern üblich. Das *ND* veröffentlichte auf der Titelseite sogar die Ankunftszeit sowie ein Photo Schmidts mit den biographischen Daten des Bundeskanzlers.[47]

Bereits zum Auftakt der Treffens brachten beide Seiten ihre Monita vor. Bundeskanzler Schmidt sprach die Erhöhung des Mindestumtauschs an und fand dabei deutliche Worte: »Ich war persönlich sehr enttäuscht, dass die 1974 abgesprochenen Mindestumtauschsätze nicht aufrechterhalten worden sind.«[48] Von dieser Maßnahme seien nicht nur Rentner und Familien mit Kindern betroffen. Darüber hinaus sei auch das gegenseitige Vertrauen erschüttert worden. Und dann dozierte der Bundeskanzler allgemein über internationale Beziehungen: »Ich halte für eines der wichtigsten Dinge im internationalen Verkehr […], dass sich unsere Partner im Westen oder Osten, im Süden bei den Entwicklungsländern vertrauensvoll auf das verlassen können, was man miteinander abgemacht hat, auch wenn es nicht schriftlich niedergelegt ist.« Staatliches Handeln müsse kalkulierbar und vorhersehbar sein. Für Schmidt war »Berechenbarkeit« ein Schlüsselbegriff, der seine außenpolitischen Vorstellungen auf den Punkt brachte. Diese Berechenbarkeit vermisste er bei Honecker. Wenig später schränkte er seine Kritik allerdings wieder ein und betonte, man sei nicht gekommen, »um eine Kette von Beschwerden vorzulegen«. Auf der anderen Seite trug Honecker, der auf die Vorwürfe relativ gelassen reagierte, die bekannten Geraer Forderungen in etwas abgeschwächter Form vor. So pochte er nicht mehr auf die Anerkennung, sondern nur noch auf die »Respektierung« der DDR-Staatsbürgerschaft.[49] Ansonsten stand die internationale Lage im Mittelpunkt der Gespräche. Die überlieferten Protokolle und Mitschriften zeigen eine vergleichsweise entspannte Atmosphäre.

Zwei Ereignisse warfen aber Schatten auf das Treffen am Werbellinsee. Da war zunächst einmal die Verhängung des Kriegsrechts in Polen, von der die bundesdeutsche Delegation völlig überrascht wurde. Eine vorzeitige Abreise kam für sie jedoch nicht in Betracht. In der Bundesrepublik war diese Entscheidung umstritten: Bayerns Ministerpräsident Franz Josef Strauß (CSU), der einige Jahre später den Milliardenkredit für das marode SED-Regime einfädelte, sprach von »Instinktlosigkeit«.[50] Die außenpolitische Maxime Schmidts, durch Gespräche gegenseitiges Vertrauen zu schaffen und Berechenbarkeit im

47 ND vom 11.12.1981.
48 Delegationsgespräch am 12.12.1981 (vormittags), in: Potthoff: Bonn und Ost-Berlin, S. 671–679, hier S. 672.
49 Ebenda, S. 676.
50 Der Spiegel vom 21.12.1981, S. 19.

staatlichen Handeln herzustellen, war ernsthaft in Frage gestellt. Noch eindrücklicher waren aber die Bilder vom hermetisch abgeriegelten Güstrow, wo auf Wunsch des Bundeskanzlers der dreitägige Besuch enden sollte. Hier besuchten beide Politiker den Dom mit den weltberühmten Skulpturen Ernst Barlachs. Der Spaziergang des Kanzlers durch Güstrow fand vor einer gespenstischen Kulisse statt. Direkte Kontakte zur Bevölkerung blieben die Ausnahme. Mit der Inszenierung des Güstrower »Polizeistaats-Festivals«[51] hatte die SED-Führung ungewollt die grundlegenden Systemunterschiede zur Bundesrepublik nochmals sichtbar gemacht. Die Fernsehbilder von den Straßenzügen in der mecklenburgischen Kleinstadt, die von der Volkspolizei und dem Staatssicherheitsdienst abgesperrt worden waren, gingen erneut um die Welt und waren langfristig betrachtet ein gewaltiger Imageschaden für das SED-Regime. Das einzig konkrete Ergebnis des Spitzentreffens war die Verlängerung des zinslosen Überziehungskredits im innerdeutschen Handel (Swing). Dennoch zeigten sich beide Seiten zufrieden mit dem Ablauf der Gespräche. Das westdeutsche Presseecho fiel dagegen geteilt aus: Während etwa *Der Spiegel* trotz der Ereignisse in Güstrow und Polen ein positives Gesamtbild zeichnete, gelangte die *FAZ* zu einer negativen Beurteilung und sprach in einem Kommentar von der »Schmach von Güstrow«.[52]

Der Besuch Honeckers in Bonn 1987 und Helmut Kohls Auftritt in Dresden 1989

Die *Süddeutsche Zeitung* berichtete Anfang 1982, Bundespräsident Carl Carstens plane aus Anlass der Luther-Feiern 1983 eine Reise in die DDR.[53] Doch daraus wurde nichts. Im Verlauf der 80er Jahre aber normalisierten sich die deutsch-deutschen Beziehungen weiter. Dazu trug vor allem der politische Klimawechsel bei, der 1985 mit dem Machtantritt Michail S. Gorbatschows in Moskau einsetzte. Sein Versuch, die Sowjetunion »umzubauen« und aus der Wirtschaftskrise zu führen, läutete eine neue Phase der Verständigung mit den USA ein. Davon profitierten letztlich auch die beiden deutschen Staaten. Ein Gegenbesuch Honeckers in Bonn, wo seit Oktober 1982 Helmut Kohl (CDU) regierte, musste zunächst mehrmals verschoben werden und kam erst im

51 Jäger, Wolfgang/Link, Werner: Republik im Wandel 1974–1982. Die Ära Schmidt, Stuttgart/Mannheim 1987, S. 381.
52 FAZ vom 15.12.1981, S. 12.
53 SZ vom 11.1.1982, S. 7.

September 1987 zustande. Der Regierungswechsel in der Bundesrepublik hatte im Übrigen kaum Auswirkungen auf die Deutschlandpolitik, denn der neu gewählte Bundeskanzler setzte den Entspannungskurs seiner Vorgänger weitgehend fort. Die von Honecker angeführte Delegation wurde in der Bundeshauptstadt mit fast allen protokollarischen Ehren empfangen: Hissen der Fahnen, Abspielen der Nationalhymnen und Ehrenformationen. Allerdings konnte sich Honecker nicht in das Goldene Buch der Stadt Bonn eintragen; außerdem war das Diplomatische Corps bei den offiziellen Empfängen nicht zugelassen. Doch diese kleinen Einschränkungen akzeptierte Ost-Berlin. Bei der Vorbereitung des Besuches fiel auf, dass anders als bei den früheren Begegnungen Protokollfragen keine zentrale Rolle spielten. Der ehemalige Bundeskanzler Schmidt bezeichnete Honecker trotz aller Meinungsverschiedenheiten in der Wochenzeitung *Die Zeit*, deren Mitherausgeber er nach dem Regierungswechsel geworden war, theatralisch als »einen unserer Brüder«.[54] Kohl fiel zwar die protokollarische Ehrerweisung schwer;[55] letztlich war das aber der Preis für die Stabilisierung der Beziehungen und die Verstärkung der menschlichen Kontakte. In der westdeutschen Öffentlichkeit löste der Besuch des SED-Generalsekretärs durchaus »zwiespältige Gefühle« aus.[56] Proteststürme gab es jedoch nicht; Demonstrationen wie in Kassel 1970 blieben 1987 aus. Im Gegenteil: Die Ministerpräsidenten rissen sich förmlich darum, den Staatsgast aus der DDR im eigenen Bundesland begrüßen zu dürfen. Honecker schien am Ziel zu sein. In einer internen Analyse wertete das Politbüro den ersten offiziellen Besuch Honeckers in der Bundesrepublik als »bedeutende[n] politische[n] Erfolg« und als »wichtigste[s] Ereignis« in den deutsch-deutschen Beziehungen seit dem Abschluss des Grundlagenvertrages.[57]

Der Besuch schien auf den ersten Blick die deutsche Teilung und die endgültige Anerkennung der Zweistaatlichkeit zu besiegeln.[58] Bei der kritischen Auswertung des Honecker-Besuches waren in der Bundesrepublik die positiven Stimmen vorherrschend. Der Besuch sei – so Carl-Christian Kaiser in der *Zeit*[59]– eine »Investition in die Zukunft«. Für die DDR-Delegation barg der

54 Die Zeit vom 24.7.1987, S. 3.

55 Korte, Karl-Rudolf: Deutschlandpolitik in Helmut Kohls Kanzlerschaft. Regierungsstil und Entscheidungen 1982–1989, Stuttgart 1998, S. 372.

56 Der Spiegel vom 31.8.1987, S. 20.

57 Potthoff, Heinrich: Die »Koalition der Vernunft«. Deutschlandpolitik in den 80er Jahren, München 1995, S. 564–574, hier S. 570.

58 Wirsching, Andreas: Abschied vom Provisorium. Geschichte der Bundesrepublik Deutschland 1982–1990, München 2006, S. 622.

59 Die Zeit vom 18.9.1987, S. 7.

Besuch in Bonn jedoch auch einige Risiken in sich. So war auf Drängen Kohls vereinbart worden, die Tischreden beim Abendessen am 7. September 1987 in der Bad Godesberger Redoute vom Fernsehen live übertragen zu lassen. Somit konnte sich der Bundeskanzler auch an die Deutschen in der DDR wenden und gleichzeitig innerparteiliche Kritiker ruhigstellen. Er nutzte diese Gelegenheit bei allen diplomatischen Rücksichtnahmen dazu, um relativ offen die Teilung des Landes und den Willen zur Einheit Deutschlands anzusprechen. Damit wurde auch dokumentiert, dass bei allem Entgegenkommen für die SED eine Bastion der bundesrepublikanischen Staatsräson uneinnehmbar blieb. Die Bundesregierung hielt nämlich an dem in der Präambel des Grundgesetzes enthaltenen Auftrag fest und schloss eine Anerkennung der DDR-Staatsbürgerschaft aus. Ein Lapsus unterlief Honecker anlässlich des Besuches seiner Geburtsstadt Neunkirchen im Saarland, als er bei einem Empfang im Bürgerhaus davon sprach, dass »die Grenzen nicht so sind, wie sie sein sollten«.[60] Und weiter führte der SED-Chef aus, der Tag werde kommen, »da uns Grenzen nicht mehr trennen, sondern vereinen«. Auch wenn er dabei an die »Freundschaftsgrenze« zwischen DDR und Polen dachte, so blieben die Interpretationsmöglichkeiten doch weitgehend offen. Honeckers Äußerungen waren in diesem Punkt mehrdeutig und wurden von der westdeutschen Presse begierig aufgegriffen.

Das nächste deutsch-deutsche Spitzentreffen stand Ende 1989 ganz unter dem Eindruck des Zerfalls der DDR. Zwei Jahre nach der triumphalen Reise durch die Bundesrepublik musste Honecker am 18. Oktober 1989 auf Druck der SED-Führung seinen Hut nehmen. Als auch noch das Politbüro am 8. November geschlossen zurücktrat, befand sich die Herrschaft der einst mächtigen Hegemonialpartei bereits in Auflösung. Die Montagsdemonstrationen und der Fall der Mauer am 9. November machten deutlich, dass ein neuer Akteur die politische Bühne beherrschte, der bei den Spitzentreffen in Erfurt 1970 und in Güstrow 1981 noch einigermaßen in Schach gehalten werden konnte: die ostdeutsche Bevölkerung. Sie bestimmte fortan Richtung und Geschwindigkeit des Einigungsprozesses. Vor diesem Hintergrund müssen auch die beiden Treffen Kohls mit dem am 13. November frisch gewählten Ministerpräsidenten Hans Modrow gesehen werden. Während sich der Handlungsspielraum der DDR-Führung – am 1. Dezember hatte die Volkskammer den Führungsanspruch der SED aus der Verfassung gestrichen – sukzessive verringerte, vergrößerte sich der der Bundesregierung. Am 28. November legte Bundeskanzler Kohl im

60 SZ vom 11.9.1987, S. 1.

Bundestag ein Zehnpunkteprogramm zur schrittweisen Überwindung der Teilung Deutschlands und Europas vor und ergriff damit die Initiative. Das Treffen Kohl–Modrow am 19./20. Dezember in Dresden, das dem Einstieg in die Vertragsgemeinschaft beider deutscher Staaten diente, fand letztlich zwischen zwei ungleichen Partnern statt. Wichtiger als die getroffenen Vereinbarungen war aber der enthusiastische Empfang Kohls auf den Straßen der sächsischen Metropole, der geradezu eine »plebiszitäre Zustimmung« (Andreas Wirsching) zur Politik der westdeutschen Regierung symbolisierte. Die Sprechchöre »Helmut, Helmut« erinnerten stark an die »Willy, Willy«-Rufe von Erfurt. Daran wird auch deutlich, dass Symbolpolitik (in Form von Staatsbesuchen) keine langfristige stabilisierende Wirkung haben kann, wenn die Zustimmung der Bevölkerung fehlt. Diese bittere Erfahrung machte die SED-Führung bereits 1970. Bis 1989 konnte der Schein der Stabilität in der DDR gewahrt werden. Mit dem Öffnen der Grenzen und dem Wegfall des sowjetischen Schutzschildes brach die SED-Diktatur dann völlig zusammen.

Das letzte deutsch-deutsche Spitzentreffen fand am 13./14. Februar 1990 in Bonn statt und stand ganz im Zeichen der bevorstehenden Volkskammerwahl am 18. März. Der Zug in Richtung staatliche Einheit war schon längst abgefahren, auch wenn einige zurückhaltende Kommentatoren von einer »verpassten Chance« sprachen und vor einer »Einheit per Diktat«[61] warnen wollten. Modrow scheiterte mit dem Versuch, die Bundesregierung zu einer 15-Milliarden-Soforthilfe zu bewegen. Anders als bei Honeckers Visite 1987 wurde diesmal auf ein umfangreiches Protokoll verzichtet: Symbol- und Statusfragen standen nicht mehr im Mittelpunkt der deutsch-deutschen Beziehungen. In der *FAZ* wies Feldmeyer nochmals auf die triumphale Reise des früheren SED-Generalsekretärs hin, die weniger als zweieinhalb Jahre zurücklag, um so die dramatischen Veränderungen im Herbst 1989 hervorzuheben. Zwischen beiden Besuchsreisen lagen »politische Ewigkeiten«: »Er [Honecker] konnte nicht ahnen, dass er zum Exempel werden würde dafür, dass eine Entwicklung sich selbst überholt, sobald sie sich vollendet hat.«[62]

61 Robert Leicht in: Die Zeit vom 16.2.1990, S. 1.
62 FAZ vom 14.2.1990, S. 3.

Andreas Wirsching

1989 Die Mauer fällt

Das Ende des doppelten Deutschland

Als im Sommer und Frühherbst 1989 Zehntausende Ostdeutsche über Ungarn in den Westen flüchteten und zugleich Tausende die bundesdeutschen Botschaften in Prag und Warschau stürmten, um ihre Ausreise aus der DDR zu erzwingen, kam dies für die meisten Westdeutschen überraschend. Dies galt auch für jene Kräfte, die grundsätzlich eine Veränderung des deutschlandpolitischen Status quo wünschten. So dominierte in der deutschlandpolitischen Sprache der Bundesregierung noch bis in die letzten Wochen vor dem Mauerfall das Bekenntnis, man habe keinerlei Interesse daran, die DDR zu »destabilisieren«. Erst am 8. November 1989, vor dem Hintergrund der andauernden Fluchtwelle aus der DDR sowie der offenkundigen Lähmung des SED-Regimes, vollzog Helmut Kohl im Bundestag eine definitive und öffentliche semantische Wende seiner Deutschlandpolitik. Nur umfassende und rasche Reformen könnten in der DDR weiterhelfen, und die Bundesregierung könne nur versuchen, eine entsprechende Entwicklung zu fördern. »Kosmetische Korrekturen« könnten dabei keinesfalls genügen: »Wir wollen nicht unhaltbar gewordene Zustände stabilisieren.« Als Gegenleistung für eine neue Dimension der Wirtschafts- und Finanzhilfe forderte Kohl jetzt unmissverständlich die Zulassung unabhängiger Parteien in der DDR und die verbindliche Zusicherung freier Wahlen.[1]

Tags darauf eröffnete der Mauerfall das letzte Kapitel in der Geschichte des doppelten Deutschland. Tatsächlich ging wohl kaum jemals von einer einzelnen Pressekonferenz eine solche historische Wirkung aus wie von derjenigen, die das Politbüromitglied Günter Schabowski am frühen Abend des 9. November 1989 gab. Vor laufenden Fernsehkameras berichtete Schabowski langatmig

1 Verhandlungen des Deutschen Bundestages, 11. Wahlperiode, 173. Sitzung (8.11.1989), Stenoraphische Berichte, Bd. 151, S. 13016.

über die politischen und personellen Ergebnisse der gerade stattfindenden Sitzung des Zentralkomitees der SED. Allerdings war er selbst nicht dabei gewesen, als das Zentralkomitee gleichsam en passant über die Frage einer neuen Reiseverordnung entschieden hatte. Gegen 16.00 Uhr hatte das Plenum auf Antrag von Egon Krenz einen vorbereiteten »Beschluss zur Veränderung der Situation der ständigen Ausreise von DDR-Bürgern nach der BRD über die ČSSR« verabschiedet.[2] Wie der umständliche Titel unterstrich, ging es hierbei in erster Linie darum, die aufgrund der illegalen Ausreisen entstandenen Probleme mit der tschechoslowakischen Regierung zu beseitigen.

Tatsächlich regelte die Verordnung die ständige Ausreise in einer bis dahin nicht gekannten Großzügigkeit. Die Volkspolizeikreisämter wurden angewiesen, Visa zur ständigen Ausreise »unverzüglich zu erteilen«, auch ohne dass dafür die noch gesetzlich geltenden Voraussetzungen vorliegen mussten. Um die Fluchtbewegung über Drittstaaten einzudämmen, legte die Verordnung ferner fest: »Ständige Ausreisen können über alle Grenzübergangsstellen der DDR zur BRD bzw. zu Berlin (West) erfolgen.« Darüber hinaus aber hatten die zuständigen Abteilungsleiter im Innenministerium einen Passus über »Privatreisen« in die Verordnung hineingeschrieben, dessen Brisanz das ZK-Plenum offensichtlich nicht erkannte. Er lautete: »Privatreisen nach dem Ausland können ohne Vorliegen von Voraussetzungen (Reiseanlässe oder Verwandtschaftsverhältnisse) beantragt werden. Die Genehmigungen werden kurzfristig erteilt. Versagungsgründe werden nur in besonderen Ausnahmefällen angewandt.«[3]

Die Banalität der Form, in die sich die Pressekonferenz kleidete, wurde nur von der Wucht ihrer Wirkung übertroffen. Aus dem eher konfusen Bericht über eine Lage, die Schabowski selbst nicht überblickte, blieben die Fetzen entscheidender Aussagen haften: Privatreisen würden ohne Vorliegen der Voraussetzungen »kurzfristig« genehmigt. Die ständige Ausreise sei möglich, die Verordnung trete »sofort, unverzüglich« in Kraft. Rasch geriet der Vorgang in die Nachrichtenspirale westlicher Medien. Und als Hanns Joachim Friedrichs am späteren Abend die »Tagesthemen« mit den Sätzen eröffnete: »Die DDR hat mitgeteilt, dass ihre Grenzen ab sofort für jedermann geöffnet sind. Der Reiseverkehr in Richtung Westen ist frei. Die Tore in der Mauer stehen weit offen«, da war aus der journalistischen Nachricht das weltpolitische Faktum

2 Erklärung von SED-Generalsekretär Egon Krenz auf der 10. Tagung des ZK der SED am 9. November 1989, in: Stephan, Gerd-Rüdiger (Hrsg.): »Vorwärts immer, rückwärts nimmer!« Interne Dokumente zum Zerfall von SED und DDR 1988/89, Berlin 1994, S. 238 f.

3 Ebenda

geworden. Ganz unterschiedliche, weit voneinander entfernte Entwicklungen hatten sich in einem Punkt verdichtetet – zu einem Tag, der Deutschland veränderte und die Geschichte Europas neu formte.

Tatsächlich fordert eine Betrachtung des 9. November 1989 nachdrücklich dazu auf, über das Allgemeine und das Besondere in der Geschichte nachzudenken. Wie gebar die Banalität gesprochener Worte die Gewalt weltgeschichtlicher Veränderung? Welche Kräfte mussten zusammenwirken, damit sich in wenigen Wochen, ja Tagen mehr bewegte als in Jahrzehnten zuvor? Welche Rolle spielten einzelne Personen und allgemeine Prozesse in diesem Szenario?

Dimensionen der deutsch-deutschen Beziehungen

1. Die globale Dimension. Vor gerade einmal reichlich zwei Jahrzehnten formte noch der globale Ost-West-Gegensatz die europäische Geschichte. Den Blütenträumen der Entspannung, die 1975 in der KSZE-Schlussakte von Helsinki gipfelten, folgten Jahre der Ernüchterung. Stakkatoartig hämmerten sich die weltpolitischen Ereignisse in die Chronologie eines neuen Kalten Krieges ein. 1979 reagierte die NATO auf die jahrelange Aufrüstung der Sowjetunion mit Mittelstreckenraketen, indem sie ihren berühmten Doppelbeschluss fasste; sowjetische Truppen marschierten in Afghanistan ein; die USA und mit ihnen die meisten westlichen Staaten boykottierten die Olympischen Spiele in Moskau 1980; 1981 verhängte in Polen Ministerpräsident und Parteichef Jaruzelski das Kriegsrecht. Und 1983 beschloss der Bundestag, die avisierte Nachrüstung mit amerikanischen nuklearen Mittelstreckenraketen auch tatsächlich durchzuführen. Vorausgegangen war die wohl schärfste politische Polarisierung in der westdeutschen Nachkriegsgeschichte, in der die Friedensbewegung zwar Millionen Menschen auf die Straße brachte, am Ende aber ohne direkte politische Wirkung blieb.

Noch etwas passierte 1983: Im März kündigte der amerikanische Präsident Ronald Reagan seine Strategische Verteidigungsinitiative an – das berühmte SDI-Projekt. Zwar erschien Reagans Idee, Nordamerika durch einen gigantischen, weltraumgestützten Abwehrschirm vor sowjetischen Interkontinentalraketen zu schützen, militärtechnisch utopisch und politisch vermessen. Aber SDI nährte das Misstrauen und die alte Furcht der Europäer, die USA könnten sich militärstrategisch von Europa abkoppeln und damit die Sicherheit des alten Kontinents zur Disposition stellen. Immer wieder auftauchende Meldungen und Gerüchte darüber, dass amerikanische Militärkreise über die

Möglichkeit eines begrenzten atomaren Krieges in Europa nachdachten, waren nicht gerade geeignet, die Stimmung zu verbessern.

Stand also die globale Dimension des hier behandelten Themas zunächst unter dem Eindruck des wiederaufflammenden Kalten Krieges, so ist dies doch nur die eine Seite. Die andere Seite verweist auf die Ökonomie und ist in ihrer langfristigen Bedeutung womöglich die wichtigere gewesen. Zu Beginn der 80er Jahre hatten die westlichen Industriestaaten mit schweren wirtschaftlichen Problemen zu kämpfen; und Gleiches galt in systemspezifisch verschärfter Form für die Staaten des Warschauer Paktes. In mehrfacher Hinsicht bildeten die anderthalb Jahrzehnte von 1970 bis 1985 eine Wasserscheide. Unerbittlich und unüberhörbar läutete die Wirtschaftsgeschichte in diesen Jahren ein neues Zeitalter ein. Das Jahrhundert der Schwerindustrie, das die Welt in so beispielloser Weise verändert, Europa aber auch zum waffenstarrenden Kontinent gemacht hatte, ging definitiv zu Ende; eine neue Epoche, angetrieben von neuen Basisinnovationen wie Mikroelektronik und Informationstechnologie sowie einem expandierenden Dienstleistungssektor, brach an. Die westlichen Industriestaaten stellte dieser Übergang vor enorme Anpassungsprobleme. Ökonomisches Krisenmanagement und »Modernisierung« der Wirtschaft wurden zu Dauergästen auf der Tagesordnung der Politiker. Und vielfach bildeten die zum Teil tiefgreifenden Veränderungsprozesse in Politik und Wirtschaft, Gesellschaft und Kultur nur die schillernde Außenseite des ökonomischen Epochenwechsels.

Im zwischenstaatlichen Bereich gab der Epochenwechsel das Startsignal zur Globalisierung, das heißt zu einem neuen Wettlauf: einem Wettlauf um technologischen Fortschritt und Produktivitätsziffern, um gesellschaftlichen Wohlstand und neu zu vergebende Plätze auf dem Weltmarkt. Dieser Wettlauf fand auf mehreren Ebenen statt: zwischen den USA, Japan und Westeuropa; zwischen den EG-Mitgliedsstaaten untereinander, zwischen den fernöstlichen »Tigerstaaten« der ehemaligen Dritten Welt und zwischen allen zusammen. Weniger offenkundig freilich, aber in weltgeschichtlich umso dramatischerer Form vollzog er sich zwischen den westlichen Industriestaaten und den kommunistischen Parteidiktaturen.

Erst der historische Rückblick lässt in vollem Ausmaß und in voller Klarheit erkennen, dass die kommunistischen Staaten nicht nur schlecht gerüstet, sondern auch ohne jede Chance in diesen Wettlauf gingen. Dies galt im Besonderen für die Sowjetunion. Den schwerindustriellen Zyklus – aus dem die marxistisch-leninistische Ideologie ja geboren worden war – hatte das rohstoffreiche Land mitgehen können. Investitionen in die Infrastruktur, die Schwerindustrie und – last but not least – die Rüstungsindustrie standen im

Vordergrund der sowjetischen Nachkriegswirtschaft. Konsumgüterindustrie und Dienstleistungssektor wurden dagegen vernachlässigt. Mit dem weltweiten Krisenzyklus und dem Niedergang der Schwerindustrie seit den 70er Jahren verschärften sich die systemimmanenten Schwächen der kommunistischen Planwirtschaft dramatisch. Industrieproduktion, Arbeitsproduktivität und Einkommen gerieten in eine lähmende Wachstumshemmung. Innovative Impulse fehlten. Gegenüber dem Westen, der den Übergang zur »postindustriellen« Gesellschaft forcierte, verlor die Sowjetunion den Anschluss.

Solche Strukturelemente lagen an der Wurzel der revolutionären Veränderungen des internationalen Systems seit Mitte der 80er Jahre und waren letztendlich auch für den Zusammenbruch der Sowjetunion verantwortlich. Eine Strukturgeschichte der internationalen Beziehungen wird in ihnen daher die wesentlichen Antriebskräfte für das Ende des Kalten Krieges erblicken. Das erklärt zum Beispiel auch die überraschend lang anhaltende Brisanz und Aktualität des amerikanischen SDI-Projektes für die Ost-West-Beziehungen der 80er Jahre. Denn in Bezug auf atomare Lang- und Mittelstreckenraketen, erst recht in Bezug auf die konventionelle Rüstung konnte die Sowjetunion technisch mithalten und politisch-diplomatisch von ihrem enormen quantitativen Vorsprung zehren. Demgegenüber handelte es sich bei SDI zunächst einmal um eine Forschungsoffensive, welche die Computer-, Laser- und Satellitentechnik voranzutreiben und für militärstrategisches Denken und Handeln nutzbar zu machen gedachte. Aber in der Sowjetunion erkannte man, dass die Amerikaner im Begriff waren, eine qualitativ neue Stufe der Rüstungstechnologie zu betreten, auf die von Moskau aus kein Weg mehr führte. Tatsächlich markierte SDI in militärischer Hinsicht exakt den wirtschaftsgeschichtlichen Epochenwechsel, und das Projekt kann als Symbol für den Scheitelpunkt gelten, an dem die Sowjetunion als Supermacht scheiterte.

Diese globale Dimension des Themas enthält also eine ebenso spannende wie widersprüchliche Signatur. Denn das ökonomische Desaster, das sich in den kommunistischen Staaten abzeichnete, blieb überdeckt durch die wuchtige und scheinbar intakte politisch-militärische Struktur des Ostblocks. Zum Teil erklärt das die grenzenlose Überraschung, die den Westen am 9. November 1989 erfasste. Denn die politische Struktur des Ostblocks als quasi unumstößliche Realität hinzunehmen, das hatten die meisten politischen Akteure in den westlichen Staaten gelernt. Die politische Landkarte Europas, wie sie bis 1989 bestand, formte daher auch die Vorstellungen davon, was Europa sein könne. Die politische Landkarte war zugleich die »mental map« der meisten Politiker und Wirtschaftsbosse, Journalisten und Intellektuellen. Der Eiserne Vorhang konditionierte das Denken.

2. Die national-demokratische Dimension. Wir beobachten es häufig in der Geschichte der Krisen und Umbrüche, dass ökonomische Problemlagen allein noch keinen politischen Protest hervorbringen. Für sich genommen münden Not und materielles Elend eher in sprachlose Verzweiflung und Apathie. Dagegen bedarf wirtschaftliche Unzufriedenheit gleichsam eines politisch-kulturellen Codes, um zur Protestbewegung zu werden. Nun war es von entscheidender Bedeutung, dass in den 80er Jahren ein solcher Code zur Verfügung stand. Er ergab sich aus der unverkennbaren Erosion des kommunistischen Deutungsmonopols. In den Kaukasusrepubliken der Sowjetunion, aber auch im afghanischen Widerstand avancierte der Islam zum politischen Ausdrucksmittel eines wachsenden Antikommunismus. In den europäischen Satellitenstaaten der Sowjetunion war es dagegen das Modell der westlichen Demokratie und ihrer Lebensweise, deren Anziehungskraft unwiderstehlich wurde. Gerade die Entspannungspolitik trug dazu bei, die politische Freiheitsbotschaft des Westens tief in die ostmittel- und osteuropäischen Bevölkerungen hineinzutragen, etwa in Form der »Prinzipienerklärung« der KSZE-Schlussakte, die von den Warschauer-Pakt-Staaten unterzeichnet worden war und die doch auf die Einhaltung menschenrechtlicher Mindeststandards pochte. Und wirtschaftlich lockte der Westen ohnehin mit seinem schier unerschöpflichen Überfluss.

Die Sehnsucht, Anschluss an die europäische Entwicklung von Freiheit, Demokratie und Wohlstand zu gewinnen, verschränkte sich mit einer Wiederbelebung des Anspruchs auf nationale Selbstbestimmung. Nationale Freiheitstraditionen reaktivierten sich, und gerade in jenen Staaten, die auf eine eigenständige demokratische Vergangenheit in der Zwischenkriegszeit zurückblickten, in Polen, Ungarn und der Tschechoslowakei, wurzelten diese Traditionen tief. Auch der ungarische Aufstand von 1956 und der Prager Frühling von 1968 waren natürlich nicht vergessen. Die demokratische Herausforderung und die nationale Unabhängigkeitsbewegung verbanden sich in den 80er Jahren erneut zu einer hartnäckigen Opposition gegen den real existierenden Sozialismus.

Die größte Dramatik gewann diese national-demokratische Dimension in Polen. Dort steigerte sich die Opposition als Erste zu einem nachhaltigen Massenprotest. Und weitaus stärker als in anderen Ländern war dies – ironischerweise – auch und vor allem ein proletarischer Protest. 1980 verlor die kommunistische Polnische Vereinigte Arbeiterpartei binnen kürzester Zeit ihren Einfluss auf die Arbeiter des Landes. Ausgehend von der Danziger Lenin-Werft und angeführt von dem Arbeiter Lech Wałesa, überzog eine Welle von Massenstreiks und Streikkomitees das Land. Rasch ging aus ihr die unabhängige Gewerkschaft Solidarność hervor, die das Machtmonopol der kommunistischen Führung offen herausforderte. Lawinenartig stieg die Zahl ihrer Mitglieder bis auf zehn Millionen Ende 1980, darunter rund eine Million Mitglieder der Vereinigten Arbeiterpartei.

Die sozialistischen Bruderländer reagierten alarmiert. Und zumindest für den westlichen Beobachter stand über das gesamte Jahr 1981 hinweg die Frage auf der Kippe, ob die polnische Bewegung nicht doch noch wie ihre ungarischen und tschechischen Vorgängerinnen durch sowjetische Panzer erstickt werden würde. Nähere Aufmerksamkeit bei dieser Frage verdienen zwei Aspekte. Erstens waren es Honecker und die DDR-Führung, die einer »solidarischen« Unterdrückung der polnischen Freiheitspflanze am deutlichsten das Wort redeten. Am 26. November 1980 trat Honecker an Breschnew mit der Bitte heran, ein Treffen aller Parteichefs einzuberufen, »um kollektive Hilfsmaßnahmen für die polnischen Freunde [...] auszuarbeiten«. Und im Mai 1981 forderte Honecker Breschnew auf, die polnische Regierung unter Jaruzelski abzusetzen und »eine Führung zu schaffen, die bereit ist, den Ausnahmezustand zu verhängen und entschieden gegen die Konterrevolution vorzugehen.«[4]

Das Drängen Honeckers lässt auf eine spezifische Art der Hellsichtigkeit schließen. Offenkundig erkannte die SED-Führung die Gefahr genau, die von einer breiten, durch nationale Untertöne unterlegten Herausforderung des kommunistischen Machtmonopols auch für die eigene Position in Ost-Berlin ausging.

Der zweite bemerkenswerte Aspekt an der polnischen Entwicklung ist aber die Tatsache, dass die Sowjetunion eben nicht militärisch intervenierte. Zwar drohte sie um die Jahreswende 1980/81 massiv mit einem solchen Schritt, wirklich bereit hierzu war sie jedoch – wie neuere Forschungen zeigen – nicht. Man hat hierin einen Erfolg der Entspannungspolitik ebenso sehen wollen wie ein deutliches Indiz für den schleichenden Machtverlust Moskaus.[5] Gleichviel welcher Meinung man mehr vertrauen möchte – die Tatsache der Nichtintervention deutete einen neuen Handlungsspielraum der sowjetischen Satellitenstaaten an. Zwar zwang der sowjetische Druck Jaruzelski dazu, das Kriegsrecht zu verhängen. Auch kostete die Polen ihre Opposition nicht geringe Opfer.

4 Zitate nach Wentker, Hermann: Entsatellisierung oder Machtverfall? Das sowjetische Imperium und die innerstaatlichen Konflikte im Ostblock 1953 bis 1981, in: Bispinck, Henrik u. a. (Hrsg.): Aufstände im Ostblock. Zur Krisengeschichte des realen Sozialismus, Berlin 2004, S. 231–255, hier S. 245 f.

5 Vgl. ebenda, S. 247.

Aber am Ende eines ebenso weiten wie dornigen Weges standen im Januar 1989 die Einberufung des Runden Tisches, der den Übergang zur Demokratie einleitete, und der Amtsantritt von Tadeusz Mazowiecki, der im Juni 1989 erster nichtkommunistischer Regierungschef eines Warschauer-Pakt-Landes wurde.

Andere Staaten folgten dem polnischen Beispiel. Gegen Ende der 80er Jahre meldeten sich in Ungarn wie in der Tschechoslowakei ältere und neuere oppositionelle Kräfte zu Wort, und es wurde immer schwieriger, sie zum Schweigen zu bringen. In Ungarn setzten sich die reformerischen und nach Demokratisierung strebenden Kräfte sogar an der Spitze durch. Am 16. Juni 1989 fand in Budapest eine im Grunde sensationelle Zeremonie statt: Auf den Tag genau 31 Jahre nach seiner Hinrichtung wurde der Führer des ungarischen Aufstandes von 1956, Imre Nagy, rehabilitiert und neu beigesetzt. In der ČSSR, wo die Entwicklung etwas länger dauerte, spielte Václav Havel, einer der Initiatoren der Charta 77, die entscheidende Rolle. Und im Dezember 1989 wurde auch Alexander Dubček rehabilitiert, der weltweit bekannte Führer des Prager Frühlings. Tatsächlich symbolisierten die Rehabilitierungen von Nagy und Dubček die Verknüpfung von demokratischer und nationaler Tradition, die in den ostmitteleuropäischen Staaten nun ihre unwiderstehliche Durchschlagskraft entwickelte und die sanften Revolutionen des Jahres 1989 antrieb.

Binnen weniger Jahre veränderte sich also die politische Landkarte in einer Weise, die zuvor jedermanns Vorstellungskraft überstiegen hätte. Vieles ging auf die virulent gewordene nationale und demokratische Dimension zurück: auf die von ihr ausgehende Selbstbefreiung der Warschauer-Pakt-Staaten und später auch der nichtrussischen Teile der Sowjetunion.

Damit ist bereits angedeutet, dass der wohl wichtigste Schlüssel für die Rückkehr der Ostblockstaaten nach Europa in Moskau lag – ein Schlüssel freilich, der auch die historische Tür zum Zusammenbruch der Sowjetunion aufschloss.

3. Die personale Dimension. Die strukturellen, vor allem ökonomischen Ursachen für die Krise der Sowjetunion wurden bereits genannt. Und diese Krise stellte nun die Kulisse, vor der Michail Gorbatschow die Bühne betrat. Auf ihr verkörperte er binnen kurzem und für das Publikum völlig überraschend eine »historische Größe« geradezu Jacob Burckhardt'scher Dimension, mit der am Ende des 20. Jahrhunderts niemand mehr rechnete. »Die Geschichte liebt es bisweilen, sich auf einmal in einem Menschen zu verdichten, welchem hierauf die Welt gehorcht.« Mit diesen Worten hatte Jacob Burckhardt 1872 ebenso schlicht wie klassisch formuliert, was man historische Größe nennen könnte.

»Diese großen Individuen«, so fährt er fort, »sind die Koinzidenz des Allgemeinen und des Besondern, des Verharrenden und der Bewegung in einer Persönlichkeit. Sie resumieren Staaten, Religionen, Kulturen und Krisen.«[6]

Tatsächlich hat keine Einzelperson seit dem Ende des Zweiten Weltkriegs den Lauf der Geschichte so beschleunigt wie Gorbatschow. Und im Gegensatz zu den anderen großen »Bewegern« der Geschichte des 20. Jahrhunderts trat Gorbatschow als Reformer auf: vielleicht als der »größte Reformer des Jahrhunderts«, als den ihn sein Mitstreiter Alexander Jakowlew bezeichnete;[7] letztlich aber wohl doch als der Zauberlehrling, als der er am Ende inmitten der zusammenbrechenden Sowjetunion stand. Ob indes »größter Reformer« oder Zauberlehrling und ungeachtet seiner nicht völlig eindeutig geklärten Ursprungsmotive: In Gorbatschow verschränkten sich das Individuelle und das Allgemeine in einer so dynamischen Weise, wie es nur zu Zeiten großer Krisen geschieht. Die sowjetische Krise war die notwendige Voraussetzung für Gorbatschows Rolle; aber dessen überragendes Talent, seine intellektuelle Brillanz und Mediengewandtheit, schließlich auch seine Redlichkeit eroberten die westliche Welt im Sturm. Der Sowjetunion verliehen sie auf internationalem Parkett einen Glanz, der das Licht ihrer Abendsonne noch einmal geradezu unwirklich erhellte.

Freilich war Gorbatschow über weite Strecken ein Getriebener: zunächst getrieben von dem nicht mehr zu verkennenden wirtschaftlichen Niedergang, der aus sowjetischer Sicht eine rüstungspolitische Entlastung ebenso dringend erforderlich machte, wie er eine Politik der inneren Reform erheischte; getrieben war er aber auch von den Erwartungen, die seine eigenen Reformankündigungen im In- und Ausland erweckten; zunehmend getrieben war er schließlich vom Mangel an innen- und vor allem wirtschaftspolitischen Erfolgen. Dieser Mangel ließ Gorbatschow immer wieder die Bühne der internationalen Politik suchen, auf der er in der zweiten Hälfte der 80er Jahre zum unbestrittenen Star avancierte. Zugleich freilich exemplifizierte er einmal mehr Alexis de Tocquevilles klassisches Diktum, wonach es für eine schlechte Regierung dann am gefährlichsten wird, wenn sie beginnt, sich zu reformieren.

Als Gorbatschow am 10. März 1985 neuer Generalsekretär der KPdSU wurde, zog er allein wegen seines im Vergleich zu den Vorgängern Breschnew, Andropow und Tschernenko besonders jungen Lebensalters das Interesse der Weltöffentlichkeit auf sich. Überdies eilte dem 54-Jährigen sein Ruf als

6 Burckhardt, Jacob: Weltgeschichtliche Betrachtungen, Stuttgart 1935, S. 229.
7 Zit. nach: Brown, Archie: Der Gorbatschow-Faktor. Wandel einer Weltmacht (zuerst engl. 1996), Frankfurt a. M./Leipzig 2000, S. 516.

»Reformer« voraus; unmittelbar mit seinem Amtsantritt begannen daher westliche Experten und Beobachter darüber zu spekulieren, ob der neue Generalsekretär eine grundsätzliche Veränderung der sowjetischen Politik einleiten werde. Andere »beeilten sich dagegen mit ängstlichen Hinweisen, dass Sowjetkommunismus nun einmal Sowjetkommunismus bleibe« und mit wirklichen Reformen nicht zu rechnen sei.[8] Das geteilte Urteil entsprach der noch nicht klar erkennbaren Richtung der neuen sowjetischen Politik, wenngleich sich gewisse Fortschritte sehr rasch einstellten. So begann Gorbatschow umgehend mit einer rhetorischen Reformoffensive, wie man sie von einem sowjetischen Führer noch niemals zuvor vernommen hatte. Der Sowjetunion verordnete er Wirtschaftsreformen, »Glasnost« (Offenheit) und »Perestroika« (Umbau); hinsichtlich der Außenpolitik beflügelte Gorbatschows Wort vom »gemeinsamen europäischen Haus« die Phantasie. Und mit den USA begann Gorbatschow einen umfassenden und konstruktiven Abrüstungsdialog.

Von entscheidender Bedeutung wurde indes Gorbatschows allmähliches Abrücken von der sogenannten Breschnew-Doktrin. Sowjetische Parteiideologen hatten mit dieser Doktrin nachträglich die gewaltsame Niederschlagung des Prager Frühlings von 1968 gerechtfertigt. Sie dekretierte die Vorstellung einer »begrenzten Souveränität sozialistischer Länder«, was de facto einen Anspruch der Sowjetunion auf militärische Intervention begründete. Gorbatschow hat diese Doktrin in seinen ersten Amtsjahren zunächst rhetorisch aufgeweicht; sein allmähliches, im Sommer 1989 öffentlich bekräftigtes Abrücken von der Breschnew-Doktrin entfaltete binnen kurzem eine ungeheure Sprengkraft. Was sich ab Sommer 1989 vollzog, war tatsächlich ein internationales Beben, das die Tektonik der bekannten Politik grundlegend verschob. Die national-demokratische Dimension im östlichen Mitteleuropa und die personale Dimension Gorbatschows bedingten dabei einander.

Auch im Hinblick auf die deutsche Frage beflügelte Gorbatschow mehr als einmal die Phantasie, so etwa mit dunklen Hinweisen auf »die« Geschichte, wenn er sich zur Zukunft der deutschen Frage äußerte. In beiden Teilen Deutschlands wurde er daher schon lange vor dem 9. November 1989 zunehmend als derjenige verehrt, der dem Rad der Weltgeschichte eine entscheidende Drehung in Richtung Freiheit zu verleihen im Begriff war. Gorbatschows Besuch in der Bundesrepublik vom 12. bis 14. Juni 1989 glich daher einem Triumphzug. Das deutsche »Glück in der Geschichte in der Gestalt Michail

8 Höhmann, Hans-Hermann: Sowjetische Wirtschaftspolitik unter Gorbatschow. Vom »Durchwursteln« zu neuem Profil?, in: Europa-Archiv 40 (1985), S. 425–432, hier S. 426.

Gorbatschows« betrat deutschen Boden – so formulierte es Heiner Geißler rückblickend.[9] Größtmögliche Sympathie bei den offiziellen Gesprächen, enthusiastische Reaktionen und spontane Begeisterung auf den Straßen und Plätzen schlugen Gorbatschow in der Bundesrepublik entgegen.

Zwar wurde der sowjetische Parteichef, das ist unstrittig, von den Ereignissen in Deutschland nach dem 9. November überrascht, wenn nicht gar überrumpelt. Aber er blieb konsequent bei seiner Linie. Tatsächlich hätte er Anfang Dezember 1989, als sich schon der Weg zur deutschen Einheit abzeichnete, auch anders handeln können: Er hätte erklären können, einer Wiedervereinigung werde Moskau niemals zustimmen, er hätte die Beziehungen mit der Bundesrepublik einfrieren lassen und die Ost-West-Verhandlungen blockieren können. Dass er alles dies nicht tat, zeugte von der grundsätzlichen Bereitschaft Gorbatschows, auch weitgehende Veränderungen zu akzeptieren.

Das Jahr 1989 als Wendepunkt

Deutlich ist also: Die Kräfte, die den Eisernen Vorhang hoben, die Spaltung Deutschlands und Europas überwanden, waren längst am Werk, als sie am 9. November 1989 noch einmal dramatisch kulminierten. Der Blick auf die unmittelbare Vorgeschichte dieses Tages zeigt denn auch, dass alle drei genannten Dimensionen zusammenwirkten, um den Mikrokosmos der DDR und ihrer Staatspartei 1989 in eine geradezu tödliche Lähmung zu versetzen.

Das gilt zunächst für die personale Dimension und die Rolle, die Gorbatschow in der DDR spielte. »Gorbatschow, Gorbatschow«-Rufe waren Ende der 80er Jahre auch in Ost-Berlin zu hören, so etwa im Juni 1987, als die Polizei eine Menge Jugendlicher zu zerstreuen suchte, die einem Open-Air-Konzert jenseits der Mauer in West-Berlin zuhören wollte.[10] Die SED-Führung um Erich Honecker aber bewegte sich nicht auf Gorbatschow zu, sondern von ihm weg. Die Kehrseite des Moskauer Tauwetters bestand Ende der 80er Jahre in der Vereisung des Ost-Berliner Klimas. Dabei hatte man auch hier anfangs den Reformer im Kreml durchaus begrüßt. Die SED-Führung erhoffte sich von ihrem »Wunschkandidaten« Gorbatschow mehr Handlungsspielraum sowohl innerhalb des Ostblocks als auch nach außen. Vier Jahre später war von solcher Aufbruchstimmung nichts mehr zu spüren. Konsequent verweigerte sich

9 So Heiner Geißler im Gespräch mit Gunter Hofmann und Werner A. Perger, München 1993, S. 110.

10 Lapp, Peter Joachim: Rock an der Mauer, in: Deutschland Archiv 20 (1987), S. 682–684.

die DDR dem Reformimpuls, der durch ganz Ostmitteleuropa ging, und stand am Ende isoliert da.

Enttäuscht über die Starrköpfigkeit, mit der die DDR seinen Reformkurs blockierte – ein schreiender Gegensatz zur Herzlichkeit, mit der er in der Bundesrepublik empfangen wurde –, wandte sich Gorbatschow langsam aber sicher von der DDR ab. Geradezu gespenstisch war denn auch die Kulisse, als die DDR vom 5. bis 7. Oktober 1989 ihr 40-jähriges Bestehen feierte und zu diesem Zweck die Regierungschefs der Warschauer-Pakt-Staaten begrüßte. Die Bilder, die bei diesem Anlass um die Welt gingen, repräsentierten kaum mehr als eine erstarrte Geste sozialistischer Solidarität, die längst inhaltsleer geworden war. Und die »Gorbi, Gorbi«-Rufe des DDR-Publikums, die mehr als einmal den inszenierten Festablauf übertönten, waren von der offiziellen SED-Choreographie keineswegs vorgesehen. Viele Anwesende erkannten den tieferen Gehalt der Szene, und der polnische KP-Chef Rakowski raunte Gorbatschow zu: »Das bedeutet das Ende.« Einsilbig stimmte Gorbatschow zu; und die geflügelten Worte, die er mehrfach an Honecker richtete – »Wer zu spät kommt, den bestraft das Leben« – gingen in die Geschichte ein.[11]

Natürlich lagen der Entfremdung zwischen Honecker und Gorbatschow, zwischen Ost-Berlin und Moskau tiefere als bloß persönliche Ursachen zugrunde, was erneut auf die oben skizzierte national-demokratische Dimension des Themas verweist. Denn Honecker und Genossen mussten bald erkennen, und sie erkannten aus ihrer Sicht zu Recht, dass sich der Moskauer Frühlingshauch in Ost-Berlin zum veritablen Sturm entwickeln musste: zum Sturm, der ihre eigene Existenz gefährdete. Die alte Garde der SED wusste, dass das eigene Land kaum im Sinne Gorbatschows reformierbar sein würde. Echte Freizügigkeit zum Beispiel, ein elementares Grundrecht, würde der DDR in dem Maße den Boden unter den Füßen wegziehen, in dem die Menschen nach Westen strebten. Die demokratische Erneuerung auf der Basis nationalen Unabhängigkeitsstrebens – die adäquate Formel für Polen, Ungarn und die Tschechoslowakei – bildete für den Teilstaat DDR zu keinem Zeitpunkt eine Perspektive, sondern ausschließlich eine Bedrohung.

Entsprechend besorgt war man in Ost-Berlin, als sich Gorbatschow seit 1987 immer nachdrücklicher der Bundesrepublik annäherte. Gorbatschows Besuch in Bonn im Sommer 1989 geriet aus der Sicht der DDR zum Menetekel des Untergangs. Seine Bekenntnisse zu westlichen Werten wie Demokratie, Freiheit

11 FAZ vom 17.3.1998. Zur Überlieferungsgeschichte: Plog, Ulla: Ein historischer Satz: »Wer zu spät kommt, den bestraft das Leben.« Nur, wer hat ihn wirklich gesagt?, in: FAZ vom 3.10.2004, S. 16.

und nationale Selbstbestimmung versetzten die SED-Führung in Alarmstimmung und wurden von der DDR-Presse weitgehend unterschlagen. Zugleich aber musste die DDR-Führung mehr oder minder hilflos mit ansehen, wie Moskau und Bonn Gemeinsamkeiten entdeckten und eine neue Partnerschaft schmiedeten. Eine bange Frage schälte sich im Sommer 1989 heraus: Würde Moskau die DDR fallenlassen zugunsten eines neuen Europa, in dem eine mit Hilfe des Westens politisch und ökonomisch rundum sanierte Sowjetunion ihren Platz finden könnte?

Die finale Krise der DDR war daher keineswegs nur »hausgemacht«, wie viele glaubten, sondern im Gegenteil: Erst das exogene Element, nämlich das von Gorbatschow tolerierte Auftauen des kommunistischen Eispanzers und das damit einhergehende Erwachen der ostmittel- und osteuropäischen Völker, steigerte das alte Dilemma der DDR zur tödlichen Bedrohung. Denn für sich genommen waren die deutschen Phänomene des Jahres 1989 ja nicht neu, sondern der DDR-Geschichte längst schon eingeschrieben. Seit Beginn ihrer Existenz stießen in der DDR die inneren Brüche des kommunistischen Systems auf eine stets vorhandene nationalpolitische Virulenz. Sie äußerte sich darin, dass das Verlassen der Diktatur und die Abstimmung mit den Füßen zugunsten des anderen Deutschlands eine beständige Möglichkeit boten, die das Regime letztlich gewaltsam unterbinden musste. Die Folge waren der Mauerbau, das unerschöpfliche deutsch-deutsche Thema der menschlichen Erleichterungen, die Häftlingsfreikäufe, aber auch Besetzungen der Ständigen Vertretung der Bundesrepublik in Ost-Berlin, die dramatischen Fluchtversuche, schließlich die Ausreiseanträge und die zunehmende Zahl der legalen Übersiedler. Alles dies bewies, dass die in Polen, Ungarn und in der Sowjetunion erkämpften Freiheiten nicht die Freiheiten der DDR sein konnten. Es blieb das unaufhebbare Dilemma der DDR, dass man sie verlassen, gar aus ihr flüchten und doch zugleich in Deutschland bleiben konnte.

Bis zum Sommer 1989 hatte sich allerdings ein veritabler »KSZE-Ring« um die DDR gelegt, wie es der Leiter der Ständigen Vertretung in Ost-Berlin nannte.[12] Dieser Ring aus sich reformierenden Staaten verschloss der SED-Führung den Weg einer Krisenlösung nach bewährt repressivem Muster und in Solidarität mit den sozialistischen »Bruderländern«. Würde also die DDR-Führung angesichts der revolutionären Geschwindigkeit des Wandels auch im eigenen

12 So der Leiter der Ständigen Vertretung in Ost-Berlin, Staatssekretär Bertele, in: Deutsche Einheit, Sonderedition aus den Akten des Bundeskanzleramtes 1989/90 (Dokumente zur Deutschlandpolitik), bearb. von Hanns Jürgen Küsters, München 1998, Dok. Nr. 45, S. 416 (22.9.1989).

Land nunmehr selbständig, unilateral, ihre Zuflucht in der Gewalt suchen? Dass dies keineswegs eine bloß theoretische Möglichkeit war, unterstrichen in gespenstischer Weise die Geschehnisse in China, wo das Militär am 4. Juni 1989 auf dem Platz des Himmlischen Friedens in Peking ein Massaker verübte. Und dass die Volkskammer der DDR die Maßnahme wenig später als »Wiederherstellung von Ordnung und Sicherheit« guthieß,[13] malte das Menetekel einer »chinesischen Lösung« auch in der DDR mit grellen Buchstaben an die Wand.

Am Ende freilich blieb der SED-Führung nur noch die Ohnmacht, gepaart mit Wut und Schuldzuschreibungen. Machtlos musste man in Ost-Berlin zusehen, wie Ungarn begann, seine Grenzen durchlässiger zu machen und das Land für Zehntausende Bürger der DDR zum Nadelöhr der Freiheit wurde. Am liebsten hätte man im Politbüro der SED die Reisen nach Ungarn kurzerhand verboten, aber dies wagte man nicht, um die Bevölkerung der DDR nicht noch mehr gegen die Partei aufzubringen. Dafür entstand im Politbüro ein geradezu flammender Hass gegen die ungarischen Reformkommunisten. »Verrat« und »Heuchelei«, »bewusste Irreführung« und »Schwindel« – so lauteten Mitte September 1989 die Vokabeln, mit denen die Politbüromitglieder intern das Verhalten Budapests geißelten.[14] Aber die ungarische Regierung ließ sich nicht beirren: Sie wollte die Fahrkarte nach Europa, sprich nach Westen, lösen und fuhr fort, sie in der Währung politischer Liberalisierung zu bezahlen. Für das SED-Regime freilich wurde die rund 350 Kilometer lange Grenze zwischen Österreich und Ungarn zur Achillesferse, zur tödlichen Wunde.

In der kurzen Ära Krenz, die nach dem Rücktritt Honeckers und seiner alten Garde am 18. Oktober 1989 begann, hatte die SED nur noch mit den Anzeichen der Auflösung und den Vorboten des Zusammenbruchs zu kämpfen. Sollte jemals irgendein Vertrauensverhältnis zwischen den Bürgern der DDR und der Parteiführung bestanden haben, so war es damit nun unwiderruflich vorbei; und auch an der Parteibasis selbst – in den Bezirken und Betrieben – begann die Wut gegen die Spitzenfunktionäre zu kochen. Ein entscheidendes Element dieser Wut betraf den immer offenkundiger werdenden ökonomischen Ruin der DDR. Ende Oktober/Anfang November 1989 wurde immer deutlicher, dass die globale Dimension der Veränderung seit den 70er Jahren auch die Wirtschaft der DDR im Kern getroffen hatte. Auch die DDR stand dem Übergang zur postindustriellen, auf Hochtechnologie und erhöhter

13 FAZ vom 9.6.1989.

14 SED-Politbürositzung am 5.9.1989, in: Stephan (Hrsg.): »Vorwärts immer«, Nr. 20, S. 124. Vgl. ebenda, Nr. 30, S. 146–154, Sitzung des SED-Politbüros am 12.9.1989.

Produktivität beruhenden Gesellschaft letztendlich hilflos gegenüber, ohne Hoffnung, den Anschluss zu finden. Und hierüber, über wirtschaftspolitisches Versagen in der Vergangenheit und ökonomische Hoffnungslosigkeit für die Zukunft, diskutierte das ZK der SED auf einer ebenso denkwürdigen wie dramatischen Sitzung am 9. November 1989. Erstmals redeten die Funktionäre hier halbwegs offen. Und erstmals begriffen alle Mitglieder des Zentralkomitees, dass die DDR in den 80er Jahren den letzten Rest ihrer wirtschaftlichen Wettbewerbsfähigkeit eingebüßt hatte und dass sie überdies hoffnungslos im »kapitalistischen Ausland« verschuldet war. Man müsse »ganz sachlich sagen«, wie es der Finanzexperte der SED, Günter Ehrensperger, formulierte, »dass wir mindestens seit 1973 Jahr für Jahr über unsere Verhältnisse gelebt und uns etwas vorgemacht haben. Es wurden Schulden mit neuen Schulden bezahlt. Sie sind gestiegen, die Zinsen sind gestiegen, und heute ist es so, dass wir einen beträchtlichen Teil von mehreren Milliarden Mark jedes Jahr für Zinsen zahlen müssen. Und wenn wir aus dieser Situation herauskommen wollen, müssen wir 15 Jahre mindestens hart arbeiten und weniger verbrauchen, als wir produzieren.«[15]

Im Mittelpunkt der ZK-Sitzung vom 9. November 1989 stand also die wirtschaftliche und finanzielle Situation der DDR, die sich freilich nur noch mit der Sprache des Insolvenzverwalters beschreiben ließ und heftige Reaktionen des Plenums hervorrief. Zu dem düsteren Blick in die Zukunft trat die Abrechnung mit der Vergangenheit – die psychologisch beste Methode, kollektive Wut zu entfachen. Im Mikrokosmos des ZK der SED hatten sich die global-ökonomische, die national-demokratische und die personale Dimension der europäischen Veränderungsprozesse gleichsam wie in einem tödlichen Laserstrahl gebündelt. Um den Folgen dieses Strahls doch noch zu entgehen, versuchte das Politbüro parallel zu den erregten wirtschaftspolitischen Debatten im ZK seine letzte, dramatische Flucht nach vorn. Am Vormittag des 9. November ließ es jene provisorische Reiseregelungen erarbeiten, von denen eingangs bereits die Rede war. Egon Krenz ließ die Vorläufige Reiseverordnung am Nachmittag, gleichsam nebenbei, außerhalb der Tagesordnung, zugleich hektisch und unkoordiniert, vom Zentralkomitee absegnen.

Der unmittelbar dringende Grund für diese Vorläufige Reiseverordnung war die unhaltbar gewordene Lage in jenen Staaten, über die DDR-Bürger die illegale Ausreise in den Westen versuchten. Mit der Tschechoslowakei bahnten

15 Hertle, Hans-Hermann/Stephan, Gerd-Rüdiger (Hrsg.): Das Ende der SED. Die letzten Tage des Zentralkomitees, 3. Aufl., Berlin 1997, S. 364.

sich ähnlich harte diplomatische Konflikte wie mit Ungarn an. Zugleich stand die Wiedereröffnung der Ständigen Vertretung der Bundesrepublik in Ost-Berlin unmittelbar bevor. Schon im August hatten sich 130 DDR-Bürger in die Vertretung geflüchtet; danach war sie wegen Renovierung geschlossen worden, und vergeblich hatte die DDR-Führung in Bonn darum gebeten, die Renovierungsarbeiten künstlich zu verlängern – jetzt drohten Verhältnisse wie vor der Prager Botschaft, und das mitten im Zentrum von Berlin. Die Vorläufige Reiseverordnung, die Egon Krenz dem ZK vorlas, war denn auch nichts anderes als eine Kapitulationserklärung der DDR. Zugleich war es der letzte, verzweifelte Versuch, so etwas wie Rechtshoheit nach innen und Souveränität nach außen zu suggerieren. Sie war tatsächlich, wie Egon Krenz erklärte, »die einzige Lösung, die uns die Probleme erspart, alles über Drittstaaten zu machen«. Dic sogenannten Züge in die Freiheit aus den bundesdeutschen Botschaften in Prag und Warschau waren noch in allzu guter Erinnerung. Jetzt wollte man die nicht mehr zu verweigernde Freizügigkeit wenigstens noch kontrolliert, allmählich und vor allem unter eigener Regie gewähren. Aber Krenz hatte auch recht, wenn er sagte: »Wie wir's machen, machen wir's verkehrt.« Die Modalitäten und die Folgen der öffentlichen Verkündung bestätigten ihn in dieser Aussage.[16]

Am Abend saßen die auswärtigen ZK-Mitglieder im Gästehaus der SED bei einem verspäteten Abendessen zusammen und beschäftigten sich mit den schockierenden Mitteilungen über die ökonomische Lage der DDR. Bald aber verbreitete sich die Nachricht von Schabowskis Pressekonferenz und darüber, dass immer mehr Ost-Berliner die Wortfetzen »kurzfristig«, »sofort, unverzüglich« wörtlicher nahmen, als es das Politbüro intendiert hatte: Sie eilten zur Mauer und begehrten immer nachdrücklicher Durchlass. Unter den ZK-Mitgliedern brach ein wildes Durcheinander aus. Man war sich einig, dass das, was Schabowski verkündet hatte, in dieser Weise am Nachmittag nicht von ihnen beschlossen worden war. Aber nicht einmal über den genauen Text der Verordnung verfügte man, so dass eine Überprüfung des von Schabowski Mitgeteilten nicht möglich war. Vielen Mitgliedern des ZK führte der unwiderstehliche Sturm, der auf die innerdeutsche Grenze hereinbrach, vor Augen, dass die Zeit abgelaufen war. Ohnmacht und Resignation breiteten sich aus. Von einem verstörten Egon Krenz werden die Worte überliefert. »Was soll ich denn nur machen … Wir müssen das unter Kontrolle bekommen.« Und auch

16 Stephan (Hrsg.): »Vorwärts immer«, S. 238 f.

Hans Modrow ahnte bald: »Hier muss irgendetwas schieflaufen.«[17] Dem entsprach umgekehrt der überschäumende Jubel über den Fall der Mauer in West und Ost. Und am nächsten Morgen war allen klar, dass man einen Tag erlebt hatte, der Geschichte und Gestalt Deutschlands verändern würde.

Die Konsequenzen des Mauerfalls

Der Fall der Mauer warf freilich eine Vielzahl neuer Fragen auf. Vor allem verband er die lang gestellte Frage nach der »Identität« der Deutschen mit dem plötzlichen und unerbittlichen Zwang zur politisch-praktischen Bewährung. Vor ihm verblassten alle hierüber während der 70er und 80er Jahre in der Bundesrepublik geführten theoretischen Debatten zu akademischen Sandkastenspielen. Wer die Deutschen jenseits der Mauer wirklich waren? Welche Ziele und Motive sie bewegten? Was das vielzitierte Selbstbestimmungsrecht der Deutschen konkret heißen könne innerhalb eines neuen Europas? Wie die europäischen Nachbarn in West und Ost auf die neue Situation in Deutschland reagieren würden? Welche politische, soziale und kulturelle Zukunft sie für die Bundesrepublik und ihre Nachkriegsgenerationen bereithalten würde? Ob es vielleicht überhaupt Abschied zu nehmen gelte von dem teilstaatlichen Provisorium dieser Bundesrepublik? So und ähnlich lauteten die hoffnungsfreudigen, verstörenden oder auch verdrängten, in jedem Fall aber drängenden Fragen, deren programmatischer Beantwortung sich nun keine ernstzunehmende politische Kraft mehr entziehen konnte.

Für die im weitesten Sinne »linken« Kräfte in der Bundesrepublik hielt der Mauerfall daher eine besondere Herausforderung bereit. Unbarmherzig rüttelte die neue deutschlandpolitische Dynamik an den Grundfesten jener Haltung, die sich innerlich von dem Gedanken der staatlichen Einheit verabschiedet hatte und zugleich der bestehenden marktwirtschaftlich-liberalen Ordnung der Bundesrepublik distanziert gegenüberstand. Wie auch immer die Schattierungen und Unterschiede im Einzelnen aussehen mochten: Für nicht ganz wenige auf der Linken hatte die DDR eine historische Alternative zur durch und durch westlich gewordenen Bundesrepublik verkörpert: eine Alternative, der trotz aller ihrer unübersehbaren und auch nicht geleugneten Defizite doch eine gewisse historische Legitimität nicht abgesprochen werden durfte, die jetzt aber an ihr historisches Ende gekommen war. Der Anpassungsprozess

17 Zit. nach: Hertle/Stephan (Hrsg.): Ende der SED, S. 73 f.

etwa bei den Grünen, aber auch beim linken Flügel der SPD war schmerzhaft und setzte sich bis tief in das Jahr 1990 hinein fort.

Zugleich freilich konnte der Jubel des 9. November nicht darüber hinwegtäuschen, dass die Frage der künftigen Gestaltung Deutschlands nicht den Deutschen allein gehörte. Auch in dieser Hinsicht markierte der Mauerfall einen entscheidenden Wendepunkt. Vorbei waren jetzt die Zeiten der völkerrechtlichen Unverbindlichkeit, hinter deren Schleier ebenso unverbindliche Forderungen aufgestellt und Formelkompromisse gefunden werden konnten. Vielmehr lief jeder, der sich jetzt zu deutschlandpolitischen Themen äußerte, Gefahr, beim Wort genommen zu werden. Für die deutsche Außenpolitik geriet es daher zur großen Aufgabe, den westeuropäischen Nachbarn die Sorge vor einem wiedervereinigten, übermächtigen und zugleich mit sich selbst beschäftigten Deutschland zu nehmen. Keineswegs zufällig beschleunigte daher die Dynamik der Wiedervereinigung zugleich auch den europäischen Integrationsprozess.

Aber auch die Frage der künftigen deutsch-polnischen Grenze erhitzte die Gemüter. Zwar hatte die Bundesrepublik im Moskauer und im Warschauer Vertrag von 1970 die Unverletzlichkeit der Oder-Neiße-Grenze völkerrechtlich anerkannt; umstritten war aber die Frage, ob diese Anerkennung auch für ein künftig wiedervereinigtes, durch Friedensvertrag souverän gewordenes Deutschland gelte. Diese Gemengelage produzierte eine Fülle von Missverständnissen und Unklarheiten, die das Verhältnis der Bundesregierung zu den westlichen Alliierten phasenweise stark belasteten.

Am Ende war es der Zwei-plus-Vier-Vertrag, der den Deutschen wie ihren europäischen Nachbarn Maß und Ziel vorgab und Zweideutigkeiten aus dem Wege räumte. Innerhalb einer erstaunlich kurzen Zeit, angetrieben von der amerikanischen Diplomatie und begünstigt durch ein historisch einmaliges »window of opportunity«, gelang es, den Zweiten Weltkrieg endgültig zu liquidieren. Tatsächlich besiegelte der am 12. September 1990 in Moskau von den Außenministern unterzeichnete Zwei-plus-Vier-Vertrag die Ergebnisse eines atemberaubenden diplomatischen Verhandlungsprozesses, der binnen eines halben Jahres das Gesicht Europas verändert hatte. In Bezug auf Deutschland erfüllte der Vertrag völkerrechtlich die Funktion eines Friedensvertrags. Er legte die Grenzen des vereinigten Deutschland fest, beendete die Vorrechte der Vier Mächte und stattete den ehemaligen Kriegsgegner mit der vollen Souveränität nach außen und nach innen aus. Außenpolitisch und völkerrechtlich ebnete der Vertrag damit den Weg zur Wiedervereinigung der beiden deutschen Staaten, die am 3. Oktober 1990 durch den Beitritt der ostdeutschen Länder zur Bundesrepublik vollzogen wurde.

Anhang

Abkürzungsverzeichnis

AAPD	Akten zur Auswärtigen Politik der Bundesrepublik Deutschland
ABF	Arbeiter- und Bauernfakultät
AdK	Akademie der Künste
AdsD	Archiv der sozialen Demokratie
AGEJD	Arbeitsgemeinschaft der Evangelischen Jugend Deutschlands
APuZ	Aus Politik und Zeitgeschichte
ARD	Arbeitsgemeinschaft der öffentlich-rechtlichen Rundfunkanstalten der Bundesrepublik Deutschland
AStA	Allgemeiner Studentenausschuss
BAföG	Bundesausbildungsförderungsgesetz
BArch	Bundesarchiv
BayHStA	Bayerisches Hauptstaatsarchiv
BDI	Bundesverband der Deutschen Industrie
BEK	Bund Evangelischer Kirchen in der DDR
BfA	Bundesanstalt für Arbeit
BFC	Berliner Fußballclub
BMG	Bundesministerium für Gesamtdeutsche Fragen
BRD	Bundesrepublik Deutschland
BZ	Berliner Zeitung
CDU	Christlich-Demokratische Union (Deutschlands)
COMECON	Council for Mutual Economic Assistance
ČSR	Tschechoslowakische Republik
ČSSR	Tschechoslowakische Sozialistische Republik
CSU	Christlich-Soziale Union
DDR	Deutsche Demokratische Republik
DEFA	Deutsche Film-Aktiengesellschaft
DFB	Deutscher Fußball-Bund
DFD	Demokratischer Frauenbund Deutschlands
DGB	Deutscher Gewerkschaftsbund
DIW	Deutsches Institut für Wirtschaftsforschung
DKP	Deutsche Kommunistische Partei
DM	Deutsche Mark
DRK	Deutsches Rotes Kreuz
DSA	Deutscher Sportausschuss
DSB	Deutscher Sportbund
DTSB	Deutscher Turn- und Sportbund
DUZ	Deutsche Universitäts-Zeitung
DzD	Dokumente zur Deutschlandpolitik
EG	Europäische Gemeinschaft

EKD	Evangelische Kirche in Deutschland
ELAB	Evangelisches Landeskirchliches Archiv Berlin
epd	Evangelischer Pressedienst
ESG	Evangelische Studentengemeinde
EU	Europäische Union
EWG	Europäische Wirtschaftgemeinschaft
EWS	Europäisches Wirtschaftssystem
EZU	Europäische Zahlungsunion
FAZ	Frankfurter Allgemeine Zeitung
FC	Fußballclub
FDGB	Freier Deutscher Gewerkschaftsbund
FDJ	Freie Deutsche Jugend
FDP	Freie Demokratische Partei (Deutschlands)
FR	Frankfurter Rundschau
GATT	General Agreement on Tariffs and Trade
GBl.	Gesetzblatt
Gestapo	Geheime Staatspolizei
GI	Geheimer Informant
HHStAW	Hessisches Hauptstaatsarchiv Wiesbaden
HIS	Hoschschul-Informationssystem
IG	Industriegewerkschaft
IOC	International Olympic Committee
KKL	Konferenz der Evangelischen Kirchenleitungen der DDR
KMK	Kultusministerkonferenz
KNA	Katholische Nachrichten-Agentur
KPD	Kommunistische Partei Deutschlands
KPdSU	Kommunistische Partei der Sowjetunion
KSZE	Konferenz für Sicherheit und Zusammenarbeit in Europa
KZ	Konzentrationslager
LDP(D)	Liberal-Demokratische Partei (Deutschlands)
MAI	Ministerium für Außenhandel und Innerdeutschen Handel
MfAA	Ministerium für Auswärtige Angelegenheiten
MfS	Ministerium für Staatssicherheit
NATO	North Atlantic Treaty Organization
ND	Neues Deutschland
NL	Nachlass
NOK	Nationales Olympisches Komitee
NÖSPL	Neues Ökonomisches System der Planung und Leitung
NPD	Nationaldemokratische Partei Deutschlands
NS	Nationalsozialismus, nationalsozialistisch
NSDAP	Nationalsozialistische Deutsche Arbeiterpartei
NVA	Nationale Volksarmee
OECD	Organization for Economic Cooperation and Development
OEEC	Organization for European Economic Cooperation
PA	Politisches Archiv
PA, GD	Parlamentsarchiv, Gesetzesdokumentation
POS	Polytechnische Oberschule
RGW	Rat für gegenseitige Wirtschaftshilfe
RIAS	Rundfunk im amerikanischen Sektor
SAPMO	Stiftung Archiv der Parteien und Massenorganisationen der DDR
SBZ	Sowjetische Besatzungszone
SC	Sportclub
SD	Sicherheitsdienst
SDI	Strategic Defense Initiative
SED	Sozialistische Einheitspartei Deutschlands

SEW	Sozialistische Einheitspartei Westberlins
SMAD	Sowjetische Militäradministration in Deutschland
SPD	Sozialdemokratische Partei Deutschlands
SS	Schutzstaffel
StGB	Strafgesetzbuch
StRRG	Strafrechtsreformgesetz
SV	Sportverein
SZ	Süddeutsche Zeitung
taz	die tageszeitung
TH	Technische Hochschule
TSI	Treuhandstelle für den Interzonenhandel
UdSSR	Union der Sozialistischen Sowjetrepubliken
UN	United Nations
UNO	United Nations Organization
US	United States
USA	United States of America
VDS	Verband Deutscher Studentenschaften
VE	Verrechnungseinheiten
VfZ	Vierteljahreshefte für Zeitgeschichte
VLR	Vortragender Legationsrat
WHO	World Health Organization
Wp.	Wahlperiode
WRK	Westdeutsche Rektorenkonferenz
WS	Wintersemester
ZAIG	Zentrale Auswertungs- und Informationsgruppe
ZDF	Zweites Deutsches Fernsehen
ZK	Zentralkomitee

Personenregister

Die Herausgeber und Autoren

DAS GUPTA, AMIT, Dr. phil., wissenschaftlicher Mitarbeiter des Instituts für Zeitgeschichte München–Berlin, Abteilung Auswärtiges Amt

HEIDEMEYER, HELGE, Dr. phil., wissenschaftlicher Mitarbeiter der Kommission für Geschichte des Parlamentarismus und der politischen Parteien, Berlin

HOFFMANN, DIERK, Dr. phil., wissenschaftlicher Mitarbeiter des Instituts für Zeitgeschichte München–Berlin, Abteilung Berlin

HÜRTER, JOHANNES, Dr. phil., wissenschaftlicher Mitarbeiter des Instituts für Zeitgeschichte München–Berlin, Privatdozent für Neueste Geschichte an der Universität Mainz

KITTEL, MANFRED, Dr. phil., wissenschaftlicher Mitarbeiter des Instituts für Zeitgeschichte München–Berlin, apl. Professor für Neuere und Neueste Geschichte an der Universität Regensburg

MÖLLER, HORST, Dr. phil. Dr. h.c. mult., Direktor des Instituts für Zeitgeschichte München–Berlin, ordentlicher Professor für Neuere und Neueste Geschichte an der LMU München

RAITHEL, THOMAS, Dr. phil., wissenschaftlicher Mitarbeiter des Instituts für Zeitgeschichte München–Berlin, Privatdozent für Neuere und Neueste Geschichte an der LMU München

ROHSTOCK, ANNE, Doktorandin im Institut für Zeitgeschichte München–Berlin

SCHWARTZ, MICHAEL, Dr. phil., wissenschaftlicher Mitarbeiter des Instituts für Zeitgeschichte München–Berlin, Abteilung Berlin, apl. Professor für Neuere und Neueste Geschichte an der Universität Münster

WEBER, PETRA, Dr. phil., wissenschaftliche Mitarbeiterin des Instituts für Zeitgeschichte München–Berlin

WENGST, UDO, Dr. phil., Stv. Direktor des Instituts für Zeitgeschichte München–Berlin, Honorarprofessor für Zeitgeschichte an der Universität Regensburg

WENTKER, HERMANN, Dr. phil., Leiter der Abteilung Berlin des Instituts für Zeitgeschichte München–Berlin, apl. Professor für Neuere und Neueste Geschichte an der Universität Leipzig

WIRSCHING, ANDREAS, Dr. phil., ordentlicher Professor für Neuere und Neueste Geschichte an der Universität Augsburg